楚汉风云录

CHU HAN FENGYUN LU

周啸天——著

四川人民出版社

图书在版编目（CIP）数据

楚汉风云录 / 周啸天著. -- 成都：四川人民出版
社，2025.1. -- ISBN 978-7-220-13804-1

Ⅰ. K204.2

中国国家版本馆 CIP 数据核字第 2024562FT7 号

CHUHAN FENGYUNLU

楚 汉 风 云 录

周啸天 著

责任编辑	刘姣娇
封面设计	张迪茗
版式设计	张迪茗
责任校对	刘 静
责任印制	周 奇

出版发行	四川人民出版社（成都三色路 238 号）
网 址	http://www.scpph.com
E-mail	scrmcbs@sina.com
新浪微博	@四川人民出版社
微信公众号	四川人民出版社
发行部业务电话	(028) 86361653 86361656
防盗版举报电话	(028) 86361653
照 排	四川胜翔数码印务设计有限公司
印 刷	成都蜀通印务有限责任公司
成品尺寸	145mm×210mm
印 张	15.125
字 数	460 千
版 次	2025 年 1 月第 1 版
印 次	2025 年 1 月第 1 次印刷
书 号	ISBN 978-7-220-13804-1
定 价	88.00 元

目　录

楚汉风云录 *001*

"楚汉风云录"的男一号为刘邦。他具有领袖的素质和人望。敢扛大旗敢当头，知己知彼，在军事斗争的同时重视政权建设，广揽英雄，尽得人心，史称"规模宏远"。他工于心计从善如流，玩人于掌股之中。毛泽东说，能干的皇帝多是老粗出身，刘邦是最厉害的一个。

刘邦过河拆桥，诛韩信、杀彭越、逼反英布、逼走韩王信和卢绾……其中韩信最冤。他是一个战略家，用兵多多益善，战无不胜。他有恩必报，本无叛心。刘邦闻其伏诛，"且喜且怜"，足见其冤。当然，不善明哲保身，也是导致悲剧的原因。

026 / 三 时来天地皆同力

《秦楚之际月表》实际上是一部"楚汉风云一览表"。此表展示九十余月人间的沧桑巨变。从陈胜起义天下风从开始，经三十月余由项羽号令天下，又历五十余月由刘邦统一中国。八年之间，天下大势变化之快，超出任何人之想象，为以往任何时代所不能比拟。

028 / 四 项王此处是英雄

项羽的权是夺来的，威望是打出来的。巨鹿一战消灭秦军主力，为灭秦立了首功，因而顺理成章地成为众望所归的英雄。然而，沽名钓誉的他，鸿门宴上轻信刘邦，放弃关中建都彭城，诛婴背怀尽坑降卒，尽失天时地利人和。总之，败在不懂政治。

萧何是大汉开国第一功臣，有卓越的行政能力。他坐镇关中，深得民众拥护。征兵征粮，工作出色，为前线将士提供了有力保障。其为汉相，主持制定律令制度，史称萧规曹随。他知人善任，追韩信一事，旷古鲜闻。但伴君如伴虎，活得也很累。

张良是个伊吕式人物，"运筹策帷帐之中，决胜于千里之外"。但他干过买凶行刺的勾当，亦有血性。遇黄石公一事是一个转折，极具传奇性。他精于黄老之术，用兵如神，善布迷阵，惯出狠招。他功成不居，全身而退。是汉初唯一使刘邦感到放心，不受猜忌的政要。

吕后、惠帝无为而治，与民休息，太史公是予以肯定的。但吕后其人性格为权力异化，以致变态，史称"为人刚毅，佐高祖定天下，所诛大臣多吕后力"。她对戚夫人的报复手段，令人发指。唯恐大权旁落，对刘氏骨肉无情诛戮，大悖伦常。最终给吕家带来灭顶之灾。

陈平是老资格的政治家，曾为张良副手。在楚汉相争的过程中，屡建奇功。高祖晚年，陈平处帝、后间，如履薄冰，全靠权谋得免于祸。吕后执政时，他主动迎合，讲了一些违心的话。吕后驾崩，他立刻加入神圣同盟，粉碎吕家帮。其后位极人臣，成为少有的全福之人。

周勃也是元老重臣，史称"厚重少文"，深得高祖信用，圈点为身后的太尉人选。吕氏篡政的时代，周勃在军中威望虽高，却不掌握兵权。在拥刘派的支持下，窃符入军，令北军左袒，先发制人，一举粉碎吕家帮。然不善谋身，文帝朝一度罢相，竟受辱于狱吏。

关注民生日用、商品流通及市场经济，是司马迁对史学的一大贡献。他率先为商家立传。在经济学上，司马迁有许多真知灼见。首先，认为追求财富是人的本性。其次，认为致富光荣，仇富可耻。第三，认为物质财富达到一定程度，就会转向精神道义的追求，等等。

《史记》成于司马迁之手，原因有三：生在史官世家。

"百年之间天下遗文古事靡不毕集于太史公"，此其一。爱好田野调查，重视口述历史，壮游大半中国，此其二。写作中遭李陵之祸，而发愤著书，此其三。所以，鲁迅称其为"史家之绝唱，无韵之离骚"。

楚汉风云录

常言道：一部二十四史，不知从何说起。其实，一部二十四史，自然是从《史记》说起——因为《史记》名列二十四史榜首，是最能代表中国历史文化的四十种要籍之一。然而，一部《史记》又该从何说起呢？

有人抱怨说，古代中国缺少文学巨著——抱怨者心里想的是长篇小说。其实，《史记》就不仅是一部历史巨著，而且是一部文学巨著。在《史记》里，包含着一部"楚汉风云录"，一幅波澜壮阔的历史画卷，是可以作长篇小说看的。

从战国到汉朝建立的三百年间，尤其是楚汉相争的八年间，社会急剧变化，是一个英雄辈出、叱咤风云的时代。新兴的阶级和历史人物登上政治舞台，积极从事各种变革，为建立统一的、多民族的国家做出了历史贡献，涌现了许多可歌可泣的历史人物。在整个中国历史上，同样波澜壮阔的历史画卷不多。生活，要生活在太平时代。而读史，则要读战争的历史——太平盛世的历史读起来没劲，尤其是人物传记没劲。在战争年代，人的精神面貌与太平时代多有自私计较、逸乐成风大不相同，更多地表现出胸怀全局、坦荡无私、敢作敢为、大智大勇、视死如归等高尚品质，可歌可泣，催人奋进。总而言之，乱世风云，沧海横流，大浪淘沙，方显英雄本色。

　　人为什么要读史？培根说："读史使人明智。"孟浩然说："人事有代谢，往来成古今。"《增广贤文》则说："观今宜鉴古，无古不成今。""鉴"即镜子，历史就是一面镜子。历史往往有惊人的相似之处，所以克罗齐说："一切历史都是当代史。"我们和古人没有截然不同之处。这样说，你就知道毛泽东为什么嗜读二十四史了。读史的好处，就是做个明白人。知道我们从何处来，到何处去。这一条最为重要。此外，还有别的好处，如平视帝王将相，体会不一样的人生，如茶余酒后充作谈资，等等。

　　《史记》原称"太史公书"或"太史公记"。唐修《隋书》才正式著录为《史记》。以前的历史名著中，《尚书》是文献汇编，《春秋》是大事记，《左传》是编年史，《国语》《战国策》是国别史。《史记》则在融会贯通的基础上，开创了纪传体，是一部以人事为中心的百科全书式的通史，记载了上起五帝下迄汉武帝太初年间三千多年的历史。《史记》第一篇为《五帝本纪》，所记五帝为黄帝、颛顼、帝喾、尧、舜。古代有"三皇五帝"之说，三皇缺少文字记载，仅有传说，而且说法不一，多为附会。依照古代不同的六种说法，大抵分为两个系列，一是伏羲、神农（以上二人四次被提到）加上女娲，或祝融，或燧人，一是天皇、地皇（以上二人两次被提到）加上人皇，或泰皇。或许伏羲即天皇，神农即地皇，女娲或祝融、燧人即人皇或泰皇，也未可知。总之，《史记》记五帝而不记三皇，是根据材料说话，实事求是。

　　《史记》的架构，由五个部分组成，作者在《报任少卿书》中说："为十表、本纪十二、书八章、世家三十、列传七十，凡百三十篇。"《太史公自序》中说："凡百三十篇，五十二万六千五百字。"他的排序，与《史记》通行本的排序为本纪、表、书、世家、列传不同，这或许是后人尊崇帝王的缘故所致，其实把

"表"置于"本纪"之前的做法，似更科学。一、"表"即一览表，用表格的方式展示历史线索，使三千多年的史事易查便览，宋代史家郑樵有"《史记》一书，功在十表"之誉。二、"本纪"即帝王传，以帝王或帝王世系为纲，编年纂录历史大事。三、"书"是记录政治、经济、天文、地理、典礼等方面的制度沿革的、分门别类的文化专史。四、"世家"是诸侯传，含先秦诸侯国和汉代分封的诸侯王和封侯的开国功臣，孔子、陈涉作为特例列入世家。五、"列传"是各种历史人物传记及少数民族专史。"列传叙事，古人所无，则自史迁始，而班史以后皆因之。"（赵翼）这个创举，部分地应该归功于司马迁之父司马谈为杰出历史人物树碑立传的构想。

司马迁所开创的这个体例，后世称为"纪传体"，班固修《汉书》继承了这个体例，以后就成为编纂正史的传统体例，故《史记》理所当然地成为正史之首。

《史记》的创作理念，司马迁自己概括为三句话：一、"究天人之际"，就是探索天道和人道的关系。司马迁怀朴素唯物主义思想，对"天道无亲，常与善人"的唯心论表示怀疑，因为他看到太多的反例，从而认为天人的关系常常表现为天道不公。二、"通古今之变"，就是探索朝代兴衰成败的规律。先秦史书都是以政治史、起居注为中心的，司马迁却注意到了社会和经济，懂得不同阶层的人在人类活动中都产生着一定作用，自觉地有意识地总结、研究经济问题。这是司马迁的过人之处。司马迁认为"物盛而衰，固其变也"。在这一点上，倒有一点天人相通的意思，这也就是 1945 年黄炎培对毛泽东提到的那个"周期率"问题。三、"成一家之言"，就是重实录，继承古代良史"不虚美，不隐恶"的精神，还历史以本来面目。司马迁虽然是史官，虽然吃皇粮，但《史记》不代表官方立场。

《史记》中，战国以前的历史，材料来自前代的史书如《尚书》《左传》《国语》《战国策》等，而秦汉以下的历史，则是司马迁父子新撰。十表中，最重要的是《秦楚之际月表》，即楚汉风云一览表。这是十表中唯一的月表，因为这八年中风云变幻，信息量太大，年表装不下。在十二本纪中，最重要的是《高祖本纪》和《项羽本纪》，加上《吕太后本纪》，一共三篇。三十世家中，重要的有《陈涉世家》《萧相国世家》《曹相国世家》《留侯世家》《陈丞相世家》《绛侯周勃世家》，一共六篇。七十列传中，重要的有《张耳陈馀列传》《魏豹彭越列传》《黥布列传》《淮阴侯列传》《韩信卢绾列传》《田儋列传》《樊郦滕灌列传》《张丞相列传》《郦生陆贾列传》《傅靳蒯成列传》《刘敬叔孙通列传》《季布栾布列传》，一共十二篇。

这一表、三纪、六世家、十二列传，共同展示和演绎出了秦楚、楚汉之际一幅波澜壮阔的历史画卷。另有一书一传，即《平准书》《货殖列传》关注社会经济活动，虽游离楚汉相争主题之外，亦在必读之列。此外，《太史公自序》是司马迁的自传和《史记》全书总目提要，自然也在必读之列。综上一共是二十五篇，已接近于原著的五分之一。而司马迁《报任少卿书》，是作者重要的自传材料，故作附录收入。

一 大风起兮云飞扬

司马迁写《史记》，写楚汉风云，成功在于纪事，更在于写人。而文学就是人学。写人的成功，就是文学的成功。"楚汉风云录"也可以说是一部连续剧，一部建国大业。而这一部连续剧的主角、男一号就是汉高祖刘邦。关于他的传记，就是《高祖本纪》。《太史公自序》的提要是：

> 子羽暴虐，汉行功德；愤发蜀汉，还定三秦；诛籍业帝，天下惟宁，改制易俗。

"子羽暴虐，汉行功德"表明人心背向是历史选择的决定性因素。"愤发蜀汉，还定三秦"概括刘邦反弱为强、转败为胜的历史性转折。"诛籍业帝，天下惟宁，改制易俗"概括刘邦的历史功绩——统一中国，移风易俗，对中国的社会历史产生了巨大影响。

毛泽东曾高度赞扬刘邦，在1964年的一次谈话中说："自古以来，能干的皇帝大多是老粗出身，汉朝的刘邦是封建皇帝里边最厉害的一个。"刘邦在统一中国上有什么优越条件呢。第一是出自下层，刘邦秦时为亭长，做最基层的工作，如解送囚徒、役卒等，对中国社会、对农民有相当深刻的了解。毛泽东在1959年至1960年读苏联《政治经济学（教科书）》的谈话中说："刘邦能够打败项羽，是因为刘邦和贵族出身的项羽不同，比较熟悉社会生活，了解人民心理。"第二是有雄心壮志，他曾游咸阳，见过秦始皇的仪仗队，曰"大丈夫当如此也"。第三是有组织才能、善于驭人。这三项，都是项羽不能和他比拟的。毛泽东将刘、项二人进行比较，总结说："项王非政治家，汉王则为一位高明的政治家。"

本纪上来，先讲故事，司马迁写人总是先讲故事，通过细节为人物传神。关于刘邦，先讲他做亭长时的故事：

> 高祖为人，隆准而龙颜，美须髯，左股有七十二黑子。仁而爱人，喜施，意豁如也。常有大度，不事家人生产作业。及壮，试为吏，为泗水亭长，廷中吏无所不狎侮。好酒及色。……单父人吕公善沛令，避仇从之客，因家沛焉。沛中豪桀吏闻令有重客，皆往贺。萧何为主吏，主进，令诸大夫曰："进不满千钱，坐之堂下。"高祖为亭长，素易诸吏，乃绐为谒曰"贺钱万"，实不持一钱。谒入，吕公大惊，起，迎之门。吕公者，好相人，见高祖状貌，因重敬之，引入坐。萧何曰："刘季固多大言，少成事。"高祖因狎侮诸客，遂坐上坐，无所诎。酒阑，吕公因目固留高祖。高祖竟酒，后。吕公曰："臣少好相人，相人多矣，无如季相，愿季自爱。臣有息女，原为季箕帚妾。"酒罢，吕媪怒吕公曰："公始常欲奇此女，与贵人。沛令善公，求之不与，何自妄许与刘季？"吕公曰："此非儿女子所知也。"

刘邦这人有气象，有人缘。长得帅即有气象，为人大度即有人缘。吕公好眼力，一眼就发现刘邦的过人之处，毅然将女儿托付给他。事实证明，吕公挑对了人。而萧何，就没有吕公的先见之明。刘邦谒吕公，口称"贺钱万"，其实没带钱，这是玩萧何，然后又玩诸客，反倒居上座。文中说他"狎侮"人，其实正是谙于驭人之术的一种表现。何谓"狎侮"？这两个字的意味复杂而微妙，如口无遮拦，随便拿别人取笑，喜欢骂人"竖子"，等等。喜欢狎侮别人者，一定有很强的优越感。不过，刘邦在狎侮别人时，还是注意对方的可接受性，让别人当一碗宽面吃了，还觉得他不把自己当外人。但也有过火的时候，让别人反感，如魏王豹抱怨说:"汉王慢而侮人,骂詈诸侯群臣如骂奴耳,非有上下礼节也,吾不忍复见也。"吕公的女儿被许配给刘邦,后来竟做了事实上的、无冕的女皇,兑现了吕公给女儿从小看相时的预言(始常欲奇此女)。吕氏的材料只够写一篇列传,而司马迁给她列入本纪,就是承认其女皇地位。后世只有武则天、慈禧太后的尊荣显贵,可与之仿佛。

《淮阴侯列传》中有这样一段文字:

> 项王亡将钟离眜(读妹)家在伊庐,素与信善。项王死后,亡归信。……汉六年,人有上书告楚王信反。高帝以陈平计,天子巡狩会诸侯,南方有云梦,发使告诸侯会陈:"吾将游云梦。"实欲袭信,信弗知。高祖且至楚,信欲发兵反,自度无罪,欲谒上,恐见禽。人或说信曰:"斩眜谒上,上必喜,无患。"信见眜计事。眜曰:"汉所以不击取楚,以眜在公所。若欲捕我以自媚于汉,吾今日死,公亦随手亡矣。"乃骂信曰:"公非长者!"卒自刭。信持其首,谒高祖于陈。上令武士缚信,载后车。信曰:"果若人言,'狡兔死,良狗亨;高鸟尽,良弓藏;敌国破,谋臣亡'。天下已定,我固当亨!"上曰:"人告公反。"遂械系信。至雒阳,赦信罪,以为淮阴侯。

这是很精彩的一段文字。"汉六年,人有上书告楚王信反。"这个"人"是什么人?是线人,是刘邦的特务、东厂、克格勃、军统,等等。在集权制度下,最高统治者巩固集权的手段,全靠情报。刘邦掌控韩信,全在情报。有情报、有线人,就是让自己处在暗中,把别人放在明处。明枪易躲,暗箭难防。那么,"楚王信反"这个情报真实不真实呢?不知道,可能事出有因(钟离眜亡归信),查无实据(并无谋反之事)。如果不是事出有因,就不会有这个情报;如果不是查无实据,就不会不了了之。

> 信知汉王畏恶其能,常称病不朝从。信由此日夜怨望,

居常鞅鞅，羞与绛、灌等列。信尝过樊将军哙，哙跪拜送迎，言称臣，曰："大王乃肯临臣!"信出门，笑曰："生乃与哙等为伍!"

上常从容与信言诸将能不，各有差。上问曰："如我能将几何?"信曰："陛下不过能将十万。"上曰："于君何如?"曰："臣多多而益善耳。"上笑曰："多多益善，何为为我禽?"信曰："陛下不能将兵，而善将将，此乃信之所以为陛下禽也。且陛下所谓天授，非人力也。"（《淮阴侯列传》）

前一节写韩信的不开心。后一节写韩信与刘邦的一段对话，是很精彩的一段文字。刘邦对韩信，就像诸葛亮对孟获，真是擒纵自如。对方还不得不服气。刘邦依靠张良、陈平为左右臂，玩韩信于掌股之间。刘邦对韩信说话的口气，是上官对下官，轻松自如，谈笑风生，不容置喙。对于项羽，韩信是诸葛亮。对于刘邦，韩信只能是事后诸葛亮。"陛下不能将兵，而善将将"是奉承话，也是大实话，是不得不服气的话。

刘邦是个明眼人，对政治了然于心，纵论天下事，极得要领。《高祖本纪》记载，刘邦称帝后，与诸将讨论所以成功的经验，有这样一段文字：

高祖置酒雒阳南宫。高祖曰："列侯诸将无敢隐朕，皆言其情。吾所以有天下者何? 项氏之所以失天下者何?"高起、王陵对曰："陛下慢而侮人，项羽仁而爱人。然陛下使人攻城略地，所降下者因以予之，与天下同利也。项羽妒贤嫉能，有功者害之，贤者疑之，战胜而不予人功，得地而不予人利，此所以失天下也。"

高祖曰："公知其一，未知其二。夫运筹策帷帐之中，决胜于千里之外，吾不如子房。镇国家，抚百姓，给馈饷，不绝粮道，吾不如萧何。连百万之军，战必胜，攻必取，吾不如韩信。此三者，皆人杰也，吾能用之，此吾所以取天下也。项羽有一范增而不能用，此其所以为我擒也。"

写刘邦说话真是神气活现，是多么自信，多么有自知之明，又多么有知人之明。相形之下，高起、王陵这些人的见解，是多么不得要领。刘邦晚年有政治遗嘱：

> 高祖击（英）布时，为流矢所中，行道病。病甚，吕后迎良医，医入见，高祖问医，医曰："病可治。"于是高祖嫚骂之曰："吾以布衣提三尺剑取天下，此非天命乎？命乃在天，虽扁鹊何益！"遂不使治病，赐金五十斤罢之。已而吕后问："陛下百岁后，萧相国即死，令谁代之？"上曰："曹参可。"问其次，上曰："王陵可。然陵少戆，陈平可以助之。陈平智有余，然难以独任。周勃重厚少文，然安刘氏者必勃也，可令为太尉。"吕后复问其次，上曰："此后亦非而所知也。"（《高祖本纪》）

刘邦对医生很抵触，不大信医生的话，他更相信自身的能力和命运。刘邦作政治交代的一段更霸道，真是世事洞明，知人善任。后来的三国时代，刘备、诸葛亮作政治交代，也不过如此。

再说刘邦的深谋远虑。秦二世三年（前207），楚怀王遣将入关，刘邦先以"宽大长者"的时誉，为怀王诸老将所推。刘邦入关后，先出安民告示：

> 召诸县父老豪桀曰："父老苦秦苛法久矣，诽谤者族，偶语者弃市。吾与诸侯约，先入关者王之，吾当王关中。与父老约，法三章耳：杀人者死，伤人及盗抵罪。余悉除去秦法。……凡吾所以来，为父老除害，非有所侵暴，无恐！……"乃使人与秦吏行县乡邑，告谕之。秦人大喜，争持牛羊酒食献飨军士。沛公又让不受，曰："仓粟多，非乏，不欲费人。"人又益喜，唯恐沛公不为秦王。（《高祖本纪》）

宋刘辰翁说："高祖始终得关中之力，关中人心所以不忘者，秋毫无犯，约法三章之力也。"（《班马异同》）明代张象之说：

"连用'喜'字,斯可以观人心矣。"(《史记评林》引)这种做法是深得人心的。与未入关先活埋二十万秦兵的项羽形成鲜明对照。有此鲜明对照,项羽在关中就难站住脚跟。后来刘邦与项羽相持于荥阳,军队几次被项羽打垮,而萧何能源源不断地"兴关中卒,辄补缺",也正是因为刘邦的政策得到关中人民的拥护,使关中成了他可以依赖的根据地。刘邦入关后的所作所为,被范增看在眼里,急在心上:

> 范增说项羽曰:"沛公居山东时,贪于财货,好美姬。今入关,财物无所取,妇女无所幸,此其志不在小。"(《项羽本纪》)

刘邦在入关以前,原是以贪财好色著称的,现在不好这口了——"财物无所取,妇女无所幸",说明他有其他的壮志雄心,太可怕了。

刘邦在军事斗争的同时,非常重视政权的建设。当他从汉中杀回,重新占据了关中的第二年,他一方面派人东征,收复了河南一带的大片土地,集聚兵力准备东下与项羽争锋,一方面,却"于是置陇西、北地、上郡、渭南、河上、中地郡",又"缮治河上塞,诸故秦苑囿园池皆令人得田之"。他的行政长官已派到今甘肃的临洮、庆阳,他的守边部队已派到今内蒙古的河套一带去整修城障。明陈子龙说:"未出关争衡而先收边地,立基本,自固之策也。"(《史记测义》)接着又下令"除秦社稷,更立汉社稷"。俨然建国矣。当他东征被项羽打败,连忙于六月立刘盈为太子,大赦罪人,令太子守栎阳。明何孟春说:"汉王败彭城下,诸侯叛汉归楚,王至荥阳,楚攻之急,乃迁栎阳,立子盈为太子以系人心,知有国本矣。复如荥阳,命萧何侍太子守关中,立宗庙社稷。史称帝'规模宏远',岂待定天下而始见之?"(《史记评抄》)

三说刘邦的善于权变和从善如流，在笼络人心方面，尤为见长。《项羽本纪》写鸿门宴前有一段文字：

> 良曰："料大王士卒足以当项王乎？"沛公默然，曰："固不如也，且为之奈何？"张良曰："请往谓项伯，言沛公不敢背项王也。"沛公曰："君安与项伯有故？"张良曰："秦时与臣游，项伯杀人，臣活之。今事有急，故幸来告良。"沛公曰："孰与君少长？"良曰："长于臣。"沛公曰："君为我呼入，吾得兄事之。"张良出，要项伯。项伯即入见沛公。沛公奉卮酒为寿，约为婚姻。

刘邦在仓皇中听说张良认识项伯时，一句"孰与君少长？"说明他一瞬间就有了收买项伯的念头，而又很快得到成功的实施。在广武战场，刘邦数落项羽十大罪状，挨了一箭：

> 项羽大怒，伏弩射中汉王。汉王伤匈（胸），乃扪足曰："虏中吾指！"汉王病创，卧，张良强请汉王起行劳军，以安士卒，毋令楚乘胜于汉。（《高祖本纪》）

反应多么的快，关键时刻多么坚强、多么忍耐。为了稳定军心，不长敌人气焰、灭自己威风，他秀得多么好，又掩饰得多么好。当韩信灭齐后要求做假齐王时，刘邦气不打一处来且张口骂娘，张良、陈平赶紧踩脚，他话到口边立刻转弯，顺水推舟满足了韩信的要求，事见《淮阴侯列传》：

> 汉四年，遂皆降平齐。使人言汉王曰："齐伪诈多变……不为假王以镇之，其势不定。愿为假王便。"当是时，楚方急围汉王于荥阳，韩信使至，发书，汉王大怒，骂曰："吾困于此，旦暮望若来佐我，乃欲自立为王！"张良、陈平蹑汉王足……汉王亦悟，因复骂曰："大丈夫定诸侯，即为真王耳，何以假为！"乃遣张良往立信为齐王，征其兵击楚。

事亦见《留侯世家》。宋人杨万里《读子房传》："笑赌乾坤看两龙，淮阴目动即雌雄。兴王大计无寻处，却在先生一蹑中。"意思是张良（其实是陈平）踩了他一脚，关系到整个楚汉相争的大局。虽说这一脚踩得好，也要被踩的人配合得好才行。一般人思想转弯都得有个过程，在刘邦则是条件反射、报应立响，这是一种素质。

刘邦在对待儒生的态度上是前后矛盾的。从本性上说，他厌恶儒生，经常骂儒生为"腐儒""竖儒"，表现出十分厌恶的态度。

> 初，沛公引兵过陈留，郦生踵军门上谒（名刺）曰："高阳贱民郦食其，窃闻沛公暴露，将兵助楚讨不义，敬劳从者，原得望见，口画天下便事。"使者入通，沛公方洗，问使者曰："何如人也？"使者对曰："状貌类大儒，衣儒衣，冠侧注。"沛公曰："为我谢之，言我方以天下为事，未暇见儒人也。"使者出谢曰："沛公敬谢先生，方以天下为事，未暇见儒人也。"郦生瞋目案剑叱使者曰："走！复入言沛公，吾高阳酒徒也，非儒人也。"使者惧而失谒，跪拾谒，还走，复入报曰："客，天下壮士也，叱臣，臣恐，至失谒。曰'走！复入言，而公高阳酒徒也'。"沛公遽雪足杖矛曰："延客入！"（《郦生陆贾列传》）

又如对待随何，他曾策反英布归汉，牵制项羽于齐数月，使刘邦赢得先机，最终打败项羽，功劳不可谓不大。然而到论功行赏的时候，他却因为厌恶儒生，差点把随何的功劳给忽略了，然而当随何提出抗议时，他纠正得也非常之快：

> 项籍死，天下定，上置酒。上折随何之功，谓何为腐儒，为天下安用腐儒。随何跪曰："夫陛下引兵攻彭城，楚王未去齐也，陛下发步卒五万人，骑五千，能以取淮南乎？"上曰："不能。"随何曰："陛下使何与二十人使淮南，至，如陛下之意，是何之功贤于步卒五万人、骑五千也。然而陛

下谓何腐儒，为天下安用腐儒，何也?"上曰："吾方图子之功。"乃以随何为护军中尉。(《黥布列传》)

因为当皇帝离不开儒生的帮助，所以刘邦对儒生的厌恶不得不有所收敛，不喜欢也得喜欢。有两个儒生帮了他的大忙。一个是陆贾：

陆生时时前说称诗书。高帝骂之曰："乃公居马上而得之，安事诗书!"陆生曰："居马上得之，宁可以马上治之乎?……"高帝不怿而有惭色，乃谓陆生曰："试为我著秦所以失天下，吾所以得之者何，及古成败之国。"陆生乃粗述存亡之征，凡著十二篇。每奏一篇，高帝未尝不称善，左右呼万岁，号其书曰"新语"。(《郦生陆贾列传》)

另一个是叔孙通。刘邦虽然性好狎侮，但他看到在宫殿上"群臣饮酒争功，醉或妄呼，拔剑击柱"时，也感觉到当皇帝没有威仪是个严重的问题。是叔孙通帮助他解决了这个问题：

叔孙通知上益厌之也，说上曰："夫儒者难与进取，可与守成。臣愿征鲁诸生，与臣弟子共起朝仪。"高帝曰："得无难乎?"……上曰："可试为之，令易知，度吾所能行为之。"遂与所征三十人西，及上左右为学者与其弟子百余人为绵蕞野外。习之月余，叔孙通曰："上可试观。"上既观，使行礼，曰："吾能为此。"乃令群臣习肄，会十月。

汉七年，长乐宫成，诸侯群臣皆朝十月。仪：……自诸侯王以下莫不振恐肃敬。至礼毕，复置法酒。诸侍坐殿上皆伏抑首，以尊卑次起上寿。觞九行，谒者言"罢酒"。御史执法举不如仪者辄引去。竟朝置酒，无敢谨哗失礼者。于是高帝曰："吾乃今日知为皇帝之贵也。"乃拜叔孙通为太常，赐金五百斤。(《刘敬叔孙通列传》)

值得特别一提的是，汉十二年(前195)刘邦讨伐英布后，路过鲁地，以太牢祭祀孔子，开启了后世帝王尊孔的先河。

四说刘邦的幽默感。幽默感是处理复杂关系的润滑剂，对于一个领袖人物来说，幽默感是一种人格魅力。当韩信自信地说："臣多多而益善耳"，刘邦笑着说："多多益善，何为为我禽?"这句话虽有"狎侮"的意思，亦有一定幽默的成分。《高祖本纪》载：

> （汉九年）未央宫成。高祖大朝诸侯群臣，置酒未央前殿。高祖奉玉卮，起为太上皇寿，曰："始大人常以臣无赖，不能治产业，不如仲力。今某之业所就孰与仲多?"殿上群臣皆呼万岁，大笑为乐。

这是当着群臣的面和老爷子开玩笑，口无遮拦，说老爷子过去偏心，要老爷子说说现在他和二哥比较，到底谁的产业更多，于是有人带头呼万岁，大家跟着呼万岁，未央前殿成了一片欢乐的海洋。这种玩笑不会让老爷子下不来台，其作用恰恰是活跃了宴会的气氛，造成皆大欢喜。晚唐诗人唐彦谦《仲山》诗提到这事，加以冷嘲道："千载遗踪寄薜萝，沛中乡里旧山河。长陵亦是闲丘陇，异日谁知与仲多。"毛泽东似乎很欣赏这首诗，不但在《汉书·高帝纪》上眉批过，还专门在笺纸上书写过。

换了一个场合，刘邦也会表现出他性格中冷峻的一面。他在广武战场与项羽对峙时，他家老爷子被项羽放到大菜板上，胁迫他投降，那一次的"玩笑"开得很大，是一场黑色幽默：

> （汉之四年）项王已定东海来西，与汉俱临广武而军，相守数月。当此时，彭越数反梁地，绝楚粮食。项王患之，为高俎，置太公其上，告汉王曰："今不急下，吾烹太公。"汉王曰："吾与项羽俱北面受命怀王，曰'约为兄弟'，吾翁即若翁，必欲烹而翁，则幸分我一杯羹。"项王怒，欲杀之。项伯曰："天下事未可知，且为天下者不顾家，虽杀之无益，只益祸耳。"项王从之。（《项羽本纪》）

很多人都举此事，说刘邦是个无赖。这话欠公平。事实上，项羽耍的也是无赖手段。面对这样的情况，越是示弱，太公就越有性命之忧。不如赌一把，表现得毫不介意，事实上，正是刘邦这几句话保住了太公的性命。这几句几近无赖的话，是一种黑色幽默，是一物降一物。项羽还真被治住了。当然，项伯也起了作用，这是刘邦的人情。

五说刘邦的文采。刘邦好楚歌，也能作歌词：

> 十二年，十月……高祖还归，过沛，留。置酒沛宫，悉召故人父老子弟纵酒，发沛中儿得百二十人，教之歌。酒酣，高祖击筑，自为歌诗曰："大风起兮云飞扬，威加海内兮归故乡，安得猛士兮守四方！"令儿皆和习之。高祖乃起舞，慷慨伤怀，泣数行下。（《高祖本纪》）

宋人林宽《歌风台》诗云："蒿棘空存百尺基，酒酣曾唱大风词。莫言马上得天下，自古英雄尽解诗。"《留侯世家》记载了他的另一首歌：

> 戚夫人日夜侍御，赵王如意常抱居前，上曰"终不使不肖子居爱子之上"……汉十二年，上从击破布军归，疾益甚，愈欲易太子。留侯谏，不听，因疾不视事。叔孙太傅称说引古今，以死争太子。上详许之，犹欲易之。及燕，置酒，太子侍。四人从太子，年皆八十有余，须眉皓白，衣冠甚伟。上怪之，问曰："彼何为者？"四人前对，各言名姓，曰东园公，角里先生，绮里季，夏黄公。上乃大惊，曰："吾求公数岁，公辟逃我，今公何自从吾儿游乎？"四人皆曰："陛下轻士善骂，臣等义不受辱，故恐而亡匿。窃闻太子为人仁孝，恭敬爱士，天下莫不延颈欲为太子死者，故臣等来耳。"上曰："烦公幸卒调护太子。"四人为寿已毕，趋去。上目送之，召戚夫人指示四人者曰："我欲易之，彼四人辅之，羽翼已成，难动矣。吕后真而主矣。"戚夫人泣，

上曰："为我楚舞，吾为若楚歌。"歌曰："鸿鹄高飞，一举千里。羽翮已就，横绝四海。横绝四海，当可奈何！虽有矰缴，尚安所施！"歌数阕，戚夫人嘘唏流涕，上起去，罢酒。

做皇帝也有无可奈何之时，诗言志，这首诗就抒发了刘邦的无可奈何之情。他最后的表态也是一种顾全大局，有一种"身后是非谁管得"的悲凉。刘邦还非常懂得文艺有聚散人心的作用，在垓下以楚歌为武器从心理上摧毁项羽：

> 项王军壁垓下，兵少食尽，汉军及诸侯兵围之数重。夜闻汉军四面皆楚歌，项王乃大惊曰："汉皆已得楚乎？是何楚人之多也！"（《项羽本纪》）

总之，班固说刘邦"好谋能听"，说他"虽日不暇给，而规模宏远"，对此，司马迁也只有表示敬服。

当然，刘邦也是凡人，在他身上，毛病很多。司马迁本着史家"不虚美，不隐恶"的精神，还历史以一个真实的刘邦。《史记》中既记载了刘邦的历史功绩和从善如流、坚韧不拔的领袖品质，也如实地记载了他好逸恶劳、贪酒好色等市井习气，以及刻薄，关键时刻不近人情的表现。

> 楚又追击至灵壁东睢（读虽）水上。汉军却，为楚所挤，多杀，汉卒十余万人皆入睢水，睢水为之不流。围汉王三匝。于是大风从西北而起，折木发屋，扬沙石，窈冥昼晦，逢迎楚军。楚军大乱，坏散，而汉王乃得与数十骑遁去。欲过沛，收家室而西；楚亦使人追之沛，取汉王家。家皆亡，不与汉王相见。汉王道逢得孝惠、鲁元，乃载行。楚骑追汉王，汉王急，推堕孝惠、鲁元车下，滕公常下收载之。如是者三。曰："虽急不可以驱，奈何弃之？"于是遂得脱。（《项羽本纪》）

在逃难中将儿女推下车的做法，是太过无情了，他当时还对滕公（夏侯婴）大动肝火。所以有人说刘邦不慈不孝，也不是没有根据的。吕后对此事却念念不忘。夏侯婴一直为官太仆奉车，刘邦死后，以太仆身份侍奉孝惠皇帝，孝惠帝死后，以太仆职侍奉吕后，直到文帝时，仍为太仆，一直是皇室的近侍。

明人杨慎《临江仙》云："滚滚长江东逝水，浪花淘尽英雄。是非成败转头空，青山依旧在，几度夕阳红。白发渔樵江渚上，惯看秋月春风。一壶浊酒喜相逢，古今多少事，都付笑谈中。"后被用作《三国演义》卷首词。《史记》中的有些故事，如果不是白纸黑字地写着，今天听来简直是天方夜谭，是渔樵笑谈，是戏说刘邦。

例如，《楚元王世家》载：

> 高祖兄弟四人，长兄伯，伯蚤卒。始高祖微时，尝辟事，时时与宾客过巨嫂食。嫂厌叔，叔与客来，嫂详为羹尽，栎釜，宾客以故去。已而视釜中尚有羹，高祖由此怨其嫂。及高祖为帝，封昆弟，而伯子独不得封。太上皇以为言，高祖曰："某非忘封之也，为其母不长者耳。"于是乃封其子信为羹颉侯。而王次兄仲于代。

"羹颉侯"一作"颉羹侯"，颉是刮的意思。刘邦说大嫂的做法"不长者"，他这个做法就"长者"吗？清黄仲则有《羹颉侯冢》绝句，将此事和广武战场事合而咏之："掩釜何如栎釜来，区区恩怨事堪咍。可知大度输臾叔，肯向军前乞一杯！"讽刺说大嫂诚不若刘邦之大度，在父亲将被烹之时居然说得出"分我一杯羹"那样的玩笑话。

又如《张丞相列传》载：

> 昌为人强力，敢直言，自萧、曹等皆卑下之。昌尝燕时入奏事，高帝方拥戚姬，昌还走，高帝逐得，骑周昌项，问曰："我何如主也？"昌仰曰："陛下即桀、纣之主也。"于是上笑之，然尤惮周昌。

这一段君臣间的打闹，完全没有一点文化的样子，要不是司马迁予以实录，无法凭空想象。《郦生陆贾列传》载：

> （郦生）闻沛公将兵略地陈留郊，沛公麾下骑士适郦生里中子也。沛公时时问邑中贤士豪俊。骑士归，郦生见谓之曰："吾闻沛公慢而易人，多大略，此真吾所愿从游，莫为我先。若见沛公，谓曰'臣里中有郦生，年六十余，长八尺，人皆谓之狂生，生自谓我非狂生'。"骑士曰："沛公不好儒，诸客冠儒冠来者，沛公辄解其冠，溲溺其中。与人言，常大骂。未可以儒生说也。"

骑士之言表明了刘邦在当时的口碑。"溺儒冠"的做法，几近流氓。他还喜欢一边洗脚一边会客，《史记》中凡两见，一次是倨见郦生，事在汉二年（前205）：

> 沛公至高阳传舍，使人召郦生。郦生至，入谒，沛公方倨床使两女子洗足，而见郦生。郦生入，则长揖不拜，曰："足下欲助秦攻诸侯乎？且欲率诸侯破秦也？"沛公骂曰："竖儒！夫天下同苦秦久矣，故诸侯相率而攻秦，何谓助秦攻诸侯乎？"郦生曰："必聚徒合义兵诛无道秦，不宜倨见长者。"于是沛公辍洗，起摄衣，延郦生上坐，谢之。（《郦生陆贾列传》）

另一次是倨见英布，事在汉三年（前204）随何赚英布叛楚归汉，正在兴头上，不料受到刘邦的倨见，退了神光，差点自寻短见：

> 淮南王至，上方踞床洗，召布入见，布大怒，悔来，欲自杀。出就舍，帐御饮食从官如汉王居，布又大喜过望。于是乃使人入九江。（《黥布列传》）

这种前倨后恭、恩威兼施的驭人术，正是刘邦一贯的伎俩。《韩信卢绾列传》载，陈豨死后，刘邦欲就地任命将领，当周昌领来四个壮士时，刘邦先是劈头乱骂，骂得四个人都不敢吭声，随后他又将这四个人各封千户，并命为将：

> 上问周昌曰："赵亦有壮士可令将者乎？"对曰："有四人。"四人谒，上谩骂曰："竖子能为将乎？"四人惭伏。上封之各千户，以为将。左右谏曰："从入蜀、汉，伐楚，功未遍行，今此何功而封？"上曰："非若所知！陈豨反，邯郸以北皆豨有，吾以羽檄征天下兵，未有至者，今唯独邯郸中兵耳。吾胡爱四千户封四人，不以慰赵子弟！"皆曰："善。"

关于郦生这个人，应该补充说一下。《郦生陆贾列传》云："郦生食其者，陈留高阳人也。好读书，家贫落魄，无以为衣食业，为里监门吏。然县中贤豪不敢役，县中皆谓之狂生。"是个战国侯嬴一样的人物。关于郦生见刘邦长揖不拜的故事，非常有名，毛泽东曾用它来说明刘邦的善于纳谏。汉三年，刘邦使郦生说齐王，伏轼下齐七十余城。故李白《梁甫吟》歌咏道："君不见高阳酒徒起草中，长揖山东隆准公。入门不拜骋雄辩，两女辍洗来趋风。东下齐城七十二，指挥楚汉如旋蓬。狂客落魄尚如此，何况壮士当群雄。"然而，由于韩信不地道，陷郦生于险境，竟为齐王田广所烹：

> 淮阴侯闻郦生伏轼下齐七十余城，乃夜度兵平原袭齐。齐王田广闻汉兵至，以为郦生卖己，乃曰："汝能止汉军，我活汝；不然，我将亨汝！"郦生曰："举大事不细谨，盛德不辞让。而公不为若更言！"齐王遂亨郦生，引兵东走。（《郦生陆贾列传》）

"煮就煮，老子不会替你去游说这事。"这就是郦生面对死亡的态度，这真是一条好汉。

二　当时何不怜功狗

在常人眼中，刘邦最不能令人原谅的，是他的过河拆桥、屠戮功臣，诛韩信、杀彭越，逼得英布造反、韩王信及卢绾逃入匈奴等。有人问，为什么各朝各代都发生这样的事情？这样的事既然会在各朝各代都发生，那么它就是一种法则，类乎丛林法则。

皇帝是独裁者，独裁者至高无上，但独裁者也容易成为众矢之的。《西游记》云："皇帝轮流做，明年到我家。"项羽见秦始皇仪仗队，说"彼可取而代也"。刘邦自己见秦始皇仪仗队，说"大丈夫当如此也"。他亲身经历了从布衣手提三尺剑取天下的过程，追随其一同打天下的功臣亲眼看着他如何从布衣而为皇帝的。当他做了皇帝时，又怎么不怕遭人算计呢。就算他对自己的处境十分放心，他又凭什么对子孙的处境十分放心呢。

独裁者到晚年大多猜忌。猜忌的必然结果，就是造成冤案。韩信被逮时，发牢骚引谣谚云："狡兔死，良狗亨（烹）；高鸟尽，良弓藏；敌国破，谋臣亡。"在《史记》中除了这一个韩信，还有另一个异姓王韩信，又称韩王信。和那个年代的许多人一样，韩王信有过朝汉暮楚的经历。他和燕王卢绾，都是最后被逼逃到匈奴去了的，所以司马迁将二人合传，为《韩信卢绾列传》。

汉七年（前200），刘邦被匈奴的骑兵包围在白登山，就是因为出兵攻打韩王信所致。十一年（前196）春，韩王信与胡人的骑兵勾结，以抵拒汉兵，汉遣将军柴武去攻打他们，柴先致信劝降韩王信，韩王信复信说：

> 陛下擢仆起闾巷，南面称孤，此仆之幸也。荥阳之事，

仆不能死，囚于项籍，此一罪也。及寇攻马邑，仆不能坚守，以城降之，此二罪也。今反为寇将兵，与将军争一旦之命，此三罪也。夫种、蠡无一罪，身死亡；今仆有三罪于陛下，而欲求活于世，此伍子胥所以偾于吴也。今仆亡匿山谷间，旦暮乞贷蛮夷，仆之思归，如痿人不忘起，盲者不忘视也，势不可耳。（《韩信卢绾列传》）

清人黄任诗云："天子依然归故乡，大风歌罢转苍茫。当时何不怜功狗，留取韩彭守四方？"（《彭城道中》）"功狗"一词，是刘邦的发明，详见后文。

太史公自序为《淮阴侯列传》所作的提要是："楚人迫我京索，而信拔魏赵，定燕齐，使汉三分天下有其二，以灭项籍。作《淮阴侯列传》。"韩信不同于曹参、樊哙、周勃那种攻城略地的骁将，他首先是一个战略家，这一点突出地表现在他登坛拜将的那一段时事讲话中：

项王所过无不残灭者，天下多怨，百姓不亲附，特劫于威强耳。名虽为霸，实失天下心。故曰其强易弱。……且三秦王为秦将，将秦子弟数岁矣，所杀亡不可胜计，又欺其众降诸侯，至新安，项王诈坑秦降卒二十余万，唯独邯、欣、翳得脱，秦父兄怨此三人，痛入骨髓。今楚强以威王此三人，秦民莫爱也。……今大王举而东，三秦可传檄而定也。（《淮阴侯列传》）

他精辟地分析了刘、项双方的形势，又列举了项羽在用人、在战略、在政策上的错误，认为这是致其必败的因素。接着又分析了三秦的形势，真是洞若观火，鞭辟入里。最后断言"大王举而东，三秦可传檄而定"。这是何等眼光，何等气魄，真是初露头角，一鸣惊人。这就是陈寿写诸葛亮"隆中对"的一个精彩的范本。明人王世贞说："淮阴之初说高帝也，高密（邓禹）之初说光武也，武乡之初说昭烈也，若悬券而责之，又若合券焉。

噫，可谓才也矣!"什么意思呢，意思是说者一面问，一面答，可神气了。

韩信的军事才能在当时是无与伦比的。如设疑兵，装出强渡临晋的样子，却从上游的夏阳以木罂缶渡军，奔袭安邑，一举俘获了魏豹；又北破代兵，擒夏说于阏与；而后东出井陉，大破赵兵，斩陈馀，擒赵王歇；又袭破齐历下军，击败楚国援军二十万于潍水上，杀其将龙且；最后统率汉军与项羽决战于乌江，取得最终胜利。宋代陈亮说："信之用兵，古今一人而已。"怪不得那位元老级的骁将樊哙，在国家统一后，还把韩信的过访视为无上光荣，以至"跪起迎送，言称臣"，又说"大王乃肯临臣"，完全是受宠若惊的样子。司马迁对这个人物有非常欣赏的一面。

刘邦对韩信，一方面是倚重，另一方面是深怀戒心。所以在韩信每次打胜仗之后，总是立即将他的精兵调走，让他重新组织兵力再去作战。当项羽被消灭之后，韩信不仅立即被剥夺兵权，而且还被立即调换了封地。这也是驭人术，是君人南面之术。后世统治者多效之。

关于韩信的被杀，后世看法不一，或以为是一大冤案。因为韩信不是一个有野心的人，真要叛汉，早在垓下之战之前就叛了。那时他是齐王，蒯通极力劝他拥兵自重，他都没有听从。所以不逼，他是不会反的。不但韩信，就连陈豨也是被逼反的。清人冯班说："陈豨以宾客盛为周昌所疑，高祖使按其客，始反耳，未必素有逆谋。……将兵居边，非韩彭之俦……韩信处嫌疑之地，轻与一陈豨出口言反，此亦非人情。信以淮阴家居，虽赦诸徒奴合而使之，未易部勒也。上自出，关中虽虚，未能全无备，亦不可信也。"(《史记评林》引) 传文所记，只是官方说法而已。

当韩信破赵定齐，其势已与刘、项颉颃，项羽派武涉劝其"三分天下而王之"，韩信不听。接着蒯通又引经据典、振振有词地劝说韩信"三分天下，鼎足而居"，并危言耸听地告诫他"勇略震主者身危，而功盖天下者不赏"。韩信没听进去，他实在是个君子，不能度小人之腹。这两段话共计一千三百多字，占了全传的四分之一，使人感到比例失调。司马迁为什么要这样做呢。清代赵翼的分析是："全载蒯通语，正以见淮阴之心在为汉，虽以通之说喻百端，终确然不变，而他日之诬以反而族之者之冤，痛不可言也。"（《廿二史札记》）

刘邦在平定陈豨之后，听说韩信已伏诛，这时的心态是"且喜且怜"。"喜"就不用说了，"怜"什么呢？原来刘邦知道韩信的为人，知道韩信是个君子。清人梁玉绳分析说："高祖畏恶其能非一朝一夕，胎祸于蹑足附耳，露疑于夺符袭军，故擒缚不已，族诛始快。从军来，见信死且喜且怜，亦谅其无辜受诛为可怜也。"（《史记志疑》）这种说法是诛心的。

三　时来天地皆同力

宋人郑樵有"《史记》一书，功在十表"之说。十表主要是年表，只有两篇非年表：一篇是世表——事比年表为略。因三代史料较少，不足为年表，故作《三代世表》。一篇是月表——事比年表为详。因为风云变幻、事件太多，年表盛不下。这一表正是楚汉风云一览表——《秦楚之际月表》。

这张表分作前后两部分。前一部分从秦二世元年（前209）七月到子婴元年（前207）十二月，谱列各路诸侯起义，以至刘邦、项羽入关灭秦的过程。后一部分从项羽分封诸侯开始，一直谱列到刘邦灭项羽称帝。

项羽入关后，自称西楚霸王，分封的诸侯王达十多个。实际上没过多久，甚至有些人还没到任，诸侯就陷入了混战。例如田荣很快就灭掉了齐王田都、济北王田安、胶东王田市，成为统一的齐王。陈馀帮着赵歇赶走了张耳，让赵歇仍当赵王，赵歇则让陈馀当了代王。刘邦从汉中杀回，迅速消灭了雍王章邯、塞王司马欣、翟王董翳。不久韩信灭了魏豹，又灭了代、灭了赵，刘邦封张耳为赵王；接着，韩信又灭了燕、灭了齐，刘邦封韩信为齐王。最后，刘邦消灭了项羽，做了皇帝。

在月表的开头，是陈涉起义，天下风从；再过三十一个月，号令天下的人就成了项羽；再过五十几个月，刘邦就打垮了项羽，最后统一中国。在这篇表序中，司马迁写道：

> 太史公读秦、楚之际，曰：初作难，发于陈涉；虐戾（读利）灭秦，自项氏；拨乱诛暴，平定海内，卒践帝祚，

成于汉家。五年之间，号令三嬗（读善）。自生民以来，未始有受命若斯之亟也。

这就是说，以往任何一个时代，都没有像这一时代的形势变化这么快。

这就是所谓的"时势造英雄"吧，就是韩信所谓的"殆天授，非人力"吧，就是唐诗所谓"时来天地皆同力，运去英雄不自由"吧。

这篇表序的最后，司马迁叹息道：

秦既称帝，患兵革不休，以有诸侯也，于是无尺土之封，堕坏名城，销锋镝，鉏豪桀，维万世之安。然王迹之兴，起于闾巷，合从讨伐，轶（超过）于三代，乡秦之禁，适足以资贤者为驱除难耳。故愤发其所为天下雄，安在无土不王。此乃传之所谓大圣乎？岂非天哉，岂非天哉！非大圣孰能当此受命而帝者乎？

秦朝所有的措施都是替自己帮倒忙。班固写《汉书》在修改此文以作《异姓诸侯王表序》时，所有的字一概不动，只在中间加了"镌金石者难为功，摧枯朽者易为力"。无怪魏晋之际的阮籍登广武山眺望楚汉古战场，说："时无英雄，遂使竖子成名！"

四　项王此处是英雄

在《史记》中，《项羽本纪》重要程度与《高祖本纪》相埒，而其精彩程度无疑过之。本篇是一幅惊心动魄的历史画卷，最翔实、最生动地记录了那个波澜壮阔的时代。《太史公自序》中《项羽本纪》的提要是：

秦失其道，豪桀并扰；项梁业之，子羽接之；杀庆（庆子冠军）救赵，诸侯立之；诛婴（子婴）背怀，天下非之。

概括项羽一生出处大节，司马迁认为项羽的失败从"杀婴背怀"时就决定了，何以言之，失却人心也。

《项羽本纪》一上来先讲几个故事。又说"项氏世世为楚将"，又说"秦灭六国，楚最无罪"、"楚虽三户，亡秦必楚"（范增引楚南公语），可见项羽对于秦王朝是个天生的叛逆者，又以解释他日后何以自称西楚霸王。一个故事说项羽少时学书不成，学剑又不成，还说大话："书足以记名姓而已。剑一人敌，不足学，学万人敌。"所谓"万人敌"即兵法。可见项羽有雄心，但很粗糙。还有一个故事是项羽在浙江观秦始皇仪仗队，忍不住说"彼可取而代也"，这和刘邦说"嗟乎，大丈夫当如是也"相映成趣，又表现出两个人的性格差异——"项之言悍而戾，刘之言津津不胜其歆羡矣"（王鸣盛《十七史商榷》）。一个锋芒毕露，一个深藏不露。这就是小故事、大道理——"推微知著，固相士之玄机；搜间传神，亦文家之妙用也。"（章学诚）建构了一个未来军事统治者的形象，其一生的成败都与性格相关。

项羽起家在巨鹿一战。在项梁兵败身死定陶（今属山东）

后，秦将章邯舍楚击赵，围赵王歇等于巨鹿（今属河北）；怀王震恐，从盱台（今盱眙）迁至彭城（今徐州）。项羽为宋义副将北上救赵。项羽主战，宋义则主张观望并对项羽进行威胁。项羽因矫楚王命斩宋义，一举夺取了军事领导权。接下来就打了巨鹿之战。

> 项羽乃悉引兵渡河，皆沉船，破釜甑，烧庐舍，持三日粮，以示士卒必死，无一还心。于是至则围王离，与秦军遇，九战，绝其甬道，大破之，杀苏角，虏王离。涉间不降楚，自烧杀。当是时，楚兵冠诸侯。诸侯军救巨鹿下者十余壁，莫敢纵兵。及楚击秦，诸将皆从壁上观。楚战士无不一以当十，楚兵呼声动天，诸侯军无不人人惴恐。于是已破秦军，项羽召见诸侯将，入辕门，无不膝行而前，莫敢仰视。项羽由是始为诸侯上将军，诸侯皆属焉。（《项羽本纪》）

司马迁写巨鹿之战的笔墨不多，却很有气势。刘辰翁说："叙巨鹿之战，踊跃振动，极羽平生。"（《班马异同评》）巨鹿之战的意义：一是消灭了秦军主力，为彻底推翻秦王朝奠定了基础；二是促使秦王朝内部分崩离析，酿成章邯投降项羽、赵高杀二世、三世杀赵高；三是牵制秦王朝，为刘邦从南路长驱入关创造了条件。总之，项羽的威信是打出来的，他因此顺理成章地成为众望所归、号令天下的英雄人物。

《孙子·九地》已载有"焚舟破釜"之语，《左传·文公三年》有"济河焚舟"之事，后世诗文多以《史记》项羽事迹，用"破釜沉舟"、"船沉巨鹿"等为成语，表示拼死一战，义无反顾。

巨鹿之战是项羽一生的起点，也是顶点，接下来就开始走下坡路了。项羽的致命弱点之一是他的残暴。巨鹿之战以后，章邯率二十万人投降项羽，项羽在西进途中，竟在一夜之间把他们全都活埋在新安城南。这一错误是根本性的，从此关中家家户户，都是项羽不共戴天的仇人。楚汉相争初期，给刘邦帮了大忙的是齐地的田荣。而项羽在攻打田荣的过程中，又"皆坑田荣降卒，系虏其老弱妇女，徇齐至北海，多所残灭"。为渊驱鱼，使得"田荣弟田横收齐亡卒得数万人，反城阳，项王因留连战未能下"。刘邦趁势占据了西部大半个中国，并一度攻入项羽的首都彭城。

鸿门宴是历史的转折点。鸿门宴暴露了他另一个致命的弱点，就是感情用事，缺乏政治头脑。原来刘邦入关后，就准备独霸秦地，做关中王。而曹无伤却向项羽告密，项羽一怒之下，就想消灭刘邦。而其叔父项伯与张良有旧，便把消息泄露给张良。刘邦闻之十分惊恐，就通过张良拉拢项伯与项羽疏通，次日亲往项羽军驻地鸿门谢罪。于是一场惊心动魄的斗争就拉开帷幕。刘邦在张良等人协助下，收买项伯，争取项羽，而孤立范增，最终化险为夷。这是两个政治集团的较量。刘邦方面每一步行动都经过周密安排，如宴会上刘邦恭维项羽那段话就前后讲了三遍，另两遍分别是刘邦请项伯转达给项羽，和樊哙大着嗓门当众讲的，真是假话说三遍就真了。宴会上"项庄舞剑，意在沛公"，矛盾冲突达到高潮，项伯缓冲了一下，张良及时把樊哙招来，面责项羽，矛盾冲突当即解决。这时项羽从思想上解除了武装，还轻易出卖了潜伏者——曹无伤，可见他在政治上的幼稚。相形之下，刘邦则成熟老练，当他脱险回营后，第一个行动就是解决潜伏者——立刻诛杀曹无伤。而项羽对项伯的所作所为则十分麻木，这表现出两人在政治警觉方面的差异。刘邦不仅利用张良与项伯的生死之交来渡过难关，而且倚重张良的足智多谋，对他言听计从；项羽有一个范增，却把他的忠告当耳边风，气得范增直骂"竖子不足与谋！"总而言之，在这个宴会上，刘邦一边上下一心，配合行动，有理有节；而项羽一边则是组织涣散，人各一心，相互掣肘。因此，可以这么说——刘、项胜负，在鸿门宴上已经决出。

鸿门宴是《史记》最精彩的文字之一，不妨尝肉一脔：

> 项王即日因留沛公与饮。项王、项伯东向坐，亚父南向坐。亚父者，范增也。沛公北向坐，张良西向侍。范增数目项王，举所佩玉玦以示之者三，项王默然不应。范增起，出召项庄，谓曰："君王为人不忍，若入前为寿，寿毕，请以剑舞，因击沛公于坐，杀之。不者，若属皆且为所虏。"庄则入为寿，寿毕，曰："君王与沛公饮，军中无以为乐，请以剑舞。"项王曰："诺。"项庄拔剑起舞，项伯亦拔剑起舞，常以身翼蔽沛公，庄不得击。于是张良至军门，见樊哙。樊哙曰："今日之事何如？"良曰："甚急。今者项庄拔剑舞，其意常在沛公也。"（《项羽本纪》）

后世遂用"鸿门宴"、"项庄舞剑，意在沛公"为成语，表示言行表面虽有名目，实则另有所图。如1946年的重庆谈判，就常被人称作鸿门宴。

项羽第三个致命弱点是留不住人，善将兵而不善将将，不是个做天子的材料。敌对政治势力的较量，关键在人才的争夺。韩信、陈平、黥布等原来都是项羽的部下，但后来一个个都离开项羽投靠刘邦去了。而韩信后来竟成为项羽在军事上的克星。始终忠于项羽而又谋略过人的只有一个范增，而项羽对他也不能信用，最后还中了陈平的反间计。《淮阴侯列传》中韩信拜将后对项羽其人有中肯的分析：

> 信拜礼毕，上坐。王曰："丞相数言将军，将军何以教寡人计策？"信谢，因问王曰："今东乡争权天下，岂非项王邪？"汉王曰："然。"曰："大王自料勇悍仁强孰与项王？"汉王默然良久，曰："不如也。"信再拜贺曰："惟信亦为大王不如也。然臣尝事之，请言项王之为人也。项王喑噁叱

咤，千人皆废，然不能任属贤将，此特匹夫之勇耳。项王见人恭敬慈爱，言语呕呕，人有疾病，涕泣分食饮，至使人有功当封爵者，印刓敝，忍不能予，此所谓妇人之仁也。项王虽霸天下而臣诸侯，不居关中而都彭城。有背义帝之约，而以亲爱王，诸侯不平。……项王所过无不残灭者，天下多怨，百姓不亲附，特劫于威强耳。名虽为霸，实失天下心。故曰其强易弱。……且三秦王为秦将，将秦子弟数岁矣，所杀亡不可胜计，又欺其众降诸侯，至新安，项王诈坑秦降卒二十余万，唯独邯、欣、翳得脱，秦父兄怨此三人，痛入骨髓。今楚强以威王此三人，秦民莫爱也。……今大王举而东，三秦可传檄而定也。"

从鸿门宴以后，项羽的处境就非常被动，他虽骁勇善战，却总是被人牵着鼻子走：先是被田荣牵到齐国，随后又被刘邦牵到彭城。当他几次在荥阳取得胜利，应对刘邦进一步发起攻击时，又总是被彭越牵回了梁地，简直是马不停蹄，疲于奔命，渐渐只有招架之功，没有多少还手之力。毛泽东曾总结项羽的三个致命的错误是：一、鸿门宴不听范增的话，放跑了刘邦。二、鸿沟协定，他认真了。三、建都徐州，那时叫彭城。毛泽东有句诗"不可沽名学霸王"，在他看来，"沽名"是项羽主观上的一个明显弱点，也是他失败的一个原因。

司马迁正视项羽致命的弱点，也不抹杀他的历史功绩，从感情上，对这个人物的同情比对刘邦还多一点。这在无形中也影响了《史记》的读者。

项羽也有他的个人魅力，他血气方刚，勇猛坚强，驰骋疆场，所向披靡——真是"万人敌"。在这一点上，刘邦没有可比性，这是司马迁非常欣赏项羽的地方。所以写到项羽带兵打仗的地方，笔墨都比较浪漫，比较有诗情画意。有些文字，甚至像音乐的乐章，如《项羽本纪》中不时提到的"江东子弟八千人"，在文中起到了类乎主旋律的作用——如"遂举吴中兵，使人收下县，得精兵八千人"；又如"江东已定，急引兵西击秦，项梁乃以八千人渡江而西"；又如"天之亡我，我何渡为？且籍与江东子弟八千人渡江而西，今无一人还，纵江东父兄怜而王我，我何面目见之？"这"八千人"代表项羽起事时的豪气，最后无一人生还，真是不堪回首。篇中频频提及，顾盼生姿，表现出一种乐章之美。唐代杜牧《题乌江亭》诗，对项羽的失败就寄予了批判和同情："胜败兵家事不期，包羞忍耻是男儿。江东子弟多才俊，卷土重来未可知。"

《项羽本纪》后半段多次写项羽个人的勇敢，败走东城时，还以仅有的二十八骑，对汉军进行了反复的冲击。项羽垓下兵败后，逃至乌江畔，乌江亭长欲助项羽渡江，项羽就笑着说了"天之亡我，我何渡为"那段话，就下马步行，短兵迎敌，最后拔剑自刎。宋代李清照《夏日绝句》云："生当作人杰，死亦为鬼雄。至今思项羽，不肯过江东。""人杰"一词出自《史记》刘邦之口，"鬼雄"一词出自屈原《九歌·国殇》。诗中对项羽那种宁为玉碎、不为瓦全的精神表示了由衷的赞美。

项羽性格中，还有十分柔软的一面，这就更令人同情了。

> 项王军壁垓下，兵少食尽，汉军及诸侯兵围之数重。夜闻汉军四面皆楚歌，项王乃大惊曰："汉皆已得楚乎？是何楚人之多也！"项王则夜起，饮帐中。有美人名虞，常幸从；骏马名骓，常骑之。于是项王乃悲歌慷慨，自为诗曰："力拔山兮气盖世，时不利兮骓不逝。骓不逝兮可奈何，虞兮虞兮奈若何！"歌数阕，美人和之。项王泣数行下，左右皆泣，莫能仰视。（《项羽本纪》）

不同时代、不同地域的人，总是将骏马与美人相提并论，欧洲的骑士祝酒词常常说："为骏马与美人干杯！"项羽爱骏马也爱美人，然而英雄末路，竟保护不了他的美人，也照顾不到他的骏马。在最后时刻，项羽表现出他的外强中干了，表现出脆弱了，所以他哭，左右皆哭。司马迁写得很煽情，很能打动人。

清代吴伟业《虞兮》诗云："千夫辟易楚重瞳，仁谨居然百战中。博得美人心肯死，项王此处是英雄。"最后一句表明这一段描写对项羽确实有同情的倾向。后世颇有人疑心这一段是文学描写，如清人周亮工批道："垓下是何等时？何暇更作歌诗？即有作，亦谁闻之而谁记之欤？吾谓此数语者，无论事之有无，应是太史公笔补造化，代为传神之笔。"

《霸王别姬》一直是传统戏剧的保留剧目。

清人王象春有一首《书项王庙壁》诗很好玩：

三章既沛秦川雨，入关又纵阿房炬，汉王真龙项王虎。玉玦三提王不语，鼎上杯羹弃翁姥，项王真龙汉王鼠。垓下美人泣楚歌，定陶美人泣楚舞，真龙亦鼠虎亦鼠。

第一段三句，写项羽、刘邦相约入关之初，彼此都称得上英雄，但有等差。第一局汉王略略领先。第二段三句，写项羽的某些表现较刘邦为优。第二局项王领先。第三段三句写项羽、刘邦的结局，皆不尽如人意，到头来连一个心爱的人都无计保全，第三局是双输。这首诗道出历史人物常常兼有伟大和渺小这一事实，令人深长思之。诗中措辞出自李白《远别离》："君失臣兮龙为鱼，权归臣兮鼠变虎。"

五　关中借重萧丞相

在刘邦的建国大业中，贡献最大的三个人是萧何、张良和韩信，史称汉室三杰。三杰这个说法也出于刘邦"此三者，皆人杰也"。

萧何功居第一。刘邦在大封功臣的时候，毫不客气地称那些冲锋陷阵的将领为"功狗"，而称萧何为"功人"。

> 汉五年……论功行封。群臣争功，岁余功不决。高祖以萧何功最盛，封为酂（读赞）侯，所食邑多。功臣皆曰："臣等身被坚执锐，多者百余战，少者数十合，攻城略地，大小各有差。今萧何未尝有汗马之劳，徒持文墨议论，不战，顾反居臣等上，何也？"高帝曰："诸君知猎乎？"曰："知之。""知猎狗乎？"曰："知之。"高帝曰："夫猎，追杀兽兔者狗也，而发踪指示兽处者人也。今诸君徒能得走兽耳，功狗也。至如萧何，发踪指示，功人也。……"群臣皆莫敢言。（《萧相国世家》）

司马迁为《萧相国世家》作提要为："楚人围我荥阳，相守三年；萧何填抚山西，推计踵兵，给粮食不绝，使百姓爱汉，不乐为楚。作《萧相国世家》第二十三。"表明萧何主持根据地的行政工作，后勤做得相当出色，使根据地成为前方打胜仗的有力保证。

萧何出身官吏，具有政治头脑和卓越的办事能力，在关键时刻发挥了重要作用，如：

> 沛公至咸阳，诸将皆争走金帛财物之府分之，何独先入

收秦丞相御史律令图书藏之。沛公为汉王，以何为丞相。项王与诸侯屠烧咸阳而去。汉王所以具知天下厄塞，户口多少，强弱之处，民所疾苦者，以何具得秦图书也。（《萧相国世家》）

他有政府部门工作经验，知道档案图情工作的重要性，这当然是一种常识，但常识有时非常重要，有的人就是缺乏应有的常识。而萧何有施政的常识，所以能够成为刘邦得力的辅弼。而项羽本人就缺乏常识，他身边也没有看到像萧何这种具有行政能力的人。

而在刘邦这边，却不一而足。萧何手下有张苍，这是一个学者型人才，其事迹见《张丞相列传》。这人在秦时，曾经做过柱下御史，管理宫内的各种文书档案，天下大乱时，做了刘邦的宾客。有一次犯法当斩，当他脱下衣服，露出肥大的身躯时，凑巧被王陵看见，王陵爱才如萧何，立刻奏报刘邦刀下留人。后来他做了掌理财政的计相，以列侯的爵位留在相府，负责典校郡国所报来的会计账簿。这是一个怪人，司马迁记道：

初，张苍父长不满五尺，及生苍，苍长八尺余，为侯、丞相。苍子复长。及孙类，长六尺余，坐法失侯。苍之免相后，老，口中无齿，食乳，女子为乳母。妻妾以百数，尝孕者不复幸。苍年百有余岁而卒。（《张丞相列传》）

发现并极力推荐韩信出任大将，是萧何的又一功绩。刘邦最初并不认识韩信，何况他有一个不好的名声。《淮阴侯列传》一上来就讲了韩信少年时代的两个故事：

淮阴侯韩信者，淮阴人也。始为布衣时，贫无行，不得推择为吏，又不能治生商贾，常从人寄食饮，人多厌之者。……

信钓于城下，诸母漂，有一母见信饥，饭信，竟漂数十日。信喜，谓漂母曰："吾必有以重报母。"母怒曰："大丈夫不能自食，吾哀王孙而进食，岂望报乎！"

淮阴屠中少年有侮信者，曰："若虽长大，好带刀剑，中情怯耳。"众辱之曰："信能死，刺我；不能死，出我袴下。"于是信孰视之，俛出袴下，蒲伏。一市人皆笑信，以为怯。

这两个故事说明什么呢？说明韩信青少年时代很受气，很被人瞧不起。不但屠中少年瞧不起他，市人瞧不起他，连那个漂母都打心眼儿里瞧不起他。大家都觉得他窝囊。正是人不可貌相。还有呢，就是韩信能忍，到底是要担当大任的人，要是他一剑把那无赖少年杀了，还有后来的韩信吗？

韩信有暮楚朝汉之经历，在项梁渡淮时，他仗剑以从，无所知名。项梁死后，归项羽，项羽任他为郎中，屡献奇策而不用。后来弃楚归汉，也犯了一次险：

汉王之入蜀，信亡楚归汉，未得知名，为连敖。坐法当斩，其辈十三人皆已斩，次至信，信乃仰视，适见滕公，曰："上不欲就天下乎？何为斩壮士！"滕公奇其言，壮其貌，释而不斩。与语，大说之。言于上，上拜以为治粟都尉，上未之奇也。（《淮阴侯列传》）

这个滕公（夏侯婴）和王陵一样，也能刀下留人，则是因为韩信的一句话，而这次刀下留人，更是具有历史意义的。而萧何本人又是怎样认识韩信的呢？

信数与萧何语，何奇之。至南郑，诸将行道亡者数十人，信度何等已数言上，上不我用，即亡。何闻信亡，不及以闻，自追之。人有言上曰："丞相何亡。"上大怒，如失左右手。居一二日，何来谒上，上且怒且喜，骂何曰："若亡，何也？"何曰："臣不敢亡也，臣追亡者。"上曰："若所追者谁何？"曰："韩信也。"上复骂曰："诸将亡者以十数，公无所追；追信，诈也。"何曰："诸将易得耳。至如信者，国士无双。王必欲长王汉中，无所事信；必欲争天下，非信无所与计事者。顾王策安所决耳。”王曰："吾亦欲东耳，安能郁郁久居此乎？"何曰："王计必欲东，能用信，信即留；不能用，信终亡耳。"王曰："吾为公以为将。"何曰："虽为将，信必不留。"王曰："以为大将。"何曰："幸甚。"于是王欲召信拜之。何曰："王素慢无礼，今拜大将如呼小儿耳，此乃信所以去也。王必欲拜之，择良日，斋戒，设坛场，具礼，乃可耳。"王许之。诸将皆喜，人人各自以为得大将。至拜大将，乃韩信也，一军皆惊。（《淮阴侯列传》）

萧何认识韩信，凭几次谈话就认定他是"国士无双"。而"何闻信亡，不及以闻，自追之"——这是多么感人，这是一个历史的紧要关头，一个关系到战争成败的人才就要失之交臂，如果不追，这一段历史就要重写。这是中国历史上的一段佳话，辛弃疾《木兰花慢·席上呈张仲固帅兴元》说："汉中开汉业，问此地，是耶非？想剑指三秦，君王得意，一战东归。追亡事，今不见，但山川满目泪沾衣。"抚今追昔，是非常感慨的。难怪韩愈说"世有伯乐然后有千里马"。在传统戏剧舞台上，《追韩信》至今是一出保留节目。

"吾为公以为将"，表明刘邦这时对韩信还不够了解，也表明他对萧何信任的程度。萧何说："虽为将，信必不留。"刘邦马上就说："以为大将。"改口之快，表明刘邦的从善如流，迥异常人。"于是王欲召信拜之"，表明刘邦性格中的冒失，即萧何所谓"素慢无礼，今拜大将如呼小儿"。而萧何要求"择良日，斋戒，设坛场，具礼"以拜之，则是教刘邦如何尊重人才。"一军皆惊"，更表明萧何的独具慧眼。

刘邦引兵东定三秦，"何以丞相留收巴蜀，填抚谕告，使给军食。汉二年，汉王与诸侯击楚，何守关中，侍太子，治栎阳。

为法令约束，立宗庙社稷宫室县邑，辄奏上，可，许以从事；即不及奏上，辄以便宜施行，上来以闻。关中事计户口转漕给军，汉王数失军遁去，何常兴关中卒，辄补缺。上以此专属任何关中事"（《萧相国世家》）。这份固守根本、做幕后英雄的工作，在建国大业中贡献很大，无怪刘邦以其功居第一。刘邦是个明白人。

中国有个成语叫"萧规曹随"，讲的是萧何做相国，为汉王朝制定的律令制度，到他所推荐的曹参做相国时，都无所变更，一切按萧何的办法去处理，提拔的也是老成持重的人，不用那些精明的、好大喜功的人。这合于黄老思想，叫清静无为、无为而治，其好处是不生事，不扰民。用今天的话说，就是保证了政策的延续性，缺点是没有政绩工程。

> 参始微时，与萧何善；及为将相，有郤。至何且死，所推贤唯参。参代何为汉相国，举事无所变更，一遵萧何约束。……参子窋为中大夫。惠帝怪相国不治事，以为"岂少朕与？"乃谓窋曰："若归，试私从容问而父曰：'高帝新弃群臣，帝富于春秋，君为相，日饮，无所请事，何以忧天下乎？'然无言吾告若也。"窋既洗沐归，间侍，自从其所谏参。参怒，而笞窋二百，曰："趣入侍，天下事非若所当言也。"至朝时，惠帝让参曰："与窋胡治乎？乃者我使谏君也。"参免冠谢曰："陛下自察圣武孰与高帝？"上曰："朕乃安敢望先帝乎！"曰："陛下观臣能孰与萧何贤？"上曰："君似不及也。"参曰："陛下言之是也。且高帝与萧何定天下，法令既明，今陛下垂拱，参等守职，遵而勿失，不亦可乎？"惠帝曰："善。君休矣！"参为汉相国，出入三年。卒，谥懿侯。子窋代侯。百姓歌之曰："萧何为法，顜（读讲，皎然）若画一；曹参代之，守而勿失。载其清净，民以宁一。"（《曹相国世家》）

司马迁对曹参的评价是："曹相国参攻城野战之功所以能多

若此者，以与淮阴侯俱。及信已灭，而列侯成功，唯独参擅其名。参为汉相国，清静极言合道。然百姓离秦之酷后，参与休息无为，故天下俱称其美矣。"

中国有句古谚叫"成也萧何，败也萧何"，这是针对萧何助刘邦、吕后诱捕韩信而言的。《萧相国世家》说："汉十一年，陈豨反，高祖自将，至邯郸。未罢，淮阴侯谋反关中，吕后用萧何计，诛淮阴侯，语在淮阴事中。上已闻淮阴侯诛，使使拜丞相何为相国，益封五千户，令卒五百人一都尉为相国卫。"此事《淮阴侯列传》有更详细的记载：

汉十年，陈豨果反。上自将而往，信病不从。阴使人至豨所，曰："弟举兵，吾从此助公。"信乃谋与家臣夜诈诏赦诸官徒奴，欲发以袭吕后、太子。部署已定，待豨报。其舍人得罪于信，信囚，欲杀之。舍人弟上变，告信欲反状于吕后。吕后欲召，恐其党不就，乃与萧相国谋，诈令人从上所来，言豨已得死，列侯群臣皆贺。相国绐信曰："虽疾，强入贺。"信入，吕后使武士缚信，斩之长乐钟室。信方斩，曰："吾悔不用蒯通之计，乃为儿女子所诈，岂非天哉！"遂夷信三族。

"夷三族"是古代极不人道的刑罚，为了杜绝复仇的种子，统治者就采用这种斩草除根的手段。有一种说法叫"株连九族"，其实就是"夷三族"的另一种说法。"九族"包括父族四（本族、姑母及其子、姐妹及外甥、女儿及外孙），母族三（外祖一族、外祖母娘家、姨母及姨侄），妻族二（岳父一族、岳母娘家）。

萧何协助吕后诛韩信这件事，脱离具体的历史背景，其他人很难说三道四。站在汉室的立场，萧何不过协助吕后粉碎了一次军人"政变"。不过，司马迁对他是有微词的：

太史公曰：萧相国何于秦时为刀笔吏，录录未有奇节。

及汉兴，依日月之末光，何谨守管籥，因民之疾法，顺流与之更始。淮阴、黥布等皆以诛灭，而何之勋烂焉。（《萧相国世家》）

这是说，萧何在秦时，也就一个碌碌无为的文书罢了，没有过人之处。由于跟对了人，所以发迹了。到韩信、英布等功臣被剪除，萧何地位就更显要了。

《萧相国世家》并没有大量地正面地描写萧何的功绩，反而花较多笔墨从多个方面表现他与刘邦间的复杂关系，在功臣传记中是很特殊的。秦时，萧何原是刘邦的上司，曾多次给刘邦以优待和回护。如每逢刘邦带领民工去咸阳服役，别人赞助盘缠三个钱，萧何独给五个钱。这个情刘邦一直是记着的，称帝后大封功臣，"益封何二千户"，"以帝尝繇咸阳时何送我独赢奉钱二也"，这二千户就成了那两个钱的利息。导致刘、萧关系的第一次变化的因素是陈涉起义：

> 高祖以亭长为县送徒骊山，徒多道亡。自度比至皆亡之，到丰西泽中，止饮，夜乃解纵所送徒，曰："公等皆去，吾亦从此逝矣！"……秦二世元年秋，陈胜等起蕲（读七），至陈而王，号为"张楚"。诸郡县皆多杀其长吏以应陈涉。沛令恐，欲以沛应涉。掾、主吏萧何、曹参乃曰："君为秦吏，今欲背之，率沛子弟，恐不听。愿君召诸亡在外者，可得数百人，因劫众，众不敢不听。"乃令樊哙召刘季。……沛令后悔，恐其有变，乃闭城城守，欲诛萧、曹。萧、曹恐，逾城保刘季。刘季乃书帛射城上，谓沛父老曰："天下苦秦久矣。今父老虽为沛令守，诸侯并起，今屠沛。沛令共诛令，择子弟可立者立之，以应诸侯，则家室完。不然，父子俱屠，无为也。"父老乃率子弟共杀沛令，开城门迎刘季，欲以为沛令。刘季曰："天下方扰，诸侯并起，今置将不善，壹败涂地。吾非敢自爱，恐能薄，不能完父兄子弟。此大

事，愿更相推择可者。"萧、曹等皆文吏，自爱，恐事不就，后秦种族其家，尽让刘季。……乃立季为沛公。（《高祖本纪》）

刘邦因纵徒役而亡命，回沛县人们对他已是刮目相看了，沛令无决断，授人以柄，遂致杀身。萧、曹等不愿当出头鸟，尽让刘季，历史就这样做出了选择。

刘邦以萧何为左右手，离不开他，但也不完全放心他，时时防嫌他。白居易诗云："天可度，地可量，惟有人心不可防。"也难怪刘邦。当刘邦与项羽相持于荥阳，刘邦一连多次派人慰问萧何，连幕僚鲍生都看出来了："数使使劳苦君者，有疑君心也。为君计，莫若遣君子孙昆弟能胜兵者，悉诣军所，上必益信君。"萧何照办了，于是"汉王大悦"。后来，萧何帮刘邦除掉韩信后，刘邦"令卒五百人一都尉为相国卫"。另一幕僚召平又对他说："以今淮阴侯新反于中，疑君心矣。夫置卫君，非以宠君也，愿君让封勿受，悉以家私财佐军，则上心悦。"萧何又照办，于是"高帝乃大喜"。当英布反，刘邦亲往镇压时，萧何还想与以往一样"悉以所有佐军"。又有人提醒他："君灭族不久矣。夫君位为相国，功第一，可复加哉！然君初入关中，得百姓心十余年矣……上所为数问君者，畏君倾动关中。今君胡不多买田地，贱贳（读矢）贷以自污？上心乃安。"萧何又照办了，于是"上乃大悦"。

这种"如临深渊，如履薄冰"的状态，当然是很累的，主要是心累。正是：高处不胜寒，高有高的难处。

六 一编书是帝王师

萧何虽然功居第一，刘邦论三杰却又首称张良："夫运筹策帷帐之中，决胜于千里之外，吾不如子房。"在后世他的名气之大，过于萧何。宋人真德秀云："子房为汉谋臣，虽未尝一日居辅相之位，而其功实为三杰之冠，故高帝首称之。其人在伊吕之间，而学则有王霸之余；其才如管仲，而气象高远过之。其汉而下，唯诸葛孔明略相伯仲。"（《史记评林》引）

据《高祖功臣侯者年表》，高祖十二年间所封列侯一百四十三人，立传（世家列传）者只有二十来人。功居第三的张敖、功居第五的樊哙、功居第六的郦商都入列传。按理说入世家的张良，至少应紧随萧、曹，功列前三。

然而，在功臣侯者年表中，张良却排在六十二位。这不好解释，唯一可以说得通的理由是——这是张良自己要的结果。

《留侯世家》载："汉六年正月，封功臣。良未尝有战斗功，高帝曰：'运筹策帷帐中，决胜千里外，子房功也。自择齐三万户。'良曰：'始臣起下邳，与上会留，此天以臣授陛下。陛下用臣计，幸而时中，臣愿封留足矣，不敢当三万户。'乃封张良为留侯，与萧何等俱封。"齐是一块肥肉，当年田肯对刘邦说："秦，形胜之国，带河山之险，县隔千里，持戟百万，秦得百二焉。地执便利，其以下兵于诸侯，譬犹居高屋之上建瓴水也。夫齐，东有琅邪、即墨之饶，南有泰山之固，西有浊河之限，北有勃海之利。地方二千里，持戟百万，县隔千里之外，齐得十二焉。故此东西秦也，非亲子弟，莫可使王齐矣。"（《高祖本纪》）

而张良只要留这样一块小地方，这就是张良自己的选择。这使人想起老子所说："夫唯不争，故天下莫能与之争。""功成不居。夫唯不居，是以不去。"张良是做到了。他本是黄老的信徒，要的就是明哲保身。明哲保身就须低调，低调是张良的处世哲学。

　　张良本是书生、文士、谋臣，却是以侠客、杀手、亡命徒的身份露面的。这是《留侯世家》很奇特的一笔：

　　　　留侯张良者，其先韩人也。……良年少，未宦事韩。韩破，良家僮三百人，弟死不葬，悉以家财求客刺秦王，为韩报仇，以大父、父五世相韩故。良尝学礼淮阳。东见仓海君。得力士，为铁锥重百二十斤。秦皇帝东游，良与客狙击秦皇帝博浪沙中，误中副车。秦皇帝大怒，大索天下，求贼甚急，为张良故也。良乃更名姓，亡匿下邳。

　　清人朱彝尊词云："当年博浪金椎，惜乎不中秦皇帝！咸阳大索，下邳亡命，全身非易。纵汉当兴，使韩成在，肯臣刘季？算论功三杰，封留万户，都未是，平生意。"（《水龙吟·谒张子房祠》）"为韩报仇"——是家仇国恨决定了张良一生的事业。博浪沙行动的失败，张良动心忍性，改变策略。

　　接下来张良有一次奇遇，就是遇圯上老人即黄石公，此人更像个小说中的人物。

　　　　良尝闲从容步游下邳圯上，有一老父，衣褐，至良所，直堕其履圯下，顾谓良曰："孺子，下取履！"良愕然，欲殴之，为其老，强忍，下取履。父曰："履我！"良业为取履，因长跪履之。父以足受，笑而去。良殊大惊，随目之。父去里所，复还，曰："孺子可教矣。后五日平明，与我会此。"良因怪之，跪曰："诺。"五日平明，良往。父已先在，怒曰："与老人期，后，何也？"去，曰："后五日早会。"五日鸡鸣，良往。父又先在，复怒曰："后，何也？"去，曰：

"后五日复早来。"五日，良夜未半往。有顷，父亦来，喜曰："当如是。"出一编书，曰："读此则为王者师矣。后十年兴。十三年孺子见我济北，穀城山下黄石即我矣。"遂去，无他言，不复见。旦日视其书，乃太公兵法也。（《留侯世家》）

据苏东坡《留侯论》的见解，老人授书还是次要的，关键是考验张良的韧性。推翻秦王朝必须有持久的打算，不能毕其功于一役。见张良有这个韧性，老人才肯授书。

张良在刘邦的建国大业中的卓越功勋，主要是运筹帷幄，也就是坐镇指挥。他的一谋一划，无不关系刘邦的安危得失。如计破峣关，使沛公先入关：

沛公欲以兵二万人击秦峣（读尧）下军，良说曰："秦兵尚强，未可轻。臣闻其将屠者子，贾竖易动以利。愿沛公且留壁，使人先行，为五万人具食，益为张旗帜诸山上，为疑兵，令郦食其持重宝啖秦将。"秦将果畔，欲连和俱西袭咸阳，沛公欲听之。良曰："此独其将欲叛耳，恐士卒不从。不从必危，不如因其解击之。"沛公乃引兵击秦军，大破之。（遰）〔逐〕北至蓝田，再战，秦兵竟败。遂至咸阳，秦王子婴降沛公。（《留侯世家》）

如既入关，刘邦欲留居秦宫，喻以利害，劝还霸上。如面临项羽大军的威逼，紧紧抓住项伯，使刘邦脱身于鸿门宴。

在刘邦被排挤到边鄙的巴蜀时，张良又通过项伯，为刘邦请到汉中之地。项羽为了稳住刘邦，居然也就准其所请。张良在探知通往陈仓之故道的前提下，劝刘邦火烧栈道，示无还心，以麻痹项羽。又诱导项羽把攻击目标转移到齐国，使刘邦乘隙还定三秦。

汉元年正月，沛公为汉王，王巴蜀。汉王赐良金百溢，珠二斗，良具以献项伯。汉王亦因令良厚遗项伯，使请汉中地。项王乃许之，遂得汉中地。汉王之国，良送至褒中，遣良归韩。良因说汉王曰："王何不烧绝所过栈道，示天下无还心，以固项王意。"乃使良还。行，烧绝栈道。良至韩，韩王成以良从汉王故，项王不遣成之国，从与俱东。良说项王曰："汉王烧绝栈道，无还心矣。"乃以齐王田荣反书告项王。项王以此无西忧汉心，而发兵北击齐。（《留侯世家》）

同年，刘邦兵败彭城，张良又劝其捐关东之地与韩信、英布、彭越，这三个人后来就成为破楚的主力，刘邦平定天下之后有七个异姓王，这三个人地位最突出：

项王竟不肯遣韩王，乃以为侯，又杀之彭城。良亡，间行归汉王，汉王亦已还定三秦矣，复以良为成信侯，从东击楚。至彭城，汉败而还。至下邑，汉王下马踞鞍而问曰："吾欲捐关以东等弃之，谁可与共功者？"良进曰："九江王黥布，楚枭将，与项王有郤；彭越与齐王田荣反梁地：此两人可急使。而汉王之将独韩信可属大事，当一面。即欲捐之，捐之此三人，则楚可破也。"……然卒破楚者，此三人力也。（《留侯世家》）

如韩信欲代齐王，蹑足就封，化解危机。以上这些，都关系到建国大业的成败。

又如劝封雍齿，防变于未形。

上已封大功臣二十余人，其余日夜争功不决，未得行封。上在雒阳南宫，从复道望见诸将往往相与坐沙中语。上曰："此何语？"留侯曰："陛下不知乎？此谋反耳。"……上乃忧曰："为之奈何？"留侯曰："上平生所憎，群臣所共知，谁最甚者？"上曰："雍齿与我故，数尝窘辱我。我欲杀之，为其功多，故不忍。"留侯曰："今急先封雍齿以示群臣，群臣见雍齿封，则人人自坚矣。"于是上乃置酒，封雍齿为什方侯，而急趣丞相、御史定功行封。群臣罢酒，皆喜曰：

"雍齿尚为侯，我属无患矣。"（《留侯世家》）

《老子》六十四章说："其安易持，其未兆易谋。其脆易泮，其微易散。为之于未有，治之于未乱。"张良之策，就是防患于未然。此外，如劝迎四皓，卒定太子，都关系到建国之后的稳定。

张良学黄老之术是学到了家的。从入世的角度说，就是权变，就是先让步后还击。《老子》三十六章说："将欲歙之，必故张之；将欲弱之，必故强之；将欲废之，必故兴之；将欲取之，必故与之。是谓微明。柔弱胜刚强。"宋人杨时说："老子之学最忍，他闲时似个虚无单弱的人，到紧要处发出来令人支吾不住，如张子房是也。子如峣关之战，与秦将连和了，忽乘其懈击之。鸿沟之约，与项羽讲解了，忽回军杀之，这便是柔弱之发处，可畏！可畏！"——鸿沟之约事见《项羽本纪》：

> 是时，汉兵盛食多，项王兵罢食绝。汉遣陆贾说项王，请太公，项王弗听。汉王复使侯公往说项王，项王乃与汉约，中分天下，割鸿沟以西者为汉，鸿沟而东者为楚。项王许之，即归汉王父母妻子。军皆呼万岁。……项王已约，乃引兵解而东归。

> 汉欲西归，张良、陈平说曰："汉有天下太半，而诸侯皆附之。楚兵罢食尽，此天亡楚之时也，不如因其机而遂取之。今释弗击，此所谓'养虎自遗患'也。"汉王听之。汉五年，汉王乃追项王至阳夏南，止军，与淮阴侯韩信、建成侯彭越期会而击楚军。至固陵，而信、越之兵不会。楚击汉军，大破之。汉王复入壁，深堑而自守。谓张子房曰："诸侯不从约，为之奈何？"对曰："楚兵且破，信、越未有分地，其不至固宜。君王能与共分天下，今可立致也。即不能，事未可知也。君王能自陈以东傅海，尽与韩信；睢阳以北至穀城，以与彭越：使各自为战，则楚易败也。"汉王曰："善。"

鸿沟（也就是中国棋盘上的楚河汉界）是战国时魏国所开的一条引黄入淮的运河，北起荥阳，经中牟、开封，南流至淮阳东南入淮水支流颍水。毛泽东读史，曾经做过绘声绘色的表述：鸿沟划界，项羽引兵东退，刘邦也想到长安休息，张良说，什么条约不条约，要进攻，他立刻听了张良的话，向东进。总之，无论是在峣关对付秦人、鸿沟之盟后对付项羽，还是灭楚后对付韩信，张良都是出其不意，只问结果，不择手段。

从出世的角度说，就是功成身退，全身而退。《老子》第九章说："持而盈之，不如其已；揣而（锐）之，不可长保。金玉满堂，莫之能守；富贵而骄，自遗其咎。功遂身退，天之道。"《史记》中有不少功成身退的故事，最好的例子就是范蠡，霸越亡吴计已成，范蠡马上带着西施经商去了。他不恋栈不掌权，进入民间系统，当了财神爷，当了陶朱公。民间的财神爷就是范蠡的标准像。他经商有极好的效益，还把西施接管了。张良没有他那么浪漫，但也是比较能够保护自己的。

清人林伯桐说："汉高一生喜狎侮，又多猜忌；老成如酂侯（萧何），英雄如淮阴，皆不免于疑忌。他如英布之勇，郦食其之辩，其始皆不免于狎侮，唯遇留侯则自始至终无敢失礼，亦无有疑心，岂徒以其谋略哉？观留侯自称，一则曰'为韩报仇强秦'，再则曰'愿弃人间事，欲从赤松子游'，其进退绰绰有余于功名爵禄之外者矣。考其生平，居得为之地，而无田宅之好，无声色之嗜，至其经营天下，则如行所无事者，谁能及之哉！"（《增评历史纲鉴补》）

关于张良的相貌，《史记》有这样的记载——太史公曰："余以为其人计魁梧奇伟，至见其图，状貌如妇人好女。盖孔子曰：以貌取人，失之子羽。留侯亦云。"味其言，也就是说张良其貌不扬吧。这正是，人不可貌相，海水不可斗量。

七　吕氏强梁嗣子柔

有句话说"人人生而平等"，其实是"生而不平等"。常人都愿生富贵之家，都羡慕帝王之家。然而，常人看到的只是这些人的风光，个中甘苦只有当事人才知道。"愿生生世世勿生帝王家"这个话，好像是唐文宗最早说的，后来明建文帝也说过。由此看来，生在帝王之家，也不那么值得羡慕。《世说新语》中殷浩有句话说得好："宁作我。"只要不是生在"负郭穷巷"，只要所生之家有那么一亩三分地，就值得庆幸。

老子说："天地不仁，以万物为刍狗。"自然法则，是非常残酷的。帝王政治，只要涉及政权及交班，其惨烈有类自然法则。发生在蜂群里的行为，发生在狮群里的行为，在政权斗争中也会发生。利益大，风险也大。处在权力中心的人就像处在旋涡中心，一失败就是灭顶之灾，以丧失生命或自由为代价。

汉文帝弟淮南王刘长谋反，事败被废，徙居蜀郡严道县，途中不食而死。民间为此作歌谓："一尺布，尚可缝；一斗粟，尚可舂。兄弟二人不能相容。"事见《淮南衡山列传》。"兄弟二人不能相容"，在常人眼中，做父母的该是多么痛心呀。谁又不是人生父母养的呀？唐李白《上留田行》："尺布之谣，塞耳不能听。"然而事有不得已者，故《旧唐书·太宗纪下》云："当神尧任逸之年，建成忌功之日……变故之兴，间不容发，方惧毁巢之祸，宁虞尺布之谣。"

所以，读史的另一个好处，是平视帝王将相，感悟不一样的人生。

刘邦在位十二年（前206—前195），做皇帝仅八年，平定诸侯叛乱的战争不断，"与民休息"的政策只有到吕后执政时期才开始成为现实。对此，司马迁有一个笼统的评价：

> 太史公曰：孝惠皇帝、高后之时，黎民得离战国之苦，君臣俱欲休息乎无为，故惠帝垂拱，高后女主称制，政不出房户，天下晏然。刑罚罕用，罪人是希。民务稼穑，衣食滋殖。（《吕太后本纪》）

这是肯定吕后的历史功绩。但对吕后其人，司马迁并无好感。吕后的性格是被权力异化了的，其心肠之硬，甚至使刘邦相形之下都显得柔软。"吕后为人刚毅，佐高祖定天下，所诛大臣多吕后力"，汉初的三大"异姓王"，两个死在吕后手里，一个是韩信，另一个是彭越。

彭越是昌邑（今属山东潍坊）人，原是阮小二那样的渔民，也做强盗的勾当。陈胜起义后，被水乡少年推举为头领，在沛公刘邦从砀北攻打昌邑时，曾率徒援助。刘邦东向攻楚时，彭越率三万众投奔，在平定梁地的战争中，立下功劳。在刘邦许诺封王的前提下，彭越动员所有军队前往垓下与刘邦会合，大破楚军。后封梁王。

汉十年秋，陈豨在代造反，刘邦要征调彭越的兵马，彭称病未从，只派了一位将军去邯郸增援，刘邦很不高兴。其部属扈辄劝他造反，他和韩信一样，并未听从，继续装病。不幸他手下一位太仆因为过失将被处斩，又恰好知道这事，逃跑到刘邦那里，告彭越谋反，彭越遂遭到密捕，囚于洛阳。经过有司审理，被认为已构成反叛罪行，请示依法严办。而刘邦特加赦免，废为庶人，限至蜀地青衣县定居。本来捡得一条命，不幸在西行途中，彭越路遇正去洛阳的吕后，竟像一个受了委屈的大孩子一样，向吕后申诉自己的冤屈，结果被阴险的吕后领回洛阳，斩草除根：

梁王怒其太仆，欲斩之。太仆亡走汉，告梁王与扈辄谋反。于是上使使掩梁王，梁王不觉，捕梁王，囚之雒阳。有司治反形已具，请论如法。上赦以为庶人，传处蜀青衣。西至郑，逢吕后从长安来，欲之雒阳，道见彭王。彭王为吕后泣涕，自言无罪，愿处故昌邑。吕后许诺，与俱东至雒阳。吕后白上曰："彭王壮士，今徙之蜀，此自遗患，不如遂诛之。妾谨与俱来。"于是吕后乃令其舍人告彭越复谋反。廷尉王恬开奏请族之。上乃可，遂夷越宗族，国除。（《魏豹彭越列传》）

像彭越那样做到"异姓王"的人，要想回头再做老百姓就不容易了，就有很多政治上的顾忌了，吕后是根据消除后患的原则将其置之死地的。司马迁如实记下了这一大冤案，吕后是难辞其咎的。

在《史记》中，与韩王信合传的燕王卢绾，与刘邦关系之亲密非同一般。刘、卢两家是同乡和世交，卢绾与刘邦是同一天出生，后来又一起读书求学，是总角之交。刘邦在汉中时，卢绾就做将军随侍，汉五年即受封燕王，亲幸程度愈于萧、曹。他与刘邦的交恶，是由于一个意外的事件：

汉十一年秋，陈豨反代地，高祖如邯郸击豨兵，燕王绾亦击其东北。当是时，陈豨使王黄求救匈奴。燕王绾亦使其臣张胜于匈奴，言豨等军破。张胜至胡，故燕王臧荼子衍出亡在胡，见张胜曰："……燕所以久存者，以诸侯数反，兵连不决也。今公为燕，欲急灭豨等，豨等已尽，次亦至燕，公等亦且为虏矣。……"张胜以为然，乃私令匈奴助豨等击燕。燕王绾疑张胜与胡反，上书请族张胜。胜还，具道所以为者。燕王寤，乃诈论他人，脱胜家属，使得为匈奴间，而阴使范齐之陈豨所，欲令久亡，连兵勿决。（《韩信卢绾列传》）

不料陈豨很快为樊哙所击杀，事情就败露了。刘邦即召卢绾，卢绾心中有病，不赴。刘邦又派人去催，卢绾就对他的亲信说：

> 非刘氏而王，独我与长沙（指长沙王吴芮）耳。往年春，汉族淮阴，夏，诛彭越，皆吕后计。今上病，属任吕后。吕后妇人，专欲以事诛异姓王者及大功臣。（《韩信卢绾列传》）

于是称病坚决不去，于是刘邦派樊哙击卢绾。卢绾还是相信刘邦会顾念旧情，特地将全部宫人家属和骑兵数千人安顿在长城之下，听候机会，希望刘邦病愈，自动入宫请罪。不料刘邦很快死了，卢绾就绝望了。率领众人投降匈奴，被封为东胡卢王。虽然他在匈奴过得一点也不开心，却至死未能复归汉朝。

吕后作为一个女性，其嫉妒心、报复心之强也超过了一般女人，在后宫斗争中，她与戚夫人有较深的过节。

> 及高祖为汉王，得定陶戚姬，爱幸，生赵隐王如意。孝惠为人仁弱，高祖以为不类我，常欲废太子，立戚姬子如意，如意类我。戚姬幸，常从上之关东，日夜啼泣，欲立其子代太子。吕后年长，常留守，希见上，益疏。如意立为赵王后，几代太子者数矣，赖大臣争之，及留侯策，太子得毋废。（《吕太后本纪》）

吕后见不着刘邦，那是一段提心吊胆的日子。然而，戚夫人已经成为失败者，成为死老虎了，吕后仍然照打不误，绝不饶人，而且在报复、残害戚夫人和赵王如意的手段上，达到了变态的、令人发指的地步。

> 吕后最怨戚夫人及其子赵王，乃令永巷囚戚夫人，而召赵王。使者三反，赵相建平侯周昌谓使者曰："高帝属臣赵王，赵王年少。窃闻太后怨戚夫人，欲召赵王并诛之，臣不敢遣王。王且亦病，不能奉诏。"吕后大怒，乃使人召赵相。

赵相征至长安，乃使人复召赵王。王来，未到。孝惠帝慈仁，知太后怒，自迎赵王霸上，与入宫，自挟与赵王起居饮食。太后欲杀之，不得间。孝惠元年十二月，帝晨出射。赵王少，不能蚤起。太后闻其独居，使人持酖饮之。犁明，孝惠还，赵王已死。……太后遂断戚夫人手足，去眼，煇耳，饮瘖药，使居厕中，命曰"人彘"。居数日，乃召孝惠帝观人彘。孝惠见，问，乃知其戚夫人，乃大哭，因病，岁余不能起。（《吕太后本纪》）

这不是正常人干得出的事。从汉惠帝受到的刺激惊吓的程度，可知这件事的过分。

《诗·鄘·墙有茨》云："墙有茨，不可扫也，中冓之言，不可道也，所可道也，言之丑也。"没有权力想权力，权力得之不易，因此有权力时害怕失去权力，处在权力高峰上的人物常有患得患失的心理。吕后无情诛杀刘氏骨肉，这个事在常人眼中难以理解。

宣平侯女为孝惠皇后时，无子，详为有身，取美人子名之，杀其母，立所名子为太子。孝惠崩，太子立为帝。帝壮，或闻其母死，非真皇后子，乃出言曰："后安能杀吾母而名我？我未壮，壮即为变。"太后闻而患之，恐其为乱，乃幽之永巷中，言帝病甚，左右莫得见。太后曰："……今皇帝病久不已，乃失惑惛乱，不能继嗣奉宗庙祭祀，不可属天下，其代之。"群臣皆顿首言："皇太后为天下齐民计，所以安宗庙社稷甚深，群臣顿首奉诏。"帝废位，太后幽杀之。（《吕太后本纪》）

孝惠继位，吕后为了亲上加亲，硬将鲁元公主的女儿嫁给了她的这位舅舅，做了张皇后（父名张敖），婚后却生不出孩子。吕后就令她假装怀孕的样子，却将后宫一位美人生的孩子抱过来。为了杜绝后患，将这个美人杀了。这个孩子起名为恭，就成为太子。当孝惠不幸早死后，刘恭就成了小皇帝。宫中不知是谁多嘴，就把小皇帝的身世给泄露了。小皇帝太天真，说了狠话，又不知是谁多嘴，把小皇帝的这个话给泄露了。于是吕后就把这个亲孙子关起来，说他病得很重，精神错乱，要另立皇帝。大臣们知道反对也没用，也就顺水推舟。吕后于是把少帝废了并斩草除根。

不久，又把常山王刘义立为皇帝，改名弘。据说也是孝惠后宫所生的儿子，但也有人说是假的。

> 友以诸吕女为后，弗爱，爱他姬，诸吕女妒，怒去，谗之于太后，诬以罪过，曰："吕氏安得王！太后百岁后，吾必击之。"太后怒，以故召赵王。赵王至，置邸不见，令卫围守之，弗与食。……丁丑，赵王幽死，以民礼葬之长安民冢次。（《吕太后本纪》）

淮南王刘友是刘邦与后宫其他嫔妃生的，吕后杀了赵王如意，就把他改封为赵王，又让他娶了吕家的女儿。刘友不喜欢这个吕姓的王后，而宠爱别的嫔妃。这位王后就回娘家告状说刘友说过将来要剪除吕姓王，吕后闻言大怒，就将刘友召至京城，活活饿死。

赵王刘友饿毙后，吕后又将梁王刘恢改封为赵王，刘恢也是刘邦与嫔妃生的。吕后又让侄儿吕产的女儿做他的王后。这个王后也是个妒妇，将刘恢的一个爱姬活活毒死了，刘恢为此痛苦万状，悲愤自杀。燕王刘建也是刘邦与另一嫔妃所生，死后留下唯一的儿子，也被吕后派人杀掉了。

吕后晚年性多猜忌，最后只信娘家人。"吕后兄二人，皆为将。长兄周吕侯死事，封其子吕台为郦侯，子产为交侯；次兄吕释之为建成侯"，"建成康侯释之卒，嗣子有罪，废，立其弟吕禄为胡陵侯，续康侯后"。吕后欲王诸吕，先做了一些铺垫：

太后欲王吕氏，先立孝惠后宫子强为淮阳王，子不疑为常山王，子山为襄城侯，子朝为轵侯，子武为壶关侯。太后风大臣，大臣请立郦侯吕台为吕王，……吕禄为胡陵侯，续康侯后。……（二年）十一月，吕王台薨……太子嘉代立为王。（《吕太后本纪》）

六年十月吕王嘉以居处骄恣废，复以吕台弟吕产为吕王。七年二月，由吕产、陈平提议，以吕禄为赵王。

八　识时务者为俊杰

陈平、周勃并称"平勃"，在刘邦的建国大业中，尤其是在刘邦死时安定天下的过程中，这两人都是举足轻重的政治人物。

陈平也有朝楚暮汉的经历。《陈丞相世家》记述陈平事迹，大略云：陈平于秦楚之际先事魏咎，复投项羽，皆不为所用。最后改投刘邦，助刘灭项，并在天下统一后，助刘解决功臣，讨好吕后。吕后身后，又作政治转向，助绛侯等诛灭诸吕，扶持汉文帝上台，从而身居相位。总之，陈平是一个典型的政客形象，只讲政治投机，不讲政治原则。他总结说："我多阴谋，是道家之所禁。"可见陈平是有自知之明的。

司马迁写陈平，还是先讲故事，让读者建立一个印象。

> 陈丞相平者，阳武户牖乡人也。少时家贫，好读书，有田三十亩，独与兄伯居。伯常耕田，纵平使游学。平为人长美色。……

> 及平长，可娶妻，富人莫肯与者，贫者平亦耻之。久之，户牖富人有张负，张负女孙五嫁而夫辄死，人莫敢娶。平欲得之。……平既娶张氏女，赉用益饶，游道日广。

> 里中社，平为宰，分肉食甚均。父老曰："善，陈孺子之为宰！"平曰："嗟乎，使平得宰天下，亦如是肉矣！"

> 陈涉起而王陈……往事魏王咎于临济。……说魏王，不听；人或谗之，陈平亡去。

> 久之，项羽略地至河上，陈平往归之，从入破秦，赐平爵卿。……陈平惧诛，乃封其金与印，使使归项王，而平身

间行杖剑亡。渡河，船人见其美丈夫独行，疑其亡将，要中当有金玉宝器，目之，欲杀平。平恐，乃解衣裸而佐刺船。船人知其无有，乃止。（《陈丞相世家》）

这段文字有几个要点，一是陈平少时家贫，到了谈婚论嫁的年龄，高不成低不就，却看上一个克夫的美女。而女之祖父张负对于陈平，不但把孙女嫁了他，还给他经济援助，如同期货投资。和吕公看上刘邦一样的性质。二是陈平是做大事的人，但小事也不糊涂。分肉这件事很烦人，不同部位的肉质量不同，要考虑肥瘦兼搭，骨肉兼搭，等等，"分肉食甚均"不容易做到。但他做得父老满意。三是写他在贼船上的转危为安、化险为夷——随机应变不简单，不动声色就更简单了。

传文记载陈平在高祖时代所做的几件事。一是刘邦被困于荥阳时，陈平主张对项羽集团实施反间计，成功离间了项羽与猛将钟离眜和范增的关系，最后导致钟离眜被疏，范增被斥。陈平又安排纪信领女子两千人出城做汉王替身，协助刘邦逃离虎口。

陈平曰："……顾楚有可乱者，彼项王骨鲠之臣亚父、钟离眜、龙且、周殷之属，不过数人耳。大王诚能出捐数万斤金，行反间，间其君臣，以疑其心，项王为人意忌信谗，必内相诛。汉因举兵而攻之，破楚必矣。"汉王以为然，乃出黄金四万斤与陈平，恣所为，不问其出入。

陈平既多以金纵反间于楚军……项羽果意不信钟离眜等。项王既疑之，使使至汉。汉王为太牢具，举进。见楚使，即详惊曰："吾以为亚父使，乃项王使！"复持去，更以恶草具进楚使。楚使归，具以报项王。项王果大疑亚父。（《陈丞相世家》）

这一招很损、很阴，负负得正，减一个范增，等于加一个张良。

二是协助刘邦对付韩信，韩信欲代齐王时，踩刘邦一脚的人正是陈平。

> 其明年，淮阴侯破齐，自立为齐王，使使言之汉王。汉王大怒而骂，陈平蹑汉王。汉王亦悟，乃厚遇齐使，使张子房卒立信为齐王。封平以户牖乡。用其奇计策，卒灭楚。（《陈丞相世家》）

项羽被灭，"人有上书告楚王韩信反"，陈平为刘邦设计假说出游云梦，会诸侯于陈，于是韩信便轻易就范。韩信被捕后，刘邦"于是与平剖符，世世勿绝，为户牖侯"，后"更以陈平为曲逆侯"。曲逆在当时是和洛阳相似的大城，刘邦让陈平"尽食之"。

刘邦晚年性多猜忌，连樊哙也失去了他的信任。陈平处帝、后间，如履薄冰，全靠权谋，得免于祸。关于樊哙失去刘邦信任的事，起因是这样的——英布造反时，刘邦曾想让太子刘盈代他征讨，吕后反对，刘邦同意亲征，却因身体缘故没有及时行动，于是樊哙忍不住出面：

> 先黥布反时，高祖尝病甚，恶见人，卧禁中，诏户者无得入群臣。群臣绛、灌等莫敢入。十余日，哙乃排闼直入，大臣随之。上独枕一宦者卧。哙等见上，流涕曰："始陛下与臣等起丰沛，定天下，何其壮也！今天下已定，又何惫也！且陛下病甚，大臣震恐，不见臣等计事，顾独与一宦者绝乎？且陛下独不见赵高之事乎？"高帝笑而起。（《樊郦滕灌列传》）

虽然这次刘邦没说什么，但对樊哙已经很不高兴了。

应该插说一下英布其人。与韩信的造反未遂、彭越的天大冤枉不同，九江王英布是真的反了，但他的造反也是逼的。英布是六安（今属安徽）人，因为在秦时犯法受过黥刑，加之谐音，时人称之黥布。据说早年有人替他看相说"当刑而王"，所以他受黥刑后感到暗喜，在今天看来，若非无稽之谈，便是心理暗示。当他被遣往骊山做苦役，便专门交结其中的豪杰，最后带了一伙人逃往水泊落草。陈胜起义后，英布晋见番（今鄱阳）君，与其众揭竿而起。到项羽杀宋义自为上将军时，英布为将军，奉命先渡河击秦，项羽领军与之会合，始得大破秦军。因此，英布是对推翻秦王朝有大功的人，所以颇受项羽赏识，封为九江王（都六安）。在那一时期，他与项羽裹得太紧，项羽坑杀二十万秦兵及暗杀义帝，都是假手于他的。换言之，在这两件缺德事上，英布都扮演了不光彩的角色。

英布与项羽的交恶始于为王之后。项羽击齐王田荣时，向九江王征兵，英布借口生病，只派将领率几千人应付。接着，项羽在彭城败于刘邦，英布又托病，不施援手相救。为此，项羽对他非常恼恨，屡次派人去责备他、召他，英布不敢去，彼此的恩怨就加深了——与刘邦之笼络韩信比，项羽确实少一根筋。后来在随何的策反下，英布叛楚归汉，也算是弃暗投明，最后参加了垓下的合围，给项羽最后的一击。但在天下刚刚安定后，他为什么又谋反呢，这也有他不得已的苦衷。第一是韩信、彭越之死带来的恐惧，所谓兔死狐悲：

> 十一年，高后诛淮阴侯，布因心恐。夏，汉诛梁王彭越，醢之，盛其醢遍赐诸侯。至淮南，淮南王方猎，见醢，因大恐，阴令人部聚兵，候伺旁郡警急。（《黥布列传》）

彭越被杀后，被剁成肉酱（醢），包装后分别赐给各路诸侯，令人心惊肉跳——这是英布谋反的一个深层原因。即楚令尹对滕公所言："往年杀彭越，前年杀韩信，此三人者，同功一体之人也。自疑祸及身，故反耳。"而直接的导火线，还是因为身边的人际恩怨、阴差阳错：

> 布所幸姬疾，请就医，医家与中大夫贲（读奔）赫对

门，姬数如医家，贲赫自以为侍中，乃厚馈遗，从姬饮医家。姬侍王，从容语次，誉赫长者也。王怒曰："汝安从知之?"具说状。王疑其与乱。赫恐，称病。王愈怒，欲捕赫。赫言变事，乘传诣长安。布使人追，不及。赫至，上变，言布谋反有端，可先未发诛也。上读其书，语萧相国。相国曰："布不宜有此，恐仇怨妄诬之。请系赫，使人微验淮南王。"淮南王布见赫以罪亡，上变，固已疑其言国阴事；汉使又来，颇有所验，遂族赫家，发兵反。反书闻，上乃赦贲赫，以为将军。(《黥布列传》)

这段文字读起来比小说还小说——人生如戏复如棋，自己走错一步就输了，别人走错一步就活了。贲赫好好的，偏去和别人的宠姬喝酒。宠姬偏偏又是个不长心眼的人。说者无心，听者有意，英布就多了这个心，逼得贲赫出此下策——"言布谋反有端"，这也是事出有因。萧何的表态慎重，使英布有转圜余地，而对贲赫极为不利。英布恐惧而走极端，贲赫因而转祸为福。

英布的造反，还有一重侥幸心理，那就是他对部属讲的："上老矣，厌兵，必不能来。使诸将，诸将独患淮阴、彭越，今皆已死，余不足畏也。"没想到刘邦在樊哙等人的敦促下，还是御驾亲征，依然是英布的克星。而英布的失败也是必然的。诚如楚令尹的宾客薛公对刘邦分析的，本来英布也不是没有胜算，其上计应是"东取吴，西取楚，并齐取鲁，传檄燕、赵，固守其所，山东非汉之有也"，不过英布的见识甚至比项羽还要短——"布故丽山之徒也，自致万乘之主，此皆为身，不顾后为百姓万世虑者也，故曰出下计。"下计是："东取吴，西取下蔡，归重于越，身归长沙……汉无事矣。"(以上见《黥布列传》)

英布的事交代过了，回头再说陈平的如履薄冰。樊哙是刘邦的连襟，又是老资格的功臣，在早期的作战中，和周勃一样，经常是率先登上城楼、取人首级的人。从鸿门宴，到平定陈豨叛乱，是立了大功的。这时，却有人在刘邦面前讲他是吕后一党，刘邦哪一天驾崩，他哪一天就要举兵杀戚夫人和赵王如意这些人。这话切中了刘邦的心病，于是派陈平载绛侯去取代樊哙的将位，并在军中将樊哙就地正法。但陈平投鼠忌器，因为惧怕吕后而留了一手。

> 高帝从破布军还，病创，徐行至长安。燕王卢绾反，上使樊哙以相国将兵攻之。既行，人有短恶哙者。高帝怒曰："哙见吾病，乃冀我死也。"用陈平谋，而召绛侯周勃受诏床下，曰："陈平亟驰传（马车）载勃代哙将，平至军中即斩哙头！"二人既受诏，驰传未至军，行计之曰："樊哙，帝之故人也，功多，且又乃吕后弟吕媭之夫，有亲且贵，帝以忿怒故，欲斩之，则恐后悔。宁囚而致上，上自诛之。"未至军，为坛，以节召樊哙。哙受诏，即反接载槛车，传诣长安，而令绛侯勃代将，将兵定燕反县。

> 平行闻高帝崩，平恐吕太后及吕媭谮怒，乃驰传先去。逢使者诏平与灌婴屯于荥阳。平受诏，立复驰至宫，哭甚哀，因奏事丧前。吕太后哀之，曰："君劳，出休矣。"平畏谮之就，因固请得宿卫中。太后乃以为郎中令，曰："傅教孝惠。"是后吕媭谮乃不得行。（《陈丞相世家》）

这件事弄得很复杂，陈平当时一定出了一身冷汗，幸亏没有执行刘邦的命令，不然就没有转圜的余地了。

孝惠帝短命死后，陈平在张良之子辟强的提示下，又对吕后主动迎合，以保全自己，事见《吕太后本纪》：

> 孝惠帝崩。发丧，太后哭，泣不下。留侯子张辟强为侍中，年十五，谓丞相曰："太后独有孝惠，今崩，哭不悲，君知其解乎？"丞相曰："何解？"辟强曰："帝毋壮子，太后畏君等。君今请拜吕台、吕产、吕禄为将，将兵居南北军，

及诸吕皆入宫，居中用事，如此则太后心安，君等幸得脱祸矣。"丞相乃如辟强计。太后说，其哭乃衰。吕氏权由此起。

当时与陈平、周勃等人持反对意见的，是功臣王陵。王陵是实话实说，而陈平、周勃则持识时务者为俊杰的态度，对吕后奉承、迎合、敷衍、说违心话：

> 太后称制，议欲立诸吕为王，问右丞相王陵。王陵曰："高帝刑白马盟曰'非刘氏而王，天下共击之'。今王吕氏，非约也。"太后不说。问左丞相陈平、绛侯周勃。勃等对曰："高帝定天下，王子弟，今太后称制，王昆弟诸吕，无所不可。"太后喜，罢朝。王陵让陈平、绛侯……陈平、绛侯曰："于今面折廷争，臣不如君；夫全社稷，定刘氏之后，君亦不如臣。"王陵无以应之。(《吕太后本纪》)

宋人黄震说："吕后欲王诸吕，王陵力争，可谓社稷之臣矣；平勃阿意王之，勃虽卒诛诸吕，安刘氏，然已功不赎罪。"至于陈平，"真汉之罪人也"(《黄氏日抄》)。这未免是书生之议。王陵面折廷争，这种人也是需要的。但不能个个都是王陵。果如其然，那就会被吕后一锅端了。

王诸吕与诛诸吕，是当时最高统治集团内部的一场你死我活的斗争。诛诸吕的事变只能发生在吕后身后。《太史公自序》为陈平所作提要是："六奇既用，诸侯宾从于汉；吕氏之事，平为本谋，终安宗庙，定社稷。"司马迁是肯定平、勃的。

《吕太后本纪》详细记录了吕后杀刘氏、王诸吕，及刘氏与功臣元老联合诛诸吕的过程。前180年吕后噩梦中受动物袭击，卜者说是赵王如意的鬼魂作怪，后来病情加重，对禄、产二人有遗嘱云：

> 高后病甚，乃令赵王吕禄为上将军，军北军；吕王产居南军。吕太后诫产、禄曰："高帝已定天下，与大臣约，曰

'非刘氏王者，天下共击之'。今吕氏王，大臣弗平。我即崩，帝年少，大臣恐为变。必据兵卫宫，慎毋送丧，毋为人所制。"

吕后一死，就是彤云密布了。尽管吕后做了一些安排，却挡不住政变的发生。

九 安刘氏者必勃也

周勃资格很老。他是沛县人，原以编织为业，后追随刘邦在沛县起事，屡建战功。周勃打仗的特点是身先士卒，多次第一个登上城墙。刘邦为汉王时，他就封威武侯。从入汉中，拜为将军。曾追击项羽。

> 籍已死，因东定楚地泗、东海郡，凡得二十二县。还守雒阳、栎阳，赐与颍侯（灌婴）共食钟离。以将军从高帝击反者燕王臧荼，破之易下。所将卒当驰道为多。赐爵列侯，剖符世世勿绝。食绛八千一百八十户，号绛侯。（《绛侯周勃世家》）

周勃随从刘邦攻击反叛的燕王臧荼，灭之于易水之下。他所率的士兵在汉高祖所行的道路中建功最多，所以被赐列侯的爵位，并剖分符竹为信，代代相传无绝。享受绛县八千余户租税，号称绛侯。刘邦死前，又钦点他为太尉，并说："周勃重厚少文，然安刘氏者必勃也。"

吕后死时，军权完全由吕氏掌握。太尉周勃在军中虽有很高威望，但无权发兵。

> 高后崩。吕禄以赵王为汉上将军，吕产以吕王为汉相国，秉汉权，欲危刘氏。勃为太尉，不得入军门。陈平为丞相，不得任事。于是勃与平谋，卒诛诸吕而立孝文皇帝。（《绛侯周勃世家》）

于是周勃找到陈平，商量利用郦商的儿子郦寄同吕禄的关系，说服吕禄交出兵权，并让吕禄劝告吕产交出相权。郦寄说吕禄道：皇帝与吕后共同平定天下，所立九个刘姓王和三个吕姓王，都是和大臣商量过的，并无不妥，建议吕禄回到赵地，把兵权交给周勃，以免大臣怀疑。吕禄虽然动心了，但其余诸吕将信将疑。吕媭有政治警觉，见吕禄为猎懈怠，非常生气：

> 吕禄信郦寄，时与出游猎。过其姑吕媭，媭大怒，曰："若为将而弃军，吕氏今无处矣。"乃悉出珠玉宝器散堂下，曰："毋为他人守也！"（《吕太后本纪》）

《吕太后本纪》对政变的记载较详，大体情况是：朱虚侯刘章（刘肥次子）妻为吕禄女，暗中打听到诸吕动向，于是向齐王刘襄（刘肥长子）告密。齐王刘襄首先举兵发难，欲诛诸吕。吕产派灌婴率兵迎击，灌婴却拥兵不动，静观其变。周勃从管兵符的纪通处拿到兵符，与刘氏宗室联合，智取南北军，一举诛灭诸吕。

> 齐王乃遗诸侯王书曰："……孝惠崩，高后用事，春秋高，听诸吕，擅废帝更立……寡人率兵入诛不当为王者。"汉闻之，相国吕产等乃遣颍阴侯灌婴将兵击之。灌婴至荥阳，乃谋曰："诸吕权兵关中，欲危刘氏而自立。今我破齐还报，此益吕氏之资也。"乃留屯荥阳，使使谕齐王及诸侯，与连和，以待吕氏变，共诛之。……太尉绛侯勃不得入军中主兵。……绛侯乃与丞相陈平谋，使人劫郦商，令其子寄往绐说吕禄曰："高帝与吕后共定天下，刘氏所立九王，吕氏所立三王，皆大臣之议，事已布告诸侯，诸侯皆以为宜。……足下何不归将印，以兵属太尉？……齐兵必罢，大臣得安，足下高枕而王千里，此万世之利也。"吕禄信然其计……太尉将之入军门，行令军中曰："为吕氏右袒，为刘氏左袒。"军中皆左袒为刘氏。太尉行至，将军吕禄亦已解上将印去，太尉遂将北军。（《吕太后本纪》）

按当时习俗，有罪待发落者须袒右臂。唐杜牧有《题商山四皓庙》诗云："吕氏强梁嗣子柔，我于天性岂恩雠。南军（按当为北军）不祖左边袖，四老安刘是灭刘。"周勃等逐诛灭诸吕。

吕氏兄弟被族灭，也牵连到吕婴及樊哙之子樊伉，亦是斩草除根。

然后，大臣商量说，梁王、淮阳王、常山王都不是孝惠亲生的，而是吕后从外面弄来、养在后宫冒充的，为的是壮大吕家的势力，这些人将来长大了是个祸患，不如另立一个刘姓的皇帝。有人提议让齐王刘襄来做皇帝，但大家都担心齐王的舅舅驷钧这个人有野心，恐怕会步吕氏后尘。于是陈平等提议，代王刘恒是刘邦在世的两个儿子中较大的一个，为人仁厚，其母亲和舅家人又是良善之辈，可以立为皇帝。于是平、勃等人，即派人请代王入京。

代王入京前，经过一番战战兢兢、首鼠两端的窥伺，在中尉宋昌的主张下，最后入京接受了大臣的劝进，是为汉文帝。汉文帝是一个小心谨慎的人，也是一个有头脑的人，后来很有一番作为，造就了文景之治。他当时对平、勃一帮大臣，在倚重的同时，也有戒备心理。《陈丞相世家》载：

> 及吕太后崩，平与太尉勃合谋，卒诛诸吕，立孝文皇帝，陈平本谋也。……孝文帝立，以为太尉勃亲以兵诛吕氏，功多；陈平欲让勃尊位，乃谢病。孝文帝初立，怪平病，问之。平曰："高祖时，勃功不如臣平。及诛诸吕，臣功亦不如勃。愿以右丞相让勃。"于是孝文帝乃以绛侯勃为右丞相，位次第一；平徙为左丞相，位次第二。……
> 居顷之，孝文皇帝既益明习国家事，朝而问右丞相勃曰："天下一岁决狱几何？"勃谢曰："不知。"问："天下一岁钱谷出入几何？"勃又谢不知，汗出沾背，愧不能对。于是上亦问左丞相平。平曰："有主者。"上曰："主者谓谁？"平曰："陛下即问决狱，责廷尉；问钱谷，责治粟内史。"上

曰："苟各有主者，而君所主者何事也?"平谢曰："主臣……宰相者，上佐天子理阴阳，顺四时，下育万物之宜，外镇抚四夷诸侯，内亲附百姓，使卿大夫各得任其职焉。"孝文帝乃称善。右丞相大惭，出而让陈平曰："君独不素教我对!"陈平笑曰："君居其位，不知其任邪？且陛下即问长安中盗贼数，君欲强对邪?"于是绛侯自知其能不如平远矣。居顷之，绛侯谢病请免相，陈平专为一丞相。

陈平一生为全福之人，如唐之郭子仪，在封建时代这很不容易。

陈平死后，汉文帝对周勃并不十分信任，朝令夕改。周勃罢相后，"每河东守尉行县至绛，绛侯勃自畏恐诛，常被甲，令家人持兵以见之"。由于这件事处理得不好，遭人告发谋反，蒙冤下狱。他以千金买通狱吏，又以重金贿赂外戚薄昭，薄太后出面，其冤屈才得到申雪。当他出狱后，曾感慨地说："吾尝将百万军，然安知狱吏之贵乎!"

司马迁在《报任少卿书》中还提到周勃受辱于狱吏的事，深为不平。

十　天下熙熙为利来

《史记》包含一部楚汉风云录，又不仅仅是楚汉风云录。它是一部从三代到汉武帝时代的通史，一部中国古代社会的百科全书。

司马迁知识广博方面可以和孔子媲美——他参加过订历，有历法的知识；巡行过全国，有活的地理、文化地理知识；理解人类的经济活动；留心人类的宗教行为；在政治上有自己的见解；有语言学上的训练和技术。有人说，他是属于亚里士多德一类的哲人，他自己就是一部百科全书。

"理解到人类的经济活动"，是司马迁对史学的一大贡献，也是司马迁超过孔子之处。具体表现在《平准书》和《货殖列传》这两篇专论上。"平准"为职官名，汉武帝时代设平准令，管调剂物资和平衡物价。"货殖"指经商，或商人。钱锺书说："当世法国史家深非史之为'大事纪'体者，专载朝政军事，而忽诸民生日用。司马迁传《游侠》已属破格，然尚以传人为主，此篇（指《货殖列传》）则全非'大志记''人物志'，于新史学不啻手辟鸿濛矣。"（《管锥编》）

在经济学上，司马迁有许多真知灼见，经得起两千多年时间考验。更难能可贵的，是他能将这些在当时属于离经叛道的见解，直言不讳地讲出来。这些观点概括起来，有五个方面。首先，司马迁认为追求财富是人的本性，没有钱是万万不能的。

> 富者得埶益彰，失埶则客无所之，以而不乐。夷狄益甚。谚曰："千金之子，不死于市。"此非空言也。故曰："天下熙

熙，皆为利来；天下攘攘，皆为利往。"夫千乘之王，万家之侯，百室之君，尚犹患贫，而况匹夫编户之民乎！

……

由此观之，贤人深谋于廊庙，论议朝廷，守信死节隐居岩穴之士设为名高者安归乎？归于富厚也。是以廉吏久，久更富，廉贾归富。富者，人之情性，所不学而俱欲者也。故壮士在军，攻城先登，陷阵却敌，斩将搴旗，前蒙矢石，不避汤火之难者，为重赏使也。其在闾巷少年，攻剽椎埋，劫人作奸，掘冢铸币，任侠并兼，借交报仇，篡逐幽隐，不避法禁，走死地如鹜者，其实皆为财用耳。今夫赵女郑姬，设形容，揳（通夏）鸣琴，揄长袂，蹑利屣，目挑心招，出不远千里，不择老少者，奔富厚也。游闲公子，饰冠剑，连车骑，亦为富贵容也。弋射渔猎，犯晨夜，冒霜雪，驰坑谷，不避猛兽之害，为得味也。博戏驰逐，斗鸡走狗，作色相矜，必争胜者，重失负也。医方诸食技术之人，焦神极能，为重糈也。吏士舞文弄法，刻章伪书，不避刀锯之诛者，没于赂遗也。农工商贾畜长，固求富益货也。此有知尽能索耳，终不余力而让财矣。（《货殖列传》）

为什么无官不贪呢，就是因为人性本贪。然而，司马迁却石破天惊地指出"廉吏久，久更富"，就是说清官当得久，当得久当然更富。至于贪官，把人关进监狱，没收财产了，还谈得上富吗？所以还是当清官的好。又说"廉贾归富"，越是诚信的商人，越能致富。道理是一样的。这真是高论。

其次，司马迁认为致富光荣，仇富可耻。

谚曰："百里不贩樵，千里不贩籴。"居之一岁，种之以谷；十岁，树之以木；百岁，来之以德。德者，人物之谓也。今有无秩禄之奉，爵邑之入，而乐与之比者，命曰"素封"。封者食租税，岁率户二百。千户之君则二十万，朝觐聘享出其中。庶民农工商贾，率亦岁万息二千（户），百万之家则二十万，而更徭租赋出其中。衣食之欲，恣所好美矣。故曰陆地牧马二百蹄，牛蹄角千，千足羊，泽中千足彘，水居千石鱼陂，山居千章之材。安邑千树枣；燕、秦千树栗；蜀、汉、江陵千树橘；淮北、常山巳南，河济之间千树萩；陈、夏千亩漆；齐、鲁千亩桑麻；渭川千亩竹；及名国万家之城，带郭千亩亩钟之田，若千亩卮茜，千畦姜韭。此其人皆与千户侯等。然是富给之资也，不窥市井，不行异邑，坐而待收，身有处士之义而取给焉。若至家贫亲老，妻子软弱，岁时无以祭祀进醵（读具），饮食被服不足以自通，如此不惭耻，则无所比矣。是以无财作力，少有斗智，既饶争时，此其大经也。今治生不待危身取给，则贤人勉焉。是故本富为上，末富次之，奸富最下。无岩处奇士之行，而长贫贱，好语仁义，亦足羞也。

……

由是观之，富无经业，则货无常主，能者辐辏，不肖者瓦解。千金之家比一都之君，巨万者乃与王者同乐。岂所谓"素封"者邪？非也？（《货殖列传》）

什么是"素封"呢？用柳永的说法，就是"白衣卿相"。不过，柳永说才子词人是白衣卿相，司马迁说工商巨子才是白衣卿相。

第三，司马迁认为物质财富达到一定程度，就会转向精神道义的追求。

故曰："仓廪实而知礼节，衣食足而知荣辱。"礼生于有而废于无。故君子富，好行其德；小人富，以适其力。渊深而鱼生之，山深而兽往之，人富而仁义附焉。

……

子赣（贡）既学于仲尼，退而仕于卫，废著鬻财于曹、鲁之间，七十子之徒，赐最为饶益。原宪不厌糟糠，匿于穷巷。子贡结驷连骑，束帛之币以聘享诸侯，所至，国君无不分庭与之抗礼。夫使孔子名布扬于天下者，子贡先后之也。此所谓得埶而益彰者乎？（《货殖列传》）

个人财富积累到一定水平，就会社会化。在当代，比尔·盖茨就是一个典型，所谓"人富而仁义附焉"，"礼生于有而废于无"，社会上为什么有那么多的犯罪呢？不就是因为没有恒产吗？孟子说："民无恒产故无恒心。"他有了，还会去抢吗？

司马迁主张农工商虞并重，赞扬工商巨子的卓越才能及其对国家和社会做出的贡献。历代封建统治者不大明白商品流通对于发展经济的杠杆作用，商人不依附于土地，对于宗法统治来说，也是一种不安定的因素，因此历代统治者都是"重农抑商"的。司马迁却对工商巨子表示敬重，《货殖列传》记载，越王勾践之所以能霸越亡吴，实有赖于计然的经商，"国富，厚赂战士，士赴矢石，如渴得饮，遂报强吴，观兵中国，号称五霸"。还为范蠡立传：

范蠡既雪会稽之耻，乃喟然而叹曰："计然之策七，越用其五而得意。既已施于国，吾欲用之家。"乃乘扁舟浮于江湖，变名易姓，适齐为鸱夷子皮，之陶为朱公。朱公以为陶天下之中，诸侯四通，货物所交易也。乃治产积居，与时逐而不责于人。故善治生者，能择人而任时。十九年之中三致千金，再分散与贫交疏昆弟。此所谓富好行其德者也。后年衰老而听子孙，子孙修业而息之，遂至巨万。故言富者皆称陶朱公。（《货殖列传》）

后世尊范蠡为财神。另有卓文君的前辈：

蜀卓氏之先，赵人也，用铁冶富。秦破赵，迁卓氏。卓氏见虏略，独夫妻推辇，行诣迁处。诸迁虏少有余财，争与吏，求近处，处葭萌（地名）。唯卓氏曰："此地狭薄。吾闻汶山之下，沃野，下有蹲鸱（芋头），至死不饥。民工于市，易贾。"乃求远迁。致之临邛，大喜，即铁山鼓铸，运筹策，倾滇蜀之民，富至僮千人。田池射猎之乐，拟于人君。（《货殖列传》）

卓王孙的先人是多么有眼光有头脑啊。

第四，司马迁认为发展经济才是硬道理。当然"发展才是硬道理"是邓小平的话，但司马迁确实有这样的思想。

《周书》曰："农不出则乏其食，工不出则乏其事，商不出则三宝（食、器、财）绝，虞不出则财匮少。"财匮少而山泽不辟矣。此四者，民所衣食之源也。原大则饶，原小则鲜。上则富国，下则富家。贫富之道，莫之夺予，而巧者有余，拙者不足。故太公望封于营丘，地潟（读细）卤，人民寡，于是太公劝其女功，极技巧，通鱼盐，则人物归之，襁至而辐辏。故齐冠带衣履天下，海岱之间敛袂而往朝焉。其后齐中衰，管子修之，设轻重九府，则桓公以霸，九合诸侯，一匡天下。（《货殖列传》）

齐桓公用管仲之谋，通轻重之权，徼山海之业，以朝诸侯，用区区之齐显成霸名。魏用李克（悝），尽地力，为强君。（《平准书》）

郑国曰："始臣为间，然渠成亦秦之利也。"秦以为然，卒使就渠。渠就，用注填阏之水，溉泽卤之地四万余顷，收皆亩一钟。于是关中为沃野，无凶年，秦以富强，卒并诸侯。（《河渠书》）

以上几条，都表明了经济发展对于国家富强的作用。

第五，司马迁主张按经济规律办事。

夫山西饶材、竹、穀……山东多鱼、盐、漆……此其大较也。皆中国人民所喜好，谣俗被服饮食奉生送死之具也。故待农而食之，虞而出之，工而成之，商而通之。此宁有政教发征期会哉？人各任其能，竭其力，以得所欲。故物贱之征贵，贵之征贱。各劝其业，乐其事，若水之趋下，日夜无休时，不召而自来，不求而民出之。岂非道之所符，而自然之验邪？

……

计然曰："知斗则修备，时用则知物，二者形则万货之情可得而观已。……夫粜，二十（钱）病农，九十病末。末病则财不出，农病则草不辟矣。上不过八十，下不减三十，则农末俱利，平粜齐物，关市不乏，治国之道也。积著之理，务完物，无息币。以物相贸易，腐败而食之货勿留，无敢居贵。论其有余不足，则知贵贱。贵上极则反贱，贱下极则反贵。贵出如粪土，贱取如珠玉。财币欲其行如流水。"（《货殖列传》）

所谓"故物贱之征贵，贵之征贱"、"贵上极则反贱，贱下极则反贵"，讲的是价值规律、市场调节的问题，"贵出如粪土，贱取如珠玉"讲的是市场运作办法。

此外，司马迁还指出官营的弊端是"皇帝女儿不愁嫁"，但并不受社会欢迎："郡国多不便县官作盐铁，铁器苦恶，贾贵，或强令民卖买之。"（《平准书》）只有在竞争中，才能提高产品的质量。因此反对官营与民营争利，说："故善者因之，其次利道之，其次教诲之，其次整齐之，最下者与之争。"（《货殖列传》）

司马迁经济思想的价值不容低估，至今值得加以研究和借鉴。

十一　史家绝唱逼离骚

史记的作者是司马迁。司马迁字子长，汉景帝中元五年（前145）生于左冯翊夏阳（今陕西韩城南），约卒于汉武帝征和三年（前90）。有副楹联说"文章西汉两司马"，两司马指司马相如和司马迁。然而，司马相如怎么能和司马迁比呢？有人说，就是拿汉武帝和司马迁相比，司马迁对中国文明的贡献也要巨大得多。

《史记》这部巨著何以成于司马迁之手，而不成于别人（比如司马相如）之手？是因为司马迁有着得天独厚的条件。可以分三点来谈。

第一个条件是司马迁的宿命。他生在史官世家，自序说"司马氏世典周史"。其父司马谈是汉武帝时代的太史令。他如果生在农家，不可能写这本书；他如果出生在权贵之家，也不可能写这本书；而"百年之间天下遗文古事靡不毕集于太史公"，司马迁从小一定听父亲讲了许多故事，引起了他对书写历史的极大热情。他十岁就学古文，后来又跟董仲舒、孔安国等大儒研习《公羊春秋》《古文尚书》，所有这些都决定了他一生的名山事业，这就是一个人的宿命。

司马谈任太史令的时候，就想写一本表彰"明主贤君忠臣死义之士"的书、一本杰出历史人物的传记。但在汉武帝元封元年（前110），他病了，参加不成封禅大典了。他又气又急，病更重了，自知病将不起，放不下的就是这本没有完成的书，就请求他的儿子——"余死，汝必为太史；为太史，无忘吾所欲论著矣！"（《太史公自序》）当时，司马迁在父亲病床前是流着眼泪发了誓的——"小子不敏，请悉论先人所次旧闻，弗敢阙。"杜甫说"诗是吾家事"，对司马迁来说，则"'史'是吾家事"——这就不仅是一种宿命，而且是一种与生俱来的使命。

第二个条件是司马迁的禀赋。司马迁具有作为历史学家的重要禀赋，就是习惯走出去，进行实地考察、田野调查，通过访谈记录老年人的口述历史，通过实证取得第一手资料和找到感觉。二十岁左右，他走了长江中下游和鲁豫等地。在淮阴，他搜集到韩信早年的生活故事。在长沙，"观屈原所自沉渊，未尝不垂涕，想见其为人"（《屈原贾生列传》）。在山东曲阜，观察了儒家的礼器文物。在徐州（即项羽定都的彭城，北有丰沛，东有邳县），考察了楚汉相争的古战场，及那一代历史要人如刘邦、萧何、曹参、周勃、樊哙、张良等人的故里或行踪。这次漫游的收获，对他后来写《高祖本纪》《孔子世家》《萧相国世家》《曹相国世家》《屈原贾生列传》《绛侯周勃世家》《樊郦滕灌列传》《淮阴侯列传》等，以及描述楚汉相争的社会、地理态势，有很大帮助。

《史记》各篇结尾的"太史公曰"，也就是该篇的后记便对上述情况略有提及。《樊郦滕灌列传》的后记这样写道：

> 吾适丰沛，问其遗老，观故萧、曹、樊哙、滕公之家，及其素，异哉所闻！方其鼓刀屠狗卖缯之时，岂自知附骥之尾，垂名汉廷，德流子孙哉？余与他广通，为言高祖功臣之兴时若此云。

大意说，我到丰沛访问遗老，问到汉初名人往日行为，所听到的可真是特别得很。我和那些遗老广泛交往，他们跟我谈到高祖功臣的兴起情形，就是前面所说的这些。可见《史记》中出自口述历史的篇幅，真有不少。

三十岁以后，司马迁父子曾随汉武帝出巡郡县，并"奉使西征巴、蜀以南，南略邛（今西昌）、笮（读作，今汉源）、昆明"

（《太史公自序》），这次远游又做了许多实地考察，为他后来写《西南夷传》《货殖列传》奠定了基础。此后，司马迁又随汉武帝东巡海上，封禅泰山，沿海北上至碣石、至九原郡（内蒙古五原），绕了一个大圈，最后回到甘泉。司马迁是典型的"读万卷书，行万里路"。《史记》不是关着门"天下文章一大抄"，而是司马迁用两条腿走出来的。

第三个条件是司马迁的孤愤。汉武帝天汉二年（前99），即司马迁任太史令，撰写《史记》十年时，撞了一件大祸，正所谓"是非只为多开口"，遭了奇耻大辱。这件事被详细披露于回任少卿的一篇长信中。《报任少卿书》作于汉武帝太始四年（前93），任安字少卿，荥阳人，适因事下狱，审判结果在不测之中。任少卿下狱前，司马迁任中书谒者令，掌"领赞尚书，出入奏事"，职属宫廷机要。任少卿写信要他"推贤进士"，司马迁数年前因李陵事下狱，受过宫刑，悲愤填膺，自以为不配做这件事，何况在他蒙冤受屈的时候，有谁替他讲过一句话呢？司马迁很久没有回他的信。而现在任少卿命运未卜，《史记》刚好也写成了，司马迁觉得再不回信，或将失去表白的机会，这才慷慨陈词，一吐为快。

这篇书信的内容，清孙执升概括为"却少卿推贤进士之教，序自己著书垂世之意"（《评注昭明文选》引），是很精要的。而包世臣认为："窃谓'推贤荐（进）士'，非少卿来书中本语，史公讳言少卿求援，故以四字约来书之意，而以少卿为天下豪俊以表其冤。中间述李陵事者，明与陵非素相善，尚力为引救，况少卿有许死之谊乎。实缘自被刑后，所以不死者，以《史记》未成之故。是史公之身，乃《史记》之身，非史公所得自私，史公可为少卿死，而《史记》必不能为少卿废也。结以'死日是非乃定'，则史公与少卿所共者，以广少卿而释其私憾。是故文澜虽

壮，而滴水归源，一线相生，字字皆有归著也。"（《安吴四种》）
虽不必是，也可参考。

这封信先抒发内心的羞愤：

> 祸莫憯于欲利，悲莫痛于伤心，行莫丑于辱先，诟莫大
> 于宫刑。刑余之人，无所比数，非一也，所从来远矣！昔卫
> 灵公与雍渠同载，孔子适陈；商鞅因景监见，赵良寒心；同
> 子参乘，爰丝变色——自古而耻之！夫中材之人，事关于宦
> 竖，莫不伤气，况慷慨之士乎？如今朝廷虽乏人，奈何令刀
> 锯之余荐天下豪俊哉！

接着，司马迁自叙遭遇李陵之祸的始末：

> 夫仆与李陵俱居门下，素非相善也。趣舍异路，未尝衔
> 杯酒接殷勤之欢。然仆观其为人自奇士，事亲孝，与士信，
> 临财廉，取予义，分别有让，恭俭下人。常思奋不顾身，以
> 徇国家之急。其素所畜积也，仆以为有国士之风。夫人臣出
> 万死不顾一生之计，赴公家之难，斯已奇矣。今举事壹不
> 当，而全躯保妻子之臣，随而媒孽其短，仆诚私心痛之！且
> 李陵提步卒不满五千，深践戎马之地，足历王庭，垂饵虎
> 口，横挑强胡。卬亿万之师，与单于连战十余日，所杀过
> 当，虏救死扶伤不给。旃裘之君长咸震怖，乃悉征左右贤
> 王，举引弓之民，一国共攻而围之。转斗千里，矢尽道穷，
> 救兵不至，士卒死伤如积。然陵壹呼劳军，士无不起躬流
> 涕，沫血饮泣，张空弮，冒白刃，北首争死敌。陵未没时，
> 使有来报，汉公卿王侯皆奉觞上寿。后数日陵败，书闻，主
> 上为之食不甘味，听朝不怡。大臣忧惧，不知所出。仆窃不
> 自料其卑贱，见主上惨凄怛悼，诚欲效其款款之愚。以为李
> 陵素与士大夫绝甘分少，能得人之死力，虽古名将不过也；
> 身虽陷败，彼观其意，且欲得其当而报汉；事已无可奈何，
> 其所摧败，功亦足以暴于天下。仆怀欲陈之，而未有路。适

会召问，即以此指，推言陵功，欲以广主上之意，塞睚眦之辞。未能尽明，明主不深晓，以为仆沮贰师，而为李陵游说。遂下于理。拳拳之忠终不能自列，因为诬上，卒从吏议。家贫，财赂不足以自赎，交游莫救，左右亲近不为壹言。身非木石，独与法吏为伍，深幽囹圄之中，谁可告愬者！此正少卿所亲见，仆行事岂不然耶？李陵既生降，隤其家声，而仆又茸以蚕室，重为天下观笑。悲夫悲夫，事未易一二为俗人言也。

都尉李陵兵败投降匈奴，这是一个突发事件，汉武帝没有思想准备，为此情绪很坏。司马迁与李陵并无私交，但对这个人的看法很好。一是人品好，"有国士之风"。二是战功卓著，以五千兵杀敌上万，这与汉武帝宠妃李夫人之兄贰师将军李广利杀敌万人而损兵两万形成鲜明对照；且李陵之败，亦为李广利所误。三是料定其心不降匈奴，一定会归汉，将功赎罪。这些看法，即使在写《报任少卿书》时，也没有丝毫改变，确实是司马迁根深蒂固的想法。司马迁本来应该和别人一样，把这个想法深埋心底，以免引火烧身。可巧汉武帝偏偏在这时召他谈话，司马迁"即以此指，推言陵功，欲以广主上之意，塞睚眦之辞"。没想到后果十分严重，司马迁被认为是别有用心——中伤李广利而为李陵游说。而后被隔离审查，罪名为诬上即欺君，被判死罪。汉代有纳钱谷可以赎罪之例，申请宫刑也可以免死。司马迁受处分，"家贫，财赂不足以自赎，交游莫救，左右亲近不为一言"。最后，汉武帝"族李陵母妻子"，断李陵赎罪之路。司马迁被执行宫刑，这年他四十八岁。

本来，司马迁认为一个人为了维持自己的尊严，在受刑之前就该"引决自裁"，不该苟且偷生，自取其辱。他的性情本来是刚烈的，为什么又不能去死呢？

仆之先人，非有剖符丹书之功，文史星历，近乎卜祝之间，固主上所戏弄，倡优畜之，流俗之所轻也。假令仆伏法受诛，若九牛亡一毛，与蝼蚁何异？……人固有一死，死有重于泰山，或轻于鸿毛，用之所趋异也。……且夫臧获婢妾，犹能引决，况若仆之不得已乎？所以隐忍苟活，函粪土之中而不辞者，恨私心有所不尽，鄙没世而文采不表于后也。……草创未就，适会此祸，惜其不成，是以就极刑而无愠色。仆诚已著此书，臧之名山，传之其人，通邑大都。则仆偿前辱之责，虽万被戮，岂有悔哉？然此可为智者道，难为俗人言也。(《报任少卿书》)

司马迁放不下《史记》这本书的写作，放不下他对父亲做的保证，放不下他作为一个史官和史官的后代所承担的使命，所以他只能咬紧牙根承受下来，肉体上的痛苦固然为常人难以想象，而精神上的痛苦更难忍耐。他做着噩梦，从心理上一直不能接受已经受到宫刑的这个事实。

仆以口语遇遭此祸，重为乡党戮笑，污辱先人，亦何面目复上父母之丘墓乎？虽累百世，垢弥甚耳！是以肠一日而九回，居则忽忽若有所亡，出则不知所如往。每念斯耻，汗未尝不发背沾衣也。(《报任少卿书》)

西方有一种说法，一个阉人不可能写出伟大的作品。司马迁提供了一个有力的反例，表明写作的最大动力是孤愤，而不是荷尔蒙。他说：

古者富贵而名摩灭，不可胜记，唯倜傥非常之人称焉。盖西伯拘，而演《周易》；仲尼厄，而作《春秋》；屈原放逐，乃赋《离骚》；左丘失明，厥有《国语》；孙子髌脚，《兵法》脩列；不韦迁蜀，世传《吕览》；韩非囚秦，《说难》《孤愤》；《诗》三百篇，大氐圣贤发愤之所为作也。此人皆意有所郁结，不得通其道，故述往事，思来者。及如左丘无

目，孙子断足，终不可用，退论书策，以舒其愤，思垂空文以自见。(《报任少卿书》)

总之，遭遇李陵之祸这件事，对司马迁的《史记》写作有重大影响。

鲁迅不但称《史记》为"史家之绝唱，无韵之离骚"，而且说他是"感身世之戮辱，传畸人于千秋"。《史记》的写作充满激情，充满孤愤，司马迁不以成败论英雄，对被屈辱被迫害的人充满同情，其写作态度是冷峻的。

假若没有李陵之祸这件事，《史记》会不会还是今天这个样子，那就很难说了。

有人说，《史记》是"伤痕"文学，一点不假。

史记精华

项羽本纪

提 示

项籍（前232—前202），字羽，是灭秦的关键人物，同时也是楚汉战争中最主要的人物之一。在秦末农民起义的大潮中，项羽凭着无与伦比的勇力和过人的才气，很快崭露头角。在危难关头，他当机立断，斩宋义，夺军权，迅速渡过黄河，与秦军展开殊死决战，一举歼灭秦军主力，为推翻暴秦立下了首功。灭秦以后，项羽的弱点开始充分暴露。他迷信武力，分封不公，背关怀楚，放逐义帝，刚愎自用，任人唯亲。这一系列的严重错误，使他越来越陷于孤立，这位不可一世的霸王渐渐由强而弱。垓下一战，全军覆没，最后自刎乌江。司马迁对项羽怀有很深的同情，而对其错误的批评，则一针见血，毫不含糊。

司马迁把项羽列入本纪，充分肯定了他的灭秦之功，确认了他在秦、楚之际的实际统治地位。另外，《史记》写人，是为了总结历史经验，为后人提供借鉴。将本篇与《高祖本纪》蝉联而下，是为了形成鲜明对照，更为深刻地揭示出楚、汉成败的原因。

《项羽本纪》是一篇出色的传记文学作品，其中巨鹿之战、鸿门宴、垓下之围几段，写得极其精彩动人，千百年来一直脍炙人口。

项籍者，下相人也[1]，字羽。初起时[2]，年二十四。其季父项梁[3]，梁父即楚将项燕[4]，为秦将王翦所戮者也[5]。项氏世世为楚将，封于项[6]，故姓项氏。

项籍少时，学书不成[7]，去[8]；学剑，又不成。项梁怒之。籍曰："书足以记名姓而已。剑一人敌，不足学，学万人敌。"于是项梁乃教籍兵法，籍大喜，略知其意，又不肯竟学[9]。

项梁尝有栎阳逮[10]，乃请蕲狱掾曹咎书抵栎阳狱掾司马欣[11]，以故事得已[12]。

项梁杀人，与籍避仇于吴中[13]。吴中贤士大夫皆出项梁下[14]，每吴中有大繇役及丧[15]，项梁常为主办[16]，阴以兵法部勒宾客及子弟[17]，以是知其能[18]。秦始皇帝游会稽[19]，渡浙江[20]，梁与籍俱观。籍曰："彼可取而代也。"梁掩其口，曰："毋妄言[21]，族矣[22]！"梁以此奇籍[23]。籍长八尺余[24]，力能扛鼎[25]，才气过人，虽吴中子弟皆已惮籍矣[26]。

段　意

写项羽的家世和他随叔父避仇吴中的情况，着意描述了青年项羽的非凡抱负和豪爽粗放的性格。

注　释

[1] 下相：秦县名，县治在今江苏宿迁西南。[2] 初起时：指开始起兵反秦时。[3] 季父：叔父。[4] 项燕：楚国名将，曾击破秦将李信二十万大军。秦王政二十三年（前224），秦将王翦率军六十万击楚，虏楚王，项燕立昌平君为王。翌年，王翦击破楚军，昌平君死，项燕自杀。[5] 戮：杀。项燕与王翦作战，兵败自杀，此不加细分，故云为王翦所戮。[6] 项：秦县名，县治在今河南项城东北。[7] 学书：指学认字。[8] 去：舍弃。[9] 竟学：学到底。竟，终。[10] 栎（yuè）阳逮：因犯罪而被栎阳官府逮捕。栎阳，秦县名，县治在今陕西临潼东北。[11] 蕲（qí）：秦县名，县治在今安徽宿州南。狱掾：狱吏。掾，佐贰官吏的通称。抵：送达。全句说：求蕲县狱吏曹咎写了封信给栎阳狱吏司马欣。[12] 已：了结。[13] 吴：秦县名，县治在今江苏苏州。[14] 出项梁下：指不及项梁。[15] 大繇役：指大规模筑城、筑路等差使。繇，同"徭"。[16] 主办：主持。[17] 阴：暗中。部勒：组织，部署。[18] 以是知其能：因此项梁了解那些人的

能力。[19] 会（kuài）稽：山名，在今浙江绍兴东南。[20] 浙江：钱塘江的旧称。[21] 毋妄言：不要瞎说。[22] 族：灭族。[23] 奇籍：认为项籍不同凡俗。奇，以为特异。[24] 八尺：相当于 1．90 米，汉制 1 尺为今 23 厘米。[25] 扛鼎：举鼎。[26] 吴中子弟：指吴地的豪门子弟。惮：畏惧。

　　秦二世元年七月[1]，陈涉等起大泽[2]中。其九月，会稽守通谓梁曰[3]："江西皆反[4]，此亦天亡秦之时也。吾闻先即制人，后则为人所制。吾欲发兵，使公及桓楚将[5]。"是时桓楚亡在泽中[6]。梁曰："桓楚亡，人莫知其处，独籍知之耳。"梁乃出，诚籍持剑居外待[7]。梁复入，与守坐，曰："请召籍，使受命召桓楚。"守曰："诺。"梁召籍入。须臾[8]，梁眴籍曰[9]："可行矣[10]！"于是籍遂拔剑斩守头。项梁持守头，佩其印绶[11]。门下大惊[12]，扰乱，籍所击杀数十百人[13]。一府中皆慴伏[14]，莫敢起。梁乃召故所知豪吏[15]，谕以所为起大事[16]，遂举吴中兵。使人收下县[17]，得精兵八千人。梁部署吴中豪杰为校尉、候、司马[18]。有一人不得用，自言于梁。梁曰："前时某丧使公主某事[19]，不能办，以此不任用公。"众乃皆伏[20]。于是梁为会稽守，籍为裨将[21]，徇下县[22]。

　　广陵人召平于是为陈王徇广陵[23]，未能下。闻陈王败走[24]，秦兵又且至，乃渡江矫陈王命[25]，拜梁为楚王上柱国[26]。曰："江东已定，急引兵西击秦。"项梁乃以八千人渡江而西。闻陈婴已下东阳[27]，使使欲与连和俱西。陈婴者，故东阳令史[28]，居县中，素信谨[29]，称为长者[30]。东阳少年杀其令，相聚数千人，欲置长，无适用[31]，乃请陈婴。婴谢不能，遂强立婴为长，县中从者得二万人。少年欲立婴便为王[32]，异军苍头特起[33]。陈婴母谓婴曰："自我为汝家妇，未尝闻汝先古之有贵者[34]。今暴得大名[35]，不祥。不如有所属，事成犹得封侯，事败易以亡，非世所指名也[36]。"婴乃不敢为王。谓其军吏曰："项氏世世将家，有名于楚。今欲举大事，将非其人不可。我倚名族，亡秦必矣。"于是众从其言，以兵属项梁。项梁渡淮，黥布、蒲将军亦以兵属焉[37]。凡六七万人，军下邳[38]。

当是时，秦嘉已立景驹为楚王，军彭城东[39]，欲距项梁[40]。项梁谓军吏曰："陈王先首事[41]，战不利，未闻所在[42]。今秦嘉倍陈王而立景驹[43]，逆无道。"乃进兵击秦嘉。秦嘉军败走，追之至胡陵[44]。嘉还战一日，嘉死，军降。景驹走，死梁地[45]。项梁已并秦嘉军，军胡陵，将引军而西。章邯军至栗[46]，项梁使别将朱鸡石[47]、馀樊君与战。馀樊君死，朱鸡石军败，亡走胡陵。项梁乃引兵入薛[48]，诛鸡石。

项梁前使项羽别攻襄城[49]，襄城坚守不下。已拔，皆坑之。还报项梁。项梁闻陈王定死[50]，召诸别将会薛计事。此时沛公亦起沛[51]，往焉。

居鄛人范增[52]，年七十，素居家[53]，好奇计，往说项梁曰："陈胜败固当。夫秦灭六国，楚最无罪。自怀王入秦不反[54]，楚人怜之至今，故楚南公曰'楚虽三户，亡秦必楚'也[55]。今陈胜首事，不立楚后而自立，其势不长。今君起江东，楚蜂午之将皆争附君者[56]，以君世世楚将，为能复立楚之后也。"于是项梁然其言，乃求楚怀王孙心民间[57]，为人牧羊，立以为楚怀王，从民所望也。陈婴为楚上柱国，封五县，与怀王都盱台[58]。项梁自号为武信君。

居数月，引兵攻亢父[59]，与齐田荣、司马龙且军救东阿[60]，大破秦军于东阿。田荣即引兵归，逐其王假[61]。假亡走楚。假相田角亡走赵[62]。角弟田间故齐将，居赵不敢归。田荣立田儋子市为齐王。项梁已破东阿下军，遂追秦军。数使使趣齐兵[63]，欲与俱西。田荣曰："楚杀田假，赵杀田角、田间，乃发兵。"项梁曰："田假为与国之王[64]，穷来从我，不忍杀之。"赵亦不杀田角、田间以市于齐[65]。齐遂不肯发兵助楚。项梁使沛公及项羽别攻城阳[66]，屠之。西破秦军濮阳东[67]，秦兵收入濮阳。沛公、项羽乃攻定陶[68]。定陶未下，去。西略地至雝丘[69]，大破秦军，斩李由[70]。还攻外黄[71]，外黄未下。

项梁起东阿，西，（北）〔比〕至定陶[72]，再破秦军，项羽等又斩李由，益轻秦[73]，有骄色。宋义乃谏项梁曰："战胜而将骄卒惰者败。今卒少惰矣[74]，秦兵日益，臣为君畏之[75]。"项梁弗听。乃使宋义使于齐。道遇齐使者高陵君显[76]，曰："公将见武信君乎？"曰："然。"曰："臣论武信君军必败[77]。公徐行即免死[78]，疾行则及祸[79]。"秦果悉起兵益章邯[80]，击楚军，大破之定陶，项梁死。沛公、项羽去外黄攻陈留[81]，陈留坚守，不能下。沛公、项羽相与谋曰："今项梁军破，士卒恐。"乃与吕臣军俱引兵而东。吕臣军彭城东[82]，项羽军彭城西，沛公军砀[83]。

章邯已破项梁军，则以为楚地兵不足忧，乃渡河击赵，大破之。当此时，赵歇为王[84]，陈馀为将，张耳为相，皆走入巨鹿城[85]。章邯令王离、涉间围巨鹿，章邯军其南，筑甬道而输之粟[86]。陈馀为将，将卒数万人而军巨鹿之北，此所谓河北之军也。

楚兵已破于定陶，怀王恐，从盱台之彭城[87]，并项羽、吕臣军自将之[88]。以吕臣为司徒[89]，以其父吕青为令尹[90]，以沛公为砀郡长[91]，封为武安侯，将砀郡兵。

初，宋义所遇齐使者高陵君显在楚军，见楚王曰："宋义论武信君之军必败，居数日，军果败。兵未战而先见败征[92]，此可谓知兵矣[93]。"王召宋义与计事而大说之[94]，因置以为上将军[95]，项羽为鲁公，为次将，范增为末将，救赵。诸别将皆属宋义，号为卿子冠军[96]。行至安阳[97]，留四十六日不进。项羽曰："吾闻秦军围赵王巨鹿，疾引兵渡河，楚击其外，赵应其内，破秦军必矣。"宋义曰:"不然。夫搏牛之虻不可以破虮虱[98]。今秦攻赵,战胜则兵罢[99],我承其敝[100];不胜,则我引兵鼓行而西[101],必举秦矣[102]。故不如先斗秦赵[103]。夫被坚执锐[104],义不如公;坐而运策[105],公不如义。"因下令军中曰:"猛如虎,很如羊[106],贪如狼,强不可使者[107],皆斩之。"乃遣其子宋襄相齐[108],身送之至无盐[109],饮酒高会[110]。天寒大雨,士卒冻饥。项羽曰:"将戮力而攻秦[111],久留不行。今岁饥民贫,士卒食芋菽[112],军无见粮[113],乃饮酒高会,不引兵渡河因赵食[114],与赵并力攻秦,乃曰'承其敝'。夫以秦之强,攻新造之赵[115],其势必举赵。赵举而秦强,何敝之承!且国兵新破,王坐不安席,埽境内而专属于将军[116],国家安危,在此一举。今不恤士卒而徇其私[117],非社稷之臣[118]。"项羽晨朝上将军宋义,即其帐中斩宋义头[119],出令军中曰:"宋义与齐谋反楚,楚王阴令羽诛之[120]。"当是时,诸将皆慑服,莫敢枝梧[121]。皆曰:"首立楚者,将军家也。今将军诛乱。"乃相与共立羽为假上将军[122]。使人追宋义子,及之齐[123],杀之。使桓楚报命于怀王。怀王因使项羽为上将军。当阳君、蒲将军皆属项羽[124]。

项羽已杀卿子冠军,威震楚国,名闻诸侯。乃遣当阳君、蒲将军将卒二万渡河,救巨鹿。战少利[125],陈馀复请兵。项羽乃悉引兵渡河,皆沈船,破釜甑[126],烧庐舍,持三日粮,以示士卒必死[127],无一还心[128]。于是至则围王离,与秦军遇,九战,绝其甬道,大破之,杀苏角,虏王离[129]。涉间不降楚,自烧杀。当是时,楚兵冠诸侯。诸侯军救巨鹿下者十余壁[130],莫敢纵兵[131]。及楚击秦,诸将皆从壁上观[132]。楚战士无不一以当十,楚兵呼声动天,诸侯军无不人人惴恐[133]。于是已破秦军,项羽召见诸侯将,入辕门[134],无不膝行而前[135],莫敢仰视。项羽由是始为诸侯上将军,诸侯皆属焉。

章邯军棘原[136]，项羽军漳南[137]，相持未战。秦军数却，二世使人让章邯[138]。章邯恐，使长史欣请事[139]。至咸阳，留司马门三日[140]，赵高不见，有不信之心。长史欣恐，还走其军，不敢出故道。赵高果使人追之，不及。欣至军，报曰："赵高用事于中[141]，下无可为者[142]。今战能胜，高必疾妒吾功[143]；战不能胜，不免于死。愿将军孰计之[144]。"陈馀亦遗章邯书曰："白起为秦将，南征鄢郢[145]，北坑马服[146]，攻城略地[147]，不可胜计，而竟赐死。蒙恬为秦将，北逐戎人[148]，开榆中地数千里[149]，竟斩阳周[150]。何者？功多，秦不能尽封，因以法诛之[151]。今将军为秦将三岁矣，所亡失以十万数，而诸侯并起滋益多[152]。彼赵高素谀日久[153]，今事急，亦恐二世诛之，故欲以法诛将军以塞责[154]，使人更代将军以脱其祸[155]。夫将军居外久，多内郤[156]，有功亦诛，无功亦诛。且天之亡秦，无愚智皆知之。今将军内不能直谏，外为亡国将，孤特独立而欲常存[157]，岂不哀哉！将军何不还兵与诸侯为从[158]，约共攻秦，分王其地[159]，南面称孤[160]。此孰与身伏铁质[161]，妻子为僇乎[162]？"章邯狐疑，阴使候始成使项羽[163]，欲约[164]。约未成，项羽使蒲将军日夜引兵度三户[165]，军漳南，与秦战，再破之。项羽悉引兵击秦军汙水上[166]，大破之。

章邯使人见项羽，欲约。项羽召军吏谋曰："粮少，欲听其约。"军吏皆曰："善。"项羽乃与期洹水南殷虚上[167]。已盟，章邯见项羽而流涕为言赵高。项羽乃立章邯为雍王[168]，置楚军中。使长史欣为上将军，将秦军为前行[169]。

到新安[170]。诸侯吏卒异时故繇使屯戍过秦中[171]，秦中吏卒遇之多无状[172]，及秦军降诸侯，诸侯吏卒乘胜多奴虏使之[173]，轻折辱秦吏卒[174]。秦吏卒多窃言曰[175]："章将军等诈吾属降诸侯，今能入关破秦，大善；即不能，诸侯虏吾属而东，秦必尽诛吾父母妻子。"诸将微闻其计[176]，以告项羽。项羽乃召黥布、蒲将军计曰："秦吏卒尚众，其心不服，至关中不听，事必危，不如击杀之，而独与章邯、长史欣、都尉翳入秦[177]。"于是楚军夜击坑秦卒二十余万人新安城南。

段 意

写项羽投入反秦起义的主要经历。着重写了杀太守、立怀王、斩宋义、战巨鹿、降章邯、坑杀秦卒等重大事件。

注 释

[1]秦二世元年：公元前209年。[2]陈涉：即陈胜。大泽：大泽乡，在安徽宿州东南刘村集。[3]通：人名，指殷通，当时为会稽郡代理郡守。[4]江西：长江从九江到南京的一段，是由西南向东北流的，古人称今长江下游北岸、淮水以南地区为江西，而称自此以下的长江南岸地区为江东。[5]公：古代对男子的尊称。[6]亡：逃亡，避匿。[7]诚：吩咐。[8]须臾：一会儿。[9]眴（shùn）：目动。指以目示意。[10]可行矣：可以行动了。双关语。[11]印绶：指会稽守的官印。绶，穿系印钮的带子。[12]门下：指会稽守官府内的侍卫人员。[13]数十百人：数十人，乃至上百人。[14]慴（zhé）伏：同"慴服"，因恐惧而屈服。[15]故所知豪吏：从前所结识的有势力的官吏。[16]谕以所为起大事：把所以要举行起义的道理告诉他们。[17]下县：指会稽郡所辖各县。[18]部署：分派。校尉、候、司马：泛指将军以下各级军官。校尉，官名，地位在将军之下。候，地位次于校尉。司马，军中主管司法的官。[19]主：主办。[20]伏：通"服"。[21]裨（pí）将：副将。[22]徇：镇抚。[23]广陵：秦县名，治今江苏扬州。[24]陈王：即陈胜。[25]矫：假托。[26]上柱国：此为沿用战国时楚国的官名，地位相当于后世的丞相。[27]东阳：秦县名，县治在今安徽天长西北。[28]令史：县令属下的小吏。[29]信谨：诚实恭谨。[30]长者：指恭谨厚道的人。[31]无适用：没有合适的人选。[32]便：就，即。[33]异军苍头特起：建立一支独特的军队，以青布裹头，以显示与众不同。[34]先古：上世，祖上。[35]暴：突然。[36]世所指名：指为世人所注目。[37]黥布：即英布，项羽的猛将，后投刘邦，封淮南王，谋反被杀。蒲将军：史失其名。[38]下邳：秦县名，县治在今江苏邳州南。[39]彭城：秦县名，在今江苏徐州。[40]距：

通"拒"。[41]首事:指首先起义。[42]未闻所在:不知下落。[43]倍:通"背"。[44]胡陵:秦县名,县治在今山东鱼台东南。[45]梁地:泛指战国时魏国之地。[46]章邯:秦军主帅。栗:秦县名,县治在今河南夏邑。[47]别将:分统一支军队的将领。[48]薛:秦县名,县治在今山东滕州东南。[49]别攻:分兵攻打。襄城:秦县名,县治在今河南襄城。[50]定死:确实已死。[51]沛:秦县名,县治在今江苏沛县东。[52]居鄛(cháo):亦作"居巢",秦县名,县治在今安徽桐城南。[53]素居家:一向隐居在家。[54]怀王入秦不反:指战国时楚怀王熊槐(前328—前299年在位),应约与秦昭王会见,被秦国扣留。秦国要求楚国割地,怀王不从,竟死于秦。反,同"返"。[55]楚南公:人名,善言阴阳。楚虽三户,亡秦必楚:楚人最恨秦国,灭秦的必定是楚人。三户,极言其少。[56]蜂午:犹言蜂起,蜂拥而起。[57]楚怀王孙心:楚怀王之孙名心者。[58]盱台(xūyí):秦县名,县治在今江苏盱眙东北。[59]亢父(gāngfǔ):秦县名,县治在今山东济宁南。[60]田荣:故齐王族。龙且:楚骁将,当时为司马。东阿:秦县名,县治在今山东阳谷东北。[61]假:田假。[62]假相:齐王田假之相。[63]数(shuò):屡次。趣(cù):催促。[64]与(yù)国:即盟国。[65]市:做交易。[66]城阳:秦县名,县治在今山东鄄城。[67]濮阳:秦县名,县治在今河南濮阳南。[68]定陶:秦县名,县治在今山东定陶西北。[69]略:攻取。雍丘:秦县名,县治在今河南杞县。[70]李由:秦丞相李斯之子,时为三川郡守。[71]外黄:秦县名,县治在今河南杞县东北。[72]比:等到。定陶在东阿西南,"北至定陶"理不可通,今从《汉书》改。[73]益:渐渐。[74]少:稍稍,略微。惰:懈怠。[75]为君畏之:替你感到害怕。[76]高陵君显:高陵君是封号,显为人名。[77]论:断定。[78]徐行:慢慢地走。指有意拖延些日子。[79]及祸:遭祸。[80]益:增加。[81]陈留:秦县名,县治在今河南开封东南。[82]军:驻扎。[83]砀(dàng):秦县名,县治在今安徽砀山。[84]赵歇:赵王族之后,张耳、陈馀拥立他为赵王。[85]巨鹿:秦县名,当时亦为巨鹿郡治所,在今河北平乡西南。[86]甬道:两侧筑墙为屏障的通道。[87]之:到。[88]自将之:自己统领军队,掌兵权。[89]司徒:古代掌教化的官,这里可能是虚号。[90]令尹:楚国的最高官职,掌军政大权。[91]砀郡长:砀郡的行政长官。[92]征:征兆。[93]知兵:懂得用兵。[94]说(yuè):通"悦"。[95]上将军:军队的主帅。[96]卿子冠军:当时楚国对最高统帅宋义的称呼。卿子,对男子的尊称,与称公子含义相近。[97]安阳:古邑名,在今山东曹县东南。[98]搏牛之虻(méng)不可以破虮虱:攻击牛的虻,不能用来破(牛身上的)虮虱。比喻楚军的主要目标是击秦,而不在于攻破包围巨鹿城的章邯。虻,牛虻。

虮虱，指虱子。虮为虱卵。［99］罢：通"疲"。［100］承其敝：乘秦军疲惫。
［101］鼓行：击鼓而行。指大张旗鼓地进军。［102］举：攻取。［103］先斗秦赵：
让秦、赵先打起来。［104］被（pī）坚执锐：披上坚固的盔甲，手持锐利的兵器。
指冲锋陷阵。被，通"披"。［105］运策：运用谋略。［106］很：指不听从命令。
［107］强（jiàng）：固执。以上几句，都暗指项羽。［108］乃遣其子宋襄相齐：
宋义此举，是想与田荣修好，消除齐、楚之间的隔阂。［109］无盐：秦县名，县
治在今山东东平东南。［110］高会：大宴会。［111］戮力：合力。［112］芋菽：
薯类和豆类。［113］见（xiàn）粮：现粮。见，同"现"。［114］因赵食：依凭赵
地，取粮而食。［115］新造：新建立。［116］埽境内：指倾楚地之兵。埽，同
"扫"，尽。［117］恤：体恤。徇其私：指考虑一己的私利。徇，曲就。［118］社
稷之臣：指忠公体国之臣。社稷，古代帝王、诸侯所祭祀的土神和谷神，是国家
的象征。［119］即其帐中：就在宋义的军帐中。［120］阴令：密令，暗中命令。
［121］枝梧：指抵触，不顺从。［122］假：代理。［123］及之齐：在齐国赶上他。
［124］当阳君：即黥布。［125］少利：稍有进展。［126］破釜甑（zèng）：砸毁食
具。釜，锅。甑，瓦器，用以蒸煮食物。［127］必死：决死战。［128］无一还心：
不让一人有畏缩后退之心。［129］虏：俘获。［130］壁：营垒。［131］纵兵：出
兵作战。［132］从壁上观：依凭营垒观战。［133］惴恐：恐惧。［134］辕门：军
门。古代行军以车为阵，营前竖车辕相对为门，故称辕门。［135］膝行：跪在地
上，用双膝行进。［136］棘原：古地名，在今河北平乡南。［137］漳南：漳水南
岸。［138］让：责备。［139］长史欣：即司马欣。长史，大将军、丞相等的下属
官吏，为诸史之长。请事：请示对有关事情的指令。［140］司马门：宫廷的外门。
［141］赵高：秦宦官。秦始皇死后，他矫诏杀太子扶苏，立胡亥为二世皇帝，把
持朝政，后杀二世，立子婴，自己为子婴所杀。中：指宫廷。［142］下：居下位
的人。［143］疾妒：嫉妒。［144］孰计之：仔细考虑这事。［145］南征鄢郢：前
279 年，白起伐楚取鄢，次年又攻破楚都郢。鄢，在今湖北宜城。郢，在今湖北
江陵。鄢、郢都做过楚国的都城。［146］北坑马服：前 260 年，白起破赵长平军，
射杀赵军主帅赵括，坑杀降卒四十余万。马服，赵括的父亲封马服君，赵括承袭
父爵，故称。［147］略地：攻取土地。［148］戎人：指匈奴。［149］榆中：地区
名，在今内蒙古包头以南河套一带。［150］阳周：秦县名，县治在今陕西子长西
北。［151］以法诛之：利用法律诛杀功臣。［152］滋益多：越来越多。［153］素
谀：一贯阿谀奉承。［154］塞责：对应尽的责任敷衍了事。［155］更代：代替。
［156］多内郤：指朝廷内多有仇怨之人。郤，通"隙"，裂缝。引申为仇隙。
［157］孤特独立：指孤立无援。孤、特、独三字同义，都是孤立的意思。［158］

还兵：指杀回秦地。与诸侯为从：指与东方起义军联合起来。从，同"纵"。[159] 王（wàng）：称王。[160] 南面称孤：指登王位。[161] 孰与：表示比较两种情况哪一种好些。伏铁质：指被杀。铁质，铁砧板，腰斩人的刑具。铁，同"斧"。质，通"锧"。[162] 僇：通"戮"，诛杀。[163] 候始成：军候名始成者。[164] 约：缔约。[165] 三户：即三户津，漳水上的渡口，在今河北磁县西南。[166] 汙（yū）水：漳水支流，在河北临漳西，今已干涸。[167] 洹（huán）水：即今河南安阳北面安阳河。殷虚：即殷墟，殷都遗址，在今河南安阳西之小屯村。[168] 雍：秦县名，县治在今陕西凤翔南。[169] 前行：先锋。[170] 新安：古邑名，在今河南渑池东。[171] 异时：从前。故：原本。繇使屯戍：服劳役或驻守边疆。秦中：即关中。[172] 无状：不善。[173] 奴虏使之：像使唤奴隶那样役使他们。虏，奴仆。[174] 轻：轻易。折辱：侮辱，屈辱。[175] 窃言：私下计议。[176] 微闻其计：暗中探听到他们的谋划。[177] 都尉翳：都尉董翳。都尉，低于将军的官职。

　　行略定秦地[1]。函谷关有兵守关[2]，不得入。又闻沛公已破咸阳[3]，项羽大怒，使当阳君等击关。项羽遂入，至于戏西[4]。沛公军霸上[5]，未得与项羽相见。沛公左司马曹无伤使人言于项羽曰[6]："沛公欲王关中，使子婴为相[7]，珍宝尽有之。"项羽大怒，曰："旦日飨士卒[8]，为击破沛公军！"

　　当是时，项羽兵四十万，在新丰鸿门[9]，沛公兵十万，在霸上。范增说项羽曰："沛公居山东时[10]，贪于财货，好美姬。今入关，财物无所取，妇女无所幸，此其志不在小。吾令人望其气[11]，皆为龙虎，成五采，此天子气也。急击勿失。"

　　楚左尹项伯者[12]，项羽季父也，素善留侯张良[13]。张良是时从沛公，项伯乃夜驰之沛公军，私见张良，具告以事，欲呼张良与俱去。曰："毋从俱死也。"张良曰："臣为韩王送沛公[14]，沛公今事有急，亡去不义[15]，不可不语。"良乃入，具告沛公。沛公大惊，曰："为之奈何？"张良曰："谁为大王为此计者？"曰："鲰生说我曰'距关[16]，毋内诸侯[17]，秦地可尽王也[18]'，故听之。"良曰:"料大王士卒足以当项王乎[19]?"沛公默然,曰:"固不如也,且为之奈何?"张良曰:"请往谓项伯,言沛公不敢背项王也[20]。"沛公曰:"君安与项伯有故[21]?"张良曰:"秦时与臣游,项伯杀人,臣活之。今事有急,故幸来告良[22]。"沛公曰:"孰与君少长[23]?"良曰:"长于臣。"沛公曰:"君为我呼入,吾得兄事之[24]。"张良出,要项伯[25]。项伯即入见沛公。沛公奉卮酒为寿[26],约为婚姻[27],曰:"吾入关,秋豪不敢有所近[28],籍吏民[29],封府库,而待将军[30]。所以遣将守关者,备他盗之出入与非常也[31]。日夜望将军至,岂敢反乎!愿伯具言臣之不敢倍德也[32]。"项伯许诺,谓沛公曰:"旦日不可不蚤自来谢项王[33]。"沛公曰:"诺。"于是项伯复夜去,至军中,具以沛公言报项王。因言曰:"沛公不先破关中,公岂敢入乎? 今人有大功而击之,不义也,不如因善遇之。"项王许诺。

沛公旦日从百余骑来见项王[34],至鸿门,谢曰:"臣与将军戮力而攻秦,将军战河北,臣战河南,然不自意能先入关破秦[35],得复见将军于此。今者有小人之言[36],令将军与臣有郤。"项王曰:"此沛公左司马曹无伤言之;不然,籍何以至此。"项王即日因留沛公与饮。项王、项伯东向坐[37],亚父南向坐[38]。亚父者,范增也。沛公北向坐,张良西向侍。范增数目项王[39],举所佩玉玦以示之者三[40],项王默然不应。范增起,出召项庄[41],谓曰:"君王为人不忍[42],若入前为寿[43],寿毕,请以剑舞,因击沛公于坐,杀之。不者[44],若属皆且为所虏[45]。"庄则入为寿,寿毕,曰:"君王与沛公饮,军中无以为乐,请以剑舞。"项王曰:"诺。"项庄拔剑起舞,项伯亦拔剑起舞,常以身翼蔽沛公[46],庄不得击。于是张良至军门,见樊哙[47]。樊哙曰:"今日之事何如?"良曰:"甚急。今者项庄拔剑舞,其意常在沛公也。"哙曰:"此迫矣[48],臣请入,与之同命[49]。"哙即带剑拥盾入军门。交戟之卫士欲止不内[50]，樊哙侧其盾以撞，卫士仆地[51]，哙遂入，披帷西向立[52]，瞋目视项王[53]，头发上指[54]，目眦尽裂[55]。项王按剑而跽曰[56]："客何为者[57]?"张良曰："沛公之参乘樊哙者也[58]。"项王曰："壮士，赐之卮酒。"则与斗卮酒[59]。哙拜谢，起，立而饮之。项王曰："赐之彘肩[60]。"则与一生彘肩。樊哙覆其盾于地，加彘肩上[61]，拔剑切而啖之。项王曰："壮士，能复饮乎?"樊哙曰："臣死且不避，卮酒安足辞!夫秦王有虎狼之心，杀人如不能举[62]，刑人如恐不胜[63]，天下皆叛之。怀王与诸将约曰'先破秦入咸阳者王之'。今沛公先破秦入咸阳，豪毛不敢有所近，封闭宫室，还军霸上，以待大王来。故遣将守关者，备他盗出入与非常也。劳苦而功高如此，未有封侯之赏，而听细说[64]，欲诛有功之人。此亡秦之续耳[65]，窃为大王不取也[66]。"项王未有以应，曰："坐。"樊哙从良坐[67]。坐须臾，沛公起如厕[68]，因招樊哙出。

沛公已出，项王使都尉陈平召沛公[69]。沛公曰："今者出，未辞也，为之奈何?"樊哙曰："大行不顾细谨，大礼不辞小让[70]。如今人方为刀俎[71]，我为鱼肉[72]，何辞为[73]?"于是遂去。乃令张良留谢。良问曰："大王来何操[74]?"曰："我持白璧一双[75]，欲献项王，玉斗一双[76]，欲与亚父。会其怒[77]，不敢献，公为我献之。"张良曰："谨诺。"

当是时，项王军在鸿门下，沛公军在霸上，相去四十里。沛公则置车骑[78]，脱身独骑，与樊哙、夏侯婴、靳强、纪信等四人持剑盾步走[79]，从郦山下[80]，道芷阳间行[81]。沛公谓张良曰："从此道至吾军，不过二十里耳。度我至军中[82]，公乃入。"沛公已去，间至军中，张良入谢，曰："沛公不胜杯杓[83]，不能辞，谨使臣良奉白璧一双，再拜献大王足下；玉斗一双，再拜奉大将军足下[84]。"项王曰："沛公安在?"良曰："闻大王有意督过之[85]，脱身独去，已至军矣。"项王则受璧，置之坐上。亚父受玉斗，置之地，拔剑撞而破之，曰："唉！竖子不足与谋[86]。夺项王天下者，必沛公也，吾属今为之虏矣。"沛公至军，立诛杀曹无伤。

居数日，项羽引兵西屠咸阳，杀秦降王子婴，烧秦宫室，火三月不灭。收其货宝妇女而东。人或说项王曰："关中阻山河四塞[87]，地肥饶，可都以霸[88]。"项王见秦宫室皆以烧残破[89]，又心怀思，欲东归，曰："富贵不归故乡，如衣绣夜行[90]，谁知之者！"说者曰[91]："人言楚人沐猴而冠耳[92]，果然。"项王闻之，烹说者。

项王使人致命怀王[93]。怀王曰："如约[94]。"乃尊怀王为义帝[95]。项王欲自王[96]，先王诸将相。谓曰："天下初发难时[97]，假立诸侯后以伐秦[98]。然身被坚执锐首事[99]，暴露于野三年，灭秦定天下者，皆将相诸君与籍之力也。义帝虽无功，故当分其地而王之[100]。"诸将皆曰："善。"乃分天下，立诸将为侯王。项王、范增疑沛公之有天下，业已讲解[101]，又恶负约[102]，恐诸侯叛之，乃阴谋曰："巴、蜀道险，秦之迁人皆居蜀[103]。"乃曰："巴、蜀亦关中地也。"故立沛公为汉王，王巴、蜀、汉中，都南郑[104]。而三分关中，王秦降将以距塞汉王[105]。

项王乃立章邯为雍王，王咸阳以西，都废丘[106]。长史欣者，故为栎阳狱掾，尝有德于项梁；都尉董翳者，本劝章邯降楚。故立司马欣为塞王，王咸阳以东至河，都栎阳；立董翳为翟王，王上郡[107]，都高奴[108]。徙魏王豹为西魏王[109]，王河东[110]，都平阳[111]。瑕丘申阳者[112]，张耳嬖臣也[113]，先下河南（郡）[114]，迎楚河上，故立申阳为河南王，都雒阳。韩王成因故都[115]，都阳翟[116]。赵将司马卬定河内[117]，数有功，故立卬为殷王，王河内，都朝歌[118]。徙赵王歇为代王。赵相张耳素贤，又从入关，故立耳为常山王，王赵地，都襄国[119]。当阳君黥布为楚将，常冠军，故立布为九江王，都六[120]。鄱君吴芮率百越佐诸侯[121]，又从入关，故立芮为衡山王，都邾[122]。义帝柱国共敖将兵击南郡[123]，功多，因立敖为临江王，都江陵。徙燕王韩广为辽东王。燕将臧荼从楚救赵，因从入关，故立荼为燕王，都蓟[124]。徙齐王田市为胶东王。齐将田都从共救赵，因从入关，故立都为齐王，都临菑[125]。故秦所灭齐王建孙田安，项羽方渡河救赵，田安下济北数城[126]，引其兵降项羽，故立安为济北王，都博阳[127]。田荣者，数负项梁，又不肯将兵从楚击秦，以故不封。成安君陈馀弃将印去，不从入关，然素闻其贤，有功于赵，闻其在南皮[128]，故因环封三县[129]。番君将梅鋗功多，故封十万户侯。项王自立为西楚霸王[130]，王九郡，都彭城。

段　意

写项羽率军入关和入关后发生的一些事件。主要有：鸿门宴；屠咸阳，杀子婴，烧秦宫；违约封刘邦为汉王，王巴、蜀、汉中，并分封十八诸侯。

注　释

[1] 行：进军。略定秦地：攻占秦地。略，夺取。定，平定。[2] 函谷关：东方出入关中的要塞，在今河南灵宝西南。[3] 沛公已破咸阳：楚怀王在派宋义北上救赵的同时，又派刘邦西进攻秦。项羽杀宋义，与秦军主力展开激战，刘邦于秦二世三年（前207）十月由武关进入关中攻破咸阳，比项羽入关早两个月。咸阳，秦朝首都，故址在今陕西咸阳东北。[4] 戏西：戏水之西。戏水在今陕西临潼东。[5] 霸上：也作"灞上"，即灞水西之白鹿原，在今陕西西安东。[6] 左司马：司马为掌军政之官，此称左司马，盖以司马一职分为左、右两官。[7] 子婴：人名。赵高杀死二世皇帝后，立子婴为秦王。此时已投降沛公。[8] 且日：明日。飨：犒赏。[9] 新丰：在今陕西临潼东，本为秦之骊邑，汉置县，改名新丰。鸿门：山坡名，在新丰东十七里，今称项王营。[10] 居山东时：指入关以

前。山东，华山以东，泛指六国之地。[11] 气：指刘邦行止之处上空的云气。望气是古人预测人事吉凶的一种迷信方法，也是一种宣传手段。[12] 左尹：官名，令尹之佐。项伯：名缠，字伯。[13] 张良：字子房，刘邦的主要谋士，刘邦称帝后，封他为留侯。[14] 臣为韩王送沛公：当时张良为韩申徒（即司徒），臣属韩王。沛公从洛阳南出，张良领兵跟随。刘邦让韩王留守阳翟，和张良一起西入武关。韩王，名成，韩公子，项梁接受张良的建议封他为韩王。[15] 亡去：逃走。[16] 鲰（zōu）生：骂人的话，意思是鄙陋无知的小人。鲰，小鱼。距关：凭关守御。距，通"拒"，抵御。[17] 内："纳"的本字。[18] 秦地可尽王：可以统治原来整个秦国之地。[19] 当：匹敌。[20] 背：背叛。[21] 安：何。有故：指有旧交。[22] 幸：有多亏的意思。[23] 孰与君少长：与你相比，年龄谁大谁小，即你们俩年龄谁大？[24] 兄事之：以事兄长之礼待之。[25] 要：通"邀"。[26] 奉卮（zhī）酒为寿：进酒祝福。卮，酒器。为寿，上寿，进酒于尊长之前而致祝词。[27] 约为婚姻：彼此约定，结为儿女亲家。[28] 秋豪：动物秋天换毛时长出的细毛。比喻极微小的东西。豪，通"毫"。[29] 籍吏民：登记官吏百姓，即造好吏民清册。[30] 将军：指项羽。[31] 非常：指意外变故。[32] 倍德：忘恩负义。倍，通"背"。[33] 蚤：通"早"。谢：谢罪。[34] 从：带领随从。[35] 不自意：自己也没有料想到。[36] 小人之言：指坏人挑拨。[37] 东向坐：古代在室内以坐西向东为尊。[38] 亚父：项羽对范增的尊称，意同仲父。[39] 数目项王：多次给项羽使眼色。[40] 玉玦（jué）：环形开缺口的玉。古人常用以表示决心、决绝。[41] 项庄：项羽的堂弟。[42] 不忍：心肠软，不狠心。[43] 若：你。[44] 不者：否则，不然的话。不，同"否"。[45] 若属：你们这些人。[46] 翼蔽：遮蔽，掩护。[47] 樊哙（kuài）：沛人，与刘邦一同起义，屡建战功，封舞阳侯。[48] 迫：急迫，指情况紧急。[49] 同命：同死。指与项羽拼命。[50] 交戟：持戟交叉。止：阻止。[51] 仆地：倒地。[52] 披帷：揭开营帐。[53] 瞋（chēn）目：张目怒视。[54] 头发上指：头发向上竖起。[55] 目眦（zì）尽裂：眼眶都裂开了。这几句形容樊哙极端愤怒。[56] 跽（jì）：半跪。古人席地而坐，两膝着地，臀部贴在脚跟。臀部不靠脚跟为跪，跪而挺身直腰为跽。项羽由坐而跽，是防范进攻的戒备动作。[57] 客何为者：来客是干什么的？[58] 参乘：即车右，古代在车右担任警卫的武士。[59] 斗卮酒：一大杯酒。斗或是衍文。[60] 彘肩：整条猪腿。[61] 加彘肩上：将猪腿放在盾牌上。[62] 举：尽，全。[63] 胜：尽。[64] 细说：指小人的谗言。[65] 续：继承者。[66] 不取：不采取（亡秦的做法）。[67] 从良坐：指坐在张良身边。[68] 如厕：上厕所。[69] 陈平：当时在项羽部下，第二年即投奔汉王，后为刘邦屡出奇计，封侯拜相。[70] 让：

责备。这两句意思是：干大事业不计较细微之处，讲究大节不在乎小的失礼。
[71] 刀俎（zǔ）：刀和砧板。[72] 我为鱼肉：喻处在任人宰割的地位。[73] 何
辞为：要辞行干什么。[74] 来何操：来时带了些什么。操，持。[75] 璧：圆形
玉器，中间有小孔。[76] 玉斗：玉制的酒器。[77] 会：逢，值。[78] 置：弃
置，丢下。[79] 夏侯婴：沛人，刘邦的好朋友，后因功封汝阴侯。靳强：曲沃
人，从刘邦击项羽，因功封汾阳侯。纪信：刘邦部将。项羽围荥阳时，纪信假扮
刘邦出城投降，掩护刘邦逃脱，自己被项羽烧死。[80] 郦山：即骊山，地处鸿门
西，在今陕西临潼东。[81] 道芷（zhǐ）阳：取道芷阳。芷阳，秦县名，县治在
今陕西长安东白鹿原上。间（jiàn）行：抄小路而行。[82] 度（duó）：估计。
[83] 不胜杯勺：谓不胜酒力。杯勺，酒器，代指酒。[84] 大将军：指范增。
[85] 督过：责备。督，责。[86] 竖子：小子。此处明斥项庄，暗指项羽。[87]
阻：凭恃，依仗。四塞：四面有险可守。关中东有函谷，南有武关，西有散关，
北有萧关。[88] 都：建都。[89] 以：同"已"。[90] 衣绣：穿着锦绣的衣服。
[91] 说者：《汉书》作韩生。[92] 沐猴而冠：猴子穿上人的衣冠，谓徒具人形。
沐猴，猕猴。冠，戴帽子。[93] 致命：报命，复命。[94] 如约：按前约行事。
前约即"先破秦入咸阳者王之"。[95] 义帝：假帝，挂名皇帝。[96] 自王：给自
己封王。[97] 发难（nàn）：指起义。[98] 假立诸侯后：临时立六国之后。[99]
首事：首举大事。[100] 故当：本该。故，原来，本来。[101] 业已讲解：已经
讲和。[102] 恶负约：害怕担当毁约的罪名。恶，讨厌。负，违。[103] 迁人：
犯罪被流放的人。[104] 南郑：汉中郡治，在今陕西南郑。[105] 距塞：阻塞。
[106] 废丘：秦县名，县治在今陕西兴平东南。[107] 上郡：秦郡名，当今陕北
地，郡治肤施，在今陕西榆林东南。[108] 高奴：秦县名，县治在今陕西延安东
北。[109] 徙魏王豹为西魏王：项羽自己欲并王梁、楚地，故有此举。[110] 河
东：秦郡名，当今山西西南部黄河以东之地，郡治安邑，在今山西夏县西北。
[111] 平阳：秦县名，县治在今山西临汾西南。[112] 申阳：人名，曾为瑕丘令。
[113] 嬖臣：宠臣。[114] 河南郡：即秦三川郡，当今河南西北地，郡治洛阳，
在今河南洛阳东北。[115] 因故都：沿袭韩国故都。[116] 阳翟：战国时韩都，
在今河南禹州。[117] 河内：汉郡名，当今河南黄河以北之地，郡治怀县，在今
河南武陟西南。[118] 朝歌：殷代故都，在今河南淇县。[119] 襄国：即秦信都
县，县治在今河北邢台西南。[120] 六：秦县名，县治在今安徽六安北。[121]
鄱（pó）君吴芮：吴芮曾为鄱阳令，故称鄱君。百越：对江、浙、闽、粤少数民
族的统称。[122] 邾（zhū）：古邑名，故城在今湖北黄冈西北。[123] 南郡：秦
郡名，当今湖北西部一带，郡治江陵，在今湖北江陵。[124] 蓟（jì）：秦县名，

县治在今北京西南。［125］临菑：同"临淄"，汉县名，县治在今山东临淄北。［126］济北：济水之北。［127］博阳：地名，在今山东茌平西。［128］南皮：秦县名，县治在今河北南皮。［129］环封三县：封给南皮周围的三个县。［130］西楚霸王：项羽以彭城为都，又为诸侯盟主，故称西楚霸王。西楚，旧称江陵（在今湖北江陵）一带为南楚，吴县（在今江苏苏州）一带为东楚，彭城（在今江苏徐州）一带为西楚。

汉之元年四月[1]，诸侯罢戏下[2]，各就国。项王出之国[3]，使人徙义帝，曰："古之帝者地方千里，必居上游。"乃使使徙义帝长沙郴县[4]。趣义帝行，其群臣稍稍背叛之[5]，乃阴令衡山、临江王击杀之江中[6]。韩王成无军功，项王不使之国，与俱至彭城，废以为侯，已又杀之。臧荼之国，因逐韩广之辽东，广弗听，荼击杀广无终[7]，并王其地。

田荣闻项羽徙齐王市胶东，而立齐将田都为齐王，乃大怒，不肯遣齐王之胶东，因以齐反，迎击田都。田都走楚。齐王市畏项王，乃亡之胶东就国。田荣怒，追击，杀之即墨[8]。荣因自立为齐王，而西击杀济北王田安，并王三齐[9]。荣与彭越将军印[10]，令反梁地。陈馀阴使张同、夏说说齐王田荣曰[11]："项羽为天下宰[12]，不平。今尽王故王于丑地[13]，而王其群臣诸将善地，逐其故主[14]，赵王乃北居代。馀以为不可。闻大王起兵，且不听不义，愿大王资馀兵[15]，请以击常山，以复赵王，请以国为扞蔽[16]。"齐王许之，因遣兵之赵。陈馀悉发三县兵，与齐并力击常山，大破之。张耳走归汉。陈馀迎故赵王歇于代，反之赵。赵王因立陈馀为代王。

是时，汉还定三秦[17]。项羽闻汉王皆已并关中，且东[18]，齐、赵叛之，大怒。乃以故吴令郑昌为韩王[19]，以距汉。令萧公角等击彭越[20]。彭越败萧公角等。汉使张良徇韩，乃遗项王书曰："汉王失职[21]，欲得关中，如约即止，不敢东。"又以齐、梁反书遗项王曰："齐欲与赵并灭楚。"楚以此故无西意，而北击齐。征兵九江王布。布称疾不往，使将将数千人行。项王由此怨布也。汉之二年冬[22]，项羽遂北至城阳，田荣亦将兵会战。田荣不胜，走至平原[23]，平原民杀之。遂北烧夷齐城郭室屋[24]，皆坑田荣降卒，系虏其老弱妇女。徇齐至北海[25]，多所残灭。齐人相聚而叛之。于是田荣弟田横收齐亡卒，得数万人，反城阳。项王因留，连战未能下。

春[26]，汉王部五诸侯兵[27]，凡五十六万人，东伐楚。项王闻之，即令诸将击齐，而自以精兵三万人南从鲁出胡陵[28]。四月，汉皆已入彭城，收其货宝美人，日置酒高会。项王乃西从萧[29]，晨击汉军而东，至彭城，日中，大破汉军。汉军皆走，相随入穀、泗水[30]，杀汉卒十余万人。汉卒皆南走山，楚又追击至灵壁东睢水上[31]。汉军却，为楚所挤[32]，多杀，汉卒十余万人皆入睢水，睢水为之不流。围汉王三匝[33]。于是大风从西北而起，折木发屋[34]，扬沙石，窈冥昼晦[35]，逢迎楚军[36]。楚军大乱，坏散，而汉王乃得与数十骑遁去。欲过沛，收家室而西；楚亦使人追之沛，取汉王家。家皆亡，不与汉王相见。汉王道逢得孝惠、鲁元[37]，乃载行。楚骑追汉王，汉王急，推堕孝惠、鲁元车下，滕公常下收载之[38]。如是者三。曰："虽急不可以驱，奈何弃之？"于是遂得脱。求太公、吕后[39]不相遇。审食其从太公、吕后间行[40]，求汉王，反遇楚军。楚军遂与归，报项王，项王常置军中。

是时吕后兄周吕侯为汉将兵居下邑[41]，汉王间往从之，稍稍收其士卒。至荥阳[42]，诸败军皆会，萧何亦发关中老弱未傅悉诣荥阳[43]，复大振。楚起于彭城，常乘胜逐北，与汉战荥阳南京、索间[44]，汉败楚，楚以故不能过荥阳而西。

项王之救彭城，追汉王至荥阳。田横亦得收齐，立田荣子广为齐王。汉王之败彭城，诸侯皆复与楚而背汉[45]。汉军荥阳，筑甬道属之河[46]，以取敖仓粟[47]。

汉之三年[48]，项王数侵夺汉甬道，汉王食乏，恐，请和，割荥阳以西为汉。

项王欲听之。历阳侯范增曰："汉易与耳[49]，今释弗取[50]，后必悔之。"项王乃与范增急围荥阳。汉王患之，乃用陈平计间项王[51]。项王使者来，为太牢具[52]，举欲进之。见使者，详惊愕曰[53]："吾以为亚父使者，乃反项王使者。"更持去，以恶食食项王使者[54]。使者归报项王。项王乃疑范增与汉有私，稍夺之权。范增大怒，曰："天下事大定矣，君王自为之。愿赐骸骨归卒伍[55]。"项王许之。行未至彭城，疽发背而死[56]。

汉将纪信说汉王曰："事已急矣，请为王诳楚为王[57]，王可以间出[58]。"于是汉王夜出女子荥阳东门被甲二千人[59]，楚兵四面击之。纪信乘黄屋车[60]，傅左纛[61]，曰："城中食尽，汉王降。"楚军皆呼万岁。汉王亦与数十骑从城西门出，走成皋[62]。项王见纪信，问："汉王安在?"信曰："汉王已出矣。"项王烧杀纪信。

汉王使御史大夫周苛、枞公、魏豹守荥阳[63]。周苛、枞公谋曰："反国之王，难与守城。"乃共杀魏豹。楚下荥阳城，生得周苛[64]。项王谓周苛曰："为我将，我以公为上将军，封三万户。"周苛骂曰："若不趣降汉[65]，汉今虏若，若非汉敌也。"项王怒，烹周苛，并杀枞公。

汉王之出荥阳，南走宛、叶[66]，得九江王布，行收兵，复入保成皋。汉之四年，项王进兵围成皋。汉王逃，独与滕公出成皋北门，渡河走脩武[67]，从张耳、韩信军[68]。诸将稍稍得出成皋，从汉王。楚遂拔成皋。欲西，汉使兵距之巩[69]，令其不得西。

是时，彭越渡河击楚东阿[70]，杀楚将军薛公。项王乃自东击彭越。汉王得淮阴侯兵[71]，欲渡河南。郑忠说汉王，乃止，壁河内[72]。使刘贾将兵佐彭越[73]，烧楚积聚。项王东击破之，走彭越。汉王则引兵渡河，复取成皋，军广武[74]，就敖仓食。

项王已定东海来西[75]，与汉俱临广武而军，相守数月[76]。

当此时，彭越数反梁地，绝楚粮食。项王患之，为高俎[77]，置太公其上，告汉王曰："今不急下[78]，吾烹太公。"汉王曰："吾与项羽俱北面受命怀王[79]，曰'约为兄弟'，吾翁即若翁，必欲烹而翁[80]，则幸分我一杯羹。"项王怒，欲杀之。项伯曰："天下事未可知，且为天下者不顾家，虽杀之无益，只益祸耳。"项王从之。

楚汉久相持未决，丁壮苦军旅[81]，老弱罢转漕[82]。项王谓汉王曰："天下匈匈数岁者[83]，徒以吾两人耳，愿与汉王挑战决雌雄，毋徒苦天下之民父子为也[84]。"汉王笑谢曰："吾宁斗智，不能斗力。"项王令壮士出挑战。汉有善骑射者楼烦[85]，楚挑战三合，楼烦辄射杀之[86]。项王大怒，乃自被甲持戟挑战。楼烦欲射之，项王瞋目叱之，楼烦目不敢视，手不敢发，遂走还入壁，不敢复出。汉王使人间问之[87]，乃项王也。汉王大惊。于是项王乃即汉王相与临广武间而语[88]。汉王数之[89]，项王怒，欲一战。汉王不听，项王伏弩射中汉王[90]。汉王伤，走入成皋。

项王闻淮阴侯已举河北，破齐、赵，且欲击楚，乃使龙且往击之[91]。淮阴侯与战，骑将灌婴击之[92]，大破楚军，杀龙且。韩信因自立为齐王。项王闻龙且军破，则恐，使盱台人武涉往说淮阴侯。淮阴侯弗听。是时，彭越复反，下梁地，绝楚粮。项王乃谓海春侯大司马曹咎等曰[93]："谨守成皋，则汉欲挑战[94]，慎勿与战，毋令得东而已。我十五日必诛彭越，定梁地，复从将军。"乃东行击陈留、外黄[95]。

外黄不下。数日，已降，项王怒，悉令男子年十五已上诣城东，欲坑之。外黄令舍人儿年十三[96]，往说项王曰："彭越强劫外黄[97]，外黄恐，故且降，待大王。大王至，又皆坑之，百姓岂有归心？从此以东，梁地十余城皆恐，莫肯下矣。"项王然其言，乃赦外黄当坑者。东至睢阳[98]，闻之皆争下项王。

汉果数挑楚军战，楚军不出。使人辱之五六日，大司马怒，渡兵汜水[99]。士卒半渡，汉击之，大破楚军，尽得楚国货赂。大司马咎、长史翳、塞王欣皆自刭汜水上[100]。大司马咎者，故蕲狱掾，长史欣亦故栎阳狱吏，两人尝有德于项梁，是以项王信任之。当是时，项王在睢阳，闻海春侯军败，则引兵还。汉军方围钟离眜于荥阳东[101]，项王至，汉军畏楚，尽走险阻。

是时，汉兵盛食多，项王兵罢食绝。汉遣陆贾说项王[102]，请太公，项王弗听。汉王复使侯公往说项王[103]，项王乃与汉约，中分天下，割鸿沟以西者为汉[104]，鸿沟而东者为楚。项王许之，即归汉王父母妻子。军皆呼万岁。汉王乃封侯公为平国君。匿弗肯复见[105]。曰："此天下辩士，所居倾国[106]，故号为平国君。"项王已约，乃引兵解而东归[107]。

汉欲西归。张良、陈平说曰："汉有天下太半[108]，而诸侯皆附之。楚兵罢食尽，此天亡楚之时也，不如因其机而遂取之[109]。今释弗击，此所谓'养虎自遗患'也。"汉王听之。汉五年[110]，汉王乃追项王至阳夏南[111]，止军，与淮阴侯韩信、建成侯彭越期会而击楚军。至固陵[112]，而信、越之兵不会。楚击汉军，大破之。汉王复入壁，深堑而自守[113]。谓张子房曰："诸侯不从约，为之奈何？"对曰："楚兵且破，信、越未有分地[114]，其不至固宜。君王能与共分天下，今可立致也[115]。即不能，事未可知也。君王能自陈以东傅海[116]，尽与韩信；睢阳以北至穀城[117]，以与彭越，使各自为战[118]，则楚易败也。"汉王曰："善。"于是乃发使者告韩信、彭越曰："并力击楚。楚破，自陈以东傅海与齐王，睢阳以北至谷城与彭相国[119]。"使者至，韩信、彭越皆报曰："请今进兵。"韩信乃从齐往，刘贾军从寿春并行[120]，屠城父[121]，至垓下[122]。大司马周殷叛楚[123]，以舒屠六[124]，举九江兵，随刘贾、彭越皆会垓下，诣项王。

项王军壁垓下，兵少食尽，汉军及诸侯兵围之数重。夜闻汉军四面皆楚歌[125]，项王乃大惊曰："汉皆已得楚乎？是何楚人之多也！"项王则夜起，饮帐中。有美人名虞，常幸从；骏马名骓[126]，常骑之。于是项王乃悲歌慷慨，自为诗曰："力拔山兮气盖世[127]，时不利兮骓不逝[128]。骓不逝兮可奈何，虞兮虞兮奈若何！"歌数阕[129]，美人和之。项王泣数行下[130]，左右皆泣，莫能仰视。

于是项王乃上马骑，麾下壮士骑从者八百余人[131]，直夜溃围南出[132]，驰走。平明[133]，汉军乃觉之，令骑将灌婴以五千骑追之。项王渡淮，骑能属者百余人耳[134]。项王至阴陵[135]，迷失道，问一田父[136]，田父绐曰[137]："左。"[138]左，乃陷大泽中[139]。以故汉追及之。项王乃复引兵而东，至东城[140]，乃有二十八骑。汉骑追者数千人。项王自度不得脱[141]。谓其骑曰："吾起兵至今八岁矣，身七十余战，所当者破，所击者服，未尝败北，遂霸有天下。然今卒困于此，此天之亡我，非战之罪也。今日固决死，愿为诸君快战[142]，必三胜之[143]，为诸君溃围，斩将，刈旗[144]，令诸君知天亡我，非战之罪也。"乃分其骑以为四队，四向[145]。汉军围之数重。项王谓其骑曰："吾为公取彼一将。"令四面骑驰下，期山东为三处[146]。于是项王大呼驰下，汉军皆披靡[147]，遂斩汉一将。是时，赤泉侯为骑将[148]，追项王，项王瞋目而叱之，赤泉侯人马俱惊，辟易数里[149]。与其骑会为三处。汉军不知项王所在，乃分军为三，复围之。项王乃驰，复斩汉一都尉，杀数十百人，复聚其骑，亡其两骑耳。乃谓其骑曰："何如？"骑皆伏曰："如大王言。"

于是项王乃欲东渡乌江[150]。乌江亭长权船待[151]，谓项王曰："江东虽小，地方千里，众数十万人，亦足王也。愿大王急渡。今独臣有船，汉军至，无以渡。"项王笑曰："天之亡我，我何渡为！且籍与江东子弟八千人渡江而西，今无一人还，纵江东父兄怜而王我[152]，我何面目见之？纵彼不言，籍独不愧于心乎[153]？"乃谓亭长曰："吾知公长者。吾骑此马五岁，所当无敌，尝一日行千里，不忍杀之，以赐公。"乃令骑皆下马步行，持短兵接战[154]。独籍所杀汉军数百人。项王身亦被十余创[155]，顾见汉骑司马吕马童[156]，曰："若非吾故人乎[157]？"马童面之[158]，指王翳曰："此项王也。"项王乃曰："吾闻汉购我头千金[159]，邑万户，吾为若德。"乃自刎而死。王翳取其头，余骑相蹂践争项王[160]，相杀者数十人。最其后，郎中骑杨喜，骑司马吕马童，郎中吕胜、杨武各得其一体。五人共会其体[161]，皆是。故分其地为五[162]：封吕马童为中水侯，封王翳为杜衍侯，封杨喜为赤泉侯，封杨武为吴防侯，封吕胜为涅阳侯。

项王已死，楚地皆降汉，独鲁不下。汉乃引天下兵欲屠之，为其守礼义，为主死节，乃持项王头视鲁[163]，鲁父兄乃降。始，楚怀王初封项籍为鲁公，及其死，鲁最后下，故以鲁公礼葬项王毂城。汉王为发哀，泣之而去。

诸项氏枝属[164]，汉王皆不诛。乃封项伯为射阳侯。桃侯、平皋侯、玄武侯皆项氏，赐姓刘。

段意

写楚、汉相争的全过程。主要写了以下一些事件：逐杀义帝，击破田荣，彭城大战，荥阳合围，对峙广武，割地鸿沟，四面楚歌，垓下突围，斩将刈旗，自刎乌江。

注 释

[1] 汉之元年：刘邦称王的第一年，即公元前 206 年。[2] 诸侯罢戏（huī）下：诸侯在项羽的旗帜下解散而去。戏，通"麾"，大将之旗。项羽为诸侯上将军，诸侯皆属，故在其麾下。[3] 出之国：出关到自己的封国。[4] 长沙：秦郡名，郡治临湘，在今湖南长沙南。郴（chēn）县：长沙郡属县，在今湖南郴州。[5] 稍稍：逐渐。[6] 击杀之江中：据《黥布列传》，义帝为九江王黥布遣将击杀于郴县。[7] 无终：秦县名，县治在今天津蓟县。[8] 即墨：秦县名，县治在今山东平度东南。[9] 三齐：指在齐地的三个国家，即齐、济北、胶东。[10] 彭越：后来助刘邦灭楚的主要将领之一，当时拥众万余，无所归属。[11] 张同、夏说：陈馀部下的将领。[12] 宰：主宰。[13] 尽王故王于丑地：指项羽改封魏王豹为西魏王，徙赵王歇于代、燕王韩广于辽东、齐王田市于胶东。丑地，不好的地方。[14] 逐其故主：即指项羽徙魏、赵、燕、齐四王。因陈馀曾跟随赵王歇，故下文着重提赵王，并以复赵为旗号。[15] 资：助。[16] 扞（hàn）蔽：屏藩，遮挡，护卫。[17] 三秦：指雍、塞、翟三国，原为秦国之地。[18] 且东：将要东进。[19] 郑昌：项羽旧将，秦时曾为吴令。[20] 萧公角：名角，曾任萧县县令，姓氏不详。[21] 失职：没有得到本该有的职分。指未王关中。[22] 汉之二年：公元前 205 年。[23] 平原：秦郡名，郡治在今山东平原西南。[24] 烧夷：烧毁。夷，平。[25] 北海：汉郡名，因其北临渤海而得名，郡治营陵，在今山东昌乐东南。[26] 春：指汉二年春。汉初沿用秦历，以十月为岁首，故同一年中冬在前，春在后。[27] 部：部署，统领。五诸侯兵：泛指天下之兵。[28] 鲁：秦县名，县治在今山东曲阜。胡陵：秦县名，县治在今山东鱼台东南。[29] 萧：秦县名，地处彭城之西，在今安徽萧县。[30] 穀：穀水，泗水的支流，由砀山、萧县东流，在彭城东北入泗水。泗水：水名，源于山东泗水县东部，流经彭城东，南入淮水。[31] 灵璧：古邑名，在今安徽宿州西北。睢水：古代鸿沟水系的支流，由大梁东鸿沟分出，流经彭城入泗水。[32] 挤：追逼。[33] 三匝（zā）：三周。匝，环绕一周。[34] 发屋：掀屋。[35] 窈（yǎo）冥昼晦：天昏地暗，白天如同黑夜。窈冥，形容幽暗。[36] 逢迎楚军：指正对着拦截汉王的楚军。[37] 孝惠：即后来的孝惠帝刘盈。鲁元：鲁元公主，刘盈的姐姐，后嫁张耳子张敖，生子张偃，封鲁王，于是为鲁太后，死谥元，故称鲁元。[38] 滕公：指夏侯婴，他曾为滕县令，故称滕公。夏侯婴是刘邦的太仆，专为刘邦驾车。[39] 求：寻找。太公：刘邦的父亲。[40] 审食其（yìjī）：后为吕后嬖臣，封辟阳侯。[41] 周吕侯：即吕泽。下邑：秦县名，县治在今安徽砀山东。[42] 荥阳：古代军事重镇，故城

在今河南荥阳东南。[43] 萧何：刘邦的开国功臣，后封酂侯，位至相国。老弱：
指23岁以下，65岁以上的人。这里是泛指。未傅：指未登记入服役名册者。
[44] 京：秦县名，县治在今河南荥阳东南。索：古城名，又名索亭，在今河南荥
阳。[45] 与：助。[46] 属（zhǔ）：连接。[47] 敖仓：秦所作大粮仓，在荥阳西
北敖山上，下临黄河。[48] 汉之三年：公元前204年。[49] 易与：容易对付。
[50] 释：放过。[51] 间项王：指离间项羽与范增等人的关系。[52] 太牢具：可
盛放太牢的食具。太牢，宴会或祭祀时并用牛、羊、猪三牲。[53] 详：通"佯"。
[54] 以恶食食（sì）项王使者：用粗劣的食物给项羽的使者吃。[55] 愿赐骸骨
归卒伍：指乞求辞官引退，回到家乡当平民。卒伍，古代乡里编制，五家为伍，
三百家为卒。[56] 疽（jū）：也叫痈，一种生于颈、背或臀部的毒疮。[57] 诳
（kuáng）楚为王：指假扮成汉王蒙骗楚军。诳，欺骗，迷惑。[58] 间出：乘机逃
出。[59] 被甲：披甲装扮成战士。[60] 黄屋车：以黄缯做盖的车子，王者所乘。
[61] 傅：著，设。左纛（dào）：以毛羽为饰的旗帜，插在车衡的左方。黄屋、
左纛，都是天子所用仪仗，汉王当时未为天子而用之，大概是为了吸引楚军的注
意力。[62] 成皋：即虎牢关，古邑名，故城在今河南荥阳西北汜水镇。[63] 御
史大夫：位次于丞相，掌监察百官。枞（zōng）公：姓枞，史失其名。魏豹：始
从刘邦伐楚，刘邦败于彭城后，魏豹又叛汉，刘邦派韩信击虏魏豹，令他守荥阳。
[64] 生得：活捉。[65] 趣（cù）：急，从速。[66] 宛：秦县名，县治在今河南
南阳。叶：秦县名，县治在今河南叶县南。[67] 脩武：古邑名，在今河南获嘉。
[68] 从：往投。[69] 巩：秦县名，县治在今河南巩义西南。[70] 东阿：秦县
名，县治在今山东阳谷东北。[71] 淮阴侯：即韩信，当时尚未为淮阴侯，此为史
家追书之辞。[72] 壁：扎营。[73] 刘贾：刘邦堂兄，后封荆王。[74] 广武：古
城名，在今河南荥阳东北的广武山上。[75] 东海：秦郡名，郡治郯县，在今山东
郯城北。[76] 相守：对峙。[77] 高俎：高高的砧板。[78] 下：指投降。[79]
北面：即为臣。[80] 而翁：你父亲。[81] 丁壮：壮年人。[82] 罢转漕：疲于运
送粮饷。转，车运。漕，船运。[83] 匈匈：形容纷扰。[84] 为：语气助词，无
义。[85] 楼烦：本为少数民族名，其民善骑射。此指善射者。[86] 辄：即。
[87] 间问：探问。间，刺探。[88] 广武间：即广武涧，分隔广武为东西两城，
在今河南荥阳东北。[89] 汉王数之：刘邦数说项羽十条罪状，载《高祖本纪》。
数，责备。[90] 弩：用机械发射的弓。[91] 龙且（jū）：项羽部下的重要将领。
[92] 灌婴：汉骑将，后封颍阴侯。[93] 曹咎等：当时与曹咎共守成皋的还有司
马欣、董翳。[94] 则：即，如果。[95] 陈留：秦县名，县治在今河南开封东南。
外黄：秦县名，县治在今河南民权西北。[96] 舍人儿：门客之子。舍人，王公贵

官宾客及左右亲近的通称。[97] 强劫：指以武力胁迫。[98] 睢阳：秦县名，县治在今河南商丘南。[99] 氾水：水名，源于河南巩义东南，向北流经荥阳入黄河。[100] 自刭：以刀割脖子自杀。[101] 钟离眛：项羽部下的勇将。[102] 陆贾：刘邦的谋士。[103] 侯公：史失其名，姓侯。[104] 鸿沟：战国时魏国所开的一条引黄入淮的运河，北起荥阳，经中牟、开封，南流至淮阳东南入淮水支流颍水。[105] 匿弗肯复见：侯公不愿接受封号，故避匿不复出。[106] 倾国：倾覆国家。含义正好与封号"平国"相反。[107] 解：通"懈"，放松戒备。[108] 太半：大半。[109] 因其机：乘此机会。[110] 汉五年：公元前 202 年。[111] 阳夏（jiǎ）：秦县名，县治在今河南太康。[112] 固陵：秦县名，县治在今河南太康南。[113] 深堑：深挖壕沟。[114] 未有分地：没有明确的封地。[115] 致：召来。[116] 自陈以东傅海：从陈地往东一直到海边。陈，秦郡名，郡治在今河南淮阳。傅，紧靠。[117] 睢阳：秦县名，县治在今河南商丘南。穀城：秦县名，县治在今山东东阿南。[118] 各自为战：指为自己的利益而战。[119] 彭相国：彭越曾为魏相国。[120] 寿春：秦县名，县治在今安徽寿县。[121] 城父：古邑名，在今安徽亳州东南。 [122] 垓（gāi）下：古地名，在今安徽灵璧东南。[123] 周殷：项羽的将领。[124] 以舒屠六：以舒地之军屠六。舒，秦县名，县治在今安徽舒城。六，秦县名，县治在今安徽六安。 [125] 楚歌：楚人之歌。[126] 骓：毛色青白相间的马。[127] 兮（xī）：感叹词，相当于"啊"。[128] 逝：奔驰。[129] 数阕：几遍。曲终曰阕。[130] 泣数行（háng）下：眼泪几行齐下。[131] 麾下：部下。[132] 直夜：当夜。溃围：指冲出重围。[133] 平明：天刚亮时。[134] 属：跟随。 [135] 阴陵：秦县名，县治在今安徽定远西北。[136] 田父：种田老人。[137] 绐（dài）：欺骗。[138] 左：向左行。[139] 大泽：低洼多水之地。[140] 东城：秦县名，县治在今安徽定远东南。[141] 自度：自己估量。[142] 快战：痛痛快快地打一仗。[143] 三胜之：即指下文溃围、斩将、刈旗三事。[144] 刈（yì）旗：砍倒军旗。[145] 四向：分别朝着四个方向。[146] 期山东为三处：约定在山的东面分三处会合。[147] 披靡：本指草随风倒伏。此处形容汉军之溃败。[148] 赤泉侯：指杨喜，当时尚未封侯。[149] 辟易：指因惊惧而退避。辟，通"避"。易，改变地方。[150] 乌江：渡口名，在今安徽和县东北四十里处，位于长江西岸。[151] 杕（yǐ）船：移船靠岸。[152] 纵：即使。[153] 独：难道。[154] 短兵：短小轻便的兵器，如刀、剑之类。[155] 被十余创：受十几处创伤。[156] 顾：回头看。骑司马：骑兵官名。[157] 故人：旧识之人，指故友。[158] 面之：转身背着项羽。面，通"偭"，背。吕马童追赶项羽，本来面向项王，此时背过身去。[159] 购：悬赏征求。[160] 蹂践：践踏。

[161] 五人共会其体：五人拼合验证是不是项羽的肢体。[162] 分其地为五：将原来悬赏的万户邑分成五份，封五人为侯。 [163] 视鲁：给鲁人看。视，示。[164] 枝属：宗族。

　　太史公曰：吾闻之周生曰"舜目盖重瞳子[1]"，又闻项羽亦重瞳子。羽岂其苗裔邪[2]？何兴之暴也[3]！夫秦失其政，陈涉首难，豪杰蜂起，相与并争，不可胜数。然羽非有尺寸[4]，乘埶起陇亩之中[5]，三年，遂将五诸侯灭秦[6]，分裂天下，而封王侯，政由羽出[7]，号为"霸王"，位虽不终，近古以来未尝有也[8]。及羽背关怀楚[9]，放逐义帝而自立，怨王侯叛己，难矣。自矜功伐[10]，奋其私智而不师古[11]，谓霸王之业，欲以力征经营天下[12]。五年卒亡其国，身死东城，尚不觉寤而不自责[13]，过矣。乃引"天亡我，非用兵之罪也"，岂不谬哉！

段　意

　　以上是作者的评论。司马迁热情肯定了项羽灭秦的巨大历史功绩，同时对他犯的错误加以总结并提出了批评。

注　释

　　[1] 周生：汉时儒者。生，先生。重瞳子：两个眸子。[2] 苗裔：后代。[3] 暴：突然，迅疾。[4] 非有尺寸：没有尺寸之地作根基。[5] 埶：通"势"。起陇亩之中：指崛起于平民之间。[6] 五诸侯：指楚以外的东方各路起义军。[7] 政：政令。[8] 近古以来：指春秋、战国以来。[9] 背关怀楚：留恋楚地，放弃关中。背，舍弃。[10] 自矜功伐：炫耀自己的战功。[11] 奋：逞。[12] 力征：武力征讨。[13] 觉寤：醒悟。寤，通"悟"。

（赵生群）

高祖本纪

提 示

刘邦（前256—前195），是灭秦的主要人物和楚汉相争的最后胜利者。刘邦出生平民，年轻时当过亭长，参加起义被推为沛公，灭秦封汉王，击败项羽后登上皇帝宝座。他晚年诛灭异姓诸侯，并采取一系列措施巩固政权，奠定了西汉两百年统治基业。

与项羽相比，刘邦有三个突出的长处：一是善结人心；二是举贤任能；三是虚心纳谏，从善如流。这些与项羽的残暴酷虐、任人唯亲、刚愎自用恰成鲜明的对照，是决定楚、汉成败的重要因素，作者在文中加以突出、强调，体现出敏锐的历史洞察力。

从根本上说，本篇所写的刘邦是一个活生生的人而不是神。刘邦的一些毛病，如好酒好色、心胸狭窄、猜忌残忍，有时甚至近于流氓无赖，文中都有生动的刻画，在其他篇章中也多有披露。统治者为了巩固政权，往往标榜自己是受命而王，刘邦也不例外。本文有关刘邦种种神异的描写，是汉初统治者自神其事的客观记录，并非作者要有意神化刘邦。

本文所揭示的刘邦性格十分丰富复杂。他外示宽仁而内心忌刻，貌似坦诚而城府极深，欲念甚多而善于自我克制，有时豁达大度，有时则睚眦必报，这些都给人以极其难忘的印象。

高祖，沛丰邑中阳里人[1]，姓刘氏，字季[2]。父曰太公[3]，母曰刘媪[4]。其先刘媪尝息大泽之陂[5]，梦与神遇。是时雷电晦冥[6]，太公往视，则见蛟龙于其上。已而有身[7]，遂产高祖。

高祖为人，隆准而龙颜[8]，美须髯[9]，左股有七十二黑子[10]。仁而爱人，喜施，意豁如也[11]。常有大度，不事家人生产作业[12]。及壮，试为吏，为泗水亭长[13]，廷中吏无所不狎侮[14]。好酒及色。常从王媪、武负赊酒[15]。醉卧，武负、王媪见其上常有龙，怪之。高祖每酤留饮[16]，酒雠数倍[17]。及见怪，岁竟[18]，此两家常折券弃责[19]。

高祖常繇咸阳[20]，纵观[21]，观秦皇帝[22]，喟然太息曰[23]："嗟乎，大丈夫当如此也！"

单父人吕公善沛令[24]，避仇从之客[25]，因家沛焉。沛中豪桀吏闻令有重客，皆往贺。萧何为主吏[26]，主进[27]，令诸大夫曰[28]："进不满千钱，坐之堂下。"高祖为亭长，素易诸吏[29]，乃绐为谒曰[30]"贺钱万"，实不持一钱。谒入，吕公大惊，起，迎之门。吕公者，好相人[31]，见高祖状貌，因重敬之[32]，引入坐[33]。萧何曰："刘季固多大言，少成事。"高祖因狎侮诸客，遂坐上坐，无所诎[34]。酒阑[35]，吕公因目固留高祖[36]。高祖竟酒[37]，后[38]。吕公曰："臣少好相人[39]，相人多矣，无如季相，愿季自爱。臣有息女[40]，愿为季箕帚妾[41]。"酒罢，吕媪怒吕公曰："公始常欲奇此女[42]，与贵人。沛令善公，求之不与，何自妄许与刘季[43]？"吕公曰："此非儿女子所知也。"卒与刘季[44]。吕公女乃吕后也，生孝惠帝、鲁元公主[45]。

高祖为亭长时，常告归之田[46]。吕后与两子居田中耨[47]，有一老父过请饮，吕后因餔之[48]。老父相吕后曰："夫人天下贵人。"令相两子，见孝惠，曰："夫人所以贵者，乃此男也。"相鲁元，亦皆贵。老父已去，高祖适从旁舍来[49]，吕后具言客有过[50]，相我子母皆大贵。高祖问，曰："未远。"乃追及，问老父。老父曰："乡者夫人婴儿皆似君[51]，君相贵不可言。"高祖乃谢曰:"诚如父言[52],不敢忘德。"及高祖贵,遂不知老父处。

高祖为亭长,乃以竹皮为冠,令求盗之薛治之[53],时时冠之[54],及贵常冠,所谓"刘氏冠"乃是也。

高祖以亭长为县送徒郦山[55],徒多道亡。自度比至皆亡之[56],到丰西泽中[57],止饮,夜乃解纵所送徒。曰:"公等皆去,吾亦从此逝矣[58]!"徒中壮士愿从者十余人。高祖被酒[59],夜径泽中[60],令一人行前。行前者还报曰:"前有大蛇当径,愿还。"高祖醉,曰:"壮士行,何畏!"乃前,拔剑击斩蛇。蛇遂分为两。径开。行数里,醉,因卧。后人来至蛇所[61],有一老妪夜哭[62]。人问何哭,妪曰:"人杀吾子,故哭之。"人曰:"妪子何为见杀?"妪曰:"吾子,白帝子也[63],化为蛇,当道[64],今为赤帝子斩之[65],故哭。"人乃以妪为不诚[66],欲告之[67],妪因忽不见。后人至,高祖觉[68]。后人告高祖,高祖乃心独喜,自负[69]。诸从者日益畏之。

秦始皇帝常曰"东南有天子气",于是因东游以厌之[70]。高祖即自疑,亡匿,隐于芒、砀山泽岩石之间[71]。吕后与人俱求[72],常得之。高祖怪问之。吕后曰:"季所居上常有云气,故从往[73],常得季。"高祖心喜。沛中子弟或闻之,多欲附者矣[74]。

段 意

写刘邦的出生、秉性、婚姻和他的远大志向。其中有关刘邦诞生、长相、醉卧时身上有龙、所居上有云气、被酒斩蛇的种种神异描写,真实地揭示出了刘邦起兵前精心筹划的准备过程。

注 释

[1]沛:秦县名,县治在今江苏沛县东。丰邑:秦时沛县的一个集镇,在今江苏丰县。[2]字季:指刘邦排行第三。[3]太公:对老年男子的尊称。[4]媪

（ǎo）：老年妇女的通称。[5] 陂（bēi）：水泽之岸。[6] 晦冥：昏暗。[7] 已而有身：不久就怀了孕。[8] 隆准：高鼻梁。准，鼻。龙颜：指前额突出。颜，额。[9] 须髯：胡须。长在下颔的叫须，长在两颊的叫髯。[10] 股：大腿。黑子：黑痣。[11] 豁如：形容胸襟开阔、豁达大度。[12] 不事家人生产作业：指不像一般人那样参加生产劳动。家人，平民之家。[13] 泗水：亭名，在今江苏沛县东。亭长：主管一亭事务的下层官吏。秦代县下设乡，乡下设亭，十里为一亭。[14] 廷：县衙。狎侮：亲近戏弄。[15] 王媪、武负：姓王、姓武的老妇。负，通"妇"，老妇。贳（shì）：赊欠。[16] 酤（gū）：买酒。[17] 酒雠数倍：卖出的酒是平时的几倍。雠，售。[18] 岁竟：年终。[19] 折券弃责：销毁债券，免除债务。券，指欠账的字据。责，同"债"。[20] 常：通"尝"，曾经。繇：同"徭"，服劳役。咸阳：秦朝的都城，在今陕西咸阳东北。[21] 纵观：指不加禁止，允许老百姓观瞻。[22] 秦皇帝：指秦始皇嬴政。[23] 喟（kuì）然：叹息的样子。太息：叹息。[24] 单父（shànfǔ）：秦县名，县治在今山东单县。善沛令：与沛县县令交好。[25] 从之客：随沛令客居。[26] 萧何：刘邦的开国功臣，封酂侯，位至相国。主吏：主吏掾，亦称主吏功曹，主管人事考核。[27] 主进：管收受贺礼。进，通"赆"，馈赠的钱物。[28] 诸大夫：指帮助沛令接待宾客的人。[29] 易：轻视。[30] 绐（dài）：诈。谒：名帖。[31] 好相人：善于看相。[32] 重：深，甚。[33] 坐：同"座"。[34] 讪（qū）：同"屈"，指退让。[35] 酒阑：饮酒者陆续退席，人渐渐稀少。阑，稀。[36] 因目固留高祖：以目示意，让刘邦一定留下来。[37] 竟酒：到酒席散去。[38] 后：留到最后。[39] 臣：当时谦称。[40] 息女：亲生女儿。[41] 箕帚妾：执箕帚打扫卫生的侍妾。这句话的意思是说愿将女儿许配刘邦。[42] 奇：异。指特别看重。[43] 自：指主动。[44] 卒：终于。[45] 孝惠帝：刘盈，西汉第二代皇帝。鲁元公主：刘盈的姐姐，后嫁张敖，敖封鲁王，于是为鲁太后，死谥元，故称鲁元公主。[46] 告归：告假回家。之田：到田间。[47] 耨（nòu）：除草。[48] 饷（bū）：以食饲人。[49] 适：正巧。[50] 客有过：有路过之客。[51] 乡者：向者，刚才。似《汉书》作"以"。这句是说：吕氏及二子都因刘邦而贵。[52] 诚：果真。[53] 求盗：亭长手下的吏卒，掌逐捕盗贼。薛：秦县名，县治在今山东滕县东南。[54] 时时：偶尔。[55] 徒：服劳役的人。郦山：即骊山，秦始皇陵墓所在地。[56] 自度（duó）：自料。度，估计。比：等到。[57] 丰西泽中：丰邑西部的洼地中。[58] 逝：指逃跑。[59] 被酒：带着酒意。[60] 径：抄小路走。[61] 蛇所：蛇所在的地方。[62] 老妪（yù）：老妇人。妪，妇女的通称。[63] 白帝：古代传说中五天帝之一，位于西方。秦襄公时，以秦居西方，故作西畤，祭白帝，白帝成为秦的象征。

[64]当道：挡路。[65]赤帝：传说中的五天帝之一，位于南方。刘邦以赤帝子自居。[66]不诚：不诚实。[67]笞：或作"笞"，抽打。[68]觉：睡醒。[69]自负：自恃不凡。负，恃。[70]厌（yā）：压制。[71]芒、砀（dàng）：二山名，在今河南永城东北。芒山在北，砀山在南，二山相距八里。[72]俱：偕，同。[73]从往：指追踪云气前往寻找。[74]附：追随。

　　秦二世元年秋[1]，陈胜等起蕲[2]，至陈而王[3]，号为"张楚"[4]。诸郡县皆多杀其长吏以应陈涉。沛令恐，欲以沛应涉。掾、主吏萧何、曹参乃曰[5]："君为秦吏，今欲背之，率沛子弟，恐不听。愿君召诸亡在外者，可得数百人，因劫众[6]，众不敢不听。"乃令樊哙召刘季[7]。刘季之众已数十百人矣[8]。

　　于是樊哙从刘季来。沛令后悔，恐其有变，乃闭城城守[9]，欲诛萧、曹。萧、曹恐，逾城保刘季[10]。刘季乃书帛射城上，谓沛父老曰："天下苦秦久矣。今父老虽为沛令守，诸侯并起，今屠沛[11]。沛今共诛令，择子弟可立者立之，以应诸侯，则家室完[12]。不然，父子俱屠，无为也[13]。"父老乃率子弟共杀沛令，开城门迎刘季，欲以为沛令。刘季曰："天下方扰，诸侯并起，今置将不善，壹败涂地[14]。吾非敢自爱，恐能薄，不能完父兄子弟。此大事，愿更相推择可者。"萧、曹等皆文吏，自爱，恐事不就[15]，后秦种族其家[16]，尽让刘季。诸父老皆曰："平生所闻刘季诸珍怪[17]，当贵，且卜筮之[18]，莫如刘季最吉。"于是刘季数让。众莫敢为，乃立季为沛公。祠黄帝[19]，祭蚩尤于沛庭[20]，而衅鼓旗[21]，帜皆赤。由所杀蛇白帝子，杀者赤帝子，故上赤[22]。于是少年豪吏如萧、曹、樊哙等皆为收沛子弟二三千人，攻胡陵、方与[23]，还守丰。

　　秦二世二年[24]，陈涉之将周章军西至戏而还[25]。燕、赵、齐、魏皆自立为王。项氏起吴[26]。秦泗川监平将兵围丰[27]，二日，出与战，破之。命雍齿守丰，引兵之薛。泗川守壮败于薛[28]，走至戚[29]，沛公左司马得泗川守壮，杀之。沛公还军亢父[30]，至方与，未战。陈王使魏人周市略地[31]。周市使人谓雍齿曰："丰，故梁徙也[32]。今魏地已定者数十城。齿今下魏[33]，魏以齿为侯守丰。不下，且屠丰。"雍齿雅不欲属沛公[34]，及魏招之，即反为魏守丰。沛公引兵攻丰，不能取。沛公病，还之沛。

沛公怨雍齿与丰子弟叛之，闻东阳宁君、秦嘉立景驹为假王[35]，在留[36]，乃往从之，欲请兵以攻丰。是时秦将章邯从陈[37]，别将司马尼将兵北定楚地，屠相[38]，至砀[39]。东阳宁君、沛公引兵西，与战萧西[40]，不利。还收兵聚留，引兵攻砀，三日乃取砀。因收砀兵，得五六千人。攻下邑[41]，拔之。还军丰。闻项梁在薛，从骑百余往见。项梁益沛公卒五千人，五大夫将十人[42]。沛公还，引兵攻丰。

从项梁月余，项羽已拔襄城还[43]。项梁尽召别将居薛。闻陈王定死[44]，因立楚后怀王孙心为楚王[45]，治盱台[46]。项梁号武信君。居数月，北攻亢父，救东阿[47]，破秦军。齐军归，楚独追北[48]，使沛公、项羽别攻城阳[49]，屠之。军濮阳之东[50]，与秦军战，破之。

秦军复振，守濮阳，环水[51]。楚军去而攻定陶[52]，定陶未下。沛公与项羽西略地至雍丘之下[53]，与秦军战，大破之，斩李由[54]。还攻外黄[55]，外黄未下。

项梁再破秦军，有骄色。宋义谏，不听。秦益章邯兵，夜衔枚击项梁[56]，大破之定陶，项梁死。沛公与项羽方攻陈留[57]，闻项梁死，引兵与吕将军俱东[58]。吕臣军彭城东[59]，项羽军彭城西，沛公军砀。

章邯已破项梁军，则以为楚地兵不足忧，乃渡河北击赵[60]，大破之。当是之时，赵歇为王，秦将王离围之巨鹿城[61]，此所谓河北之军也。

秦二世三年^[62]，楚怀王见项梁军破，恐，徙盱台都彭城，并吕臣、项羽军自将之。以沛公为砀郡长，封为武安侯，将砀郡兵。封项羽为长安侯，号为鲁公。吕臣为司徒^[63]，其父吕青为令尹^[64]。

赵数请救，怀王乃以宋义为上将军，项羽为次将，范增为末将^[65]，北救赵。令沛公西略地入关。与诸将约，先入定关中者王之^[66]。

当是时，秦兵强，常乘胜逐北，诸将莫利先入关^[67]。独项羽怨秦破项梁军，奋^[68]，愿与沛公西入关。怀王诸老将皆曰："项羽为人僄悍猾贼^[69]。项羽尝攻襄城，襄城无遗类^[70]，皆坑之，诸所过无不残灭。且楚数进取，前陈王、项梁皆败。不如更遣长者扶义而西^[71]，告谕秦父兄。秦父兄苦其主久矣，今诚得长者往，毋侵暴，宜可下^[72]。今项羽僄悍，今不可遣。独沛公素宽大长者，可遣。"卒不许项羽，而遣沛公西略地，收陈王、项梁散卒。乃道砀至成阳^[73]，与杠里秦军夹壁^[74]，破（魏）〔秦〕二军。楚军出兵击王离^[75]，大破之。

沛公引兵西，遇彭越昌邑^[76]，因与俱攻秦军，战不利。还至栗^[77]，遇刚武侯^[78]，夺其军，可四千余人，并之。与魏将皇欣、魏申徒武蒲之军并攻昌邑^[79]，昌邑未拔。

西过高阳^[80]。郦食其监门^[81]，曰："诸将过此者多，吾视沛公大人长者。"乃求见说沛公。沛公方踞床^[82]，使两女子洗足。郦生不拜，长揖^[83]，曰："足下必欲诛无道秦，不宜踞见长者。"于是沛公起，摄衣谢之^[84]，延上坐^[85]。食其说沛公袭陈留，得秦积粟。乃以郦食其为广野君，郦商为将^[86]，将陈留兵，与偕攻开封^[87]，开封未拔。西与秦将杨熊战白马^[88]，又战曲遇东^[89]，大破之。杨熊走之荥阳^[90]，二世使使者斩以徇^[91]。南攻颍阳^[92]，屠之。因张良遂略韩地轘辕[93]。

当是时，赵别将司马卬方欲渡河入关[94]，沛公乃北攻平阴[95]，绝河津[96]。南，战雒阳东[97]，军不利，还至阳城[98]，收军中马骑，与南阳守齮战犨东[99]，破之。略南阳郡，南阳守齮走，保城守宛[100]。沛公引兵过而西。张良谏曰："沛公虽欲急入关，秦兵尚众，距险[101]。今不下宛，宛从后击，强秦在前，此危道也。"于是沛公乃夜引兵从他道还，更旗帜[102]，黎明，围宛城三匝[103]。南阳守欲自刭[104]。其舍人陈恢曰[105]："死未晚也[106]。"乃逾城见沛公，曰："臣闻足下约，先入咸阳者王之。今足下留守宛。宛，大郡之都也，连城数十，人民众，积蓄多，吏人自以为降必死，故皆坚守乘城[107]。今足下尽日止攻[108]，士死伤者必多；引兵去宛，宛必随足下后。足下前则失咸阳之约，后又有强宛之患。为足下计，莫若约降，封其守，因使止守[109]，引其甲卒与之西。诸城未下者，闻声争开门而待，足下通行无所累。"沛公曰："善。"乃以宛守为殷侯，封陈恢千户。引兵西，无不下者。至丹水[110]，高武侯鳃、襄侯王陵降西陵[111]。还攻胡阳[112]，遇番君别将梅鋗[113]，与皆[114]，降析、郦[115]。遣魏人宁昌使秦[116]，使者未来。是时章邯已以军降项羽于赵矣。

初，项羽与宋义北救赵。及项羽杀宋义，代为上将军，诸将黥布皆属[117]，破秦将王离军，降章邯，诸侯皆附。及赵高已杀二世[118]，使人来，欲约分王关中。沛公以为诈，乃用张良计，使郦生、陆贾往说秦将[119]，啖以利[120]，因袭攻武关[121]，破之。又与秦军战于蓝田南[122]，益张疑兵旗帜[123]，诸所过毋得掠卤[124]，秦人憙[125]，秦军解[126]，因大破之。又战其北，大破之。乘胜，遂破之。

汉元年十月[127]，沛公兵遂先诸侯至霸上[128]。秦王子婴素车白马[129]，系颈以组[130]，封皇帝玺符节[131]，降轵道旁[132]。诸将或言诛秦王。沛公曰："始怀王遣我，固以能宽容；且人已服降，又杀之，不祥。"乃以秦王属吏[133]，遂西入咸阳。欲止宫休舍[134]，樊哙、张良谏，乃封秦重宝财物府库，还军霸上。召诸县父老豪桀曰："父老苦秦苛法久矣，诽谤者族[135]，偶语者弃市[136]。吾与诸侯约，先入关者王之，吾当王关中。与父老约，法三章耳：杀人者死，伤人及盗抵罪[137]。余悉除去秦法。诸吏人皆案堵如故[138]。凡吾所以来，为父老除害，非有所侵暴，无恐！且吾所以还军霸上，待诸侯至而定约束耳。"乃使人与秦吏行县乡邑[139]，告谕之。秦人大喜，争持牛羊酒食献飨军士。沛公又让不受，曰："仓粟多，非乏，不欲费人。"人又益喜，唯恐沛公不为秦王。

段 意

写刘邦沛县起兵、受命西进、降下宛城、袭破武关和入关后深得人心的种种表现。

注 释

[1]秦二世元年：公元前209年。[2]陈胜：字涉，秦末农民大起义的倡导者。蕲（qí）：秦县名，县治在今安徽宿州南。[3]陈：秦县名，县治在今河南淮阳。王（wàng）：称王。[4]张楚：含有"张大楚国"的意思。[5]掾：辅佐官吏的通称。此指曹参，当时为狱掾。曹参：汉初功臣，封平阳侯。[6]劫众：胁迫众人。[7]樊哙（kuài）：汉初功臣，封舞阳侯。[8]数十百人：数十人，近百人。[9]城守：据城守备。[10]保：归依，依靠。[11]今：谓很快将要。[12]完：保全。[13]无为：无意义，不值得。[14]壹败涂地：一旦失败，便不可收拾。[15]不就：不成。[16]种族其家：指诛灭整个一家族。[17]平生：平时，平素。诸珍怪：指种种奇征异兆。[18]卜筮（shì）：古人占卜预测吉凶，用龟称卜，用蓍草称筮，合称卜筮。[19]祠：祭祀。黄帝：古代传说中的帝王，姓公孙，名轩辕，据说曾打败炎帝，擒杀蚩尤，用武力统一中国。[20]蚩尤：传说是九黎族的首领，首先以铜制作兵器。[21]衅鼓旗：以牲血祭祀鼓旗。衅，以血祭

祀。[22] 上赤：崇尚红色。[23] 胡陵：秦县名，县治在今山东鱼台东南。方与（fángyù）：秦县名，县治在今山东鱼台北。[24] 秦二世二年：公元前208年。[25] 周章：即周文，原是楚国名将项燕的部下。戏：水名，在今陕西临潼东。[26] 项氏：指项梁、项籍叔侄。吴：秦县名，县治在今江苏苏州。[27] 泗川监平：泗川郡监名平者。泗川，秦郡名，郡治相县，在今安徽宿州西北。[28] 守：郡守。[29] 戚：秦县名，县治在今山东滕州南。[30] 亢父（gāngfǔ）：秦县名，县治在今山东济宁南。[31] 陈王：指陈胜。略地：攻占地盘。[32] 故梁徙：从前魏国曾经迁都的地方。战国时魏都大梁（在今河南开封），也称梁国，魏王假时，秦攻占大梁，魏迁至丰。[33] 下魏：降魏。[34] 雅：平素。[35] 东阳宁君：东阳县令姓宁者。东阳，秦县名，县治在今安徽天长西北。假王：代理楚王。[36] 留：秦县名，县治在今江苏沛县东南。[37] 从：指攻打。[38] 相：秦泗川郡郡治，在今安徽濉溪西北。[39] 砀：秦郡名，郡治在今安徽砀山。[40] 萧：秦县名，县治在今安徽萧县西北。[41] 下邑：秦县名，县治在今安徽砀山。[42] 五大夫将：有五大夫爵位的将领。五大夫是秦朝第九等爵。[43] 襄城：秦县名，县治在今河南襄城。[44] 定死：确实已死。[45] 怀王孙心：楚怀王之孙，名心。楚怀王名熊槐，前328—前299年在位，后受秦国欺骗，入秦被扣，客死于秦。[46] 盱台（xūyí）：同"眙盱"，秦县名，县治在今江苏盱眙东北。[47] 东阿：秦县名，县治在今山东阳谷东北。[48] 追北：追击败逃的敌军。[49] 城阳：秦县名，县治在今山东鄄城东南。[50] 濮阳：秦县名，县治在今河南濮阳西南。[51] 环水：四周以水环绕。[52] 定陶：秦县名，县治在今山东定陶。[53] 雍丘：秦县名，县治在今河南杞县。[54] 李由：秦丞相李斯之子，当时为三川郡守。[55] 外黄：秦县名，县治在今河南杞县东北。[56] 枚：形状如筷，横衔口中，以禁喧哗出声。[57] 陈留：秦县名，县治在今河南开封东南。[58] 吕将军：即吕臣，陈涉部将，后归项梁。[59] 彭城：秦县名，在今江苏徐州。[60] 河：指黄河。[61] 巨鹿：秦县名，县治在今河北平乡西南。[62] 秦二世三年：公元前207年。[63] 司徒：掌教化的官。[64] 令尹：楚国的最高官职，掌军政大权。[65] 范增：居巢人，项梁的谋士，项羽尊他为亚父。[66] 先入定关中者王之：谁首先攻入并平定关中就分封为关中王。[67] 莫利先入关：没有人认为先入关有利。[68] 奋：愤激。[69] 僄悍猾贼：劲捷勇猛而凶狠残忍。僄悍，即剽悍，敏捷骁勇。[70] 无遗类：无子遗，杀得一个不留。[71] 长者：指宽厚有德之人。扶义：仗义。[72] 宜：应当，应该。[73] 道：道经。成阳：即城阳。[74] 杠里：秦县名，县治在今山东鄄城附近。夹壁：对垒。[75] 楚军：指项羽所率渡河救赵的军队。[76] 彭越：字仲，反秦将领之一，后归刘邦，以功封梁王，为吕后所杀。昌邑：秦县名，县治在今山东巨野东南。[77] 栗：秦县名，县治在今河南夏邑。[78] 刚武侯：姓名不详。[79] 申徒：即司徒。[80] 高阳：古邑名，在今河南杞县西南。 [81] 郦食其（lì yì jī）：刘邦的谋士和说客。监门：守门吏卒。[82] 踞床：坐在床上。床，坐卧之具。[83] 长揖：相见时行拱手礼。[84] 摄衣谢之：整顿衣服，向郦生表示歉意。[85] 延：请。[86] 郦商：郦食其的弟弟。[87] 开封：秦县名，县治在今河南开封。[88] 白马：秦县名，县治在今河南滑县旧滑县城东。[89] 曲遇：古邑名，在今河南中牟境内。[90] 荥阳：秦县名，为当时军事重镇，县治在今河南荥阳东南。[91] 徇：示众。[92] 颍阳：秦县名，县治在今河南许昌西南。[93] 轘辕：关名，在今河南偃师东南轘辕山。[94] 司马卬：反秦将领之一，因功被项羽封为殷王，后降于汉。[95] 平阴：古渡口名，在今河南孟津东北。[96] 绝河津：封锁黄河渡口。[97] 雒阳：秦县名，县治在今河南洛阳东。[98] 阳城：古邑名，在今河南登封告城镇。[99] 南阳：秦郡名，郡治在今河南南阳。齮（yǐ）：郡守名。犨（chōu）：秦县名，县治在今河南鲁山东南。[100] 宛：秦县名，南阳郡治所在地，在今河南南阳。[101] 距险：依凭险阻拒敌。[102] 更旗帜：《汉书》《通鉴》都作"偃旗帜"，于义为长。[103] 三匝：三层。匝，环绕一周。[104] 自刭：以刀割脖子自杀。[105] 舍人：王公贵官的宾客及左右亲近的通称。[106] 死未晚也：意思是现在还不到非死不可的时候。[107] 坚守乘城：登城死守。乘，登。[108] 尽日：终日。[109] 止守：留守。[110] 丹水：秦县名，县治在今河南淅川西。[111] 高武侯鳃：疑即《功臣表》所载临辕侯戚鳃。襄侯王陵：汉初功臣，封安国侯，官至相国。襄侯当是灭楚前所封。西陵：地名，在今湖北宜昌西，与上下文不合。《汉书》无此二字。[112] 胡阳：汉县名，县治在今河南唐河南。[113] 番（pó）君：即吴芮，曾任番阳县令，故称番君。汉初封为长沙王。梅鋗：吴芮的部将。 [114] 皆：通"偕"。[115] 析：秦县名，县治在今河南西峡。郦：秦县名，县治在今河南镇平东北。[116] 使秦：出使秦廷。[117] 黥布：即英布，反秦将领之一，灭秦后封九江王，入汉封淮南王，后被杀。[118] 赵高：秦宦官，始皇死后，他主谋害死太子扶苏而立二世皇帝胡亥，逐渐专擅朝政，先后杀死丞相李斯和二世，最后为子婴所杀。[119] 陆贾：刘邦的谋士，有口才，常出使诸侯。[120] 啖以利：诱之以利。啖，给东西吃，引申为利诱。[121] 武关：在今陕西丹凤东，是从南面进入关中的交通要道。[122] 蓝田：秦县名，县治在今陕西蓝田西。[123] 益张疑兵旗帜：多建旗帜，造成兵多的假象，迷惑敌人。[124] 掠卤：指抢物掠人。卤，通"掳"。[125] 憙：同"喜"。[126] 解：通"懈"。[127] 汉元年十月：公元前206年的第一个月。秦朝历法以十月为岁首（第一个月），汉武帝太初改历以前沿用不变。[128] 霸上：也作"灞上"，即灞水西面的白鹿原，在今陕西西安东。[129] 子婴：人名，赵高杀死二世皇帝后，立子婴为秦王。素车白马：白车白马，古代丧车。[130] 系颈以组：用丝带系在脖子上。表示服罪请降。[131] 玺（xǐ）：皇帝的印。符：君主命将调兵的凭证，以竹木或金玉为之，上书文字，剖而为二，用时验核以取信。节：竹节状物，上加牦饰，君主派遣使者的信物。[132] 轵（zhǐ）道：亭名，在今陕西西安东北。[133] 属（zhǔ）吏：交给主管官吏。属，托付。[134] 止宫休舍：留在宫中休息住宿。[135] 诽谤者族：议论国家政事的要灭族。[136] 偶语：聚在一起交谈。偶，对。弃市：处死刑。古代在闹市执行死刑，陈尸街头示众，称为弃市。[137] 抵罪：根据情节轻重判处相应的罪罚。抵，当，相当。[138] 案堵如故：言一切如旧，不加变更。[139] 行：巡行。

或说沛公曰[1]："秦富十倍天下，地形强。今闻章邯降项羽，项羽乃号为雍王，王关中。今则来[2]，沛公恐不得有此。可急使兵守函谷关[3]，无内诸侯军[4]，稍征关中兵以自益，距之。"沛公然其计，从之。

十一月中，项羽果率诸侯兵西，欲入关，关门闭。闻沛公已定关中，大怒，使黥布等攻破函谷关。十二月中，遂至戏。沛公左司马曹无伤闻项王怒，欲攻沛公，使人言项羽曰："沛公欲王关中，令子婴为相，珍宝尽有之。"欲以求封。亚父劝项羽击沛公[5]。方飨士，旦日合战[6]。是时项羽兵四十万，号百万。沛公兵十万，号二十万，力不敌。会项伯欲活张良[7]，夜往见良，因以文谕项羽，项羽乃止。沛公从百余骑[8]，驱之鸿门[9]，见谢项羽。项羽曰："此沛公左司马曹无伤言之。不然，籍何以生此[10]？"沛公以樊哙、张良故，得解归[11]。归，立诛曹无伤。

项羽遂西，屠烧咸阳秦宫室，所过无不残破。秦人大失望，然恐，不敢不服耳。

项羽使人还报怀王。怀王曰："如约[12]。"项羽怨怀王不肯令与沛公俱西入关，而北救赵，后天下约[13]。乃曰："怀王者，吾家项梁所立耳，非有功伐[14]，何以得主约！本定天下，诸将及籍也。"乃详尊怀王为义帝，实不用其命[15]。

正月，项羽自立为西楚霸王[16]，王梁、楚地九郡[17]，都彭城。负约，更立沛公为汉王，王巴、蜀、汉中[18]，都南郑[19]。三分关中，立秦三将：章邯为雍王，都废丘[20]；司马欣为塞王，都栎阳[21]；董翳为翟王，都高奴[22]。楚将瑕丘申阳为河南王，都洛阳[23]。赵将司马卬为殷王，都朝歌[24]。赵王歇徙王代[25]。赵相张耳为常山王，都襄国[26]。当阳君黥布为九江王，都六[27]。怀王柱国共敖为临江王[28]，都江陵[29]。番君吴芮为衡山王，都邾[30]。燕将臧荼为燕王，都蓟[31]。故燕王韩广徙王辽东[32]。广不听，臧荼攻杀之无终[33]。封成安君陈馀河间三县[34]，居南皮[35]。封梅鋗十万户。

四月，兵罢戏下[36]，诸侯各就国。

汉王之国，项王使卒三万人从。楚与诸侯之慕从者数万人。从杜南入蚀中[37]。去辄烧绝栈道[38]，以备诸侯盗兵袭之，亦示项羽无东意。至南郑，诸将及士卒多道亡归，士卒皆歌思东归。韩信说汉王曰[39]："项羽王诸将之有功者，而王独居南郑，是迁也[40]。军吏士卒皆山东之人也[41]，日夜跂而望归[42]，及其锋而用之[43]，可以有大功。天下已定，人皆自宁[44]，不可复用。不如决策东乡，争权天下。"

项羽出关，使人徙义帝。曰："古之帝者地方千里，必居上游。"乃使使徙义帝长沙郴县[45]，趣义帝行[46]。群臣稍倍叛之[47]。乃阴令衡山王、临江王击之，杀义帝江南[48]。

项羽怨田荣[49]，立齐将田都为齐王[50]。田荣怒，因自立为齐王，杀田都而反楚[51]，予彭越将军印[52]，令反梁地。楚令萧公角击彭越[53]，彭越大破之。陈馀怨项羽之弗王己也，令夏说说田荣，请兵击张耳。齐予陈馀兵，击破常山王张耳，张耳亡归汉。迎赵王歇于代，复立为赵王。赵王因立陈馀为代王。项羽大怒，北击齐。

八月，汉王用韩信之计，从故道还[54]，袭雍王章邯。邯迎击汉陈仓[55]，雍兵败，还走；止战好畤[56]，又复败，走废丘。汉王遂定雍地，东至咸阳。引兵围雍王废丘，而遣诸将略定陇西、北地、上郡[57]。令将军薛欧、王吸出武关，因王陵兵南阳，以迎太公、吕后于沛。楚闻之，发兵距之阳夏[58]，不得前。令故吴令郑昌为韩王，距汉兵。

二年[59]，汉王东略地。塞王欣、翟王翳、河南王申阳皆降。韩王昌不听，使韩信击破之。于是置陇西、北地、上郡、渭南、河上、中地郡[60]；关外置河南郡[61]。更立韩太尉信为韩王[62]。诸将以万人若以一郡降者[63]，封万户。缮治河上塞[64]。诸故秦苑囿园池，皆令人得田之。正月，虏雍王弟章平。大赦罪人。

汉王之出关至陕[65]，抚关外父老。还，张耳来见[66]，汉王厚遇之。

二月，令除秦社稷[67]，更立汉社稷。

三月，汉王从临晋渡[68]，魏王豹将兵从[69]。下河内[70]，虏殷王，置河内郡[71]。南渡平阴津[72]，至雒阳。新城三老董公遮说汉王以义帝死故[73]。汉王闻之，袒而大哭[74]。遂为义帝发丧，临三日[75]。发使者告诸侯曰："天下共立义帝，北面事之[76]。今项羽放杀义帝于江南，大逆无道。寡人亲为发丧，诸侯皆缟素[77]。悉发关内兵，收三河士[78]，南浮江、汉以下，愿从诸侯王击楚之杀义帝者。"

是时项王北击齐，田荣与战城阳。田荣败，走平原[79]，平原民杀之。齐皆降楚。楚因焚烧其城郭，系虏其子女。齐人叛之。田荣弟横立荣子广为齐王，齐王反楚城阳。项羽虽闻汉东，既已连齐兵[80]，欲遂破之而击汉。汉王以故得劫五诸侯兵[81]，遂入彭城。项羽闻之，乃引兵去齐，从鲁出胡陵[82]，至萧，与汉大战彭城灵壁东睢水上[83]，大破汉军，多杀士卒，睢水为之不流。乃取汉王父母妻子于沛，置之军中以为质[84]。当是时，诸侯见楚强汉败，还皆去汉复为楚。塞王欣亡入楚。

吕后兄周吕侯为汉将兵[85]，居下邑。汉王从之，稍收士卒，军砀。汉王乃西过梁地，至虞[86]。使谒者随何之九江王布所[87]，曰："公能令布举兵叛楚，项羽必留击之。得留数月，吾取天下必矣。"随何往说九江王布，布果背楚。楚使龙且往击之[88]。

汉王之败彭城而西，行使人求家室，家室亦亡，不相得。败后乃独得孝惠，六月，立为太子，大赦罪人。令太子守栎阳，诸侯子在关中者皆集栎阳为卫。引水灌废丘，废丘降，章邯自杀。更名废丘为槐里。于是令祠官祀天地四方上帝山川[89]，以时祀之。兴关内卒乘塞[90]。

是时九江王布与龙且战，不胜，与随何间行归汉[91]。汉王稍收士卒与诸将，及关中卒益出，是以兵大振荥阳，破楚京、索间[92]。

三年[93]，魏王豹谒归视亲疾，至即绝河津[94]，反为楚。汉王使郦生说豹，豹不听。汉王遣将军韩信击，大破之，虏豹。遂定魏地，置三郡，曰河东、太原、上党[95]。汉王乃令张耳与韩信遂东下井陉击赵[96]，斩陈馀、赵王歇。其明年，立张耳为赵王。

汉王军荥阳南，筑甬道属之河[97]，以取敖仓[98]。与项羽相距岁余。项羽数侵夺汉甬道，汉军乏食，遂围汉王。汉王请和，割荥阳以西者为汉。项王不听。汉王患之，乃用陈平之计[99]，予陈平金四万斤，以间疏楚君臣[100]。于是项羽乃疑亚父。亚父是时劝项羽遂下荥阳，及其见疑，乃怒，辞老，愿赐骸骨归卒伍[101]。未至彭城而死。

汉军绝食，乃夜出女子东门二千余人，被甲，楚因四面击之。将军纪信乃乘王驾，诈为汉王，诳楚[102]，楚皆呼万岁，之城东观。以故汉王得与数十骑出西门遁。令御史大夫周苛、魏豹、枞公守荥阳[103]。诸将卒不能从者，尽在城中。周苛、枞公相谓曰："反国之王[104]，难与守城。"因杀魏豹。

汉王之出荥阳入关，收兵欲复东。袁生说汉王曰："汉与楚相距荥阳数岁，汉常困。原君王出武关，项羽必引兵南走，王深壁[105]，令荥阳、成皋间且得休[106]。使韩信等辑河北赵地[107]，连燕、齐，君王乃复走荥阳，未晚也。如此，则楚所备者多，力分，汉得休，复与之战，破楚必矣。"汉王从其计，出军宛、叶间[108]，与黥布行收兵[109]。

项羽闻汉王在宛，果引兵南。汉王坚壁不与战。是时彭越渡睢水[110]，与项声、薛公战下邳[111]，彭越大破楚军。项羽乃引兵东击彭越。汉王亦引兵北军成皋。项羽已破走彭越，闻汉王复军成皋，乃复引兵西，拔荥阳，诛周苛、枞公，而虏韩王信，遂围成皋。

汉王跳[112]，独与滕公共车出成皋玉门[113]，北渡河，驰宿脩武[114]。自称使者，晨驰入张耳、韩信壁，而夺之军。乃使张耳北益收兵赵地，使韩信东击齐。汉王得韩信军，则复振。引兵临河，南飨军小脩武南[115]，欲复战。郎中郑忠乃说止汉王，使高垒深堑，勿与战。汉王听其计，使卢绾、刘贾将卒二万人[116]，骑数百，渡白马津[117]，入楚地，与彭越复击破楚军燕郭西[118]，遂复下梁地十余城。

淮阴已受命东[119]，未渡平原。汉王使郦生往说齐王田广，广叛楚，与汉和，共击项羽。韩信用蒯通计[120]，遂袭破齐。齐王烹郦生，东走高密[121]。项羽闻韩信已举河北兵破齐、赵，且欲击楚，则使龙且、周兰往击之。韩信与战，骑将灌婴击，大破楚军，杀龙且。齐王广犇彭越。当此时，彭越将兵居梁地，往来苦楚兵[122]，绝其粮食。

四年[123]，项羽乃谓海春侯大司马曹咎曰："谨守成皋。若汉挑战，慎勿与战，无令得东而已。我十五日必定梁地，复从将军。"乃行击陈留、外黄、睢阳[124]，下之。汉果数挑楚军，楚军不出。使人辱之五六日，大司马怒，度兵汜水[125]。士卒半渡，汉击之，大破楚军，尽得楚国金玉货赂。大司马咎、长史欣皆自刭汜水上[126]。项羽至睢阳，闻海春侯破，乃引兵还。汉军方围钟离眛于荥阳东[127]，项羽至，尽走险阻。

韩信已破齐，使人言曰："齐边楚[128]，权轻，不为假王[129]，恐不能安齐。"汉王欲攻之。留侯曰："不如因而立之，使自为守。"乃遣张良操印绶立韩信为齐王。

项羽闻龙且军破，则恐，使盱台人武涉往说韩信[130]。韩信不听。

楚汉久相持未决，丁壮苦军旅[131]，老弱罢转饷[132]。汉王项羽相与临广武之间而语[133]。项羽欲与汉王独身挑战。汉王数项羽曰[134]："始与项羽俱受命怀王，曰先入定关中者王之，项羽负约，王我于蜀汉，罪一。项羽矫杀卿子冠军而自尊[135]，罪二。项羽已救赵，当还报，而擅劫诸侯兵入关，罪三。怀王约入秦无暴掠，项羽烧秦宫室，掘始皇帝冢[136]，私收其财物，罪四。又强杀秦降王子婴，罪五。诈坑秦子弟新安二十万[137]，王其将，罪六。项羽皆王诸将善地，而徙逐故主，令臣下争叛逆，罪七。项羽出逐义帝彭城，自都之，夺韩王地[138]，并王梁楚，多自予，罪八。项羽使人阴弑义帝江南，罪九。夫为人臣而弑其主，杀已降，为政不平，主约不信，天下所不容，大逆无道，罪十也。吾以义兵从诸侯诛残贼[139]，使刑余罪人击杀项羽[140]，何苦乃与公挑战！"项羽大怒，伏弩射中汉王[141]。汉王伤匈，乃扪足曰[142]："虏中吾指[143]！"汉王病创，卧，张良强请汉王起行劳军，以安士卒，毋令楚乘胜于汉。汉王出行军，病甚，因驰入成皋。

病愈，西入关，至栎阳，存问父老[144]，置酒，枭故塞王欣头栎阳市[145]。留四日，复如军，军广武。关中兵益出。

当此时，彭越将兵居梁地，往来苦楚兵，绝其粮食。田横往从之[146]。项羽数击彭越等，齐王信又进击楚。项羽恐，乃与汉王约，中分天下，割鸿沟而西者为汉[147]，鸿沟而东者为楚。项王归汉王父母妻子，军中皆呼万岁，乃归而别去。

项羽解而东归。汉王欲引而西归，用留侯、陈平计，乃进兵追项羽，至阳夏南止军，与齐王信、建成侯彭越期会而击楚军[148]。至固陵[149]，不会。楚击汉军，大破之。汉王复入壁，深堑而守之。用张良计[150]，于是韩信、彭越皆往。及刘贾入楚地，围寿春[151]，汉王败固陵，乃使使者召大司马周殷举九江兵而迎武王[152]，行屠城父[153]，随刘贾，齐、梁诸侯，皆大会垓下[154]。立武王布为淮南王。

五年[155]，高祖与诸侯兵共击楚军，与项羽决胜垓下。淮阴侯将三十万自当之，孔将军居左[156]，费将军居右[157]，皇帝在后。绛侯、柴将军在皇帝后[158]。项羽之卒可十万。淮阴先合，不利，却。孔将军、费将军纵[159]，楚兵不利。淮阴侯复乘之，大败垓下。项羽卒闻汉军之楚歌，以为汉尽得楚地，项羽乃败而走。是以兵大败。使骑将灌婴追杀项羽东城[160]，斩首八万[161]。遂略定楚地。鲁为楚坚守不下。汉王引诸侯兵北，示鲁父老项羽头，鲁乃降。遂以鲁公号葬项羽穀城[162]。

还至定陶，驰入齐王壁[163]，夺其军。

正月，诸侯及将相相与共请尊汉王为皇帝[164]。汉王曰："吾闻帝贤者有也[165]，空言虚语，非所守也[166]，吾不敢当帝位。"群臣皆曰："大王起微细，诛暴逆，平定四海，有功者辄裂地而封为王侯。大王不尊号，皆疑不信[167]。臣等以死守之[168]。"汉王三让，不得已，曰："诸君必以为便，便国家[169]。"甲午[170]，乃即皇帝位泛水之阳[171]。

皇帝曰义帝无后，齐王韩信习楚风俗，徙为楚王，都下邳。立建成侯彭越为梁王，都定陶。故韩王信为韩王，都阳翟[172]。徙衡山王吴芮为长沙王，都临湘[173]。番君之将梅铞有功，从入武关，故德番君[174]。淮南王布、燕王臧荼、赵王敖皆如故[175]。

天下大定。高祖都雒阳，诸侯皆臣属。

故临江王骓为项羽叛汉[176]。令卢绾、刘贾围之，不下。数月而降，杀之雒阳。

五月，兵皆罢归家。诸侯子在关中者复之十二岁[177]，其归者复之六岁，食之一岁[178]。

高祖置酒雒阳南宫。高祖曰："列侯诸将无敢隐朕[179]，皆言其情。吾所以有天下者何？项氏之所以失天下者何？"高起、王陵对曰[180]："陛下慢而侮人，项羽仁而爱人。然陛下使人攻城略地，所降下者因以予之，与天下同利也。项羽妒贤嫉能，有功者害之[181]，贤者疑之，战胜而不予人功，得地而不予人利，此所以失天下也。"高祖曰："公知其一[182]，未知其二。夫运筹策帷帐之中[183]，决胜于千里之外，吾不如子房。镇国家，抚百姓，给馈饷[184]，不绝粮道，吾不如萧何。连百万之军，战必胜，攻必取，吾不如韩信。此三者，皆人杰也，吾能用之，此吾所以取天下也。项羽有一范增而不能用，此其所以为我擒也。"

高祖欲长都雒阳，齐人刘敬说[185]，乃留侯劝上入都关中，高祖是日驾，入都关中。六月，大赦天下。

段　意

写刘邦在楚汉战争中由弱而强、最后消灭项羽登上帝位的全过程。主要写了如下一些事件，即鸿门历险、决策东向、还定三秦、彭城大败、间楚君臣、荥阳脱逃、广武对峙、鸿沟割地、垓下合围、即位登极、封定诸王、纵论成败。

注　释

[1]或：有人。据《楚汉春秋》，其人为解先生。[2]则：即。[3]函谷关：从东面出入关中的要塞，在今河南灵宝东北。[4]内：同"纳"。[5]亚父：项羽对范增的尊称。[6]旦日合战：明日交战。[7]会：正巧。项伯：项羽的叔父，名缠，字伯。[8]从：带领随从。[9]鸿门：在今陕西临潼东，当地叫作"项王营"。[10]籍：项羽自称其名，羽是他的字。[11]解归：脱身回营。刘邦鸿门脱险，有赖于樊哙闯宴护持和张良的筹划斡旋。事详见《项羽本纪》。[12]如约：怀王与诸将约定："先入定关中者王之。"[13]后天下约：指后于刘邦入关。[14]功伐：功劳。[15]详：通"佯"。用：遵从。[16]西楚霸王：项羽以彭城为都，又为诸侯盟主，故称西楚霸王。旧称江陵（在今湖北江陵）一带为南楚，吴县（在今江苏苏州）一带为东楚，彭城（在今江苏徐州）一带为西楚。霸王，类似于春秋时代的霸主。[17]梁、楚地九郡：具体地域无法确知。大致包括今江苏和安徽的大部、浙江北部和河南东部、山东南部地区。这些地方战国时有的属魏，有的属楚。[18]巴：秦郡名，郡治在今重庆东北。蜀：秦郡名，郡治在今四川成都。汉中：秦郡名。[19]南郑：汉中郡治，在今陕西南部郑。[20]废丘：秦县名，县治在今陕西兴平东南。[21]栎（yuè）阳：秦县名，县治在今陕西临潼北。[22]高奴：秦县名，县治在今陕西延安东北。[23]洛阳：秦县名，县治在今河南洛阳东北。[24]朝歌：殷代故都，在今河南淇县。[25]代：战国时国名，在今河北蔚县一带。[26]襄国：即秦信都县，县治在今河北邢台西南。[27]六：秦县名，县治在今安徽六安北。[28]柱国：楚官名。[29]江陵：秦县名，治所在今湖北江陵。[30]邾（zhū）：古邑名，故城在今湖北黄冈西北。[31]蓟（jì）：秦县名，县治在今北京西南。[32]辽东：秦郡名，郡治在今辽宁辽阳北。[33]无终：秦县名，县治在今天津蓟县。[34]河间：汉郡名，郡治在今河北献县东南。[35]南皮：秦县名，县治在今河北南皮。[36]戏（huī）下：即"麾下"。麾，大将之旗。[37]杜：秦县名，县治在今陕西西安西南。蚀：山谷道路名，当即子午谷。[38]栈道：山间险绝之处架木而成的通道。[39]韩信：汉朝开国元勋，原为项羽的郎官，灭秦后投奔刘邦，汉初封楚王，贬淮阴侯，最为吕后所杀。[40]迁：流放。[41]山东：泛指六国。[42]跂（qì）：踮起脚尖。[43]锋：锐。指锐气。[44]自宁：指厌战。[45]长沙：秦郡名，郡治在今湖南长沙

南。郴（chēn）县：秦县名，县治在今湖南郴州。［46］趣（cù）：催促。［47］
稍：渐渐。倍叛：背叛。［48］杀义帝江南：据《黥布列传》，义帝为九江王黥布
遣将击杀于郴县。衡山王、临江王可能是接受了项羽的命令而没有执行。［49］项
羽怨田荣：项梁救田荣出东阿后，田荣立田儋子田市为齐王，赶走齐王田假，田
假逃归项梁。后来项梁要求田荣出兵共击章邯，田荣提出以杀田假为交换条件。
项梁不忍心杀田假，田荣拒绝出兵助楚，项羽因此恨田荣。［50］田都：田假的将
领。［51］杀田都：田都被田荣击败后逃归项羽，未被杀死。此系误记。［52］彭
越：后来助汉灭楚的主要将领之一，当时拥众万余，无所归属。［53］萧公角：名
角，曾任萧县县令，姓氏不祥。［54］故道：秦县名，县治在今陕西凤县西北。
［55］陈仓：秦县名，县治在今陕西宝鸡东。［56］好畤：秦县名，县治在今陕西
乾县东。［57］陇西：秦郡名，郡治在今甘肃临洮南。北地：秦郡名，郡治在今甘
肃庆阳西南。上郡：秦郡名，郡治在今陕西榆林东南。［58］阳夏（jiǎ）：秦县名，
县治在今河南太康。［59］二年：汉高祖二年，公元前 205 年。［60］渭南：汉郡
名，即后来京兆尹，郡治在今陕西西安西北。河上：汉郡名，即后来左冯翊，郡
治也在今陕西西安西北。中地郡：汉郡名，即后来右扶风，郡治亦在今陕西西安
西北。［61］河南郡：汉郡名，郡治在今河南洛阳东北。［62］韩太尉信：原韩国
旧贵族，封韩王后称韩王信，与淮阴侯韩信非一人。［63］若：或。［64］缮治：
整修。河上塞：指河套一带防御匈奴的要塞。［65］陕：秦县名，县治在今河南三
门峡西北。［66］张耳来见：张耳被陈馀击败，穷途而来归汉王。［67］社稷：帝
王祭祀土神和谷神的场所。是国家的象征。社，土神。稷，谷神。［68］临晋：关
名，也叫蒲津关，在陕西大荔东黄河西岸，是黄河重要渡口。［69］魏王豹：魏国
旧贵族的后裔。［70］河内：旧称河南黄河以北地区为河内。［71］河内郡：汉郡
名，郡治在今河南武陟西南。［72］平阴津：渡口名，在今河南孟津东北。［73］
新城：乡邑名，在今河南伊川西南。后设县。三老：乡官名，掌教化。遮：拦路。
［74］袒（tǎn）：左袒，解上衣露左臂。古代射礼及丧礼皆左袒。［75］临：哭吊。
［76］北面事之：指称臣。古代以坐北朝南为尊位，天子诸侯南面而坐，群臣北面
而朝。［77］缟素：丧服。［78］三河：指河东、河内、河南。［79］平原：秦郡
名，郡治在今山东平原西南。［80］连齐兵：指与齐兵接战。［81］五诸侯兵：泛
指天下之兵。［82］鲁：秦县名，县治在今山东曲阜。［83］灵壁：古邑名，在今
安徽宿州西北。睢水：古代鸿沟水系的支流，从大梁东鸿沟分出，流经彭城入泗
水。［84］质：人质。［85］周吕侯：吕泽的封号。当时尚未封侯。［86］虞：秦县
名，县治在今河南虞城北。［87］谒者：官名，是掌管传达的近侍人员。［88］龙
且：项羽部下骁将。［89］祠官：掌管祭祀的官。［90］乘塞：守塞。［91］间

(jiàn) 行：微行，隐秘而行。[92] 京：秦县名，县治在今河南荥阳东南。索：古城名，又名索亭，在今河南荥阳。[93] 三年：公元前204年。[94] 绝河津：指封锁蒲津关黄河渡口。[95] 河东：汉郡名，郡治在今山西夏县西北。太原：汉郡名，郡治在今山西太原西南。上党：汉郡名，郡治在今山西长子西南。[96] 井陉（xíng）：关塞名，在今河北井陉北井陉山上。[97] 甬道：两侧筑墙为屏障的通道。属（zhǔ）之河：一直延伸到黄河边。属，连接。[98] 敖仓：秦所作大粮仓，在荥阳西北敖山上。[99] 陈平：刘邦的谋臣。[100] 间疏：离间。[101] 赐骸骨：指准许辞官引退。卒伍：指家乡。古代五家为伍，三百家为卒。[102] 诳：欺骗。[103] 御史大夫：官名，位次于丞相，掌监察百官。枞（zōng）公：姓枞，史失其名。[104] 反国之王：指魏豹。[105] 深壁：深沟高垒的意思。[106] 成皋：古邑名，在今河南荥阳西北。[107] 辑：指平定。[108] 宛：秦县名，县治在今河南南阳。叶：秦县名，县治在今河南叶县西南。[109] 行收兵：边行军，边招兵。[110] 渡睢水：谓渡睢水南下。[111] 下邳：秦县名，县治在今江苏睢宁西北。[112] 跳：轻装简从急奔。[113] 滕公：夏侯婴，曾为滕县令。他是刘邦的太仆，专为刘邦赶车。玉门：成皋北门名玉门。[114] 脩武：秦县名，县治在今河南获嘉。[115] 小脩武：在脩武城东。[116] 卢绾（wǎn）：刘邦的好友，后封燕王。刘贾：刘邦的堂兄，后封荆王。[117] 白马津：黄河渡口名。在今河南滑县东北的旧黄河南岸。[118] 燕：秦县名，县治在今河南延津东北。[119] 淮阴：指淮阴侯韩信。[120] 蒯（kuǎi）通：即蒯彻，有名的辩士。[121] 高密：秦县名，县治在今山东高密西南。[122] 苦：困扰。[123] 四年：公元前203年。[124] 睢阳：秦县名，县治在今河南商丘南。[125] 汜（sì）水：水名，源于河南巩义东南，向北流经荥阳入黄河。[126] 长史欣：即司马欣。长史，大将军、丞相等的下属官吏，为诸史之长。[127] 钟离眛（mò）：项羽部下骁将。[128] 边楚：与楚相接。[129] 假王：代理王。[130] 武涉往说韩信：武涉谓刘邦不可信赖，劝韩信与楚连和，三分天下，鼎足而立。[131] 丁壮：壮年男子。[132] 罢转饷：疲于运送粮饷。罢，通"疲"。[133] 广武之间：即广武涧，分隔广武为东西两城，在今河南荥阳东北。[134] 数：数落，责备。[135] 卿子冠军：即宋义。[136] 始皇帝冢：秦始皇陵墓在今陕西临潼骊山北麓。[137] 新安：古邑名，在今河南渑池东。[138] 夺韩王地：项羽封韩成为韩王，不让他就国，不久便废为侯，并将他杀死。[139] 残贼：指不仁不义、残暴无道之人。[140] 刑余罪人：犯罪受过肉刑的人。[141] 弩：用机械发射的弓。[142] 匈：通"胸"。扪（mén）：抚摸。[143] 虏：对敌人的蔑称。指：脚趾。[144] 存问：慰问。[145] 枭：杀人而悬其头于木。此指割头示众。[146] 当此时……田横往从之：《汉书》

叙此作"彭越、田横居梁地,往来苦楚兵,绝其粮食",较《史记》为妥帖。此处"田横往从之"当系抄录前文未加改写的失误。有人认为这几句是衍文,不可从。[147]鸿沟:战国时魏国所开的一条引黄入淮的运河,北起荥阳,经中牟、开封,南流至淮阳东南入淮水支流颍水。[148]期会:约期会师。[149]固陵:秦县名,县治在今河南太康南。[150]用张良计:张良请刘邦给韩信、彭越划定封地,事载《项羽本纪》。[151]寿春:秦县名,县治在今安徽寿县。[152]周殷:楚将,当时已接受刘邦招降。武王:指英布,他原是九江王。[153]城父:秦县名,县治在今安徽亳州东南。[154]垓下:古邑名,在今安徽灵璧东南。[155]五年:公元前202年。[156]孔将军:孔熙,后封蓼侯。[157]费将军:陈贺,后封费侯。[158]绛侯:周勃。柴将军:柴武,后封棘蒲侯。[159]纵:出兵攻击。[160]东城:秦县名,县治在今安徽定远东南。[161]斩首八万:此指整个战役而言。[162]穀城:古邑名,在今山东平阴西南。[163]齐王:韩信。[164]相与:共同。[165]帝贤者有也:言贤德之人才能有帝号。[166]空言虚语,非所守也:徒有虚名而无其实,不足以守帝位。[167]皆疑不信:大家都对所受封号感到不踏实。[168]以死守之:不惜一死,坚持立帝之议。[169]便国家:对国家有利。[170]甲午:二月三日。[171]泛(fàn)水之阳:泛水的北岸。泛水,古水名,故道在今山东曹县北,东北流经定陶注入古菏泽。久湮。[172]阳翟:秦县名,县治在今河南禹州。[173]临湘:秦县名,县治在今湖南长沙。[174]德:感激。[175]赵王敖:张敖,赵王张耳之子,其时张耳已死,张敖嗣立。[176]临江王骥:共骥,临江王共敖之子。[177]诸侯子在关中者:指诸侯子中与太子一起留守关中的人。复:免除徭役。[178]食之一岁:供给一年的粮食。[179]隐:隐瞒。[180]高起:事迹不详。王陵:沛人,汉初封安国侯,位至右丞相。[181]害:忌妒。[182]公:指高起、王陵。公用作复数,《史记》《汉书》多有其例。[183]运筹策:运筹谋划。帷帐:幕府,军帐。[184]馈饷:粮饷。[185]刘敬:本姓娄,赐姓刘。详见《刘敬叔孙通列传》。

十月[1],燕王臧荼反,攻下代地。高祖自将击之[2],得燕王臧荼。即立太尉卢绾为燕王。使丞相哙将兵攻代[3]。

其秋,利几反,高祖自将兵击之,利几走。利几者,项氏之将。项氏败,利几为陈公,不随项羽,亡降高祖,高祖侯之颍川[4]。高祖至雒阳,举通侯籍召之[5],而利几恐,故反。

六年[6],高祖五日一朝太公[7],如家人父子礼。太公家令说太公曰[8]：“天无二日，土无二王。今高祖虽子，人主也；太公虽父，人臣也。奈何令人主拜人臣！如此，则威重不行。”后高祖朝，太公拥彗[9]，迎门却行[10]。高祖大惊，下扶太公。太公曰：“帝，人主也，奈何以我乱天下法！”于是高祖乃尊太公为太上皇。心善家令言，赐金五百斤。

十二月，人有上变事告楚王信谋反[11]，上问左右，左右争欲击之。用陈平计，乃伪游云梦[12]，会诸侯于陈，楚王信迎，即因执之。是日，大赦天下。田肯贺，因说高祖曰：“陛下得韩信，又治秦中。秦，形胜之国[13]，带河山之险[14]，县隔千里[15]，持戟百万，秦得百二焉[16]。地埶便利[17]，其以下兵于诸侯，譬犹居高屋之上建瓴水也[18]。夫齐，东有琅邪、即墨之饶[19]，南有泰山之固，西有浊河之限，北有勃海之利[20]，地方二千里，持戟百万，县隔千里之外，齐得十二焉[21]。故此东西秦也[22]，非亲子弟，莫可使王齐矣。”高祖曰：“善。”赐黄金五百斤。

后十余日，封韩信为淮阴侯，分其地为二国。高祖曰将军刘贾数有功，以为荆王，王淮东[23]。弟交为楚王，王淮西[24]。子肥为齐王，王七十余城，民能齐言者皆属齐。乃论功，与诸列侯剖符行封[25]。徙韩王信太原[26]。

七年[27]，匈奴攻韩王信马邑[28]，信因与谋反太原。白土曼丘臣、王黄立故赵将赵利为王以反[29]，高祖自往击之。会天寒，士卒堕指者什二三[30]，遂至平城[31]。匈奴围我平城，七日而后罢去。令樊哙止定代地[32]。立兄刘仲为代王。

二月，高祖自平城过赵、雒阳，至长安[33]。长乐宫成[34]，丞相已下徙治长安。

八年，高祖东击韩王信余反寇于东垣[35]。

萧丞相营作未央宫[36]，立东阙、北阙、前殿、武库、太仓[37]。高祖还，见宫阙壮甚，怒，谓萧何曰：“天下匈匈苦战数岁[38]，成败未可知，是何治宫室过度也？"萧何曰："天下方未定[39]，故可因遂就宫室[40]。且夫天子以四海为家，非壮丽无以重威，且无令后世有以加也[41]。"高祖乃说。

高祖之东垣，过柏人[42]，赵相贯高等谋弑高祖[43]，高祖心动[44]，因不留。代王刘仲弃国亡[45]，自归雒阳，废以为合阳侯。

九年，赵相贯高等事发觉，夷三族[46]。废赵王敖为宣平侯。是岁，徙贵族楚昭、屈、景、怀，齐田氏关中[47]。

未央宫成。高祖大朝诸侯群臣，置酒未央前殿。高祖奉玉卮[48]，起为太上皇寿，曰："始大人常以臣无赖[49]，不能治产业，不如仲力[50]。今某之业所就孰与仲多[51]？"殿上群臣皆呼万岁，大笑为乐。

十年十月[52]，淮南王黥布、梁王彭越、燕王卢绾、荆王刘贾、楚王刘交、齐王刘肥、长沙王吴芮皆来朝长乐宫。春夏无事。

七月，太上皇崩栎阳宫。楚王、梁王皆来送葬。赦栎阳囚。更命郦邑曰新丰[53]。

八月，赵相国陈豨反代地[54]。上曰："豨尝为吾使，甚有信。代地吾所急也[55]，故封豨为列侯，以相国守代，今乃与王黄等劫掠代地！代地吏民非有罪也，其赦代吏民。"九月，上自东往击之。至邯郸[56]，上喜曰："豨不南据邯郸而阻漳水[57]，吾知其无能为也。"闻豨将皆故贾人也，上曰："吾知所以与之[58]。"乃多以金啖豨将，豨将多降者。

十一年[59]，高祖在邯郸诛豨等未毕，豨将侯敞将万余人游行[60]，王黄军曲逆[61]，张春渡河击聊城[62]。汉使将军郭蒙与齐将击，大破之。太尉周勃道太原入定代地。至马邑，马邑不下，即攻残之。

豨将赵利守东垣，高祖攻之，不下，月余，卒骂高祖[63]，高祖怒。城降，令出骂者斩之，不骂者原之[64]。于是乃分赵山北[65]，立子恒以为代王[66]，都晋阳[67]。

春，淮阴侯韩信谋反关中，夷三族。

夏，梁王彭越谋反[68]，废，迁蜀；复欲反[69]，遂夷三族。立子恢为梁王，子友为淮阳王。

秋七月，淮南王黥布反，东并荆王刘贾地，北渡淮，楚王交走入薛。高祖自往击之。立子长为淮南王。

十二年[70]，十月，高祖已击布军会甄[71]，布走，令别将追之。

高祖还归，过沛，留。置酒沛宫，悉召故人父老子弟纵酒[72]，发沛中儿得百二十人，教之歌。酒酣，高祖击筑[73]，自为歌诗曰："大风起兮云飞扬，威加海内兮归故乡，安得猛士兮守四方！"令儿皆和习之。高祖乃起舞，慷慨伤怀，泣数行下[74]。谓沛父兄曰："游子悲故乡[75]。吾虽都关中，万岁后吾魂魄犹乐思沛。且朕自沛公以诛暴逆，遂有天下，其以沛为朕汤沐邑[76]，复其民，世世无有所与[77]。"沛父兄诸母故人日乐饮极驩，道旧故为笑乐。十余日，高祖欲去，沛父兄固请留高祖。高祖曰："吾人众多，父兄不能给。"乃去。沛中空县皆之邑西献[78]。高祖复留止，张饮三日[79]。沛父兄皆顿首曰："沛幸得复，丰未复[80]，唯陛下哀怜之。"高祖曰："丰吾所生长，极不忘耳，吾特为其以雍齿故反我为魏[81]。"沛父兄固请，乃并复丰，比沛[82]。于是拜沛侯刘濞为吴王[83]。

汉将别击布军洮水南北[84]，皆大破之，追得斩布鄱阳。

樊哙别将兵定代，斩陈豨当城[85]。

十一月，高祖自布军至长安。

十二月，高祖曰："秦始皇帝、楚隐王陈涉、魏安釐王、齐缗王、赵悼襄王皆绝无后[86]，予守冢各十家，秦皇帝二十家，魏公子无忌五家[87]。”赦代地吏民为陈豨、赵利所劫掠者，皆赦之。

陈豨降将言豨反时，燕王卢绾使人之豨所，与阴谋。上使辟阳侯迎绾[88]，绾称病。辟阳侯归，具言绾反有端矣[89]。二月，使樊哙、周勃将兵击燕王绾。赦燕吏民与反者。立皇子建为燕王。

高祖击布时，为流矢所中，行道病。病甚，吕后迎良医。医入见，高祖问医，医曰：“病可治。”于是高祖嫚骂之曰[90]：“吾以布衣提三尺剑取天下，此非天命乎？命乃在天，虽扁鹊何益[91]？”遂不使治病，赐金五十斤罢之。已而吕后问：“陛下百岁后，萧相国即死[92]，令谁代之？”上曰：“曹参可。”问其次，上曰：“王陵可。然陵少戆[93]，陈平可以助之。陈平智有余，然难以独任。周勃重厚少文[94]，然安刘氏者必勃也，可令为太尉[95]。”吕后复问其次，上曰：“此后亦非而所知也[96]。”

卢绾与数千骑居塞下候伺[97]，幸上病愈自入谢[98]。

四月甲辰[99]，高祖崩长乐宫。四日不发丧。吕后与审食其谋曰：“诸将与帝为编户民[100]，今北面为臣，此常怏怏[101]，今乃事少主，非尽族是[102]，天下不安。”人或闻之，语郦将军[103]。郦将军往见审食其，曰：“吾闻帝已崩，四日不发丧，欲诛诸将。诚如此，天下危矣。陈平、灌婴将十万守荥阳，樊哙、周勃将二十万定燕、代，此闻帝崩，诸将皆诛，必连兵还乡以攻关中[104]。大臣内叛，诸侯外反，亡可翘足而待也[105]。”审食其入言之，乃以丁未发丧[106]，大赦天下。

卢绾闻高祖崩，遂亡入匈奴。

丙寅[107]，葬。己巳[108]，立太子[109]，至太上皇庙。群臣皆曰：“高祖起微细，拨乱世反之正[110]，平定天下，为汉太祖，功最高。”上尊号为高皇帝。太子袭号为皇帝，孝惠帝也。令郡国诸侯各立高祖庙，以岁时祠[111]。

及孝惠五年[112]，思高祖之悲乐沛[113]，以沛宫为高祖原庙[114]。高祖所教歌儿百二十人，皆令为吹乐。后有缺，辄补之。

高帝八男：长庶齐悼惠王肥[115]；次孝惠，吕后子；次戚夫人子赵隐王如意[116]；次代王恒，已立为孝文帝，薄太后子；次梁王恢，吕太后时徙为赵共王[117]；次淮阳王友，吕太后时徙为赵幽王[118]；次淮南厉王长[119]；次燕王建[120]。

段 意

写刘邦称帝后的政治措施，着重写了他逐步削平异姓诸侯王、诛灭叛乱诸将的经过，兼及他死后和子孙的一些情况。主要写了如下一些事件，即平定臧荼、利几，贬楚王韩信，击韩王信，废赵王张敖为侯，作未央官，征讨陈豨，族灭韩信、彭越，击破黥布，悲歌大风，击讨燕王卢绾，病榻议论将相，丧葬和封立子孙的情况。

注 释

[1] 十月：当从《汉书》作"七月"。[2] 自将：亲自率军。[3] 丞相哙：指樊哙。丞相是虚衔。[4] 颍川：秦郡名，郡治在今河南禹州。[5] 举通侯籍召之：尽召在册通侯使之来会。通侯，爵位名。是秦汉二十等爵中最尊贵的一级。原称彻侯，后避汉武帝讳改称通侯。[6] 六年：公元前201年。[7] 朝：指问候。古人凡访人都称朝，后来用作君臣会见的专称。[8] 太公令：主管太公家事的官员。[9] 拥彗（huì）：抱着扫帚。表示对来人的尊敬。[10] 却行：退行引导。也是表示恭敬的动作。[11] 上变事：向朝廷密告谋反作乱的事件。[12] 伪游云梦：假装出游云梦泽。云梦，古薮泽名，汉时指华容南面的泽地，在今湖北监利南。[13] 形胜：地势优越便利。[14] 带：围绕。[15] 县隔：相距。[16] 百二：百倍。古人谓倍为二。这句是说，秦凭借山河之险，其势自增百倍。[17] 埶：通"势"。[18] 高屋之上建瓴（líng）水：比喻像水从高处向低处流那样容易顺当。瓴，装于檐角之器，形如竹筒，一头大，一头小，作行水之用。[19] 琅邪：秦县名，县治在今山东胶南琅邪台西北。即墨：秦县名，县治在今山东平度东南。[20] 浊河：指黄河。限：险阻。勃海之利：指鱼盐资源。勃海，即渤海。[21] 十二：十倍。这句是说，齐据地形之利，其势自增十倍。[22] 东西秦：指齐秦东

西对峙，齐可与秦相抗衡。〔23〕淮东：主要指安徽淮河以东、以南的地区，包括江苏、浙江的一部分。〔24〕淮西：主要指安徽、江苏淮河以西、以北的地区，包括山东、河南的一部分。〔25〕剖符：分封王侯时把符分为两半作为信物，皇帝与被封的人各执一半。〔26〕太原：汉郡名，郡治在今山西太原西南。〔27〕七年：公元前200年。〔28〕马邑：秦县名，县治在今山西朔州。〔29〕白土：秦县名，县治在今陕西神木。〔30〕什二三：十分之二三。〔31〕平城：秦县名，县治在今山西大同东北。〔32〕止定代地：留下来平定代地。〔33〕长安：汉县名，县治在今陕西西安西北。〔34〕长乐宫：汉宫名，在当时长安城东南隅，今西安阁老门村是其旧址。〔35〕东垣：秦县名，县治在今河北正定南。〔36〕未央宫：汉宫名，在当时长安城西南隅，今西安马家寨村是其旧址。〔37〕立东阙、北阙：在未央宫东门、北门立阙。阙，宫门前的柱状建筑物，左右各一。武库：储藏武器的仓库。太仓：都城储粮的大仓。〔38〕匈匈：形容纷扰。〔39〕天下方未定：当天下未定之时。方，当，在。〔40〕因：借此机会。〔41〕无令后世有以加：不要让后世超过这个规模。〔42〕柏人：秦县名，县治在今河北隆尧西。〔43〕赵相贯高等谋弑高祖：赵王张敖是刘邦的女婿，刘邦过赵，张敖执子婿礼甚恭，而刘邦傲慢无礼。贯高等谋杀刘邦，张敖不肯，贯高等因瞒着赵王准备行刺。〔44〕心动：心有感应。〔45〕刘仲弃国亡：刘仲为匈奴所攻，故弃国而逃。〔46〕夷三族：诛灭三族。三族，这里指父族、母族、妻族。此外还有父母、兄弟、妻子等多种说法。贯高谋杀刘邦事败露后自杀身亡，并未被灭族。〔47〕昭、屈、景、怀：此四姓都是楚国王族后裔。田氏：齐国王室后裔。刘敬建议高祖徙楚、齐贵族于关中，是为了充实关中，并防止豪族作乱。〔48〕玉卮（zhī）：玉制的酒器。〔49〕无赖：无所恃，指不能谋生自立。赖，恃。〔50〕力：勤劳。〔51〕孰与仲多：与仲相比，哪一个更多？〔52〕十年：公元前197年。〔53〕更命郦邑曰新丰：将郦邑改名为新丰。郦邑，在今陕西临潼东北。新丰，其规仿丰邑建造，故称新丰。〔54〕赵相国：当云代相国，当时赵相国是周昌。〔55〕急：看重。〔56〕邯郸：汉初赵国都城，在今河北邯郸西南。〔57〕阻：凭恃。漳水：即漳河。发源于山西，流经今河南、河北两省交界处，注入卫河。今已湮灭。〔58〕吾知所以与之：我知道对付他们的办法。〔59〕十一年：公元前196年。〔60〕游行：指流动作战。〔61〕曲逆：秦县名，县治在今河北顺平东南。〔62〕聊城：秦县名，县治在今山东聊城西北。〔63〕卒：守卒。〔64〕原：宽赦。〔65〕山北：指常山（恒山）以北。常山在今河北曲阳西北。〔66〕恒：刘恒，即后来的孝文帝。〔67〕晋阳：古邑名，在今山西太原西南。〔68〕梁王彭越谋反：刘邦击陈豨，征兵梁王，彭越称病，使将军率军往。刘邦遣使责备他，扈辄劝彭越谋反，彭越不听，为汉所执，并无谋反之事。

[69] 复欲反：这是吕后为杀彭越制造的借口，详见《魏豹彭越列传》。[70] 十二年：公元前195年。[71] 会甄（kuàizhuì）：乡邑名，在今安徽宿州东南。[72] 纵酒：放量饮酒。[73] 筑：乐器名。形似筝，十三弦，演奏用时左手扼之，右手执竹尺击弦发音。[74] 泣数行下：眼泪几行几行地流下。[75] 游子：离家远游的人。悲：思念。[76] 汤沐邑：皇帝、诸侯、皇后、公主的封邑，意思是这块地方的赋税供汤沐之用。[77] 世世无所与：世世代代不再缴纳赋税、服劳役。[78] 空县：全县出动。献：呈献。[79] 张饮：帐饮，搭起帐篷聚饮。[80] 丰未复：秦时丰是沛县的一个乡邑，至汉设县，故复沛不包括丰。[81] 特：只是。[82] 比沛：与沛视同一例。[83] 刘濞：刘邦的哥哥刘仲之子。[84] 洮（táo）水：当作"沘（bǐ）水"，今称淠水，发源于安徽大别山，流经霍山、六安入淮河。[85] 当城：古邑名，在今河北蔚县东。[86] 楚隐王陈涉：即陈胜。隐是陈涉的谥号。魏安釐王：魏圉，魏昭王之子，信陵君的异母兄，公元前276—前243年在位。齐缗王：姓田名地，齐宣王子，公元前301—前284年在位。赵悼襄王：赵偃，赵孝成王之子，公元前244—前236年在位。[87] 魏公子无忌：号信陵君，以礼贤下士著称。[88] 辟阳侯：审食其（yìjī），吕后的宠臣，官至左丞相。[89] 有端：显露征象。[90] 嫚骂：辱骂。嫚，轻侮。[91] 扁鹊：战国时名医，姓秦，名越人，被人比为黄帝时的神医扁鹊。《史记》有传。[92] 即死：如果死了。[93] 戆（zhuàng）：刚直而固执。[94] 重厚少文：稳重敦厚，不事文饰。[95] 太尉：西汉最高军事长官。[96] 而：你。[97] 候伺：指打探观望。[98] 幸：希望。[99] 四月甲辰：四月二十五日。[100] 编户民：普通百姓。[101] 快（yàng）快：心里不满意。[102] 非尽族是：若不把这些人全都族灭。[100] 郦将军：郦商，郦食其的弟弟。[104] 还乡：掉转方向。[105] 翘足而待：形容迅速。[106] 丁未：四月二十八日。[107] 丙寅：五月十七日。[108] 己巳：五月二十日。[109] 立太子：指立太子为皇帝。[110] 拨乱世反之正：拨正乱世，使之恢复正常秩序。[111] 以岁时祠：每年、每季都按时祭祀。时，四时，四季。[112] 孝惠五年：公元前190年。[113] 悲乐沛：思念、眷恋沛地。悲，思。[114] 原庙：正庙以外另立的庙。[115] 庶：庶出，非正妻所生之子。[116] 戚夫人：刘邦的宠姬，后为吕后所杀。如意：刘邦的爱子，刘邦曾想立他为太子，后被吕后毒死。[117] 赵共王：刘恢，先封梁王，后徙封赵，其妻为吕氏女，他不愿意受吕氏挟制，愤而自杀。[118] 赵幽王：刘友，初封淮阳王，如意死后改封赵王，为其妻吕氏女所谗，被吕后幽禁饿死。[119] 淮南厉王长：文帝时因犯罪流放蜀地，在途中绝食自杀。[120] 燕王建：刘邦庶子，吕太后时病死。

太史公曰：夏之政忠[1]。忠之敝[2]，小人以野[3]，故殷人承之以敬[4]。敬之敝，小人以鬼[5]，故周人承之以文[6]。文之敝，小人以僿[7]，故救僿莫若以忠。三王之道若循环，终而复始[8]。周秦之间，可谓文敝矣。秦政不改，反酷刑法，岂不缪乎[9]？故汉兴，承敝易变[10]，使人不倦，得天统矣[11]。朝以十月[12]。车服黄屋左纛[13]。葬长陵[14]。

段　意

以上是作者的评论。主要赞扬汉初制度合乎天道，顺应人心，肯定了刘邦的历史功绩。

注　释

[1] 夏之政忠：夏朝的教化以质朴厚道为本。[2] 敝：衰败。[3] 野：少礼节。[4] 敬：恭敬。[5] 鬼：迷信鬼神。[6] 文：指礼仪制度。这句是说周人讲究尊卑等级的差别。[7] 僿（sài）：指琐碎。[8] 三王之道若循环，终而复始：夏、商、周三代的统治之道更替为用，周而复始。[9] 缪：通"谬"，乖错。[10] 承敝易变：上承周、秦文敝之时，改变统治之道。主要指汉初废秦苛法，采取与民休息的政策。[11] 得天统：指符合自然所规定的周而复始的治道。[12] 朝：指诸侯入朝。[13] 黄屋：以黄缯做盖的车子。左纛（dào）：以毛羽为饰的旗帜，插在车衡的左方。黄屋、左纛都是天子仪仗。[14] 长陵：刘邦的陵墓，在今陕西咸阳东北。

（赵生群）

吕太后本纪

提 示

　　吕太后名雉，汉高祖刘邦的皇后。高祖死后，惠帝垂拱，吕后女主称制，在政治上推行"无为而治"的方针，为维持社会安定，发展经济生产做出了贡献，司马迁对此做了充分肯定。但是，吕后为了揽权、专权、固权，不惜大肆残害刘氏宗室，侵辱、排挤功臣，还违背"非刘氏而王，天下共击之"的约规，大封吕氏为王，酿成了诸吕之乱。吕后一死，刘氏宗室和元老功臣联合，一举摧毁了吕氏集团，保住了刘氏江山。作品以此为主线，详细描写了汉初这场惊心动魄的重大政治斗争，并通过大量生动传神的细节描写和心理刻画，塑造了吕后这个既精明能干、工于心计，又生性毒辣、凶狠无比的女主形象，为多姿多彩的中国历史人物画廊增添了光辉。

　　《史记》不为软弱无能、形同傀儡的惠帝立纪而为实际执掌天下的吕后立纪，后世以"天子称本纪"的正统学者颇多非议，其实此正是司马迁的胆识过人之处。中文有意突出吕后残暴忌妒、偏私专横等丑恶的一面，表现了作者对吕后的不满和厌恶；至于吕后的历史贡献，或笼统言之，或写入另篇，当与《史记》他篇互见。

　　吕太后者，高祖微时妃也[1]，生孝惠帝、女鲁元太后[2]。及高祖为汉王，得定陶戚姬[3]，爱幸，生赵隐王如意。孝惠为人仁弱，高祖以为不类我，常欲废太子，立戚姬子如意，如意类我。

戚姬幸，常从上之关东[4]，日夜啼泣，欲立其子代太子。吕后年长[5]，常留守，希见上[6]，益疏。如意立为赵王后，几代太子者数矣。赖大臣争之[7]，及留侯策[8]，太子得毋废。

吕后为人刚毅，佐高祖定天下，所诛大臣多吕后力[9]。吕后兄二人，皆为将。长兄周吕侯死事[10]，封其子吕台为郦侯，子产为交侯，次兄吕释之为建成侯。

高祖十二年四月甲辰[11]，崩长乐宫，太子袭号为帝。是时高祖八子：长男肥，孝惠兄也，异母，肥为齐王；余皆孝惠弟，戚姬子如意为赵王，薄夫人子恒为代王，诸姬子子恢为梁王，子友为淮阳王，子长为淮南王，子建为燕王。高祖弟交为楚王，兄子濞为吴王。非刘氏功臣番君吴芮子臣为长沙王[12]。

吕后最怨戚夫人及其子赵王，乃令永巷囚戚夫人[13]，而召赵王[14]。使者三反，赵相建平侯周昌谓使者曰[15]："高帝属臣赵王[16]，赵王年少。窃闻太后怨戚夫人，欲召赵王并诛之，臣不敢遣王。王且亦病，不能奉诏。"吕后大怒，乃使人召赵相。赵相征至长安，乃使人复召赵王。王来，未到。孝惠帝慈仁，知太后怒，自迎赵王霸上[17]，与入宫，自挟与赵王起居饮食[18]。太后欲杀之，不得间。孝惠元年十二月[19]，帝晨出射。赵王少，不能蚤起。太后闻其独居，使人持鸩饮之[20]。犁明[21]，孝惠还，赵王已死。于是乃徙淮阳王友为赵王。夏，诏赐郦侯父追谥为令武侯[22]。太后遂断戚夫人手足，去眼，煇耳[23]，饮瘖药[24]，使居厕中，命曰"人彘"[25]。居数日，乃召孝惠帝观人彘。孝惠见，问，乃知其戚夫人，乃大哭，因病，岁余不能起。使人请太后曰："此非人所为。臣为太后子，终不能治天下。"孝惠以此日饮为淫乐，不听政，故有病也。

二年，楚元王、齐悼惠王皆来朝。十月，孝惠与齐王燕饮太后前[26]，孝惠以为齐王兄，置上坐，如家人之礼。太后怒，乃令酌两卮酖[27]，置前，令齐王起为寿[28]。齐王起，孝惠亦起，取卮欲俱为寿。太后乃恐，自起泛孝惠卮[29]。齐王怪之，因不敢饮，详醉去。问，知其酖，齐王恐，自以为不得脱长安，忧。齐内史士说王曰[30]："太后独有孝惠与鲁元公主。今王有七十余城，而公主乃食数城。王诚以一郡上太后[31]，为公主汤沐邑[32]，太后必喜，王必无忧。"于是齐王乃上城阳之郡[33]，尊公主为王太后。吕后喜，许之。乃置酒齐邸[34]，乐饮，罢，归齐王。

三年，方筑长安城，四年就半，五年六年城就。诸侯来会。十月朝贺。

段意

写吕后在刘邦刚死，孝惠帝即位之初，就迫不及待地鸩杀赵王如意、残害戚姬和欲毒死齐王的暴虐行径。

注释

[1] 微时妃：贫贱时的配偶。[2] 孝惠帝：名盈，公元前194年至前188年在位。鲁元太后：孝惠帝之姊，嫁与张耳之子张敖为妻，生子张偃。敖失国，齐王刘肥尊鲁元公主为王太后，偃因得封为鲁王，故鲁元公主死后谥为鲁元太后。[3] 定陶：秦县名，县治在今山东定陶西北。[4] 关东：泛指函谷关以东广大地区。[5] 年长：年老。[6] 希：同"稀"。[7] 争：劝阻。[8] 留侯策：张良建言太子刘盈迎商山四皓，示天下归心，得以不废。事详见《留侯世家》。[9] 所诛大臣多吕后力：指吕后诛韩信、彭越等。[10] 周吕侯：即吕泽，从高祖击楚王信余寇时战死。[11] 高祖十二年四月甲辰：公元前195年4月25日。[12] 番君吴芮(ruì)：吴芮本秦鄱阳令，故称番(鄱)君，秦末起兵反秦。刘邦称帝，封芮为长沙王。是汉唯一非刘氏而王者。[13] 永巷：宫中的牢狱。[14] 召：征召。[15] 周昌：刘邦临死前置周昌为赵相保护赵王，故称旨不遣赵王。事详见《张丞相列传》。[16] 属：委托。[17] 霸上：即灞水西岸的白鹿原，在今陕西西安之东。[18] 自挟：亲自带在身边加以保护。[19] 孝惠元年：公元前194年。[20] 酖：通"鸩"，毒酒。[21] 犁明：等到天亮以后。犁，通"黎"，等到。[22] 诏赐郦侯父追谥为令武侯：吕太后下诏给吕泽追赐谥号为令武侯。[23] 辉(xūn)耳：

烧灼耳朵。[24] 饮瘖（yīn）药：灌哑药，使其不能说话。[25] 彘（zhì）：猪。[26] 燕饮：家常便宴。[27] 卮（zhī）：酒杯。[28] 为寿：为祝福别人的健康长寿而自己干杯。[29] 泛：倒掉。[30] 内史：辅助诸侯王国相管理民政的官。[31] 诚：如果。[32] 汤沐邑：皇帝、皇后、公主等收取赋税供沐浴之用的私邑。[33] 城阳：汉郡名，郡治莒县，即今山东莒县。[34] 齐邸：齐王在京的官邸。

　　七年秋八月戊寅[1]，孝惠帝崩。发丧，太后哭，泣不下。留侯子张辟强为侍中[2]，年十五，谓丞相曰[3]："太后独有孝惠，今崩，哭不悲，君知其解乎[4]？"丞相曰："何解？"辟强曰："帝毋壮子，太后畏君等。君今请拜吕台、吕产、吕禄为将，将兵居南北军[5]，及诸吕皆入宫，居中用事，如此则太后心安，君等幸得脱祸矣。"丞相乃如辟强计。太后说，其哭乃哀。吕氏权由此起。乃大赦天下。九月辛丑[6]，葬。太子即位为帝[7]，谒高庙[8]。

　　元年[9]，号令一出太后。太后称制[10]，议欲立诸吕为王，问右丞相王陵[11]。王陵曰："高帝刑白马盟曰[12]'非刘氏而王，天下共击之'。今王吕氏，非约也。"太后不说。问左丞相陈平、绛侯周勃。勃等对曰："高帝定天下，王子弟，今太后称制，王昆弟诸吕[13]，无所不可。"太后喜，罢朝。王陵让陈平[14]、绛侯曰："始与高帝喋血盟[15]，诸君不在邪？今高帝崩，太后女主，欲王吕氏，诸君从欲阿意背约[16]，何面目见高帝地下？"陈平、绛侯曰："于今面折廷争[17]，臣不如君；夫全社稷[18]，定刘氏之后，君亦不如臣。"王陵无以应之。

　　十一月，太后欲废王陵，乃拜为帝太傅[19]，夺之相权。王陵遂病免归。乃以左丞相平为右丞相，以辟阳侯审食其为左丞相[20]。左丞相不治事，令监宫中，如郎中令[21]。食其故得幸太后[22]，常用事，公卿皆因而决事[23]。乃追尊郦侯父为悼武王，欲以王诸吕为渐[24]。

　　四月，太后欲侯诸吕，乃先封高祖之功臣郎中令无择为博城侯[25]。鲁元公主薨，赐谥为鲁元太后。子偃为鲁王。鲁王父，宣平侯张敖也[26]。封齐悼惠王子章为朱虚侯[27]，以吕禄女妻之。齐丞相寿为平定侯[28]。少府延为梧侯[29]。乃封吕种为沛侯[30]，吕平为扶柳侯[31]，张买为南宫侯[32]。

太后欲王吕氏，先立孝惠后宫子强为淮阳王[33]，子不疑为常山王，子山为襄城侯，子朝为轵侯，子武为壶关侯。太后风大臣[34]，大臣请立郦侯吕台为吕王，太后许之。建成康侯释之卒[35]，嗣子有罪，废，立其弟吕禄为胡陵侯，续康侯后。二年，常山王薨，以其弟襄城侯山为常山王，更名义。十一月，吕王台薨，谥为肃王，太子嘉代立为王。三年，无事。四年，封吕媭为临光侯[36]，吕他为俞侯[37]，吕更始为赘其侯[38]，吕忿为吕城侯[39]，及诸侯丞相五人[40]。

宣平侯女为孝惠皇后时[41]，无子，详为有身，取美人子名之[42]，杀其母，立所名子为太子。孝惠崩，太子立为帝。帝壮，或闻其母死，非真皇后子，乃出言曰："后安能杀吾母而名我？我未壮，壮即为变。"太后闻而患之，恐其为乱，乃幽之永巷中，言帝病甚，左右莫得见。太后曰："凡有天下治为万民命者[43]，盖之如天，容之如地，上有欢心以安百姓，百姓欣然以事其上，欢欣交通而天下治。今皇帝病久不已，乃失惑悖乱，不能继嗣奉宗庙祭祀，不可属天下，其代之[44]。"群臣皆顿首言[45]："皇太后为天下齐民计[46]，所以安宗庙社稷甚深，群臣顿首奉诏。"帝废位，太后幽杀之。五月丙辰[47]，立常山王义为帝，更名曰弘。不称元年者，以太后制天下事也。以轵侯朝为常山王。置太尉官[48]，绛侯勃为太尉。五年八月，淮阳王薨，以弟壶关侯武为淮阳王。

六年十月，太后曰吕王嘉居处骄恣，废之，以肃王台弟吕产为吕王。夏，赦天下。封齐悼惠王子兴居为东牟侯。

七年正月[49]，太后召赵王友。友以诸吕女为后，弗爱，爱他姬，诸吕女妒，怒去，谗之于太后，诬以罪过，曰："吕氏安得王！太后百岁后，吾必击之。"太后怒，以故召赵王。赵王至，置邸不见，令卫围守之[50]，弗与食。其群臣或窃馈[51]，辄捕论之[52]。赵王饿，乃歌曰："诸吕用事兮刘氏危，迫胁王侯兮强授我妃。我妃既妒兮诬我以恶，谗女乱国兮上曾不寤[53]。我无忠臣兮何故弃国[54]？自决中野兮苍天举直[55]！于嗟不可悔兮宁蚤自财。为王而饿死兮谁者怜之！吕氏绝理兮托天报仇。"丁丑[56]，赵王幽死，以民礼葬之长安民冢次[57]。

己丑[58]，日食，昼晦。太后恶之，心不乐，乃谓左右曰："此为我也。"

二月，徙梁王恢为赵王。吕王产徙为梁王，梁王不之国[59]，为帝太傅。立皇子平昌侯太为吕王。更名梁曰吕[60]，吕曰济川[61]。太后女弟吕媭有女为营陵侯刘泽妻[62]，泽为大将军。太后王诸吕，恐即崩后刘将军为害，乃以刘泽为琅邪王[63]，以慰其心。

梁王恢之徙王赵，心怀不乐。太后以吕产女为赵王后。王后从官皆诸吕，擅权，微伺赵王[64]。赵王不得自恣。王有所爱姬，王后使人酖杀之。王乃为歌诗四章，令乐人歌之。王悲，六月即自杀。太后闻之，以为王用妇人弃宗庙礼[65]，废其嗣[66]。

宣平侯张敖卒，以子偃为鲁王，敖赐谥为鲁元王。

秋，太后使使告代王，欲徙王赵。代王谢[67]，愿守代边。

太傅产、丞相平等言，武信侯吕禄上侯[68]，位次第一[69]，请立为赵王。太后许之。追尊禄父康侯为赵昭王。九月，燕灵王建薨，有美人子，太后使人杀之，无后，国除。八年十月，立吕肃王子东平侯吕通为燕王，封通弟吕庄为东平侯。

三月中，吕后祓[70]，还过轵道[71]，见物如苍犬，据高后掖[72]，忽弗复见。卜之，云赵王如意为祟[73]。高后遂病掖伤。

高后为外孙鲁元王偃年少，蚤失父母，孤弱，乃封张敖前姬两子，侈为新都侯，寿为乐昌侯，以辅鲁元王偃。及封中大谒者张释为建陵侯[74]，吕荣为祝兹侯。诸中宦者令丞皆为关内侯[75]，食邑五百户[76]。

七月中，高后病甚，乃令赵王吕禄为上将军，军北军[77]；吕王产居南军。吕太后诫产、禄曰："高帝已定天下，与大臣约，曰'非刘氏王者，天下共击之'。今吕氏王，大臣弗平。我即崩，帝年少，大臣恐为变。必据兵卫宫，慎毋送丧，毋为人所制。"辛巳[78]，高后崩，遗诏赐诸侯王各千金，将相列侯郎吏皆以秩赐金[79]。大赦天下。以吕王产为相国，以吕禄女为帝后。

高后已葬，以左丞相审食其为帝太傅。

写吕太后称制后，在大封诸吕、培植吕氏势力的同时，对刘氏宗室一边拉拢，一边打击，引起了刘氏宗室的强烈不满和怨恨，吕、刘矛盾已经发展到了水火不容、一触即发的地步。

注 释

[1] 七年秋八月戊寅：公元前188年阴历八月十二日。[2] 侍中：官名，有此头衔者可出入宫中，成为皇帝近臣。[3] 丞相：此时右丞相是王陵，左丞相是陈平。[4] 解：缘故。[5] 南北军：宫中禁军，南军守卫未央宫，北军守卫长乐宫。[6] 九月辛丑：九月五日。[7] 太子：非真太子，故不记名。[8] 谒高庙：到刘邦庙里行朝拜之礼，然后登基。[9] 元年：公元前187年，吕太后称制之始。[10] 称制：即代行天子之权。[11] 王陵：汉将，封安国侯，后继曹参为丞相。传附《陈丞相世家》。[12] 刑白马盟：古代订盟或宣誓时，常常杀牲以血涂口，是谓"歃血"，以示庄重。刘邦此举，意在防止诸吕篡权。[13] 昆弟：兄弟。[14] 让：责备。[15] 喋血：即歃（shà）血。[16] 从欲阿意：纵容太后的欲望，曲从她的心意。从，通"纵"。阿，曲意献媚。[17] 面折廷争：面对面地驳斥皇帝，在朝廷上公开坚持自己的主张。[18] 全社稷：维护国家安全。社稷，古代帝王祭祀的土神和谷神，后代指国家。[19] 太傅：周官三公（太师、太傅、太保）

之一，行辅导帝王施行政教之职。东周以来，此职已废。吕太后权设此职，明升暗降，夺了王陵的相权。[20] 审食其（yìjī）：吕后宠臣。[21] 郎中令：九卿之一，负责守卫宫门及管理内廷事务。[22] 故得幸太后：故，从前。审食其曾与吕后一起被项羽所俘，留项羽军中多年。[23] 公卿皆因而决事：朝廷大臣都要通过审食其才能决断国家政务。[24] 欲以王诸吕为渐：想借追封郦侯之父为悼武王来作为封诸吕为王的开头。[25] 无择：姓冯，在楚汉战争中立有军功，曾保护吕泽杀出重围，故吕后德而侯之。[26] 宣平侯张敖：敖原袭父爵为赵王，后因其相贯高等欲谋杀刘邦，被降为宣平侯。[27] 朱虚侯：刘章，齐王刘肥次子，刘襄之弟。[28] 寿：齐寿，曾为齐相。[29] 延：阳城延。[30] 吕种：吕后兄建成侯吕释之的儿子。[31] 吕平：吕后姊长姁的儿子。[32] 张买：刘邦骑将张越人的儿子。[33] 后宫子：宫中一般嫔妃、美人所生之子。[34] 风：暗示。[35] 建成康侯：吕释之封建成侯，死后谥曰康，故云。[36] 吕嬃：吕后之妹，舞阳侯樊哙之妻。此为妇人封侯之始。[37] 吕他：吕婴之子。[38] 吕更始为赘其侯：据《惠景间侯者年表》，吕始为滕侯，赘其侯是吕胜。[39] 吕忿：与吕更始、吕胜均为太后之侄。[40] 及诸侯丞相五人：另有五人以诸侯丞相为侯。[41] 宣平侯女：即张敖女，鲁元公主所生。[42] 美人：嫔妃称号之一。名之：名义上称惠帝子。[43] 凡有天下治为万民命者：为、命二字疑衍，意为凡是拥有天下治理万民的人。[44] 其代之：更换他。[45] 顿首：叩头。[46] 齐民：平民。计：考虑。[47] 五月丙辰：五月十一日。[48] 置太尉官：西汉时太尉时设时废，先后五次，至汉武帝时彻底废除。太尉，掌管全国军事。[49] 七年：公元前181年。[50] 卫：侍卫之卒。[51] 群臣：指赵王的僚属。馈：送食物。[52] 论：判罪，这里指处死。[53] 谗女：指赵妃吕氏。曾：竟然。[54] 何故：同“何辜”，有什么罪过。[55] 自决：自杀。苍天举直：谓让老天来看看我所受的冤屈吧！[56] 丁丑：正月十八日。[57] 民冢次：平民百姓的坟墓旁。[58] 己丑：正月三十日。[59] 梁王不之国：指吕产不去封国，仍留京师。[60] 梁：高祖五年改砀郡为梁国，都睢阳，在今河南商丘南。[61] 吕：吕后二年割齐国济南郡为吕国，都历城，在今山东济南。[62] 刘泽：刘邦堂兄弟，以军功封侯。[63] 琅邪：郡名，郡治东武，在今山东诸城。[64] 微伺：暗中监视。[65] 用妇人弃宗庙礼：因妇人而自杀，抛弃了祭祀宗庙的职责。[66] 废其嗣：废掉了他的继位人，后代不再继任为王。[67] 代王谢：刘恒谢绝内迁，实为韬晦避祸。[68] 武信侯吕禄上侯：吕禄初封胡陵侯，改封武信侯，是上等侯爵。[69] 位次第一：吕太后二年重新排定侯爵位次，时萧、曹等皆死，故以吕禄为第一。[70] 祓（fú）：祈求免祸去灾的祭祀。[71] 轵（zhǐ）道：古亭名，在陕西西安东北。[72] 据：冲撞。[73]

崇：古称神鬼作怪以害人。[74] 中大谒者：谒者，主管为皇帝接收文件、传达诏命、接待宾客诸事，加"中"字，即为宦官任谒者。[75] 诸中宦者令丞：由宦官充任的各部令、丞。关内侯：有侯爵而无封地、食邑京师者，其地位低于有封地的列侯。[76] 食邑：受封者征收赋税的领地。[77] 军北军：统领并驻镇北军。[78] 辛巳：八月一日。[79] 以秩：按级别。

朱虚侯刘章有气力[1]，东牟侯兴居其弟也，皆齐哀王弟[2]，居长安。当是时，诸吕用事擅权，欲为乱，畏高帝故大臣绛、灌等[3]，未敢发。朱虚侯妇，吕禄女，阴知其谋[4]，恐见诛，乃阴令人告其兄齐王，欲令发兵西，诛诸吕而立。朱虚侯欲从中与大臣为应。齐王欲发兵，其相弗听。八月丙午[5]，齐王欲使人诛相，相召平乃反，举兵欲围王，王因杀其相，遂发兵东[6]，诈夺琅邪王兵[7]，并将之而西，语在齐王语中[8]。

齐王乃遗诸侯王书曰："高帝平定天下，王诸子弟，悼惠王王齐。悼惠王薨，孝惠帝使留侯良立臣为齐王[9]。孝惠崩，高后用事，春秋高[10]，听诸吕，擅废帝更立，又比杀三赵王[11]，灭梁、赵、燕以王诸吕[12]，分齐为四[13]。忠臣进谏，上惑乱弗听。今高后崩，而帝春秋富[14]，未能治天下，固恃大臣诸侯。而诸吕又擅自尊官[15]，聚兵严威[16]，劫列侯忠臣，矫制以令天下[17]，宗庙所以危。寡人率兵入诛不当为王者[18]。"汉闻之，相国吕产等乃遣颍阴侯灌婴将兵击之。灌婴至荥阳[19]，乃谋曰："诸吕权兵关中[20]，欲危刘氏而自立。今我破齐还报，此益吕氏之资也[21]。"乃留屯荥阳，使使谕齐王及诸侯，与连和，以待吕氏变，共诛之。齐王闻之，乃还兵西界待约。

吕禄、吕产欲发乱关中，内惮绛侯[22]、朱虚等，外畏齐、楚兵，又恐灌婴畔之，欲待灌婴兵与齐合而发[23]，犹豫未决。当是时，济川王太、淮阳王武、常山王朝名为少帝弟[24]，及鲁元王吕后外孙，皆年少未之国，居长安。赵王禄、梁王产各将兵居南北军，皆吕氏之人。列侯群臣莫自坚其命[25]。

太尉绛侯勃不得入军中主兵。曲周侯郦商老病[26]，其子寄与吕禄善。绛侯乃与丞相陈平谋，使人劫郦商[27]，令其子寄往绐说吕禄曰[28]："高帝与吕后共定天下，刘氏所立九王[29]，吕氏所立三王[30]，皆大臣之议，事已布告诸侯，诸侯皆以为宜。今太后崩，帝少，而足下佩赵王印，不急之国守藩[31]，乃为上将，将兵留此，为大臣诸侯所疑。足下何不归将印，以兵属太尉？请梁王归相国印，与大臣盟而之国，齐兵必罢，大臣得安，足下高枕而王千里，此万世之利也。"吕禄信然其计，欲归将印，以兵属太尉。使人报吕产及诸吕老人，或以为便，或曰不便，计犹豫未有所决。吕禄信郦寄，时与出游猎。过其姑吕嬃，大怒，曰："若为将而弃军[32]，吕氏今无处矣[33]。"乃悉出珠玉宝器散堂下，曰："毋为他人守也。"

左丞相食其免。

八月庚申旦[34]，平阳侯窋行御史大夫事[35]，见相国产计事。郎中令贾寿使从齐来[36]，因数产曰："王不蚤之国，今虽欲行，尚可得邪？"具以灌婴与齐楚合从[37]，欲诛诸吕告产，乃趣产急入宫[38]。平阳侯颇闻其语，乃驰告丞相、太尉[39]。太尉欲入北军，不得入。襄平侯通尚符节[40]，乃令持节矫内太尉北军[41]。太尉复令郦寄与典客刘揭先说吕禄曰[42]："帝使太尉守北军[43]，欲足下之国，急归将印辞去，不然，祸且起。"吕禄以为郦兄不欺己[44]，遂解印属典客，而以兵授太尉。太尉将之入军门[45]，行令军中曰："为吕氏右袒[46]，为刘氏左袒。"军中皆左袒为刘氏。太尉行至，将军吕禄亦已解上将印去，太尉遂将北军。

然尚有南军。平阳侯闻之，以吕产谋告丞相平，丞相平乃召朱虚侯佐太尉。太尉令朱虚侯监军门。令平阳侯告卫尉[47]："毋入相国产殿门。"吕产不知吕禄已去北军，乃入未央宫，欲为乱，殿门弗得入，裴回往来。平阳侯恐弗胜[48]，驰语太尉。太尉尚恐不胜诸吕，未敢讼言诛之[49]，乃遣朱虚侯谓曰："急入宫卫帝。"朱虚侯请卒，太尉予卒千余人。入未央宫门，遂见产廷中。日铺时[50]，遂击产。产走。天风大起，以故其从官乱，莫敢斗。逐产，杀之郎中府吏厕中[51]。

朱虚侯已杀产，帝命谒者持节劳朱虚侯。朱虚侯欲夺节信，谒者不肯，朱虚侯则从与载[52]，因节信驰走[53]，斩长乐卫尉吕更始。还，驰入北军，报太尉。太尉起，拜贺朱虚侯曰："所患独吕产，今已诛，天下定矣。"遂遣人分部悉捕诸吕男女，无少长皆斩之。辛酉[54]，捕斩吕禄，而笞杀吕媭[55]。使人诛燕王吕通，而废鲁王偃[56]，以帝太傅食其复为左丞相。戊辰[57]，徙济川王王梁[58]，立赵幽王子遂为赵王。遣朱虚侯章以诛诸吕氏事告齐王，令罢兵。灌婴兵亦罢荥阳而归。

段 意

写吕太后死后，齐王刘襄首先举兵发难，欲诛诸吕；吕产派灌婴率兵迎击，灌婴又拥兵不动，静观其变。这时周勃、陈平等元老功臣与刘氏宗室联合，智取南北军，一举诛灭诸吕，保全了刘氏天下。

注 释

[1] 有气力：既有气节，又有勇力。[2] 哀王：名刘襄，悼惠王刘肥之子，刘邦之孙，谥哀王。[3] 绛、灌：指绛侯周勃、颍阴侯灌婴。[4] 阴知其谋：暗中知道诸吕欲为乱的阴谋。[5] 八月丙午：八月二十六日。[6] 遂发兵东：于是计划东征。[7] 诈夺琅邪王兵：琅邪在齐之东，刘襄起兵为解后顾之忧，派人将琅邪王刘泽骗到齐国拘留，而后尽发琅邪之兵。[8] 语在齐语中：意谓有关此事的详情已记在《齐悼惠王世家》中。[9] 留侯良：即张良，刘邦谋臣，功封留侯，事详见《留侯世家》。[10] 春秋高：年纪大了。春秋，指岁月、年龄。[11]

比杀三赵王：一连杀了三个赵王。即赵隐王刘如意、赵幽王刘友、赵王刘恢。[12]灭梁、赵、燕以王诸吕：刘恢封梁王，吕太后徙为赵王而杀之，改封吕产为梁王；吕太后连杀三赵王而封吕禄为赵王；刘建封燕王，建死，吕太后杀其子而封吕通为燕王，则是刘氏之梁赵燕灭，而诸吕为王。[13]分齐为四：吕太后削夺齐地以建吕、琅邪、城阳三国，合齐为四。[14]春秋富：年纪轻。[15]擅自尊官：自己随心所欲地提高官职。[16]聚兵严威：集中兵权以扩大权威。[17]矫制：假传圣旨。[18]入诛不当为王者：即诛灭诸吕。[19]荥阳：汉县名，系军事要地，在今河南荥阳东北。[20]权兵：拥兵。[21]益吕氏之资：增添了吕氏的资本。[22]惮（dàn）：害怕。[23]合：交战。[24]名为少帝弟：名，称说。意谓刘太、刘武、刘朝等皆惠帝后宫与诸吕交媾所生子，非刘氏血统。[25]莫自坚其命：没有人能自己掌握自己的命运。自坚，自保。[26]郦商：刘邦开国功臣之一，《史记》有传。[27]劫：挟持以做人质。[28]绐（dài）：欺骗。[29]刘氏所立九王：即楚王刘交、吴王刘濞、齐王刘肥、淮南王刘长、赵王刘如意、代王刘恒、梁王刘恢、淮阳王刘友、燕王刘建，均为高祖所立。[30]吕氏所立三王：即梁王吕产、赵王吕禄、燕王吕通，另有吕王吕台，因已死，故称三王。[31]之国守藩：回到自己的封国上遵守藩臣的职责。[32]若：你。弃军：离开军队。[33]今无处：马上就要没有命了。[34]八月庚申旦：当是九月庚申，即九月十日。旦，早上。[35]窋（zhú）：即曹窋，曹参之子，袭父爵为平阳侯。行：代理。[36]贾寿使从齐来：贾寿出使从齐回来。使，出使。[37]合从：联合。[38]趣产急入宫：敦促吕产赶快进宫拥兵自卫，并控制皇帝以发号施令。[39]丞相、太尉：陈平、周勃。[40]襄平侯通：即纪通，刘邦功臣纪成之子。尚符节：为皇帝掌管兵符印信。尚，掌管。符节，木、竹或金属制成的凭证信物。[41]矫内太尉北军：假传皇帝的命令让太尉进入北军。[42]典客：九卿之一，主管国内民族事务。[43]守：掌握、统率。[44]郦兄：即郦寄，字兄。兄，同"况"。[45]将之：接受了兵权。[46]袒：露出臂膀。[47]卫尉：九卿之一，主管宫门禁卫。[48]恐弗胜：担心卫尉胜不了吕产的南军。[49]讼言：公开说。[50]日铺（bù）时：傍晚的时候。[51]郎中府：郎中令的官府。[52]从与载：登上谒者的车，与之同车共载。[53]因节信驰：凭借谒者的节在宫禁之中奔走。[54]辛酉：九月十一日。[55]笞（chī）杀：用棍活打死。[56]壬戌：九月十二日。[57]戊辰：九月十八日。[58]徙济川王王梁：把济川王改封为梁王，而将济川地还给齐国。

诸大臣相与阴谋曰[1]："少帝及梁、淮阳、常山王，皆非真孝惠子也。吕后以计诈名他人子，杀其母，养后宫，令孝惠子之，立以为后，及诸王，以强吕氏。今皆已夷灭诸吕，而置所立[2]，即长用事，吾属无类矣[3]。不如视诸王最贤者立之。"或言："齐悼惠王高帝长子，今其适子为齐王，推本言之，高帝适长孙，可立也。"大臣皆曰："吕氏以外家恶而几危宗庙[4]，乱功臣。今齐王母家驷[5]，驷钧[6]，恶人也，即立齐王，则复为吕氏。"欲立淮南王，以为少，母家又恶。乃曰："代王方今高帝见子[7]，最长[8]，仁孝宽厚。太后家薄氏谨良。且立长故顺[9]，以仁孝闻于天下，便。"乃相与共阴使人召代王。代王使人辞谢。再反，然后乘六乘传[10]。后九月晦日己酉[11]，至长安，舍代邸。大臣皆往谒，奉天子玺上代王[12]，共尊立为天子。代王数让，群臣固请，然后听。

东牟侯兴居曰："诛吕氏吾无功，请得除宫[13]。"乃与太仆汝阴侯滕公入宫[14]，前谓少帝曰："足下非刘氏，不当立。"乃顾麾左右执戟者掊兵罢去[15]。有数人不肯去兵[16]，宦者令张泽谕告，亦去兵。滕公乃召乘舆车载少帝出[17]。少帝曰："欲将我安之乎？"滕公曰："出就舍[18]。"舍少府。乃奉天子法驾[19]，迎代王于邸。报曰："宫谨除。"代王即夕入未央宫[20]。有谒者十人持戟卫端门[21]，曰："天子在也，足下何为者而入？"代王乃谓太尉。太尉往谕，谒者十人皆掊兵而去。代王遂入而听政。夜，有司分部诛灭梁[22]、淮阳、常山王及少帝于邸。

代王立为天子。二十三年崩[23]，谥为孝文皇帝。

段　意

写群臣拥立代王刘恒即位为孝文皇帝的经过。

注　释

[1] 阴谋：暗中商量、谋划。[2] 置所立：留着吕氏所立的少帝刘弘。[3]

无类：绝种，指被全部杀死。[4] 外家：外戚。[5] 母家驷：母家姓驷。[6] 驷钧：人名，齐襄王的舅舅。[7] 见子：仍在世的儿子。[8] 最长：代王刘恒是刘邦第三子，其兄齐王刘肥、惠帝刘盈此时均已死，故云最长。[9] 立长故顺：立长子名正言顺，符合宗法制度。[10] 乘六乘传（zhuàn）：乘坐六匹马拉的驿车。传，驿车。[11] 后九月：即闰九月。晦日己酉：九月二十九日。晦日，阴历月终。[12] 玺：皇帝印。[13] 除宫：清扫宫室，指清除那些妨碍文帝登基的人与事。[14] 太仆：九卿之一，掌管皇帝车马。滕公：即夏侯婴，刘邦的开国功臣之一。[15] 麾左右执戟者掊兵罢去：挥手让警卫少帝的卫士放下武器离开。麾，挥手示意。掊兵，放下武器。[16] 不肯去兵：不愿放下武器。[17] 乘舆车：天子所乘坐的一般车子。[18] 出就舍：住到宫廷外面去。[19] 法驾：天子举行隆重典礼时乘坐的车驾。[20] 即夕：当天晚上。[21] 端门：宫殿正南门。[22] 有司：主管该事务的官员。设官分职，各有所司，故云有司。司，主管。[23] 二十三年崩：文帝于公元前 179 年即位，在位 23 年，卒于公元前 157 年。

太史公曰：孝惠皇帝、高后之时，黎民得离战国之苦，君臣俱欲休息乎无为[1]，故惠帝垂拱[2]，高后女主称制[3]，政不出房户[4]，天下晏然[5]。刑罚罕用，罪人是希。民务稼穑[6]，衣食滋殖[7]。

段 意

这是作者的论赞，着重肯定吕太后推行无为政治所取得的历史功绩，表现了作者爱憎分明、褒贬公允的求实精神。

注 释

[1] 无为：这是一种以休养生息、发展生产、减少干扰为主的政治政策，汉初实行无为而治，对于安邦治国、发展经济起了巨大作用。[2] 垂拱：垂衣拱手，不参与政事。[3] 女主称制：吕太后主宰天下大事。制，皇帝裁决法令称"制曰"。[4] 政不出房户：指皇帝不用出屋，政事就能处理好。[5] 晏然：安然，指国家太平无事。[6] 稼穑：播种收获。[7] 衣食滋殖：丰衣足食。滋殖，逐渐增加。

（俞樟华）

陈涉世家

陈涉是中国历史上第一次农民大起义的领袖，《陈涉世家》不但真实、生动地描写了这次农民起义酝酿、爆发，终成燎原之势的过程，而且鲜明、突出地刻画了这位起义领袖的英雄形象；不但完整地写出了这次农民起义爆发的原因、经过和结局，从中反映出农民阶级及其领袖人物的智慧、勇敢、觉醒和大无畏的革命精神，而且相当深刻地总结了他们所以招致失败的种种原因，具有很高的史料价值。

这篇《世家》不仅为陈涉个人立传，更为整个波澜壮阔的农民大起义立传。它把近二十支起义军和二十多位起义将领的事迹都系于陈涉名下，这样写，一方面显示出陈涉的首难之功以及"其所置遣王侯将相竟亡秦"的巨大历史作用，同时也暴露出起义队伍成分复杂，动机不一，追求各殊，总之是充分展示了这场革命风暴的全部复杂性。

所有这些，都是司马迁高出于当时和以后许多历史学家的地方。

陈胜者，阳城人也[1]，字涉。吴广者，阳夏人也[2]，字叔。陈涉少时，尝与人佣耕[3]，辍耕之垄上[4]，怅恨久之[5]，曰："苟富贵，无相忘[6]。"庸者笑而应曰："若为庸耕[7]，何富贵也？"陈涉太息曰[8]："嗟乎[9]！燕雀安知鸿鹄之志哉[10]！"

二世元年七月[11]，发闾左適戍渔阳[12]，九百人屯大泽乡[13]。

陈胜、吴广皆次当行[14]，为屯长[15]。会天大雨，道不通，度已失期[16]。失期，法皆斩。陈胜、吴广乃谋曰："今亡亦死[17]，举大计亦死[18]，等死[19]，死国可乎[20]？"陈胜曰："天下苦秦久矣。吾闻二世，少子也，不当立，当立者乃公子扶苏[21]。扶苏以数谏故[22]，上使外将兵。今或闻无罪，二世杀之。百姓多闻其贤，未知其死也。项燕为楚将[23]，数有功，爱士卒，楚人怜之[24]。或以为死，或以为亡。今诚以吾众诈自称公子扶苏、项燕，为天下唱[25]，宜多应者。"吴广以为然，乃行卜[26]。卜者知其指意[27]，曰："足下事皆成，有功。然足下卜之鬼乎[28]？"陈胜、吴广喜，念鬼[29]，曰："此教我先威众耳。"乃丹书帛曰[30]"陈胜王"，置人所罾鱼腹中[31]。卒买鱼烹食，得鱼腹中书，固以怪之矣[32]。又间令吴广之次所旁丛祠中[33]，夜篝火，狐鸣呼曰[34]"大楚兴，陈胜王"。卒皆夜惊恐。旦日，卒中往往语[35]，皆指目陈胜[36]。

吴广素爱人，士卒多为用者。将尉醉，广故数言欲亡，忿恚尉[37]，令辱之[38]，以激怒其众。尉果笞广[39]。尉剑挺[40]，广起，夺而杀尉。陈胜佐之，并杀两尉。召令徒属曰："公等遇雨，皆已失期，失期当斩。藉弟令毋斩[41]，而戍死者固十六七[42]。且壮士不死即已，死即举大名耳，王侯将相宁有种乎[43]！"徒属皆曰："敬受命。"乃诈称公子扶苏、项燕，从民欲也。袒右[44]，称大楚。为坛而盟，祭以尉首[45]。陈胜自立为将军，吴广为都尉。攻大泽乡，收而攻蕲[46]。蕲下，乃令符离人葛婴将兵徇蕲以东[47]。攻铚、酂、苦、柘、谯[48]，皆下之。行收兵[49]。比至陈[50]，车六七百乘，骑千余，卒数万人。攻陈，陈守令皆不在，独守丞与战谯门中[51]。弗胜，守丞死。乃入据陈。数日，号令召三老、豪杰[52]与皆来会计事。三老、豪杰皆曰："将军身被坚执锐[53]，伐无道，诛暴秦，复立楚国之社稷[54]，功宜为王。"陈涉乃立为王，号为"张楚"[55]。

段 意

写陈涉、吴广的出身、远大抱负和他们酝酿、发动起义，称王建立政权的经过。

注 释

[1] 阳城：古邑名，在今安徽界首。[2] 阳夏：汉县名，治今河南太康。[3] 佣耕：被人雇用耕种田地，即当雇农。[4] 辍（chuò）耕：停止耕作。之：去，往。垄：田埂。[5] 怅恨：失意、叹恨的样子。[6] 无：通"毋"，不要。[7] 若：你。[8] 太息：长叹。[9] 嗟（jiē）乎：感叹词。[10] 鸿鹄（hú）：鸿，大雁；鹄，天鹅。燕雀泛指小鸟，比喻见识短浅的人；鸿鹄泛指大鸟，比喻抱负远大的人。[11] 二世：指秦王朝第二代皇帝胡亥。[12] 发闾左适戍渔阳：发，征调。闾左，居住在闾门之左的贫民。适戍（zhéshù），被罚守边。适，同"谪"。渔阳，古县名，治今北京密云南。[13] 屯大泽乡：屯，驻扎。大泽乡，乡名，在今安徽宿州刘村集附近。[14] 皆次当行：都被编入被罚守边的队伍。次，编入。行，队伍。[15] 屯长：戍边队伍行进途中所置领队。[16] 度已失期：估计不能按期赶到。[17] 亡：逃亡。[18] 举大计：指发动起义。[19] 等死：同样是死。[20] 死国：为国事而死。[21] 扶苏：秦始皇长子。[22] 数谏：多次谏诤。[23] 项燕：战国末年楚国大将，项羽的祖父。[24] 怜之：爱戴他。怜，这里是爱的意思，不要理解为可怜。[25] 唱：同"倡"，倡导，发难。[26] 乃行卜：就去问算命的人。卜，占卜吉凶。[27] 指意：意图。指借迷信以发动群众。[28] 卜之鬼乎：向鬼神请教过吗？暗示陈涉借鬼神以取威信。[29] 念鬼：仔细考虑卜者所说"卜之鬼"的用意。[30] 丹书帛：用朱砂在帛上写字。[31] 罾（zēng）：渔网。这里作动词用。[32] 固以怪之：本来就已经奇怪了。以，通"已"。[33] 间令吴广之次所旁丛祠中：间令，暗中指使。次所，驻地。丛祠，树丛中的祠庙。[34] 篝（gōu）火，狐鸣：篝火，用竹笼罩在火上，使其隐约像鬼火。狐鸣，学狐狸叫。[35] 卒中往往语：戍卒中纷纷谈论。往往，到处。[36] 指目：用手指点，以目注视。[37] 忿恚（huì）尉：挑起将尉的恼怒。[38] 令辱之：诱使将尉凌辱自己。[39] 笞（chī）：用竹杖或荆条抽打。[40] 剑挺：剑脱出鞘。[41] 藉弟令：假使。[42] 十六七：十分之六七。[43] 宁：难道。[44] 袒右：解衣露出右臂，以作标志。[45] 祭以尉首：用将尉的头祭天地。[46] 蕲（qí）：县名，在今安徽宿州南。[47] 符离：县名，在今安徽宿州东北。徇：攻取。[48] 铚（zhì）、

酂（cuó）、苦、柘（zhè）、谯（qiáo）：都是县名。铚，治今安徽宿州西南；酂，治今河南永城西；苦，治今河南鹿邑东；柘，治今河南柘城东；谯，治今安徽亳州。[49] 行收兵：沿途招收人马扩大队伍。[50] 比至陈：比，等到。陈，秦郡，县名，治所在今河南淮阳。[51] 陈守令皆不在，独守丞与战谯门中：陈郡郡守、陈县县令都逃跑了，只有郡丞（副郡守）在城门楼上（谯门）进行抵抗。[52] 三老、豪杰：三老，秦代的乡官；豪杰，地方名流。[53] 被坚执锐：身披坚固的铠甲，手执锐利的武器。[54] 社稷：社是土地神，稷是谷神，古代帝王都祭祀社稷。后来，社稷便成了国家的代称。[55] 张楚：即张大楚国之意。

当此时，诸郡县苦秦吏者，皆刑其长吏[1]，杀之以应陈涉。乃以吴叔为假王[2]，监诸将以西击荥阳[3]。令陈人武臣、张耳、陈馀徇赵地，令汝阴人邓宗徇九江郡[4]。当此时，楚兵数千人为聚者不可胜数。

葛婴至东城[5]，立襄强为楚王。婴后闻陈王已立，因杀襄强，还报。至陈，陈王诛杀葛婴。陈王令魏人周市北徇魏地。吴广围荥阳。李由为三川守[6]，守荥阳，吴叔弗能下。陈王征国之豪杰与计，以上蔡人房君蔡赐为上柱国[7]。

周文，陈之贤人也，尝为项燕军视日[8]，事春申君[9]，自言习兵[10]，陈王与之将军印，西击秦。行收兵至关[11]，车千乘，卒数十万，至戏[12]，军焉[13]。秦令少府章邯免郦山徒、人奴产子生[14]，悉发以击楚大军，尽败之。周文败，走出关，止次曹阳二三月[15]。章邯追败之，复走次渑池十余日[16]。章邯击，大破之。周文自刭，军遂不战。

武臣到邯郸，自立为赵王，陈馀为大将军，张耳、召骚为左右丞相。陈王怒，捕系武臣等家室，欲诛之。柱国曰："秦未亡而诛赵王将相家属，此生一秦也[17]。不如因而立之[18]。"陈王乃遣使者贺赵，而徙系武臣等家属宫中[19]，而封耳子张敖为成都君，趣赵兵亟入关[20]。赵王将相相与谋曰："王王赵[21]，非楚意也。楚已诛秦，必加兵于赵。计莫如毋西兵[22]，使使北徇燕地以自广也[23]。赵南据大河，北有燕、代，楚虽胜秦，不敢制赵。若楚不胜秦，必重赵。赵乘秦之弊，可以得志于天下。"赵王以为然，因不西兵，而遣故上谷卒史韩广将兵北徇燕地[24]。

燕故贵人豪杰谓韩广曰："楚已立王，赵又已立王。燕虽小，亦万乘之国也，愿将军立为燕王。"韩广曰："广母在赵，不可。"燕人曰："赵方西忧秦，南忧楚，其力不能禁我。且以楚之强，不敢害赵王将相之家，赵独安敢害将军之家！"韩广以为然，乃自立为燕王。居数月，赵奉燕王母及家属归之燕。

当此之时，诸将之徇地者，不可胜数。周市北徇地至狄[25]，狄人田儋杀狄令[26]，自立为齐王，以齐反击周市。市军散，还至魏地，欲立魏后故宁陵君咎为魏王[27]。时咎在陈王所，不得之魏。魏地已定，欲相与立周市为魏王，周市不肯。使者五反[28]，陈王乃立宁陵君咎为魏王，遣之国。周市卒为相。

将军田臧等相与谋曰[29]："周章军已破矣，秦兵且暮至，我围荥阳城弗能下，秦军至，必大败。不如少遗兵[30]，足以守荥阳，悉精兵迎秦军。今假王骄，不知兵权[31]，不可与计，非诛之，事恐败。"因相与矫王令以诛吴叔[32]，献其首于陈王。陈王使使赐田臧楚令尹印[33]，使为上将。田臧乃使诸将李归等守荥阳城，自以精兵西迎秦军于敖仓[34]。与战，田臧死，军破。章邯进兵击李归等荥阳下，破之，李归等死。

阳城人邓说将兵居郏[35]，章邯别将击破之，邓说军散走陈。铚人伍徐将兵居许[36]，章邯击破之，伍徐军皆散走陈。陈王诛邓说。

陈王初立时，陵人秦嘉[37]、铚人董绁、符离人朱鸡石、取虑人郑布[38]、徐人丁疾等[39]，皆特起[40]，将兵围东海守庆于郯[41]。陈王闻，乃使武平君畔为将军，监郯下军。秦嘉不受命，嘉自立为大司马，恶属武平君[42]。告军吏曰："武平君年少，不知兵事，勿听！"因矫以王命杀武平君畔。

章邯已破伍徐，击陈，柱国房君死。章邯又进兵击陈西张贺军。陈王出监战，军破，张贺死。

腊月，陈王之汝阴，还至下城父[43]，其御庄贾杀以降秦[44]。陈胜葬砀[45]，谥曰隐王[46]。

陈王故涓人将军吕臣为仓头军[47]，起新阳[48]，攻陈，下之，杀庄贾，复以陈为楚。

初，陈王至陈，令铚人宋留将兵定南阳[49]，入武关[50]。留已徇南阳，闻陈王死，南阳复为秦。宋留不能入武关，乃东至新蔡[51]，遇秦军，宋留以军降秦。秦传留至咸阳[52]，车裂留以徇[53]。

秦嘉等闻陈王军破出走，乃立景驹为楚王，引兵之方与[54]，欲击秦军定陶下[55]。使公孙庆使齐王，欲与并力俱进。齐王曰："闻陈王战败，不知其死生，楚安得不请而立王！"公孙庆曰："齐不请楚而立王，楚何故请齐而立王！且楚首事[56]，当令于天下[57]。"田儋诛杀公孙庆。

秦左右校复攻陈[58]，下之。吕将军走[59]，收兵复聚。鄱盗当阳君黥布之兵相收[60]，复击秦左右校，破之青波[61]，复以陈为楚。会项梁立怀王孙心为楚王[62]。

段　意

写起义得到全国响应和各路起义队伍与秦展开斗争以及起义队伍内部矛盾分化的种种情况；陈涉虽败，而后继者风起云涌，形成亡秦之势。

注　释

[1] 刑其长吏：杀掉各级主管长官。[2] 假王：暂时代理的王。[3] 荥阳：

县名，治今河南荥阳东北。[4] 汝阴：县名，治今安徽阜阳。九江郡：治所在今安徽寿县，辖今安徽、江苏长江以南及江西大部分地区。[5] 东城：县名，在今安徽定远东南。[6] 三川：郡名，治所在今河南洛阳。[7] 上蔡：县名，治今河南上蔡西南。房君：蔡赐的封号。上柱国：楚官名，次于令尹。[8] 视日：占测时日吉凶的官。[9] 春申君：战国时楚相黄歇的封号。[10] 习兵：熟悉军事。[11] 关：指函谷关。在今河南灵宝西南，乃秦国东大门。[12] 戏：戏水，在今陕西临潼东，发源于骊山，流入渭河。此指戏亭。[13] 军：驻扎。[14] 少府：官名，掌山海地泽收入和皇室手工业制造。郦山：即骊山，今陕西临潼东南，秦始皇墓在其下。郦山徒，因犯罪在骊山秦始皇墓服劳役的人。人奴产子：家人奴婢所生之子。[15] 曹阳：亭名，地在今河南灵宝东。[16] 渑（miǎn）池：县名，在今河南渑池西。[17] 此生一秦也：这等于又制造了一个秦国，意为又树一敌。[18] 因而立之：就此机会立武臣为赵王。[19] 徙系：迁移到另一处关押。[20] 趣赵兵亟入关：催促赵兵赶快入函谷关。趣，通"促"。亟，急，赶快。[21] 王王赵：谓武臣王于赵，第二个王作动词用。[22] 毋西兵：不要向西方进军。[23] 使使：派遣使者，第二个使作名词用。[24] 上谷卒史：上谷，郡名，治所在沮阳（今河北怀来东南），辖境约当今河北张家口、小五台山以东，河北赤城、北京延庆以西，长城和北京昌平以北地区。卒史，郡守的下属。韩广本为秦上谷卒史，故以"故"冠其上。[25] 狄：县名，在今山东高青东南。[26] 田儋：人名，齐王族。[27] 宁陵君：战国时魏公子咎的封号。宁陵，古邑名，在今河南宁陵南。[28] 五反：往返五次。[29] 田臧：吴广部将。[30] 少遗兵：留下少量兵力。[31] 不知兵权：不懂用兵策略。[32] 矫王令：伪传陈王的命令。矫，诈冒。[33] 令尹：楚官名，地位相当于丞相。[34] 敖仓：仓名，在河南荥阳东北敖山上。[35] 郯（tán）：县名，治今山东郯城北。这里郯为郏（jiá）之误，郏在河南郏县。[36] 许：县名，治今河南许昌东南。[37] 陵：县名，治今江苏宿迁东南。[38] 取虑（qūlù）：县名，治今江苏睢宁西南。[39] 徐：古国名，治今安徽泗县南。[40] 特起：独树一帜。[41] 东海：郡名，治所在郯（今山东郯城北）。[42] 恶属武平君：不愿为武平君部下。恶，厌恶。[43] 下城父（fǔ）：邑名，在今安徽涡阳东南。[44] 御：赶车的车夫。[45] 砀（dàng）：县名，在今安徽砀山。[46] 谥曰隐王：谥，古代帝王大臣死后按其生平事迹评定褒贬给予的称号。隐王，陈王功业未就，令人哀伤，故谥曰"隐"。[47] 涓人：宫廷中从事洒扫的近侍之臣。仓头军：仓头，即苍头，指以青巾裹头；为苍头军，即建立苍头军。[48] 新阳：县名，治今安徽太和西北。[49] 南阳：郡名，治所在宛（今河南南阳）。[50] 武关：关隘名，在陕西丹凤东南，是河南通往咸阳要道上的重要关口。

[51]新蔡：县名，治今河南新蔡。[52]传留至咸阳：传，递解，押送。把宋留押送到咸阳。[53]车裂：以车肢解人体的一种酷刑。[54]方与：县名，治今山东鱼台西。[55]定陶：县名，治今山东定陶西。[56]首事：首先起事，首先发动起义。[57]当令于天下：应当向天下发号施令。[58]秦左右校：秦军主力的左右翼。[59]走：败走。[60]鄱盗当阳君黥布之兵相收：鄱（pó），县名，在今江西鄱阳东北。当阳君，英布称号。黥（qíng）布，即英布，曾因犯法被黥面，故称黥布。相收，指吕臣与英布的部队联合。[61]青波：县名，治今河南新蔡西南。[62]项梁立怀王孙心为楚王：项梁，项羽的叔父，起义将领之一。怀王孙心，战国时楚怀王之孙，名心。

陈胜王凡六月。已为王，王陈[1]。其故人尝与庸耕者闻之，之陈，扣宫门曰："吾欲见涉。"宫门令欲缚之。自辩数[2]，乃置[3]，不肯为通。陈王出，遮道而呼涉。陈王闻之，乃召见，载与俱归，入宫，见殿屋帷帐，客曰："伙颐[4]！涉之为王沈沈者[5]！"楚人谓多为伙，故天下传之，伙涉为王，由陈涉始。客出入愈益发舒[6]，言陈王故情[7]。或说陈王曰："客愚无知，颛妄言[8]，轻威[9]。"陈王斩之。诸陈王故人皆自引去[10]，由是无亲陈王者。陈王以朱房为中正[11]，胡武为司过[12]，主司群臣。诸将徇地，至[13]，令之不是者[14]，系而罪之，以苛察为忠[15]。其所不善者，弗下吏，辄自治之[16]。陈王信用之。诸将以其故不亲附，此其所以败也。

陈胜虽已死，其所置遣侯王将相竟亡秦[17]，由涉首事也。高祖时为陈涉置守冢三十家砀，至今血食[18]。

段 意

写陈涉失败的原因，同时高度评价陈涉起义的历史作用及其影响。

注 释

[1]王陈：在陈县称王。[2]自辩数（shuò）：自己再三申辩。数，多次。

[3] 乃置：才放开。[4] 伙颐（huǒyí）：惊叹词，好阔啊！楚人谓多为伙，颐为助声之词。[5] 沈沈：深广的样子，形容宫殿宏伟。[6] 发舒：放纵、放肆。[7] 故情：往事。[8] 颛妄言：专门胡言乱语。颛，通"专"。[9] 轻威：有损威望。[10] 自引去：自行离开。[11] 中正：陈涉所设掌管人事之官。[12] 司过：纠察百官过失之官。[13] 至：指诸将执行军事任务（徇地）后回来复命。[14] 令之不是者：有不服从命令的。是，顺从。[15] 以苛察为忠：把吹毛求疵、小题大做当作认真负责。[16] 弗下吏，辄自治之：不交由司法官员审理，总是自己亲自治罪。[17] 其所置遣侯王将相竟亡秦：是说陈涉所封立派遣的侯王将相终于把秦灭亡了。所置遣侯王将相指项羽、刘邦等人。[18] 血食：享受祭祀。古代祭祀要杀牲作为祭品，故称享受祭祀为血食。

褚先生曰[1]：地形险阻，所以为固也；兵革刑法，所以为治也。犹未足恃也。夫先王以仁义为本，而以固塞文法为枝叶[2]，岂不然哉！吾闻贾生之称曰：

"秦孝公据殽、函之固[3]，拥雍州之地[4]，君臣固守，以窥周室[5]。有席卷天下，包举宇内，囊括四海之意，并吞八荒之心[6]。当是时也，商君佐之[7]，内立法度，务耕织，修守战之备；外连衡而斗诸侯[8]。于是秦人拱手而取西河之外[9]。

"孝公既没，惠文王、武王、昭王蒙故业，因遗策[10]，南取汉中，西举巴蜀，东割膏腴之地，收要害之郡。诸侯恐惧，会盟而谋弱秦。不爱珍器重宝肥饶之地[11]，以致天下之士。合从缔交，相与为一。当此之时，齐有孟尝，赵有平原，楚有春申，魏有信陵。此四君者[12]，皆明知而忠信，宽厚而爱人，尊贤而重士。约从连衡，兼韩、魏、燕、赵、宋、卫、中山之众。于是六国之士有宁越、徐尚、苏秦、杜赫之属为之谋，齐明、周最、陈轸、邵滑、楼缓、翟景、苏厉、乐毅之徒通其意，吴起、孙膑、带他、兒良、王廖、田忌、廉颇、赵奢之伦制其兵。尝以什倍之地，百万之师，仰关而攻秦[13]。秦人开关而延敌，九国之师遁逃而不敢进。秦无亡矢遗镞之费[14]，而天下固已困矣。于是从散约败，争割地而赂秦。秦有余力而制其弊，追亡逐北，伏尸百万，流血漂橹[15]，因利乘便，宰割天下，分裂山河，强国请服，弱国入朝。

"施及孝文王、庄襄王，享国之日浅[16]，国家无事。

"及至始皇，奋六世之余烈[17]，振长策而御宇内，吞二周而亡诸侯[18]，履至尊而制六合[19]，执敲朴以鞭笞天下[20]，威振四海。南取百越之地[21]，以为桂林、象郡，百越之君俛首系颈[22]，委命下吏[23]。乃使蒙恬北筑长城而守藩篱，却匈奴七百余里，胡人不敢南下而牧马，士亦不敢贯弓而报怨。于是废先王之道，燔百家之言，以愚黔首。堕名城[24]，杀豪俊，收天下之兵聚之咸阳，销锋镝[25]，铸以为金人十二，以弱天下之民。然后践华为城，因河为池[26]，据亿丈之城，临不测之溪以为固。良将劲弩，守要害之处，信臣精卒，陈利兵而谁何[27]。天下已定，始皇之心，自以为关中之固，金城千里[28]，子孙帝王万世之业也。

"始皇既没，余威振于殊俗[29]。然而陈涉瓮牖绳枢之子[30]，甿隶之人[31]，而迁徙之徒也。材能不及中人[32]，非有仲尼、墨翟之贤，陶朱、猗顿之富也[33]。蹑足行伍之间[34]，俛仰仟佰之中[35]，率罢散之卒，将数百之众，转而攻秦。斩木为兵，揭竿为旗，天下云会响应，赢粮而景从[36]，山东豪俊遂并起而亡秦族矣。

"且天下非小弱也；雍州之地，殽、函之固自若也。陈涉之位，非尊于齐、楚、燕、赵、韩、魏、宋、卫、中山之君也；锄耰棘矜[37]，非铦于句戟长铩也[38]；适戍之众，非儔于九国之师也；深谋远虑，行军用兵之道，非及乡时之士也。然而成败异变，功业相反也。尝试使山东之国与陈涉度长絜大[39]，比权量力，则不可同年而语矣。然而秦以区区之地，致万乘之权，抑八州而朝同列，百有余年矣。然后以六合为家，殽、函为宫。一夫作难而七庙堕[40]，身死人手，为天下笑者，何也？仁义不施，而攻守之势异也。"

段 意

此段非司马迁《史记》本文，乃褚少孙所补附。褚少孙在这里引贾谊《过秦论》上篇以评论秦朝灭亡的原因。

注 释

[1] 褚先生：即褚少孙，汉宣帝时博士，曾补叙《太史公书》（即《史记》）。凡他补写的文字前均加"褚先生曰"字样。本篇褚少孙引贾谊《过秦论》上篇，用以评论秦亡的原因，强调"仁义不施，而攻守之势异也"。[2] 以固塞文法为枝叶：把巩固边塞、制定法律等等视为次要的事情。[3] 秦孝公：战国时秦国国君，前361—前338年在位，用商鞅变法，使国力强盛，奠定了秦统一的基础。殽、函：殽山和函谷关的简称。[4] 雍州：古九州之一，地含今陕西中部、北部，及甘肃西北大半部与青海、宁夏部分地区。[5] 窥：窥伺，暗中察看有所图谋之意。[6] "有席卷天下"以下：席卷，像席子一样卷起来；包举，像包袱一样裹起来；囊括，像袋子一样装起来。都是吞并的意思。八荒，八方荒远之地，指天下。[7] 商君：即商鞅。[8] 连衡：即"连横"，是一种分散六国，使他们同秦联合，从而各个击破的战略。[9] 拱手而取西河之外：拱手，两手合抱拱于胸前，比喻不用动手，毫不费力。西河，指陕西东部黄河西岸地带，本属魏国。商鞅变法，秦国强大，魏人不敌，割取西河以及河东一部分地区给秦，故云西河之外。[10] 蒙故业，因遗策：继承旧业，遵循遗留下来的政策。[11] 爱：吝惜。[12] 此四君者：指孟尝君田文、平原君赵胜、春申君黄歇、信陵君无忌，他们是当时以养士著名的四公子。[13] 仰：形容由下而上进攻。[14] 镞（zú）：箭头。[15] 流血漂橹：形容战争规模之大，死人之多，血流成河，把兵器都漂浮起来了。橹，大的盾牌。[16] 享国之日浅：在位的日子不长。[17] 奋六世之余烈：奋起发扬六代的丰饶功业。六世，指孝公、惠文王、武王、昭襄王、孝文王、庄襄王。[18] 吞二周而亡诸侯：即统一中国。东周后期分裂为西周、东周两个小国，秦庄襄王灭掉二周置三川郡。亡诸侯，谓秦始皇吞灭六国。[19] 履至尊而制六合：履至尊，指登上帝位；制六合，指控制天下。六合，喻天地四方，即宇内、天下之意。[20] 敲朴：皆为木杖，短曰敲，长曰朴，是用来打犯人的刑具。[21] 百越：古代越族居

住在我国东南地区，各部自有名称，统称百越。［22］俛首系颈：俛，同"俯"，俯首，低头；系颈，颈上系绳，表示投降。［23］委命下吏：把生命交给下级官吏，听凭摆布。［24］堕：同"隳"，毁坏。［25］销锋镝（dí）：销毁刀箭等一切武器。锋，刀刃；镝，通"镝"，箭头。［26］践华为城，因河为池：据守华山以为防城，凭借黄河来做护城壕。践，登上，据守。［27］谁何：呵问是谁。这句话指设军驻扎在要道关口，盘问行人。［28］金城千里：喻关中形胜。秦都关中咸阳，东函谷、南武关、西散关、北萧关，地势险要，好像一条钢铁长城环守在千里之外。［29］殊俗：不同的风俗，这里指边远地区。［30］瓮牖（yǒu）绳枢：瓮牖，用瓦瓮做窗户；绳枢，用绳子拴缚做门的转轴。指陈涉是一个没有任何社会背景的贫贱之子。［31］甿（méng）隶之人：一介平民。甿，同"氓"，即农民、奴隶。［32］中人：中等才能的人，普通人。［33］陶朱、猗（yī）顿：陶朱，即范蠡，原为越王句践的大夫，后弃官经商于陶，自称陶朱公，以善经营致富。猗顿，鲁人，以经营盐业致富。［34］蹑（niè）足：蹑是践履的意思，蹑足行伍，就是参加军队。［35］仟佰：古代军队编制，仟佰也泛指队伍。［36］赢粮而景从：指群众自己携带粮食像影子一样追随陈涉。赢，担负；景，同"影"。［37］钼耰（yōu）棘矜（qín）：钼同"锄"，耰，平土的无齿耙；棘，借作"戟"；矜，矛柄。［38］铦（xiān）：锋利。长铩（shā）：大矛。［39］度长絜（xié）大：比长论短，较量大小。絜，衡量，比较。［40］一夫作难而七庙堕：一人发难而国家破亡。一夫，指陈涉；七庙，国家宗庙，古制天子有七庙，太祖庙居中，左右三昭三穆。

（可永雪）

萧相国世家

萧何（？—前193），沛县小县吏出身，因帮助刘邦击秦灭楚统一中国，做出极大贡献，成为刘邦集团中功居第一的重要人物。但刘邦对他既委以重任，又不能无猜忌。萧何为保全自己地位，屡以家财佐军，家属参军，甚至强买民田以自污，以各种方式消除刘邦对他的不信任。后来刘邦仍以萧何请弃上林苑空地令民入田的小事，囚禁了他。由于别人的说情，萧何才被赦放。本文正是在记叙萧何一生与刘邦相处的关系中，肯定了萧何为建立汉朝在后勤保障上所建立的功绩，亦指出萧何在政治上相当机警；同时也揭露刘邦在处理君臣关系上的阴暗心理。正如清代吴汝纶在他点勘的《史记》中所说："此篇以恭谨自免祸为主，所以发明高帝之雄猜也。"

司马迁写这篇传记在材料上做了审慎的选择。叙萧何实绩仅四事：收秦律令图书、举韩信、镇抚关中、临终举曹参自代。而定汉家律令，别见《曹相国世家》《张丞相列传》；设计害韩信详见《淮阴侯列传》。另外，写刘邦、鄂君两次论功，刘邦三次猜忌，说客三次提醒而免祸，则都有助于表现主题与传主的性格特点。

传文中写萧何为自保而做出微妙的反应，而刘邦则两次大悦，一次大喜，一次大怒，二次不怿，出色地描写了他们的心理活动。

萧相国何者[1]，沛丰人也[2]。以文无害为沛主吏掾[3]。

高祖为布衣时[4]，何数以吏事护高祖[5]。高祖为亭长，常左右之。高祖以吏繇咸阳[6]，吏皆送奉钱三[7]，何独以五。

秦御史监郡者与从事[8]，常辨之[9]。何乃给泗水卒史事，第一[10]。秦御史欲入言征何[11]，何固请，得毋行。

及高祖起为沛公，何常为丞督事[12]。沛公至咸阳，诸将皆争走金帛财物之府分之，何独先入收秦丞相御史律令图书藏之[13]。沛公为汉王，以何为丞相。项王与诸侯屠烧咸阳而去[14]。汉王所以具知天下厄塞[15]，户口多少，强弱之处，民所疾苦者，以何具得秦图书也。何进言韩信[16]，汉王以信为大将军。语在淮阴侯事中。

汉王引兵东定三秦[17]，何以丞相留收巴蜀[18]，填抚谕告[19]，使给军食。汉二年，汉王与诸侯击楚，何守关中，侍太子，治栎阳[20]。为法令约束，立宗庙社稷宫室县邑[21]，辄奏上[22]，可，许以从事；即不及奏上，辄以便宜施行[23]，上来以闻[24]。关中事计户口转漕给军[25]，汉王数失军遁去，何常兴关中卒[26]，辄补缺。上以此专属任何关中事[27]。

汉三年，汉王与项羽相距京、索之间[28]，上数使使劳苦丞相[29]。鲍生谓丞相曰[30]："王暴衣露盖[31]，数使使劳苦君者，有疑君心也。为君计，莫若遣君子孙昆弟能胜兵者悉诣军所[32]，上必益信君。"于是何从其计，汉王大说[33]。

段 意

正面叙述萧何的出身及在刘邦起事前后的实绩。萧何为县吏时就具有办事的才干，并与起事前的刘邦有特殊的好关系；帮助起事后的刘邦收秦律令图书、举韩信、守关中，为击秦灭项做出重大贡献。但刘邦与项羽相距京、索间时就疑心萧何，萧何从鲍生计，使汉王大悦。

注 释

[1]相国：也称丞相，是辅佐皇帝、总理全国政务的最高长官。[2]沛：秦县名，治所在今江苏沛县。丰：古邑名，秦时属沛县，汉置丰县，治所在今江苏丰县。[3]以文无害：因通晓法令法律，不枉害人。文，法律条文。主吏：县令的助理。掾（yuàn）：古代一般官吏下属的办事员。[4]高祖：刘邦。布衣：平民，老百姓。[5]吏事：官司。[6]以吏繇：以小吏的身份去服徭役。繇，同"徭"。咸阳：秦王朝国都，在今陕西咸阳东。[7]送奉钱：送路费。[8]"秦御史"句：秦朝廷派来监督该郡的监察官同他一道办事。[9]辨之：分析事情。[10]"何乃"句：萧何任泗水郡的卒史职事，考核得了第一。泗水，古郡名，治所在今江苏沛县东。卒史，文书小吏。[11]入言征何：到朝廷推荐征召萧何。[12]为丞督事：充当丞（辅助官）督办诸事。[13]律令：法令。图书：地图与书籍。[14]项王：项羽。[15]厄塞：险要之处。[16]进言：推荐。韩信：淮阴（今江苏淮阴东南）人，楚汉战争中先随项羽，后归刘邦，任大将军。曾自立齐王，刘邦徙封他为楚王，后降为淮阴侯，因谋反罪名而被吕后所杀。[17]三秦：项羽破秦，三分关中地，分封三王，所辖之地合称"三秦"。故地在今陕西关中一带。关中，指陕西中部。[18]巴蜀：巴郡和蜀郡，故地包括今四川、重庆。[19]填抚：镇压安抚。填，同"镇"。[20]栎（yuè）阳：古县名，治所在今陕西临潼东。[21]社稷：土、谷之神。封建王朝以社稷为国家政权的标志。[22]辄奏上：经常向汉王报告。[23]便宜：因利乘便，见机行事。[24]上来乃闻：汉王来了再告诉他。[25]转漕：古时陆运为"转"，水运为"漕"。转漕给军，指将物资运输补给军队。[26]兴：征发。[27]属：嘱托。[28]京、索之间：京，古县名，在今河南荥阳东南。索，索亭，又名大索城，即今河南荥阳。在荥阳北有小索城。京、索之间即指此三城地区。[29]使使：派遣使者。劳苦：慰问。[30]鲍生：姓鲍的一位儒生。[31]暴衣露盖：指生活在野外，辛苦不能安居。暴，显露。盖，车盖。[32]昆弟：兄弟，包括近房和远房的兄弟。胜兵者：能当兵的。悉诣军所：全都派到前线。[33]说：同"悦"。

汉五年，既杀项羽，定天下，论功行封。群臣争功，岁余功不决。高祖以萧何功最盛，封为酂侯[1]，所食邑多[2]。功臣皆曰："臣等身被坚执锐[3]，多者百余战，少者数十合，攻城略地[4]，大小各有差[5]。今萧何未尝有汗马之劳，徒持文墨议论，不战，顾反居臣等上[6]，何也?"高帝曰："诸君知猎乎?"曰："知之。""知猎狗乎?"曰："知之。"高帝曰："夫猎，追杀兽兔者狗也，而发踪指示兽处者人也[7]。今诸君徒能得走兽耳，功狗也[8]。至如萧何，发踪指示，功人也[9]。且诸君独以身随我，多者两三人。今萧何举宗数十人皆随我[10]，功不可忘也。"群臣皆莫敢言。

列侯毕已受封[11]，及奏位次，皆曰："平阳侯曹参身被七十创[12]，攻城略地，功最多，宜第一。"上已挠功臣[13]，多封萧何，至位次未有以复难之[14]，然心欲何第一。关内侯鄂君进曰[15]："群臣议皆误。夫曹参虽有野战略地之功，此特一时之事。夫上与楚相距五岁[16]，常失军亡众，逃身遁者数矣[17]。然萧何常从关中遣军补其处，非上所诏令召[18]，而数万众会上之乏绝者数矣[19]。夫汉与楚相守荥阳[20]数年，军无见粮[21]，萧何转漕关中，给食不乏。陛下虽数亡山东[22]，萧何常全关中以待陛下，此万世之功也。今虽亡曹参等百数[23]，何缺于汉?汉得之不必待以全[24]。奈何欲以一旦之功而加万世之功哉[25]!萧何第一，曹参次之。"高祖曰："善。"于是乃令萧何〔第一〕，赐带剑履上殿，入朝不趋[26]。

上曰："吾闻进贤受上赏。萧何功虽高，得鄂君乃益明。"于是因鄂君故所食关内侯邑封为安平侯[27]。是日，悉封何父子兄弟十余人，皆有食邑。乃益封何二千户，以帝尝繇咸阳时何送我独赢奉钱二[28]也。

段　意

叙萧何在刘邦论功行赏中被推为首功。刘邦以萧何功最盛，封他为酂侯，功臣中位第一。

注　释

[1] 酂（cuó）：古县名，治今河南永城西南。[2] 食邑：因受封者食用所封地区的赋税，故名食邑。[3] 被坚执锐：披铠甲执武器，喻冲锋陷阵。被，同"披"。坚，指铠甲。锐，指兵器。[4] 略地：夺取地盘。[5] 大小各有差：指功劳大小各有等次。[6] 顾：却。[7] 发踪：《汉书》作"发纵"，指人解开绳扣放出猎狗。指示：以手指点方向。[8] 功狗：功相当于狗。[9] 功人：功相当于人。[10] 举宗：全族。[11] 列侯：各个侯。毕：完全，都。[12] 曹参：西汉开国功臣之一，事详见《曹相国世家》。食邑平阳，号平阳侯。创：创伤。[13] 桡（náo）：委屈，折服。[14] 未有以复难之：没有什么理由再次反驳他们。[15] 关内侯：秦汉时爵位名，位列第十九级，仅有爵号，无封地。鄂君：即鄂千秋，封安平侯。[16] 相距：相拒。[17] 逃身遁者数矣：多次只身逃命。逃身，轻身走出。逃，《汉书》作"跳"。[18] 诏令：天子的文告、命令。召：号召，召唤。[19] 数万众会上之乏绝者数矣：数万兵马正赶上皇帝失败缺兵之际有数次了。[20] 荥阳：古县名，治今河南荥阳东北。[21] 见：同"现"，现存的。[22] 亡：失。山东：秦汉时称崤山或华山以东原六国所在地区为山东。[23] "今虽"句：现在即使没有了数以百计的曹参一类人。[24] "汉得之"句：汉朝需要他们并非缺一不可。[25] 奈何：为何。奈，通"奈"。[26] "赐带剑"以下：给予带剑着鞋上殿，到朝廷朝见天子不用小步快走的优待。趋：臣子入朝小步快走，以示尊敬。[27] 因鄂君故所食关内侯邑封为安平侯：让鄂君仍然享有关内侯的食邑，再加封为安平侯。因，顺势，仍然享有。安平，汉县名，在今河北饶阳西面。[28] 赢：多出。

　　汉十一年，陈豨反[1]，高祖自将，至邯郸。未罢，淮阴侯谋反关中，吕后用萧何计，诛淮阴侯，语在淮阴事中。上已闻淮阴侯诛，使使拜丞相何为相国，益封五千户，令卒五百人一都尉为相国卫[2]。诸君皆贺，召平独吊[3]。召平者，故秦东陵侯。秦破，为布衣，贫，种瓜于长安城东，瓜美，故世俗谓之"东陵瓜"，从召平以为名也[4]。召平谓相国曰："祸自此始矣。上暴露于外而君守于中，非被矢石之事而益君封置卫者[5]，以今者淮阴侯新反于中，疑君心矣。夫置卫卫君，非以宠君也。愿君让封勿受，悉以家私财佐军[6]，则上心说。"相国从其计，高帝乃大喜。

汉十二年秋，黥布反[7]，上自将击之，数使使问相国何为。相国为上在军，乃拊循勉力百姓[8]，悉以所有佐军，如陈豨时。客有说相国曰："君灭族不久矣。夫君位为相国，功第一，可复加哉？然君初入关中，得百姓心，十余年矣，皆附君，常复孳孳得民和[9]。上所为数问君者，畏君倾动关中[10]。今君胡不多买田地，贱贳贷以自污[11]？上心乃安。"于是相国从其计，上乃大说。

上罢布军归，民道遮行上书[12]，言相国贱强买民田宅数千万。上至，相国谒[13]。上笑曰："夫相国乃利民[14]！"民所上书皆以与相国，曰："君自谢民[15]。"相国因为民请曰[16]："长安地狭，上林中多空地，弃[17]，愿令民得入田[18]，毋收稿为禽兽食[19]。"上大怒曰："相国多受贾人财物[20]，乃为请吾苑[21]。"乃下相国廷尉[22]，械系之[23]。数日，王卫尉侍[24]，前问曰："相国何大罪[25]，陛下系之暴也[26]？"上曰："吾闻李斯相秦皇帝，有善归主，有恶自与。今相国多受贾竖金而为民请吾苑，以自媚于民[27]，故系治之。"王卫尉曰："夫职事苟有便于民而请之[28]，真宰相事，陛下奈何乃疑相国受贾人钱乎[29]！且陛下距楚数岁，陈豨、黥布反，陛下自将而往，当是时，相国守关中，摇足则关以西非陛下有也。相国不以此时为利，今乃利贾人之金乎？且秦以不闻其过亡天下[30]，李斯之分过[31]，又何足法哉[32]。陛下何疑宰相之浅也[33]。"高帝不怿[34]。是日，使使持节赦出[35]相国。相国年老，素恭谨，入，徒跣谢[36]。高帝曰："相国休矣[37]！相国为民请苑，吾不许，我不过为桀、纣主[38]，而相国为贤相。吾故系相国，欲令百姓闻吾过也。"

叙刘邦对萧何的疑忌、萧何明哲保身的相应措施。萧何两次听客之谋而自免，一次被刘邦监禁。

注　释

[1]陈豨：刘邦将领，汉初任赵国的相国，监督赵、代的军队，谋反被诛。传附《韩信卢绾列传》。[2]都尉：比将军略低的武官。[3]召（shào）平：人名。吊：致哀。[4]从召平以为名：指东陵瓜是用召平封号得名的。[5]非被矢石之事：没有遭遇箭与石的危险。指萧何没有战功。[6]佐军：资助军队。[7]黥布：姓英，名布。因受过黥刑（在脸上刺字），又名黥布。布谋反被诛，事详见《黥布列传》。[8]拊循：安抚勉励。[9]常复孳孳得民和：还要努力不倦地去赢得人民的拥护。孳孳，同"孜孜"，不懈怠。和，应和，此处为支持拥护的意思。[10]倾动：摇动。[11]贱：低价。赊（shì）：赊欠。贷：借款。自污：自己败坏名誉。[12]道遮行：在路上拦住（天子的）行进。[13]谒（yè）：臣属晚辈进见长上叫"谒"。[14]夫相国乃利民：那相国（的职权）是有利于民！言外之意，你却在害民。[15]谢：谢罪，承认错误。[16]因：趁机。[17]上林：上林苑，皇帝的园林地。弃：荒废不用。[18]田：通"佃"，耕种。[19]毋收稿为禽兽食：不用收禾秆（留下）做禽兽的饲料。稿，禾秆，麦秸。[20]贾（gǔ）人：商人。[21]苑：畜养禽兽并种林木的地方，此指上林苑。[22]下相国廷尉：把相国（萧何）下交廷尉（办罪）。廷尉，九卿之一，汉代最高司法官。[23]械系之：给萧何戴上刑具。[24]王卫尉：姓王的卫尉。卫尉，掌宫门警卫的官。[25]何：什么。[26]系之暴也：突然地把他逮捕起来。暴，突然发生的样子。[27]自媚于民：自己讨好老百姓。[28]职事：职务的事。苟：假如。[29]奈何：如何。奈，通"奈"。乃：竟。[30]秦以不闻其过：秦朝因不听到它的过错。[31]分过：分担过错。[32]法：效法。[33]"陛下"句：陛下怎么会怀疑宰相如此浅薄？[34]不怿：不悦。[35]持节：拿着符节。节，使者的凭证。赦出：免罪放出。[36]徒跣（xiǎn）：赤脚步行，表示谢罪。[37]休矣：算了吧！作止谏的婉辞，带有不耐烦的口气。[38]桀：夏末的君主。纣：商末的君主。

何素不与曹参相能[1]，及何病，孝惠自临视相国病[2]，因问曰："君即百岁后，谁可代君者？"对曰："知臣莫如主。"孝惠曰："曹参何如?"何顿首曰[3]："帝得之矣!臣死不恨矣!"

何置田宅必居穷处,为家不治垣屋[4],曰:"后世贤,师吾俭;不贤,毋为势家所夺。"

孝惠二年[5],相国何卒[6],谥为文终侯[7]。

后嗣以罪失侯者四世[8],绝,天子辄复求何后,封续酂侯,功臣莫得比焉。

段 意

叙萧何晚年公而忘私,老谋深算,泽流子孙。

注 释

[1]素:平时。相能:互相亲善。[2]孝惠:即孝惠帝刘盈,刘邦的儿子。临视:看望。上级看望下级叫临。[3]顿首:叩头,头贴于地。[4]垣屋:有围墙的门第。垣,围墙。[5]孝惠二年:公元前193年。[6]卒:死。[7]谥(shì):古代帝王、贵族、大臣死后,据其生前事迹给予称号。[8]后嗣:后代。

太史公曰:萧相国何于秦时为刀笔吏[1],录录未有奇节[2]。及汉兴,依日月之末光[3],何谨守管籥[4],因民之疾(奉)〔秦〕法[5],顺流与之更始[6]。淮阴、黥布等皆以诛灭,而何之勋烂焉[7]。位冠群臣,声施后世[8],与闳夭、散宜生等争烈矣[9]。

段 意

作者对萧何的评论。司马迁对萧何有褒有贬。肯定其顺应潮流,建立大功。把萧何比作周初的功臣闳夭、散宜生,很有分寸。

注 释

[1]刀笔吏:指办理司法文书的小吏。[2]录录:通"碌碌",平庸。奇节:突出的作为。[3]依日月之末光:指萧何依恃高帝、吕后的信任而得荣宠。日月,喻刘邦和吕后。[4]管籥(yuè):锁和钥匙,借喻相国职守。[5]疾:痛恨。[6]

顺流：喻顺应民心。更始：指更改法律。[7] 何之勋烂焉：萧何的功勋最灿烂。因韩信、黥布被诛杀，萧何的功勋就突出了。[8] 声施（yì）：名声延续。[9] 闳（hóng）夭、散宜生：西周辅佐文王、武王的两个大功臣。周初头等功臣应是周公、召公、吕尚等，汉初功臣只韩信可以相当。司马迁将萧何与闳夭、散宜生比，即并不如刘邦认为的萧何功当第一。争烈：比较功业。

（陈兰村）

曹相国世家

提 示

　　曹参（？一前190），秦时沛县人，曾为狱吏。最早跟刘邦起兵反秦，深得信任。在反秦战争和楚汉战争中立下许多战功。汉高祖六年封为平阳侯。高祖定天下后，曹参先后任齐相国、丞相。惠帝二年萧何死后代何为汉朝相国。他在相齐、相汉期间，利用清静无为的黄老思想，实行与民休息的政策，对西汉经济的恢复有重大意义。作者在本传中实录了曹参的军功和相业，肯定了他的历史作用。但作者在传文用词中也暗示曹参的战功多是随韩信作战依靠韩信取得的，而相业则是仿照萧何采取了与民休息的政策。清人吴汝纶在他点勘的《史记》中说："此篇前叙战功，以'与淮阴侯俱'为主，后叙相业，以'遵萧何约束'为主。"

　　本传的艺术特色，首先在结构上全文分前后两大部分，前叙战功，后写相业。写法上对传主的各项事迹有虚有实。叙战功是实写，并屡用"取之""破之""击之""攻之"等简洁准确的字眼，显示出一代名将作战勇敢、一往无前的气势。但又用"从攻""从至""从还定""从击"等字眼，暗示多是跟随别人作战。叙治齐相汉则是虚写，不填实一事，只写聘盖公、促治行、饮酒歌呼等，从侧面背面写来，显示出一位名相的风度。其次，本传巧妙地运用了对比手法，战功上与韩信比，文治上与萧何比，很有分寸。再次，在写传主相汉事业中，通过描写一些生动夸张的细事，传达出了传主鲜明的思想个性。

平阳侯曹参者，沛人也[1]。秦时为沛狱掾[2]，而萧何为主吏，居县为豪吏矣[3]。

高祖为沛公而初起也，参以中涓从[4]。将击胡陵、方与[5]，攻秦监公军[6]，大破之。东下薛[7]，击泗水守军薛郭西[8]。复攻胡陵，取之。徙守方与。方与反为魏[9]，击之。丰反为魏[10]，攻之。赐爵七大夫[11]。击秦司马𡰭军砀东[12]，破之，取砀、狐父、祁善置[13]。又攻下邑以西[14]，至虞[15]，击章邯车骑[16]。攻爰戚及亢父[17]，先登[18]，迁为五大夫[19]。北救阿[20]，击章邯军，陷陈[21]，追至濮阳[22]。攻定陶，取临济[23]。南救雍丘[24]，击李由军[25]，破之，杀李由，虏秦候一人。秦将章邯破杀项梁也[26]，沛公与项羽引而东。楚怀王以沛公为砀郡长[27]，将砀郡兵。于是乃封参为执帛[28]，号曰建成君。迁为戚公[29]，属砀郡。

其后从攻东郡尉军[30]，破之成武南[31]。击王离军成阳南[32]，复攻之杠里[33]，大破之。追北[34]，西至开封，击赵贲军[35]，破之，围赵贲开封城中。西击秦将杨熊军于曲遇[36]，破之，虏秦司马及御史各一人[37]。迁为执珪[38]。从攻阳武[39]，下轘辕、缑氏，绝河津[40]，还击赵贲军尸北[41]，破之。从南攻犨[42]，与南阳守𬺈战阳城郭东[43]，陷陈，取宛[44]，虏𬺈，尽定南阳郡。从西攻武关、峣关[45]，取之。前攻秦军蓝田南[46]，又夜击其北，秦军大破，遂至咸阳[47]，灭秦。

项羽至，以沛公为汉王。汉王封参为建成侯。从至汉中[48]，迁为将军。从还定三秦，初攻下辩、故道、雍漦、[49]。击章平军于好畤南，破之，围好畤，取壤乡[50]。击三秦军壤东及高栎[51]，破之。复围章平，章平出好畤走。因击赵贲、内史保军[52]，破之。东取咸阳，更名曰新城。参将兵守景陵二十日[53]，三秦使章平等攻参，参出击，大破之。赐食邑于宁秦[54]。参以将军引兵围章邯于废丘[55]。以中尉从汉王出临晋关[56]。至河内[57]，下脩武[58]，渡围津[59]，东击龙且、项他定陶[60]，破之。东取砀、萧、彭城[61]，击项籍军，汉军大败走。参以中尉围取雍丘。王武反于〔外〕黄[62]，程处反于燕[63]，往击，尽破之。柱天侯反于衍氏[64]，又进破取衍氏。击羽婴于昆阳[65]，追至叶[66]，还攻武强[67]，因至荥阳[68]。参自汉中为将军中尉，从击诸侯[69]，及项羽败，还至荥阳，凡二岁。

段　意

叙曹参的出身及随刘邦起兵反秦后的战功。秦时为狱吏，刘邦初起时任中涓，经历次战役，渐升至将军。

注　释

[1] 平阳侯是曹参的封号。平阳：今属山西临汾。沛：秦县名，治所在今江苏沛县。[2] 狱掾：秦汉时掌管刑狱的小吏。[3] 主吏：秦汉郡县地方官的属吏。此指沛狱主吏，即典狱长。豪吏：县吏中的豪强者，即有权势的县吏。[4] 中涓：宫中主持清洁工作的官员。[5] 将击：领兵进攻。胡陵：秦县名，治所在今山东鱼台东南。方与：秦县名，治所在今山东鱼台西。[6] 监公军：指秦泗水监所率的军队。监，郡监。公，尊称。[7] 薛：古县名，治所在今山东滕州南。[8] 泗水：古郡名，治所在今江苏沛县东。守：郡守。薛郭：薛县外城。[9] 反为魏：叛沛公刘邦而归魏。魏，在秦末农民大起义中，魏国贵族魏咎所立之国。[10] 丰：沛县的属邑，在今江苏丰县。[11] 七大夫：秦国二十级爵的第七级。[12] 司马叀（古文夷）：秦将。砀（dàng）：秦县名，治所在今安徽砀山。[13] 狐父：古地名，在今安徽砀山东南。祁：古城名，在今安徽砀山北。善置：驿站名，当时属祁城。汉称驿站为置。[14] 下邑：古县名，治所在今安徽砀山西。[15] 虞：古县名，治所在今河南虞城。[16] 章邯：当时秦军主将，镇压过陈涉起义军，后降项羽，楚汉战争中被刘邦击败自杀。[17] 爰戚：秦县名，治所在今山东嘉祥。亢父（gāngfǔ）：秦县名，治所在今山东济宁南。[18] 先登：首先登上城墙。[19] 五大夫：秦汉二十级爵的第九级。[20] 阿：即东阿，秦县名，治所在今山东阳谷县东北。[21] 陈：秦县名，县治在今河南淮阳。[22] 濮阳：秦县名，县治在今河南濮阳南。[23] 定陶：秦县名，县治在今山东定陶西北。临济：今山东

博兴境内。[24] 雍丘：秦县名，即今河南杞县。[25] 李由：秦丞相李斯的儿子，当时为三川郡的郡守。[26] 项梁：楚将项燕之子，秦末农民起义军领袖，在定陶被秦将章邯战败而死。[27] 楚怀王：名心。陈胜起义失败后，项梁立楚怀王的孙子熊心为王，仍称楚怀王。砀郡：秦置，郡治在今安徽砀山。[28] 执帛：楚官爵名。[29] 迁为戚公：升为爱戚县县令。公，对县令的尊称。[30] 东郡尉：东郡的郡尉。东郡治所在今河南濮阳西南。[31] 成武：秦县名，在今山东成武。[32] 王离：秦将王翦的孙子。成阳：秦县名，县治在今山东鄄城境内。[33] 杠里：秦县名，在成阳之西。[34] 追北：追击失败的秦军。北，败。[35] 开封：秦县名，即今河南开封。赵贲（bēn）：秦将领。[36] 曲遇：古镇名，在今河南中牟境内。[37] 司马：军中掌管政务和兵员的高级官员。御史：秦朝派驻各郡的监察官。[38] 执珪：战国时楚国的最高爵位名称。[39] 阳武：秦县名，在今河南原阳东南。[40] 轘辕（huányuán）：山名，在今河南偃师东南。缑（gōu）氏：秦县名，治今河南偃师东南。绝河津：封锁黄河渡口。此渡口指平阴津，在今河南孟津东。津，渡口。[41] 尸：地名，在今河南偃师境内。[42] 犨（chōu）：古邑名，在今河南鲁山东南。[43] 南阳：古郡名，在今河南南阳。齮（yǐ）：吕齮，南阳郡守之名。阳城：即堵阳城，在今河南方城。[44] 宛：秦县名，治所在今河南南阳。[45] 武关：在今陕西商洛东。峣（yáo）关：在今陕西蓝田东南。这二关是河南通往陕西的交通要道。[46] 蓝田：秦县名，治今陕西蓝田。[47] 咸阳：秦国都，在今陕西咸阳东。[48] 汉中：秦郡名，郡治在今陕西汉中。[49] “从还定”以下：跟着汉王回来平定了三秦，先攻击下辩、故道、雍、斄（tái）。三秦，项羽把关中地分封给秦降将章邯、司马欣、董翳，合称三秦。下辩，古邑名，在今甘肃成县。故道，秦县名，治所在今宝鸡西南。雍，秦县名，治所在今陕西凤翔西南。斄，古县名，治今陕西武功西南。[50] 章平：秦将章邯的弟弟。好畤：秦县名，治所在今陕西乾县东。壤乡：地名，在今陕西武功东南。[51] 高栎（lì）：地名，当在壤乡附近。[52] 内史：官名，秦内史是京城的地方长官。保：内史之名。[53] 景陵：地名，方位不详。[54] 食邑：即封地，食其地的租税收入。宁秦：秦县名，治今陕西华阴。[55] 废丘：古邑名，在今陕西兴平东南。[56] 中尉：秦官名，掌京城治安的武职，是加给曹参的职衔。临晋关：关隘名，在今陕西大荔东。[57] 河内：泛指黄河以北，此指河南黄河以北、山西东南部和河北南端这一地区。[58] 脩武：秦县名，治所在今河南获嘉的小修武。[59] 围津：黄河渡口之一，在今河南滑县东北。[60] 龙且（jū）：齐国人，项羽的将领，后被韩信所杀。项他：项羽的部将。[61] 萧：秦县名，在今安徽萧县西北。彭城：秦县名，县治即今江苏徐州。[62] 王武：汉将。外黄：秦县名，治所在今河南杞县东。[63] 程处：汉将。燕：汉置燕南县，县治在今河南延津东。[64] 柱天侯：汉将，姓名不详。衍氏：战国魏邑，在今河南郑州北。[65] 羽婴：楚将名。昆阳：地名，在今河南叶县境。[66] 叶：秦县名，县治在今河南叶县。[67] 武强：古城名，在今河南郑州市东。[68] 荥阳：古县名，治所在今河南荥阳东北。[69] 从击诸侯：跟随刘邦攻打各地不从汉的割据势力。

高祖〔二〕年[1]，拜为假左丞相[2]，入屯兵关中[3]。月余，魏王豹反[4]，以假左丞别与韩信东攻魏将军孙遬军东张[5]，大破之。因攻安邑[6]，得魏将王襄。击魏王于曲阳[7]，追至武垣[8]，生得魏王豹。取平阳[9]，得魏王母妻子，尽定魏地，凡五十二城。赐食邑平阳。因从韩信击赵相国夏说军于邬东[10]，大破之，斩夏说。韩信与故常山王张耳引兵下井陉[11]，击成安君[12]，而令参还围赵别将戚将军于邬城中[13]。戚将军出走，追斩之。乃引兵诣敖仓[14]汉王之所。韩信已破赵，为相国，东击齐[15]。参以右丞相属韩信，攻破齐历下军，遂取临菑[16]。还定济北郡[17]，攻著、漯阴、平原、鬲、卢[18]。已而从韩信击龙且军于上假密[19]，大破之，斩龙且，虏其将军周兰。定齐，凡得七十余县。得故齐王田广相田光[20]，其守相许章[21]，及故齐胶东将军田既。韩信为齐王，引兵诣陈，与汉王共破项羽，而参留平齐未服者。

项籍已死，天下定，汉王为皇帝，韩信徙为楚王，齐为郡。参归汉相印[22]。高帝以长子肥为齐王，而以参为齐相国。以高祖六年赐爵列侯[23]，与诸侯剖符[24]，世世勿绝。食邑平阳万六百三十户，号曰平阳侯，除前所食邑[25]。

以齐相国击陈豨将张春军[26]，破之。黥布反[27]，参以齐相国从悼惠王将兵车骑十二万人[28]，与高祖会击黥布军，大破之。南至蕲[29]，还定竹邑、相、萧、留[30]。

参功：凡下二国[31]，县一百二十二；得王二人，相三人，将军六人，大莫敖[32]、郡守、司马、侯[33]、御史各一人。

段 意

叙曹参随韩信参加楚汉战争等所立的战功。曹参曾先后以假左丞相和右丞相的身份随韩信作战。高祖定天下后封为列侯，两次参加平乱战役。本段末了对曹参的所有战功做了总计。

注 释

[1] 高祖二年：公元前205年。[2] 假左丞相：代理左丞相。假，代理某官职权。左丞相，没设左、右丞相，此时天下未定，丞相只是虚名。[3] 关中：古地区名，泛指陕西中部地区。[4] 魏王豹：项羽所封的西魏王，事详见《魏豹彭越列传》。[5] 别与韩信：与韩信分头出击，互相配合。韩信，事详见《淮阴侯列传》。孙遬：魏将名。遬，同"速"。东张：古城名，在今山西临猗西。[6] 安邑：古邑名，在今山西夏县西北。[7] 曲阳：秦县名，治今河北曲阳西。[8] 武垣：古邑名，在今河北肃宁东南。[9] 平阳：秦县名，治今山西临汾西南。[10] 夏说(yuè)：陈馀为代王时，夏说任相国，并非赵国的相国。邬：县名，在今山西介休东北。[11] 张耳：秦末参加陈胜赵义军，拥赵歇为赵王。项羽封他为常山王，归服刘邦后被封为赵王。井陉(xíng)：古地名，在今河北井陉。[12] 成安君：陈馀的封号。陈馀曾和张耳参加陈胜起义军，拥赵歇为赵王，赵歇立陈馀为代王。[13] 别将：与主力军配合作战的部队将领。[14] 诣：到。敖仓：秦代建立的大粮仓，在今河南荥阳的敖山上。[15] 齐：秦末田儋、田荣相继自立为齐王。[16] 历下：古邑名，在今山东济南西。临菑：古地名，在今山东淄博东。[17] 济北郡：汉郡名，治所在今山东长清南。[18] 著：古县名，在今山东临邑东南。漯(luó)阴：古县名，治所在今山东临邑。平原：古县名，治所在今山东平原西南。鬲(gé)：古县名，治所在今山东平原北。卢：古邑名，在今山东长清西南。[19] 上假密：古亭名，在今山东诸城东北。[20] 田广：齐国贵族田荣的儿子。田荣与其弟田横起兵反秦，自立为齐王。项羽代齐，田荣死，田荣弟田横立田广为齐王。[21] 守相：以相的身份留守的人。[22] 参归汉相印：曹参以右丞相身份与韩信攻齐，任务完成，故辞去相位。[23] 列侯：秦汉二十级爵的最高级，即第二十级，有封邑。[24] 剖符：将符剖分为二，帝王与诸侯各执其一，作为信物。[25] 除：去掉。[26] 陈豨：汉将，谋反被诛。事附《韩信卢绾列传》。[27] 黥布：即英布，初为楚将，后投刘邦，谋反被诛，事详见《黥布列传》。[28] 悼惠王：刘邦长子齐王刘肥的谥号。[29] 蕲：古县名，治今安徽宿州南。[30] 竹邑：古邑

名，在今安徽宿州北。相：古县名，治今安徽濉溪北。留：古县名，治今江苏沛县东南。[31] 凡下：共计攻取。[32] 大莫敖：战国时楚国的爵位名，相当于卿一级。[33] 候：军候，秦代军队中管理事务工作的官。

孝惠帝元年[1]，除诸侯相国法[2]，更以参为齐丞相。参之相齐[3]，齐七十城。天下初定，悼惠王富于春秋[4]，参尽召长老诸生[5]，问所以安集百姓[6]，如齐故诸儒以百数[7]，言人人殊[8]，参未知所定。闻胶西有盖公[9]，善治黄老言[10]，使人厚币[11]请之。既见盖公，盖公为言治道[12]贵清静而民自定，推此类具言之。参于是避正堂[13]，舍盖公焉[14]。其治要用黄老术，故相齐九年，齐国安集，大称贤相。

惠帝二年，萧何卒[15]。参闻之，告舍人趣治行[16]："吾将入相。"居无何[17]，使者果召参。参去[18]，属其后相曰[19]："以齐狱市为寄[20]，慎勿扰也[21]。"后相曰："治无大于此者乎[22]？"参曰："不然。夫狱市者，所以并容也[23]，今君扰之，奸人安所容也[24]？吾是以先之[25]。"

参始微时[26]，与萧何善；及为将相，有郤[27]。至何且死，所推贤唯参。参代何为汉相国，举事无所变更[28]，一遵萧何约束[29]。

择郡国吏木诎于文辞[30]，重厚长者[31]，即召除为丞相史[32]。吏之言文刻深[33]，欲务声名者[34]，辄斥去之[35]。日夜饮醇酒[36]。卿大夫已下吏及宾客见参不事事[37]，来者皆欲有言。至者，参辄饮以醇酒，间之[38]，欲有所言，复饮之，醉而后去，终莫得开说[39]，以为常。

相舍后园近吏舍[40]，吏舍日饮歌呼[41]。从吏恶之[42]，无如之何，乃请参游园中，闻吏醉歌呼，从吏幸相国召按之[43]。乃反取酒张坐[44]饮，亦歌呼与相应和。

参见人之有细过[45]，专掩匿覆盖之[46]，府中无事。

参子窋为中大夫[47]。惠帝怪相国不治事，以为"岂少朕与"[48]？乃谓窋曰："若归[49]，试私从容问而父曰[50]：'高帝新弃群臣[51]，帝富于春秋，君为相，日饮，无所请事[52]，何以忧天下乎[53]？'然无言吾告若也。"窋既洗沐归[54]，间侍[55]，自从其所[56]谏参。参怒，而答窋二百[57]，曰："趣入侍，天下事非若所当言也[58]。"至朝时，惠帝让参曰[59]："与窋胡治乎[60]？乃者我使谏君也[61]。"参免冠谢曰[62]："陛下自察圣武孰与高帝[63]？"上曰："朕乃安敢望先帝乎[64]！"曰："陛下观臣能孰与萧何贤？"上曰："君似不及也。"参曰："陛下言之是也。且高帝与萧何定天下，法令既明，今陛下垂拱[65]，参等守职，遵而勿失[66]，不亦可乎？"惠帝曰："善。君休矣[67]！"

参为汉相国，出入三年。卒，谥懿侯[68]。子窋代侯[69]。百姓歌之曰："萧何为法[70]，顜若画一[71]；曹参代之，守而勿失。载其清净[72]，民以宁一[73]。"

段 意

叙曹参任齐丞相、汉相国期间的治国主张和生动事迹。相齐接受盖公的主张，运用黄老思想，"清静而民自定"；相汉"一遵萧何约束"，受到百姓的称颂。

注 释

[1] 孝惠帝元年：即公元前 194 年。孝惠帝，刘邦的儿子刘盈的谥号。[2] 除诸侯相国法：废除诸侯国设相国的法令，改为丞相。[3] 相齐：做齐国守相。以守相代汉王朝中央监护诸王。[4] 富于春秋：很年轻。春秋，指年龄。[5] 长老：指年高望重者。诸生：指众儒生。[6] 所以安集百姓：用以安抚百姓的办法。集，通"辑"，和顺。[7] 如齐故诸儒以百数：而齐国原众儒生有数百人。如，而。[8] 言人人殊：诸儒所言，各不相同。[9] 胶西：汉郡名，治今山东高密西南。盖公：姓盖，不知其名，"公"是尊称。[10] 善治：善于研究。黄老言：黄老学派的学说。黄老，汉初道家学派托名黄帝、老子，主张无为而治。[11] 厚币：贵重礼物。[12] 治道：治国办法。[13] 避正堂：让出正堂。正堂，守相府

的主房。[14] 舍盖公焉：让盖公住在那里。[15] 卒：死。[16] 舍人：战国、汉初王公贵官的侍从官员。趣治行：赶快准备行装。趣，同"促"。[17] 居无何：过了不久。[18] 参去：曹参离开齐国。[19] 后相：齐相的继任人。[20] 以齐狱市为寄：把齐国的刑狱和贸易市场托付给你。[21] 扰：干涉。[22] 治无大于此者乎：治道没比这更要紧的吗？[23] 并容：好人坏人都可以生存活动。[24] 奸人安所容：奸人容纳的地方在哪里呢？[25] 是以先之：因此首先托付这件事。避免奸人无路可走而四出作乱。[26] 微时：微贱的时候。[27] 郤（xì）：通"隙"，隔阂。论功行封时引起，详见《萧相国世家》。[28] 举事：一切事。举，全。[29] 一：全部。约束：规定。[30] 木讷（qū）于文辞：质朴而不善于言辞。木讷，质朴而不善言。讷，言语钝拙。文辞，有文藻的语言。[31] 重厚长者：性情谨重厚道的人。[32] 除：古代拜官授职叫"除"。丞相史：丞相的属官。[33] 言文刻深：死抠法令条文，对人语言苛刻。[34] 欲务声名：想追求能吏名声。[35] 辄斥去之：就斥责开除他。[36] 醇酒：浓酒。醇，酒质厚。[37] 已：通"以"。不事：不做事，指没有兴革。[38] 间之：过了一会儿。间，隔。[39] 开说：开口说话，进言。开，有所启白。[40] 相舍：丞相的住处。吏舍：官吏的住处。[41] 日：每日。歌呼：唱歌呼叫。[42] 从吏：幕僚属员。[43] 幸：希望。按：检查处理。[44] 张坐：摆开坐席。[45] 细过：小过错。[46] 专掩匿覆盖之：专门为他隐瞒包庇。[47] 窋（zhú）：曹参的儿子名。中大夫：官阶名，备议论差遣的顾问官员。[48] 岂少朕与：岂不是轻视我吗？少，轻视。朕，皇帝自称。[49] 若：通"汝"，你。[50] 私：私下。而：你。[51] 弃群臣：扔下群臣，即"死"的避讳说法。[52] 请事：问事，理事。请，问。[53] 何以忧天下：怎能去关心天下呢？[54] 洗沐：指休假。汉制官员五天一休息，内廷官员大都在这天洗澡沐发。[55] 间侍：乘间侍奉（父）。[56] 自从其所：作为自己的所见（看法）。[57] 笞：鞭打。[58] 趣入侍，天下事非若所当言也：快回宫侍奉皇帝，治天下的事不是你应当说的。[59] 让：责备。[60] 与窋胡治乎：即"胡与治窋乎，为什么要惩治曹窋呢？[61] 乃者：先前。[62] 免冠谢：脱帽谢罪。[63] 陛下自察圣武孰与高帝：（请）皇上自己想想，圣明英武与高帝比谁强些？[64] 朕乃安敢望先帝乎：我怎敢与先帝相比呢！望，比望。先帝，指刘邦。[65] 垂拱：垂衣拱手，形容无为而治的神态。[66] 勿失：保持好。[67] 君休矣：你休息去吧。意谓不要再说了。[68] 谥：古代帝王大臣死后据其生前事迹给予的称号。[69] 代侯：继承侯爵。[70] 为法：制定法令。[71] 颣（jiǎng）若画一：明白公正，官民标准一致。颣若，古音通"皎然"，明白。画一，赏罚标准一致。[72] 载：通"戴"，感戴。[73] 宁一：安宁不乱。

平阳侯窋，高后时为御史大夫[1]。孝文帝立，免为侯[2]。立二十九年卒，谥为静侯。子奇代侯，立七年卒，谥为简侯。子时代侯。时尚平阳公主[3]，生子襄。时病疠[4]，归国[5]。立二十三年卒，谥夷侯。子襄代侯。襄尚卫长公主[6]，生子宗。立十六年卒，谥为共侯。子宗代侯。征和二年中[7]，宗坐太子死[8]，国除[9]。

段 意

叙曹参后代袭爵情况。

注 释

[1] 高后：刘邦的皇后吕雉。御史大夫：秦汉时官名，相当于副丞相，监察百官。[2] 孝文帝：刘邦第四子刘恒的谥号。免：免去御史大夫。为侯：封为平阳侯。[3] 尚：娶公主为妻。平阳公主：汉武帝姐姐。[4] 疠：癞病，即麻风病。[5] 归国：回到封邑。国，指平阳侯封邑。[6] 卫长公主：汉武帝卫皇后所生女。[7] 征和二年：公元前91年。[8] 坐太子死：因牵连戾太子巫蛊案被杀。戾太子事详见《汉书·赵充国传》。[9] 国除：所继承的侯国被撤销。

太史公曰：曹相国参攻城野战之功所以能多若此者，以与淮阴侯俱[1]。及信已灭，而列侯成功[2]，唯独参擅其名[3]。参为汉相国，清静极言合道[4]。然百姓离秦之酷后[5]，参与休息无为，故天下俱称其美矣。

段 意

写司马迁对曹参的评价。

注 释

[1] 以与淮阴侯俱：是因为和韩信共同作战。意谓沾了韩信的光。[2] 成功：成就功名，指论功行封。[3] 擅：独占。指曹参战功第一。[4] 合道：符合道家的主张。道，即盖公所言治道。[5] 离秦之酷：遭秦朝的酷虐政策。离，通"罹"，遭受。

（陈兰村）

留侯世家

提 示

张良（？—前189），字子房，是汉高祖刘邦最主要的谋臣之一。他身为韩国贵公子，年轻时尚侠好勇，为复国仇，曾在博浪沙狙击秦始皇，失败后逃匿下邳，遇黄石公，得到《太公兵法》。后投身于反秦的社会运动中，经过十年磨炼，遂由浮躁轻率变为深沉明智、识机知变。作品主要选择一些有关天下存亡的大事来刻画张良的性格特征，如替沛公解鸿门之危，荐韩信、彭越、黥布三雄以灭项羽，谏止刘邦立六国之后，支持刘敬议迁都，劝太子迎商山四皓以固国本。这些描写，一方面表现了张良对刘邦的赤胆忠心，所以在其他开国功臣或被残害，或受猜忌的情况下，张良却始终受到刘邦的尊重，成为中国历史上一个典型的"王者师"；另一方面又表现了张良超乎群伦的足智多谋，使他成为一个智者典型而名垂后世。最后，他功成后急流勇退，全身避祸，又是一个善于明哲保身的代表人物。全篇笔调舒缓，虚实相映，详略适宜，首尾呼应，文学性极强，是脍炙人口的传记文学名作。

留侯张良者[1]，其先韩人也[2]。大父开地[3]，相韩昭侯[4]、宣惠王[5]、襄哀王[6]。父平，相釐王[7]、悼惠王[8]。悼惠王二十三年[9]，平卒。卒二十岁，秦灭韩。良年少，未宦事韩[10]。韩破，良家僮三百人[11]，弟死不葬[12]，悉以家财求客刺秦王，为韩报仇，以大父、父五世相韩故。

良尝学礼淮阳[13]。东见仓海君[14]，得力士，为铁椎重百二十斤[15]。秦皇帝东游，良与客狙击秦皇帝博浪沙中[16]，误中副车[17]。秦皇帝大怒，大索天下[18]，求贼甚急，为张良故也。良乃更名姓，亡匿下邳[19]。

段 意

写张良年轻时毁家纾难，在博浪沙狙击秦始皇的豪侠行为。

注 释

[1]留侯：张良的封号。留，秦县名，治今江苏沛县东南。[2]先：祖先。[3]大父：祖父。[4]韩昭侯：韩国第六代国君，名武，前358年至前333年在位。[5]宣惠王：昭侯之子，前332年至前312年在位。韩国于此时始称王。[6]襄哀王：名仓，宣惠王之子，前311年至前296年在位。[7]釐王：名咎，襄哀王之子，前295年至前273年在位。[8]悼惠王：又称桓惠王，釐王之子，前272年至前239年在位。[9]悼惠王二十三年：前250年。[10]未宦事韩：没有在韩国做官。宦，做官。[11]僮：仆人。[12]不葬：指为节省钱财，不以礼安葬。[13]淮阳：故陈地，即今河南淮阳。[14]仓海君：当时的隐士。[15]椎：通"锤"，一种有柄的铁锤。[16]狙（jū）击：暗中袭击。博浪沙：古地名，在今河南原阳境。[17]副车：随从乘坐的车子。[18]索：搜捕、通缉。[19]下邳：在今江苏邳州南。

良尝闲从容步游下邳圯上[1]，有一老父，衣褐[2]，至良所，直堕其履圯下[3]，顾谓良曰："孺子[4]，下取履！"良鄂然[5]，欲殴之，为其老，强忍，下取履。父曰："履我[6]！"良业为取履[7]，因长跪履之。父以足受，笑而去。良殊大惊，随目之。父去里所[8]，复还，曰："孺子可教矣。后五日平明，与我会此。"良因怪之，跪曰："诺。"五日平明，良往。父已先在，怒曰："与老人期[9]，后，何也？"去，曰："后五日早会。"五日鸡鸣，良往。父又先在，复怒曰："后，何也？"去，曰："后五日复早来。"五日，良夜未半往。有顷[10]，父亦来，喜曰："当如是。"出一编书[11]，曰："读此则为王者师矣。后十年兴[12]。十三年孺子见我济北[13]，穀城山下黄石即我矣[14]。"遂去，无他言，不复见。且日视其书，乃《太公兵法》也[15]。良因异之，常习诵读之。

居下邳，为任侠。项伯常杀人[16]，从良匿[17]。

段　意

写张良亡匿下邳，遇黄石公，得《太公兵法》，遂隐忍勤学，静观时变。

注　释

[1]闲：闲暇。从容：随便的样子。圯（yí）：桥。[2]衣褐：穿着粗布短衣。[3]直堕：故意掉下。[4]孺子：小伙子。[5]鄂然：鄂通"愕"，惊讶的样子。[6]履我：给我穿上鞋子。[7]业：既然，已经。[8]里所：一里光景。[9]期：约会。[10]有顷：过了一会儿。[11]一编书：即一本书。编，通"篇"。[12]兴：兴起。指政局会有变动，张良将有所作为。[13]济北：济水之北。[14]穀城山：又名黄山，在今山东东阿东北。[15]《太公兵法》：相传是西周姜太公所著的兵书。[16]项伯：名缠，项羽族叔，入汉朝封为射阳侯。常：通"尝"，曾经。[17]从良匿：依靠张良的帮助躲藏起来。

后十年[1]，陈涉等起兵，良亦聚少年百余人。景驹自立为楚假王[2]，在留。良欲往从之，道遇沛公。沛公将数千人，略地下邳西[3]，遂属焉。沛公拜良为厩将[4]。良数以《太公兵法》说沛公，沛公善之，常用其策。良为他人者，皆不省[5]。良曰："沛公殆天授[6]。"故遂从之，不去见景驹。

及沛公之薛[7]，见项梁。项梁立楚怀王。良乃说项梁曰："君已立楚后，而韩诸公子横阳君成贤[8]，可立为王，益树党[9]。"项梁使良求韩成，立以为韩王。以良为韩申徒[10]，与韩王将千余人西略韩地，得数城，秦辄复取之，往来为游兵颍川[11]。

沛公之从雒阳南出轘辕[12]，良引兵从沛公，下韩十余城，击破杨熊军[13]。沛公乃令韩王成留守阳翟[14]，与良俱南，攻下宛[15]，西入武关[16]。沛公欲以兵二万人击秦峣下军[17]，良说曰："秦兵尚强，未可轻。臣闻其将屠者子[18]，贾竖易动以利[19]。愿沛公且留壁[20]，使人先行，为五万人具食[21]，益为张旗帜诸山上，为疑兵，令郦食其持重宝啖秦将[22]。"秦将果畔，欲连和俱西袭咸阳，沛公欲听之。良曰："此独其将欲叛耳，恐士卒不从。不从必危，不如因其解击之[23]。"沛公乃引兵击秦军，大破之。（遂）〔逐〕北至蓝田[24]，再战，秦兵竟败。遂至咸阳，秦王子婴降沛公。

沛公入秦宫，宫室帷帐狗马重宝妇女以千数，意欲留居之。樊哙谏沛公出舍[25]，沛公不听。良曰："夫秦为无道，故沛公得至此。夫为天下除残贼，宜缟素为资[26]。今始入秦，即安其乐，此所谓'助桀为虐'。且'忠言逆耳利于行，毒药苦口利于病[27]'，愿沛公听樊哙言。"沛公乃还军霸上[28]。

项羽至鸿门下[29]，欲击沛公，项伯乃夜驰入沛公军，私见张良，欲与俱去。良曰："臣为韩王送沛公[30]，今事有急，亡去不义。"乃具以语沛公。沛公大惊，曰："为将奈何？"良曰："沛公诚欲倍项羽邪[31]？"沛公曰："鲰生教我距关无内诸侯[32]，秦地可尽王，故听之。"良曰："沛公自度能却项羽乎？"沛公默然良久，曰："固不能也。今为奈何？"良乃固要项伯[33]。项伯见沛公。沛公与饮为寿，结宾婚[34]。令项伯具言沛公不敢倍项羽，所以距关者，备他盗也。及见项羽后解，语在项羽事中[35]。

汉元年正月[36]，沛公为汉王，王巴蜀[37]。汉王赐良金百溢[38]，珠二斗，良具以献项伯。汉王亦因令良厚遗项伯，使请汉中地[39]。项王乃许之，遂得汉中地。汉王之国，良送至褒中[40]，遣良归韩。良因说汉王曰："王何不烧绝所过栈道[41]，示天下无还心，以固项王意。"乃使良还。行，烧绝栈道。

良至韩，韩王成以良从汉王故，项王不遣成之国，从与俱东。良说项王曰："汉王烧绝栈道，无还心矣。"乃以齐王田荣反书告项王[42]。项王以此无西忧汉心，而发兵北击齐。

项王竟不肯遣韩王，乃以为侯，又杀之彭城[43]。良亡，间行归汉王[44]。汉王亦已还定三秦矣[45]，复以良为成信侯，从东击楚。至彭城，汉败而还。至下邑[46]，汉王下马踞鞍而问曰[47]："吾欲捐关以东等弃之，谁可与共功者?"[48]良进曰："九江王黥布，楚枭将[49]，与项王有郤[50]；彭越与齐王田荣反梁地：此两人可急使。而汉王之将独韩信可属大事，当一面。即欲捐之，捐之此三人，则楚可破也。"汉王乃遣随何说九江王布[51]，而使人连彭越。及魏王豹反[52]，使韩信将兵击之，因举燕、代、齐、赵[53]。然卒破楚者，此三人力也。

张良多病，未尝特将也[54]，常为画策臣，时时从汉王。

汉三年[55]，项羽急围汉王荥阳[56]，汉王恐忧，与郦食其谋桡楚权[57]。食其曰："昔汤伐桀，封其后于杞[58]。武王伐纣，封其后于宋[59]。今秦失德弃义，侵伐诸侯社稷，灭六国之后，使无立锥之地[60]。陛下诚能复立六国后世，毕已受印[61]，此其君臣百姓必皆戴陛下之德，莫不乡风慕义[62]，愿为臣妾。德义已行，陛下南乡称霸，楚必敛衽而朝[63]。"汉王曰："善。趣刻印[64]，先生因行佩之矣[65]。"

食其未行，张良从外来谒。汉王方食，曰："子房前[66]，客有为我计桡楚权者。"具以郦生语告，曰："于子房何如?"良曰："谁为陛下画此计者? 陛下事去矣。"汉王曰："何哉?"张良对曰："臣请藉前箸为大王筹之[67]。"曰："昔者汤伐桀而封其后于杞者，度能制桀之死命也。今陛下能制项籍之死命乎?"曰："未能也。""其不可一也。武王伐纣，封其后于宋者，度能得纣之头也。今陛下能得项籍之头乎?"曰:"未能也。""其不可二也。武王入殷[68],表商容之闾[69],释箕子之拘[70],封比干之墓[71]。今陛下能封圣人之墓,表贤者之闾,式智者之门乎[72]?"曰:"未能也。""其不可三也。发巨桥之粟[73],散鹿台之钱[74],以赐贫穷。今陛下能散府库以赐贫穷乎?"曰:"未能也。""其不可四矣。殷事已毕,偃革为轩[75],倒置干戈,覆以虎皮,以示天下不复用兵。今陛下能偃武行文,不复用兵乎?"曰:"未能也。""其不可五矣。休马华山之阳[76],示以无所为。今陛下能休马无所用乎?"曰:"未能也。""其不可六矣。放牛桃林之阴[77],以示不复输积[78]。今陛下能放牛不复输积乎?"曰:"未能也。""其不可七矣。且天下游士离其亲戚,弃坟墓,去故旧,从陛下游者,徒欲日夜望咫尺之地[79]。今复六国,立韩、魏、燕、赵、齐、楚之后,天下游士各归事其主,从其亲戚[80],反其故旧坟墓,陛下与谁取天下乎?其不可八矣。且夫楚唯无强[81],六国立者复桡而从之[82],陛下焉得而臣之?诚用客之谋,陛下事去矣。"汉王辍食吐哺[83],骂曰:"竖儒[84],几败而公事[85]!"令趣销印。

汉四年[86],韩信破齐而欲自立为齐王,汉王怒。张良说汉王,汉王使良授齐王信印,语在淮阴事中。

其秋,汉王追楚至阳夏南[87],战不利而壁固陵[88],诸侯期不至。良说汉王,汉王用其计,诸侯皆至。语在项籍事中。

段 意

写张良跟随刘邦攻入咸阳,推翻了秦王朝的统治,又为刘邦出谋划策,解鸿门之危,用三雄之力,弃复立六国之策,终于灭了项羽,为汉王朝的建立做出了杰出贡献。

注　释

[1] 后十年：即博浪沙狙击后十年，公元前 209 年。[2] 景驹：楚国的后裔，为秦嘉所立。假王：临时的王。[3] 略地：扩占地盘。[4] 厩（jiù）将：管理军马的官。[5] 省（xǐng）：明白、理解。[6] 殆：几乎、差不多。天授：天才。[7] 薛：秦县名，在今山东滕州东南。[8] 诸公子：指诸侯国君主无继承权的儿子。横阳君成：即韩成，封横阳君。公元前 208 年被立为韩王，数月后被项羽所杀。[9] 益树党：多增加一些同盟的势力。益，增加。树，建立。党，同伙，指同盟力量。[10] 申徒：即司徒，职位与丞相相仿。[11] 往来为游兵颍川：在颍川境内来来去去打游击。颍川，秦郡名，韩故地，治阳翟，在今河南禹州。[12] 轘辕（huányuán）：山名，在今河南偃师东南。[13] 杨熊：秦朝将领。后因战事失利被秦二世处死。[14] 阳翟：在今河南禹州。[15] 宛：秦县名，治今河南南阳。[16] 武关：在今陕西丹凤东南。[17] 峣下：峣关之下。峣关又叫蓝田关，在今陕西蓝田东南。[18] 屠者：屠夫。[19] 贾竖：对商人的轻视称呼。[20] 留壁：留守军营，暂不前进。[21] 为五万人具食：准备五万人吃用的粮饷。[22] 郦食其（yìjī）：刘邦的谋士，《史记》有传。啖：吃，这里指以利引诱。[23] 解：通"懈"。[24] 蓝田：秦县名，治今陕西蓝田西。[25] 樊哙：刘邦手下的将领，《史记》有传。[26] 宜缟素为资：应该以生活俭朴为凭借。缟素，白绢，指生活节俭。资，凭借。[27] 毒药：性质猛烈的药物。毒，狠、烈。[28] 霸上：地名，在今陕西西安东南古霸水西岸。[29] 鸿门：古地名，在今陕西临潼东，今称项王营。[30] 送：跟从。[31] 倍：通"背"，背叛。[32] 鲰（zōu）生：骂人语，小人、小杂种。鲰，小鱼，以喻小人。[33] 固要：坚决邀请。[34] 结宾婚：结为朋友和儿女亲家。[35] 语在项羽事中：即有关刘邦与项羽鸿门相会之事，都记在《项羽本纪》中了。[36] 汉元年：公元前 206 年。[37] 巴蜀：今四川、重庆一带。[38] 溢：通"镒"，廿四两为一镒。[39] 汉中：秦郡名，郡治南郑，在今陕西汉中。[40] 褒中：古邑名，在今陕西勉县境内。[41] 栈道：在险峻的山岩上用竹木架成的通道。[42] 田荣：齐国贵族后裔，田儋从弟，事见《田儋列传》。反书：指反项羽的檄文之类。[43] 彭城：地名，在今江苏徐州，当时为项羽的都城。[44] 间行：走小路，秘密逃走。[45] 三秦：指关中地区，项羽曾封雍、塞、翟三王，合称三秦。[46] 下邑：秦县名，故治在今安徽砀山东。[47] 踞鞍：坐在卸下的马鞍上。[48] "吾欲捐关"一句：意谓我打算豁出函谷关以东的地区不要（用作封赏之资），谁可以（接受此赏）与我共同建立功业呢？捐，放弃。关，指函谷关。[49] 枭将：勇将、猛将。[50] 郄：同"隙"，仇隙、怨恨。[51] 随

何：汉初辩士，与陆贾齐名。[52] 魏王豹：魏豹是战国时魏王的后裔，因起义反秦被楚怀王立为魏王。[53] 举：攻下。[54] 特将：独自带兵作战。[55] 汉三年：公元前204年。[56] 荥阳：地名，在今河南荥阳东北。[57] 桡（náo）：削弱。楚权：项羽的势力。[58] 杞：古国名，在今河南杞县。[59] 宋：古国名，都今河南商丘。[60] 无立锥之地：没有插一个锥尖的地方。[61] 毕：尽。印：指封爵的凭信。[62] 乡风：即向风，望风。慕义：仰慕其德义。[63] 敛衽而朝：整肃衣裳恭敬地前来朝拜。[64] 趣刻印：赶快刻治印章。趣，同"促"，迅速。[65] 因行佩之矣：出发时就可以把印信带去了。[66] 前：过来。[67] 臣请藉前箸为大王筹之：我请求用你面前吃饭的筷子作筹码算一下。箸，筷子。[68] 殷：指殷都朝歌，在今河南淇县。[69] 表商容之闾：在商容住过的地方立表以彰显之。商容，纣时贤人，谏纣不听，遂隐居太行山中。[70] 箕子：名胥余，纣王之叔，谏纣不听，佯狂为奴，被纣囚禁，后被武王释放。拘：囚禁。[71] 比干：纣王叔父，官少师，因力谏纣王，被剖心而死。封墓：修坟。[72] 式智者之门：经过智者的门口，俯身按着车把表示敬意。式，同"轼"，车上扶手横木，这里作动词用。[73] 巨桥：纣时粮仓之名，故址在今河北曲周东北。[74] 鹿台：古台名，纣王曾将大量钱财储藏于此。故址在今河南淇县。[75] 偃革为轩：废除兵车，改造成为乘车。革，兵车。轩，有篷的坐车。[76] 休马：放马休息。华山：在今陕西华阴。阳：山南。[77] 放牛：让牛休息，即停止用牛运输。桃林：地名，在今陕西潼关东。[78] 输积：运输与积聚。[79] 望咫尺之地：希望得到一块封地。[80] 从其亲戚：指回到家乡、亲人那里去了。[81] 楚唯无强：没有比楚更强的。[82] 复桡：复为楚所屈服。桡，屈服。[83] 辍食：中断吃饭。吐哺：吐出口中的食物。[84] 竖儒：这个儒生小子。[85] 而公：你老子。[86] 汉四年：公元前203年。[87] 阳夏：秦县名，治今河南太康。[88] 固陵：秦县名。治今河南太康县南。壁：筑垒固守。

汉六年正月[1]，封功臣。良未尝有战斗功，高帝曰："运筹策帷帐中[2]，决胜千里外，子房功也。自择齐三万户[3]。"良曰："始臣起下邳，与上会留，此天以臣授陛下。陛下用臣计，幸而时中[4]，臣愿封留足矣，不敢当三万户。"乃封张良为留侯，与萧何等俱封。

（六年）上已封大功臣二十余人，其余日夜争功不决，未得行封。上在雒阳南宫，从复道望见诸将往往相与坐沙中语[5]。上曰："此何语?"留侯曰："陛下不知乎?此谋反耳。"上曰："天下属安定[6]，何故反乎?"留侯曰："陛下起布衣，以此属取天下，今陛下为天子，而所封皆萧、曹故人所亲爱，而所诛者皆生平所仇怨。今军吏计功，以天下不足遍封，此属畏陛下不能尽封，恐又见疑平生过失及诛[7]，故即相聚谋反耳。"上乃忧曰："为之奈何?"留侯曰："上平生所憎，群臣所共知，谁最甚者?"上曰："雍齿与我故[8]，数尝窘辱我。我欲杀之，为其功多，故不忍。"留侯曰："今急先封雍齿以示群臣，群臣见雍齿封，则人人自坚矣[9]。"于是上乃置酒，封雍齿为什方侯[10]，而急趣丞相、御史定功行封。群臣罢酒，皆喜曰："雍齿尚为侯，我属无患矣。"

刘敬说高帝曰[11]："都关中。"上疑之。左右大臣皆山东人[12]，多劝上都雒阳："雒阳东有成皋，西有殽、黾[13]，倍河[14]，向伊、雒[15]，其固亦足恃。"留侯曰："雒阳虽有此固，其中小[16]，不过数百里，田地薄，四面受敌，此非用武之国也。夫关中左殽、函，右陇、蜀[17]，沃野千里，南有巴蜀之饶，北有胡苑之利[18]，阻三面而守，独以一面东制诸侯。诸侯安定，河、渭漕挽天下[19]，西给京师；诸侯有变，顺流而下，足以委输[20]。此所谓金城千里，天府之国也，刘敬说是也。"于是高帝即日驾[21]，西都关中。

留侯从入关。留侯性多病，即道引不食谷[22]，杜门不出岁余。

段　意

写张良劝刘邦封雍齿、都关中，为安定人心，巩固新政权起了积极作用，以及他功成身退的行为。

[1] 汉六年：公元前 201 年。[2] 运筹策帷帐中：坐在军帐中运谋定计。帷帐，营幕。[3] 自择齐三万户：令张良自己选择齐地三万户作为封邑。[4] 幸而时中：偶然预料准确。[5] 复道：连接宫殿的空中阁道。[6] 属：刚刚。[7] 平生：平时。[8] 雍齿：沛人，随刘邦起兵，不久叛去归魏，后又归汉，故刘邦恨之切齿。[9] 自坚：自安。内心踏实。[10] 什方：在今四川什邡。[11] 刘敬：齐人，本姓娄，因献西都关中之策，赐姓刘。《史记》有传。[12] 山东：指函谷关以东地区。[13] 殽、黾：殽山与渑池县，为洛阳西边屏障。[14] 倍河：背靠黄河。倍，通"背"。[15] 向伊、雒：面对伊水和雒水。[16] 其中小：指其中平原之地很小。[17] 陇、蜀：陇山和岷山。陇山在今陕西陇县西北，岷山在今四川与甘肃界上，二山相连。[18] 胡苑：匈奴所居的大草场。苑，牧场。[19] 河、渭漕挽天下：黄河、渭水一带可以用船和车运输天下的粮食。漕，水路运输。挽，拉车。[20] 委输：转运，指运输粮草供应前线。[21] 即日驾：当天就下令准备好车马，等待出发。[22] 道引：即导引，道家调运气息、吐纳修养的保健法。

上欲废太子[1]，立戚夫人子赵王如意[2]。大臣多谏争，未能得坚决者也。吕后恐，不知所为。人或谓吕后曰："留侯善画计筴[3]，上信用之。"吕后乃使建成侯吕泽劫留侯[4]，曰："君常为上谋臣，今上欲易太子，君安得高枕而卧乎？"留侯曰："始上数在困急之中，幸用臣筴。今天下安定，以爱欲易太子，骨肉之间，虽臣等百余人何益。"吕泽强要曰[5]："为我画计。"留侯曰："此难以口舌争也。顾上有不能致者[6]，天下有四人[7]。四人者年老矣，皆以为上慢侮人，故逃匿山中，义不为汉臣。然上高此四人。今公诚能无爱金玉璧帛，令太子为书，卑辞安车[8]，因使辩士固请，宜来[9]。来，以为客，时时从入朝，令上见之，则必异而问之。问之，上知此四人贤，则一助也。"于是吕后令吕泽使人奉太子书，卑辞厚礼，迎此四人。四人至，客建成侯所。

汉十一年[10]，黥布反，上病，欲使太子将[11]，往击之。四人相谓曰："凡来者，将以存太子。太子将兵，事危矣。"乃说建成侯曰："太子将兵，有功则位不益太子[12]；无功还，则从此受祸矣。且太子所与俱诸将[13]，皆尝与上定天下枭将也，今使太子将之，此无异使羊将狼也，皆不肯为尽力，其无功必矣。臣闻'母爱者子抱[14]'，今戚夫人日夜侍御，赵王如意常抱居前，上曰'终不使不肖子居爱子之上[15]'，明乎其代太子位必矣。君何不急请吕后承间为上泣言[16]：'黥布，天下猛将也，善用兵，今诸将皆陛下故等夷[17]，乃令太子将此属，无异使羊将狼，莫肯为用。且使布闻之，则鼓行而西耳[18]。上虽病，强载辎车[19]，卧而护之[20]，诸将不敢不尽力。上虽苦，为妻子自强[21]。'"于是吕泽立夜见吕后，吕后承间为上泣涕而言，如四人意。上曰："吾惟竖子固不足遣[22]，而公自行耳[23]。"于是上自将兵而东，群臣居守，皆送至灞上。留侯病，自强起，至曲邮[24]，见上曰："臣宜从，病甚。楚人剽疾[25]，原上无与楚人争锋。"因说上曰："令太子为将军，监关中兵。"上曰："子房虽病，强卧而傅太子[26]。"是时叔孙通为太傅[27]，留侯行少傅事。

汉十二年[28]，上从击破布军归，疾益甚，愈欲易太子。留侯谏，不听，因疾不视事。叔孙太傅称说引古今，以死争太子[29]。上详许之[30]，犹欲易之。及燕[31]，置酒，太子侍。四人从太子，年皆八十有余，须眉皓白，衣冠甚伟。上怪之，问曰："彼何为者？"四人前对，各言名姓，曰东园公，角里先生[32]，绮里季，夏黄公。上乃大惊，曰："吾求公数岁，公辟逃我[33]，今公何自从吾儿游乎？"四人皆曰："陛下轻士善骂，臣等义不受辱，故恐而亡匿。窃闻太子为人仁孝，恭敬爱士，天下莫不延颈欲为太子死者，故臣等来耳。"上曰："烦公幸卒调护太子[34]。"

四人为寿已毕，趋去[35]。上目送之，召戚夫人指示四人者曰："我欲易之，彼四人辅之，羽翼已成，难动矣。吕后真而主矣[36]。"戚夫人泣，上曰："为我楚舞，吾为若楚歌[37]。"歌曰：

"鸿鹄高飞[38]，一举千里。羽翮已就[39]，横绝四海[40]。横绝四海，当可奈何！虽有矰缴[41]，尚安所施！"歌数阕[42]，戚夫人嘘唏流涕[43]，上起去，罢酒。竟不易太子者，留侯本招此四人之力也。

段　意

写张良献计，迎四皓以保扩太子，固国家根本。

注　释

[1] 太子：即刘盈，吕后生，后嗣位为惠帝。[2] 戚夫人：刘邦宠姬，后为吕后所杀。如意：刘邦第三子，戚姬生，封赵王，为吕后所杀。[3] 筴：同"策"。[4] 建成侯吕泽：吕泽封周吕侯，建成侯是吕释之，两人同为吕后兄，此处有误。劫：强迫。[5] 强要：强制要求。[6] 顾：但。不能致：邀请不到。[7] 四人：商山四皓，见下文。[8] 卑辞安车：谦虚的语词，舒适安稳的车子。[9] 宜来：应该会来。[10] 汉十一年：公元前196年。[11] 将：统率军队。[12] 位不益太子：地位不会比太子更高。[13] 太子所与俱诸将：和太子一起去迎击黥布的将领。[14] 母爱者子抱：意为母亲得宠，那么她的孩子也会常被父亲抱着宠爱。[15] 终：竟，无论怎样。不肖子：不成器的孩子。[16] 承间：找个机会。[17] 故等夷：原先的平辈人。[18] 鼓行而西：毫无顾忌地杀向京师。鼓行：击鼓行军。[19] 强载辎车：打起精神坐在有篷帐的车子里。[20] 卧而护之：躺在那里监督诸将进击。[21] 自强：勉强坚持，强打精神。[22] 惟：思考。竖子：指太子。固不足遣：本来就不适合担当这一任务。[23] 而公自行耳：你老子（我）亲自走一趟吧。[24] 曲邮：古地名，在今陕西临潼东。[25] 剽（piāo）疾：勇猛轻捷。[26] 傅：辅助、保护。[27] 叔孙通：汉初著名儒生，《史记》有传。太傅：即太子太傅，与太子少傅都是太子的辅导官。[28] 汉十二年：公元前195年。[29] 以死争太子：以死力争，求得保全太子地位。[30] 详许：假装答应。详，通"佯"。[31] 燕：通"宴"，一般宴饮。[32] 角（lù）里：复姓。[33] 辟：通"避"。[34] 幸卒调护太子：希望你们善始善终地照顾好太子。[35] 趋去：快步疾行而去。[36] 真而主：真是你的主人。[37] 若：你。[38] 鸿鹄：天鹅。[39] 羽翮（hé）：羽翼。[40] 横绝：横越。[41] 矰缴（zēngzhuó）：系有丝绳的短箭。矰，短箭。[42] 歌数阕：唱了几遍。[42] 嘘唏：叹气声。

留侯从上击代[1]，出奇计马邑下，及立萧何相国，所与上从容言天下事甚众，非天下所以存亡，故不著[2]。留侯乃称曰："家世相韩，及韩灭，不爱万金之资，为韩报雠强秦，天下振动。今以三寸舌为帝者师，封万户，位列侯[3]，此布衣之极[4]，于良足矣。愿弃人间事，欲从赤松子游耳[5]。"乃学辟谷[6]，道引轻身[7]。会高帝崩，吕后德留侯，乃强食之，曰："人生一世间，如白驹过隙[8]，何至自苦如此乎！"留侯不得已，强听而食。

后八年卒[9]，谥为文成侯，子不疑代侯[10]。

子房始所见下邳圯上老父与《太公书》者，后十三年从高帝过济北，果见穀城山下黄石，取而葆祠之[11]。留侯死，并葬黄石（冢）。每上冢伏腊，祠黄石[12]。

留侯不疑，孝文帝五年坐不敬[13]，国除。

段意

概述张良的奇计及遗事。

注释

[1] 击代：出兵攻打叛汉的代相陈豨。事在高祖十年（前197）秋。代，诸侯国名，都马邑，在今山西朔州。[2] 不著：不写入史书。[3] 位列侯：地位同于爵侯。[4] 布衣之极：一个平民富贵显达到了顶点。[5] 赤松子：传说中的仙人名。[6] 辟谷：即不食五谷。[7] 轻身：不吃烟火食，使身体变轻，以便飞升成仙。其实是张良的全身远祸之法。[8] 白驹过隙：意为人生短暂，就如白马奔驰越过缝隙一样。语出《庄子·知北游》："人生天地之间，若白驹之过隙。"[9] 后八年：公元前187年。[10] 子不疑代侯：张良的儿子不疑袭封为留侯。[11] 葆祠之：把黄石当珍宝一样供祭着。葆，同"宝"，珍爱。[12] 每上冢伏腊，祠黄石：每年在伏日和腊日祭祀留侯时，也同时祭祀黄石。伏，指夏季三伏天。腊，指冬季腊月。[13] 五年：公元前175年。坐不敬：因为犯了不敬之罪。

太史公曰：学者多言无鬼神，然言有物[1]。至如留侯所见老父予书，亦可怪矣。高祖离困者数矣[2]，而留侯常有功力焉，岂可谓非天乎？上曰："夫运筹策帷帐之中，决胜千里外，吾不如子房。"余以为其人计魁梧奇伟[3]，至见其图[4]，状貌如妇人好女[5]。盖孔子曰："以貌取人，失之子羽[6]。"留侯亦云[7]。

段 意

这是作者的论赞，总括张良的才智、功绩及其品貌。

注 释

[1] 物：精怪。[2] 高祖离困者数矣：刘邦遭到的困败有许多次。离，同"罹"，遭遇。[3] 计：大约、可能。[4] 图：画像。[5] 好女：漂亮女子。[6] 子羽：孔子弟子澹台灭明，状貌丑而有德行。此语出自《韩非子·显学》。[7] 留侯亦云：对留侯也是这样。

（俞樟华）

陈丞相世家

提 示

　　陈平（？—前178），是刘邦智囊集团中仅次于张良的重要谋臣。他少时家贫，却心怀大志，好黄老之术。陈涉起义时，他先投魏王咎，再从项羽，后归刘邦，终于深见信用，大展才智。在楚汉战争中，他用反间计离间项羽君臣，极大地削弱了楚军的力量和斗志。刘邦在荥阳和平城两次被围的生死关头，全靠陈平巧计解围，才化险为夷。汉王朝建立后，陈平又计擒韩信，与周勃等联手一举粉碎了诸吕之乱，避免了新造之汉的分裂。在建立和巩固汉政权的过程中，陈平做出了不可磨灭的贡献。但对于他在吕后王诸吕时丧失原则、明哲保身的行为，后人颇有微词。文章抓住陈平一生中的几件大事进行描写，选材集中，主旨明确，陈平作为一个足智多谋的形象，也塑造得栩栩如生，对后世小说中智者典型的创造，有一定影响。

　　陈丞相平者，阳武户牖乡人也[1]。少时家贫，好读书，有田三十亩，独与兄伯居[2]。伯常耕田，纵平使游学[3]。平为人长〔大〕美色[4]。人或谓陈平曰："贫何食而肥若是？"其嫂嫉平之不视家生产[5]，曰："亦食糠核耳[6]。有叔如此，不如无有。"伯闻之，逐其妇而弃之。

　　及平长，可娶妻，富人莫肯与者，贫者平亦耻之。久之，户牖富人有张负[7]，张负女孙五嫁而夫辄死，人莫敢娶。平欲得之。邑中有丧，平贫，侍丧[8]，以先往后罢为助[9]。张负既见之丧所，独视伟平[10]，平亦以故后去。负随平至其家，家乃负郭穷巷[11]，以弊席为门，然门外多有长者车辙[12]。张负归，谓其子仲曰[13]："吾欲以女孙予陈平。"张仲曰："平贫不事事[14]，一县中尽笑其所为，独奈何予女乎？"负曰："人固有好美如陈平而长贫贱者乎[15]？"卒与女。为平贫，乃假贷币以聘[16]，予酒肉之资以内妇[17]。负诫其孙曰："毋以贫故，事人不谨。事兄伯如事父，事嫂如母。"平既娶张氏女，赍用益饶[18]，游道日广。

里中社[19]，平为宰[20]，分肉食甚均。父老曰："善，陈孺子之为宰[21]！"平曰："嗟乎，使平得宰天下，亦如是肉矣！"

段　意

写陈平青年时代家境贫寒，但志向高远，故得到富人张负及里中父老的赏识。

注　释

[1]阳武：秦县名，治今河南原阳东南。[2]伯：老大。[3]纵：听凭、支持。游学：周游求学。[4]长大：身材高大。[5]视：同"事"。[6]糠核：糠中的谷粒。此泛指粗食。[7]张负：姓张的老妇。负：通"妇"。[8]侍丧：帮人料理丧事。[9]先往后罢为助：陈平给人帮忙，总是先到后走。为助：给人帮忙。[10]视伟平：看重陈平。[11]负郭穷巷：背靠城墙的简陋住房。[12]长者：德高望重的人。[13]仲：老二。[14]不事事：不从事治家生产。[15]人固有好美如陈平而长贫贱者乎：难道有像陈平这样仪表堂堂的人一辈子贫穷的吗？[16]假贷币以聘：把钱借给陈平，让他拿来作聘礼。[17]予酒肉之资以内妇：给陈平办酒席的钱以娶亲。内，同"纳"，娶。[18]赍用益饶：生活用度更加富裕阔绰。赍，同"资"，财货。[19]社：里中供奉土地神的地方。古代里中定期祭土地神，叫社祭。[20]宰：指社祭活动的主持人。[21]孺子：意为"这孩子""这小子"。

陈涉起而王陈，使周市略定魏地[1]，立魏咎为魏王，与秦军相攻于临济[2]。陈平固已前谢其兄伯[3]，从少年往事魏王咎于临济。魏王以为太仆[4]。说魏王，不听；人或谗之，陈平亡去。

久之，项羽略地至河上[5]，陈平往归之，从入破秦[6]，赐平爵卿[7]。项羽之东王彭城也，汉王还定三秦而东，殷王反楚[8]。项羽乃以平为信武君，将魏王咎客在楚者以往[9]，击降殷王而还。项王使项悍拜平为都尉，赐金二十溢。居无何[10]，汉王攻下殷（王）。项王怒，将诛定殷者将吏。陈平惧诛，乃封其金与印，使使归项王，而平身间行杖剑亡[11]。渡河[12]，船人见其美丈夫独行，疑其亡将，要中当有金玉宝器[13]，目之，欲杀平。平恐，乃解衣裸而佐刺船[14]。船人知其无有，乃止。

平遂至修武降汉[15]，因魏无知求见汉王，汉王召入。是时万石君奋为汉王中涓[16]，受平谒[17]，入见平[18]。平等七人俱进，赐食。王曰："罢，就舍矣[19]。"平曰："臣为事来，所言不可以过今日[20]。"于是汉王与语而说之[21]，问曰："子之居楚何官？"曰："为都尉。"是日乃拜平为都尉，使为参乘[22]，典护军[23]。诸将尽讙[24]，曰："大王一日得楚之亡卒，未知其高下，而即与同载，反使监护军长者！"汉王闻之，愈益幸平[25]。遂与东伐项王。至彭城，为楚所败。引而还，收散兵至荥阳，以平为亚将[26]，属于韩王信[27]，军广武[28]。

绛侯、灌婴等咸谗陈平曰[29]："平虽美丈夫，如冠玉耳[30]，其中未必有也。臣闻平居家时，盗其嫂[31]；事魏不容，亡归楚；归楚不中，又亡归汉。今日大王尊官之，令护军。臣闻平受诸将金，金多者得善处，金少者得恶处。平，反覆乱臣也，愿王察之。"汉王疑之，召让魏无知[32]。无知曰："臣所言者，能也；陛下所问者，行也[33]。今有尾生、孝己之行而无益处于胜负之数[34]，陛下何暇用之乎？楚汉相距，臣进奇谋之士，顾其计诚足以利国家不耳[35]。且盗嫂受金又何足疑乎?"汉王召让平曰:"先生事魏不中[36],遂事楚,而去,今又从吾游,信者固多心乎[37]?"平曰:"臣事魏王,魏王不能用臣说,故去事项王。项王不能信人,其所任爱,非诸项即妻之昆弟,虽有奇士不能用,平乃去楚。闻汉王之能用人,故归大王。臣裸身来,不受金无以为资。诚臣计画有可采者[38],(顾)〔愿〕大王用之;使无可用者,金具在[39],请封输官[40],得请骸骨[41]。"汉王乃谢,厚赐,拜为护军中尉[42],尽护诸将。诸将乃不敢复言。

段 意

写陈涉起义后,陈平先投魏王咎,再投项羽,俱不见信用,遂改投高祖刘邦,终于受到重用。

注 释

[1] 略定:平定。[2] 临济:古邑名,在今河南开封东北。[3] 固已前谢:本来已经辞别。[4] 太仆:管理帝王车马的官。[5] 河上:黄河边上。[6] 从人破秦:指跟从项羽入关灭秦。[7] 爵卿:有卿的爵位,但无实际职务。[8] 殷王:司马卬,项羽所封。[9] 将:率领。客:门客。[10] 居无何:过了不久。[11] 平身间行杖剑亡:陈平独自带着宝剑从小路逃走了。[12] 渡河:经过黄河。[13] 要:通"腰"。[14] 佐刺船:帮助划船。[15] 修武:古邑名,在今河南获嘉的小修武。[16] 万石君:名石奋,与四子皆官至二千石,合万石,故时人誉为万石君,《史记》有传。中涓:皇帝近侍,负责宫廷内洒扫诸事。[17] 谒:名片。[18] 入见平:指陈平入见刘邦。[19] 罢,就舍矣:意为吃完了就到住所休息。[20] 所言不可以过今日:要说的事情不能超过今天。[21] 说:同"悦"。[22] 参乘:官名,与王者同车,或主警卫,或是王者对臣下表亲近之意,此为后者。[23] 典护军:主管监督将士的官。[24] 尽谨:喧哗吵闹,表示不服。[25] 幸:亲近、信用。[26] 亚将:副将。[27] 韩王信:六朝时韩国的后代,名信,封韩王,《史记》有传。与淮阴侯韩信同时同名,而非一人。[28] 广武:古城名,在今河南荥阳北广武山上。[29] 绛侯:周勃。谗:说人坏话。[30] 如冠玉耳:像帽子上的美玉一样,只能做装饰,中看不中用。[31] 盗其嫂:与嫂私通。[32]

让：责备。[33] 行：操行。[34] 尾生：古代传说中坚守信约的人。孝己：殷高宗的儿子，以孝著名。[35] 顾其计诚足以利国家不耳：意谓关键是看他的计谋是否有利于国家。[36] 不中：不中用。[37] 信者固多心乎：有信用的人难道是这样三心二意的吗？[38] 计画：谋划。[39] 具：通"俱"，都。[40] 输官：送交国库。[41] 请骸骨：请求辞职的客气说法。[42] 护军中尉：原授典护军为名义之官，此为有职有实权的官，故诸将不敢再说什么了。

其后，楚急攻，绝汉甬道[1]，围汉王于荥阳城。久之，汉王患之，请割荥阳以西以和，项王不听。汉王谓陈平曰："天下纷纷，何时定乎？"陈平曰："项王为人，恭敬爱人，士之廉节好礼者多归之。至于行功爵邑[2]，重之[3]，士亦以此不附。今大王慢而少礼，士廉节者不来；然大王能饶人以爵邑[4]，士之顽钝嗜利无耻者亦多归汉[5]。诚各去其两短，袭其两长，天下指麾则定矣[6]。然大王恣侮人[7]，不能得廉节之士。顾楚有可乱者[8]，彼项王骨鲠之臣亚父、钟离眛、龙且、周殷之属[9]，不过数人耳。大王诚能出捐数万斤金，行反间，间其君臣，以疑其心，项王为人意忌信谗[10]，必内相诛。汉因举兵而攻之，破楚必矣。"汉王以为然，乃出黄金四万斤与陈平，恣所为[11]，不问其出入。

陈平既多以金纵反间于楚军，宣言诸将钟离眛等为项王将[12]，功多矣，然而终不得裂地而王，欲与汉为一，以灭项氏而分王其地。项羽果意不信钟离眛等。项王既疑之，使使至汉。汉王为太牢具[13]，举进。见楚使，即详惊曰[14]："吾以为亚父使，乃项王使！"复持去，更以恶草具进楚使[15]。楚使归，具以报项王。项王果大疑亚父。亚父欲急攻下荥阳城，项王不信，不肯听。亚父闻项王疑之，乃怒曰："天下事大定矣，君王自为之！愿请骸骨归！"归，未至彭城，疽发背而死[16]。陈平乃夜出女子二千人荥阳城东门，楚因击之，陈平乃与汉王从城西门夜出去。遂入关，收散兵复东。

其明年，淮阴侯破齐，自立为齐王，使使言之汉王。汉王大怒而骂，陈平蹑汉王[17]。汉王亦悟，乃厚遇齐使，使张子房卒立信为齐王。封平以户牖乡。用其奇计策，卒灭楚。常以护军中尉从定燕王臧荼[18]。

汉六年[19]，人有上书告楚王韩信反。高帝问诸将，诸将曰："亟发兵坑竖子耳[20]。"高帝默然。问陈平，平固辞谢，曰："诸将云何？"上具告之。陈平曰："人之上书言信反，有知之者乎？"曰："未有。"曰："信知之乎？"曰："不知。"陈平曰："陛下精兵孰与楚？"上曰："不能过。"平曰："陛下将用兵有能过韩信者乎？"上曰："莫及也。"平曰："今兵不如楚精，而将不能及，而举兵攻之，是趣之战也[21]，窃为陛下危之。"上曰："为之奈何？"平曰："古者天子巡狩[22]，会诸侯[23]。南方有云梦[24]，陛下弟出伪游云梦[25]，会诸侯于陈[26]。陈，楚之西界，信闻天子以好出游，其势必无事而郊迎谒。谒，而陛下因禽之，此特一力士之事耳。"高帝以为然，乃发使告诸侯会陈："吾将南游云梦。"上因随以行[27]。行未至陈，楚王信果郊迎道中。高帝豫具武士[28]，见信至，即执缚之，载后车。信呼曰："天下已定，我固当烹！"高帝顾谓信曰："若毋声[29]。而反，明矣！"武士反接之[30]，遂会诸侯于陈，尽定楚地。还至雒阳，赦信以为淮阴侯，而与功臣剖符定封[31]。

于是与平剖符，世世勿绝，为户牖侯。平辞曰："此非臣之功也。"上曰："吾用先生谋计，战胜克敌，非功而何？"平曰："非魏无知臣安得进？"上曰："若子可谓不背本矣[32]。"乃复赏魏无知。其明年，以护军中尉从攻反者韩王信于代。卒至平城[33]，为匈奴所围，七日不得食。高帝用陈平奇计，使单于阏氏[34]，围以得开。高帝既出，其计秘，世莫得闻。

高帝南过曲逆[35]，上其城，望见其屋室甚大，曰："壮哉县！

吾行天下，独见洛阳与是耳。"顾问御史曰[36]："曲逆户口几何?"对曰："始秦时三万余户，间者兵数起[37]，多亡匿，今见五千户。"于是乃诏御史，更以陈平为曲逆侯，尽食之[38]，除前所食户牖。

其后常以护军中尉从攻陈豨及黥布[39]。凡六出奇计，辄益邑，凡六益封。奇计或颇秘，世莫能闻也。

段 意

写陈平用反间计离间项羽君臣，用伪游云梦计擒拿韩信，凡六出奇计，辅助刘邦建立和初步稳定了汉帝国的经过。

注 释

[1] 甬道：两边筑有墙的通道，用以运送粮草。[2] 行功爵邑：意谓论功行赏。邑，分给土地。[3] 重：看重，吝啬。[4] 饶：多，指舍得给。[5] 顽钝：贪婪无气节。[6]"诚各去其两短"以下：项王和你假如能克服双方的缺点，发扬双方的长处，那么天下在挥手之间就可以平定了。[7] 恣侮人：肆意侮辱人。[8] 可乱者：可以拉拢、离间的人。[9] 骨鲠之臣：此指最重要的、起主心骨作用的大臣。亚父：范增，项羽主要谋士。钟离眜、龙且、周殷：皆楚名将。[10] 意忌：疑忌，多疑猜忌。[11] 恣所为：随便怎么用。[12] 宣言：公开散播。[13] 太牢具：牛羊豕三牲皆备的丰盛饭菜，是待客的最好礼数。[14] 详：同"佯"，假装。[15] 恶草具：粗劣的食品。[16] 疽（jū）：毒疮。[17] 蹑：踩。事详见《淮阴侯列传》。[18] 常：同"尝"。[19] 汉六年：公元前201年。[20] 亟（jí）：赶快、迅速。[21] 是趣之战也：这是促使韩信举兵反抗。趣，同"促"。[22] 巡狩：古代天子到诸侯境内视察叫巡狩。[23] 会诸侯：天子到某地，附近诸侯都需来朝见述职。[24] 云梦：湖泽名，在今湖北监利南。[25] 弟：但，姑且。[26] 陈：县名，治今河南淮阳。[27] 因随以行：立即出巡。[28] 豫具：预先准备。[29] 若毋声：你不要喊。[30] 反接之：反缚双手。[31] 剖符定封：把封赏的符券剖为两半，朝廷和被封人各持一半，以作凭信。[32] 若子：你小子。[33] 卒：后来。平城：治今山西大同东。[34] 单（chán）于：匈奴君主的称号。阏氏（yānzhī）：单于正妻，类如汉之皇后。[35] 曲逆：县名，县治在今河北顺平东

南。[36] 御史：掌管图书档案等资料的官。[37] 间者：指这段时间以来。[38] 尽食之：全县的赋税都归陈平所有。[39] 常：同"尝"，曾经。

　　高帝从破布军还，病创[1]，徐行至长安。燕王卢绾反，上使樊哙以相国将兵攻之。既行，人有短恶哙者[2]。高帝怒曰："哙见吾病，乃冀我死也[3]。"用陈平谋而召绛侯周勃受诏床下，曰："陈平亟驰传载勃代哙将[4]，平至军中即斩哙头！"二人既受诏，驰传未至军，行计之曰[5]："樊哙，帝之故人也，功多，且又乃吕后弟吕媭之夫[6]，有亲且贵，帝以忿怒故，欲斩之，则恐后悔。宁囚而致上，上自诛之。"未至军，为坛，以节召樊哙[7]。哙受诏，即反接载槛车[8]，传诣长安[9]，而令绛侯勃代将，将兵定燕反县[10]。

　　平行闻高帝崩，平恐吕太后及吕媭谗怒，乃驰传先去[11]。逢使者诏平与灌婴屯于荥阳。平受诏，立复驰至宫，哭甚哀，因奏事丧前。吕太后哀之，曰："君劳，出休矣。"平畏谗之就[12]，因固请得宿卫中[13]。太后乃以为郎中令[14]，曰："傅教孝惠[15]。"是后吕媭谗乃不得行。樊哙至，则赦，复爵邑。

　　孝惠帝六年[16]，相国曹参卒，以安国侯王陵为右丞相，陈平为左丞相。

　　王陵者，故沛人，始为县豪[17]。高祖微时，兄事陵。陵少文，任气，好直言。及高祖起沛，入至咸阳，陵亦自聚党数千人，居南阳，不肯从沛公。及汉王之还攻项籍，陵乃以兵属汉。项羽取陵母置军中，陵使至，则东乡坐陵母[18]，欲以招陵。陵母既私送使者，泣曰："为老妾语陵，谨事汉王。汉王，长者也，无以老妾故，持二心。妾以死送使者。"遂伏剑而死。项王怒，烹陵母。陵卒从汉王定天下。以善雍齿[19]，雍齿，高帝之仇，而陵本无意从高帝，以故晚封，为安国侯。

安国侯既为右丞相，二岁，孝惠帝崩。高后欲立诸吕为王，问王陵，王陵曰："不可。"问陈平，陈平曰："可。"吕太后怒，乃详迁陵为帝太傅[20]，实不用陵。陵怒，谢疾免，杜门竟不朝请[21]，七年而卒。

陵之免丞相，吕太后乃徙平为右丞相，以辟阳侯审食其为左丞相。左丞相不治[22]，常给事于中[23]。

食其亦沛人。汉王之败彭城，西，楚取太上皇、吕后为质，食其以舍人侍吕后[24]。其后从破项籍为侯，幸于吕太后。及为相，居中，百官皆因决事。

吕嬃常以前陈平为高帝谋执樊哙，数谗曰："陈平为相非治事，日饮醇酒，戏妇女。"陈平闻，日益甚。吕太后闻之，私独喜。面质吕嬃于陈平曰[25]："鄙语曰'儿妇人口不可用'，顾君与我何如耳[26]。无畏吕嬃之谗也。"

吕太后立诸吕为王，陈平伪听之[27]。及吕太后崩，平与太尉勃合谋，卒诛诸吕，立孝文皇帝，陈平本谋也[28]。审食其免相。

段　意

写陈平在吕太后执政期间，曲伸变化，明哲保身，最后与大臣合谋诛灭诸吕的经过。并附有王陵的事迹。

注　释

[1]病创：因受伤而生病。[2]短恶：诋毁。[3]冀：希望。[4]驰传：即驰驿。传，驿车。[5]行计之：在路上商量。[6]弟：古时称妹妹为女弟。吕嬃：吕后妹，嫁樊哙。[7]节：符节，使者所持的信验之物。[8]槛车：囚车。[9]传诣长安：用驿站的车马把樊哙押送到长安。[10]反县：反叛之县。[11]先去：先赶到京城，目的是向吕后表明心迹。[12]就：成功。[13]宿卫中：住守宫廷。目的是身近吕后，有事可早为之谋。[14]郎中令：九卿之一，掌管宫廷门户诸事。[15]傅教：辅导教育。[16]孝惠帝六年：公元前189年。[17]县豪：县中

有势力的人家。[18] 东乡坐：古代坐席以东向为尊。乡，同"向"。[19] 以善雍齿：因为与雍齿友好。[20] 详迁：明升暗贬，夺了王陵的相权。详，同"佯"，假装。太傅：与太师、太保合称三公，系荣誉职务。[21] 杜门：闭门不出。朝请：汉制，诸侯见天子，春曰朝，秋曰请。[22] 不治：不设府办事，只在宫中供职。[23] 给事：服务，听从使唤。[24] 舍人：家人、仆人。[25] 面质：当面。[26] 顾君与我何如耳：只看你对我怎么样。[27] 伪听：假意顺从。[28] 陈平本谋也：陈平与周勃等诛诸吕事，详见《吕太后本纪》《绛侯周勃世家》。

孝文帝立，以为太尉勃亲以兵诛吕氏，功多；陈平欲让勃尊位，乃谢病。孝文帝初立，怪平病[1]，问之。平曰："高祖时，勃功不如臣平。及诛诸吕，臣功亦不如勃。愿以右丞相让勃。"于是孝文帝乃以绛侯勃为右丞相，位次第一；平徙为左丞相，位次第二。赐平金千斤，益封三千户。

居顷之，孝文皇帝既益明习国家事[2]，朝而问右丞相勃曰："天下一岁决狱几何[3]？"勃谢曰："不知。"问："天下一岁钱谷出入几何[4]？"勃又谢不知，汗出沾背，愧不能对。于是上亦问左丞相平。平曰："有主者[5]。"上曰："主者谓谁？"平曰："陛下即问决狱，责廷尉[6]；问钱谷，责治粟内史[7]。"上曰："苟各有主者[8]，而君所主者何事也？"平谢曰："主臣[9]，陛下不知其驽下[10]，使待罪宰相[11]。宰相者，上佐天子理阴阳，顺四时，下育万物之宜，外镇抚四夷诸侯，内亲附百姓，使卿大夫各得任其职焉。"孝文帝乃称善。右丞相大惭，出而让陈平曰[12]："君独不素教我对[13]！"陈平笑曰："君居其位，不知其任邪？且陛下即问长安中盗贼数，君欲强对邪[14]？"于是绛侯自知其能不如平远矣。居顷之，绛侯谢病请免相，陈平专为一丞相。

孝文帝二年[15]，丞相陈平卒，谥为献侯。子共侯买代侯。二年卒，子简侯恢代侯。二十三年卒，子何代侯。二十三年，何坐略人妻[16]，弃市[17]，国除[18]。

始陈平曰："我多阴谋[19]，是道家之所禁。吾世即废，亦已矣[20]，终不能复起，以吾多阴祸也[21]。"然其后曾孙陈掌以卫氏亲贵戚[22]，愿得续封陈氏，然终不得[23]。

段　意

写陈平晚年以退为进、智胜周勃、独揽大权的经过。

注　释

[1]怪：奇怪。[2]既益明习：已经逐渐了解熟悉。[3]决狱：判处案件。[4]出入：收支。[5]有主者：这些自有主管的人。[6]廷尉：主管刑狱的最高长官。[7]治粟内史：主管财赋的官，后改为大司农。[8]苟各有主者：既然各部门都有主管的人。[9]主臣：或欲称主，或又称臣，语无伦次，是一种惶恐情况下的语言。[10]驽下：低能，笨拙，是自谦之语。[11]待罪：任职的谦虚说法。[12]让：责备。[13]独：竟。素：平时。[14]强对：勉强对答，即不知详情而硬着头皮回答。[15]孝文帝二年：公元前178年。[16]略：同"掠"，抢。[17]弃市：即处死。古代常在街市上处决罪犯，以示与众人同弃之意。[18]国除：取消其侯国的名号及封邑。[19]阴谋：诡秘的计策。[20]吾世即废，亦已矣：封爵在我这代就被废掉，那就永远完了。[21]阴祸：暗中埋下的祸种。[22]陈掌：大将军卫青的女婿，又与卫青之姊卫少儿私通，故为贵戚，受到宠幸。[23]愿得续封陈氏：希望继承陈氏原来的封号。

太史公曰：陈丞相平少时，本好黄帝、老子之术[1]。方其割肉俎上之时[2]，其意固已远矣。倾侧扰攘楚魏之间[3]，卒归高帝。常出奇计，救纷纠之难[4]，振国家之患[5]。及吕后时，事多故矣[6]，然平竟自脱[7]，定宗庙[8]，以荣名终，称贤相，岂不善始善终哉！非知谋孰能当此者乎[9]？

段　意

这是作者的论赞，慨叹陈平智谋超群。

注　释

[1] 黄帝、老子之术：即道家学说。[2] 方其割肉俎上之时：当他主持分配祭肉的时候。俎（zǔ），砧板。[3] 倾侧扰攘：犹豫不定的样子。[4] 纷纠之难：非常复杂的危难。[5] 振国家之患：排除了国家的灾祸。[6] 事多故矣：事情多变莫测。[7] 脱：免祸。[8] 定宗庙：指诛诸吕，迎立汉文帝，稳定了刘氏政权。[9] 非知谋孰能当此者乎：如果不是智谋出众，谁能做得到这一点呢？知，通"智"。

（俞樟华）

绛侯周勃世家

提 示

周勃作为一员猛将，为刘汉王朝的建立立下了汗马功劳，特别在汉初粉碎诸吕变乱中，更成为安刘氏天下的元勋。其子周亚夫治军整肃，曾受到汉文帝的热烈称赞，在平定吴楚之乱中，同样立下了再造汉室的丰功。然而由于周氏父子质直刚正，不善逢迎，最终都未能免于系狱之辱，亚夫竟至于绝食饿死。司马迁为他们立世家，正是按照"功高盖世而不得善终"这一思路论次其事，结构全篇，一方面备述周氏父子两代的赫赫功绩，一方面详述他们或无辜罹祸，或刚正见忌的悲惨结局，在前后对比映照中表现其批判刘汉王朝的深层意蕴。在论赞中，作者既高度评价周氏父子，又采用反语批评的方式委婉讽刺专制帝王，对其遭遇深表同情，并借以寄寓自己罹刑受辱的幽愤不平。

全篇内容相对集中，主旨深微，感慨跌宕，无限烟波。篇中多处运用生动逼真的人物口语和精妙传神的细节描写，寥寥数笔，便活现出人物的情态性格。周亚夫军细柳一节，写得森严沉雄，紧张动人，也历来为人称赏。

绛侯周勃者[1]，沛人也[2]。其先卷人[3]，徙沛。勃以织薄曲为生[4]，常为人吹箫给丧事[5]，材官引强[6]。

高祖之为沛公，初起，勃以中涓从攻胡陵[7]，下方与[8]。方与反，与战，却適[9]。攻丰[10]。击秦军砀东[11]。还军留及萧[12]。

复攻砀，破之。下下邑[13]，先登。赐爵五大夫[14]。攻蒙、虞[15]，取之。击章邯车骑，殿[16]。定魏地。攻爰戚、东缗[17]，以往至栗[18]，取之。攻啮桑[19]，先登。击秦军阿下[20]，破之。追至濮阳[21]，下甄城[22]。攻都关、定陶[23]，袭取宛朐[24]，得单父令[25]。夜袭取临济[26]，攻张[27]，以前至卷，破之。击李由军雍丘下[28]。攻开封[29]，先至城下为多[30]。后章邯破杀项梁，沛公与项羽引兵东如砀。自初起沛还至砀，一岁二月。

楚怀王封沛公号安武侯[31]，为砀郡长。沛公拜勃为虎贲令[32]，以令从沛公定魏地。攻东郡尉于城武[33]，破之。击王离军[34]，破之。攻长社[35]，先登。攻颍阳、缑氏[36]，绝河津[37]。击赵贲军尸北[38]。南攻南阳守齮[39]，破武关、峣关[40]。破秦军于蓝田[41]，至咸阳[42]，灭秦。

项羽至，以沛公为汉王。汉王赐勃爵为威武侯。从入汉中[43]，拜为将军。还定三秦[44]，至秦，赐食邑怀德[45]。攻槐里、好畤[46]，最[47]。击赵贲、内史保[48]于咸阳，最。北攻漆[49]。击章平、姚卬军[50]。西定汧[51]。还下郿、频阳[52]。围章邯废丘[53]。破西丞[54]。击盗巴军[55]，破之。攻上邽[56]。东守峣关，转击项籍。攻曲逆[57]，最。还守敖仓[58]，追项籍。籍已死，因东定楚地泗（川）〔水〕、东海郡[59]，凡得二十二县。还守雒阳、栎阳[60]，赐与颍（阳）〔阴〕侯共食钟离[61]。以将军从高帝击反者燕王臧荼[62]，破之易下[63]。所将卒当驰道为多[64]。赐爵列侯[65]，剖符世世勿绝[66]。食绛八千一百八十户[67]，号绛侯。

段 意

写周勃出身贫贱，自随刘邦起义后，勇猛善战，在破秦灭楚中累立战功，被封为绛侯。

注 释

[1]绛：古县名，周勃封邑，治今山西侯马东北。[2]沛：古县名，治今江苏沛县。[3]卷（quàn）：古邑名，在今河南原阳西南。[4]薄曲：蚕箔。用竹篾或苇篾编成，像席子或筛子。[5]吹箫给丧事：办丧事时吹箫。[6]材官：勇士。引强：拉强弓。谓周勃后来成了拉强弓的勇士。[7]中涓（juān）：秦汉时代皇帝的侍从官。此指沛公刘邦的侍从官。胡陵：古县名，在今山东鱼台东南。[8]方与：古县名，治今山东鱼台西。[9]適（dí）：通"敌"。[10]丰：沛县所属邑名，即今江苏丰县。[11]砀（dàng）：秦郡名，治所在今安徽砀山南。[12]留：古县名，治今江苏沛县东南。萧：古县名，治今安徽萧县西北。[13]下邑：古县名，治今安徽砀山西。[14]五大夫：秦爵二十级的第九级。[15]蒙：古县名，在今河南商丘东北。虞：古县名，治今河南虞城北。[16]殿：率军殿后。[17]爰戚：古县名，治今山东嘉祥南。东缗（mín）：古邑名，即今山东金乡。[18]栗：古县名，治今河南夏邑。[19]啮（niè）桑：古亭（基层行政单位）名，在今江苏沛县西南。[20]阿：即东阿，古县名，治今山东阳谷东北。[21]濮阳：古县名，治今河南濮阳西南。[22]甄（juàn）城：古县名，治今山东鄄城北。甄，通"鄄"。[23]都关：古县名，治今山东鄄城东北。定陶：古县名，治今山东定陶西北。[24]宛朐（yuānqú）：古县名，治今山东菏泽西南。[25]单（shàn）父：古县名，治今山东单县。令：县令。[26]临济：古邑名，在今河南开封东北。[27]张：旧注谓寿张（今山东东平西南），疑非。似应为今开封至原阳间的地名。[28]李由：秦丞相李斯之子，为三川守。雍丘：古县名，治今河南杞县。[29]开封：古县名，治今河南开封南。[30]多：指功多。[31]楚怀王：指战国时楚怀王熊槐的孙子熊心，当时被项梁、项羽等立为楚王，也叫楚怀王。[32]虎贲令：统率警卫部队的将领。[33]东郡：秦郡名，治所在今河南濮阳西南。尉：郡尉。城武：古县名，治今山东成武。[34]王离：秦将，王翦之孙。[35]长社：古邑名，治今河南长葛东北。[36]颍阳：古县名，治今河南登封西南。缑（gōu）氏：古县名，治今河南偃师东南。[37]河津：此指黄河重要渡口平阴津，在今河南孟津东北。刘邦封锁河津，是为阻止河北义军南渡，以便自己先入关中。[38]赵贲：秦将。尸：尸乡，古邑名，在今河南偃师西。[39]南阳：秦郡名，治所在今河南南阳。齮：秦南阳郡守吕齮。[40]武关：关隘名，在今陕西丹凤东。峣（yáo）关：又名蓝田关，在今陕西蓝田东南。[41]蓝田：古县名，治今陕西蓝田西。[42]咸阳：秦国都，在今陕西咸阳东北。[43]汉中：当时为刘邦封国，都城即今陕西汉中。[44]三秦：指原秦关中地。项羽将关中分封

为雍、塞、翟三个诸侯国，因有此称。[45]怀德：汉县名，在今陕西大荔东南。
[46]槐里：汉县名，秦时称废丘，治今陕西兴平东南。好畤（zhì）：古县名，治
今陕西乾县东。[47]最：指立了上等功。[48]内史保：雍王章邯的内史，名保。
内史，朝廷或诸侯国掌管都城行政的长官。[49]漆：古县名，治今陕西彬县。
[50]章平、姚卬：皆为章邯部将。[51]汧（qiān）：古县名，治今陕西陇县南。
[52]郿：古邑名，在今陕西眉县东北。频阳：依旧注为古县名，治今陕西富平东
北，疑非。当为平阳，古邑名，在今陕西岐山西南。[53]废丘：即上文之槐里。
当时为雍王章邯的都城。[54]西：古县名，治今甘肃天水西南。丞：县丞。[55]
盗巴：章邯部将。[56]上邽：古县名，治今甘肃天水。[57]曲逆：据王先谦考
证，应依《汉书》作曲遇，古县名，治今河南中牟东。[58]敖仓：秦代在今河南
郑州西北的敖山上建的著名粮仓。[59]泗水：秦郡名，汉初改名沛郡，治所在今
安徽濉溪西北。东海：郡名，楚汉之际也称郯郡，治所在今山东郯城北。[60]雒
阳：治今河南洛阳东北。栎（yuè）阳：在今陕西临潼东北，是刘邦还定三秦时的
临时都城。[61]颍阴侯：指灌婴。钟离：古县名，治今安徽凤阳东。全句谓赐予
灌婴共同以钟离为食邑。[62]臧荼：项羽所封燕王，归汉后仍保持原爵位，高祖
五年谋反被俘。[63]易：古县名，治今河北易县西北。[64]当驰道：谓在驰道
上阻击叛军。[65]列侯：二十等爵位中的最高爵位。[66]剖符：古代帝王分封
诸侯或功臣时，把表示凭证的符信分成两半，双方各执一半，叫剖符。[67]食
绛：以绛为食邑。

　　以将军从高帝击反韩王信于代[1]，降下霍人[2]。以前至武
泉[3]，击胡骑[4]，破之武泉北。转攻韩信军铜鞮[5]，破之。还，
降太原六城[6]。击韩信胡骑晋阳下，破之，下晋阳。后击韩信军
于磑石[7]，破之，追北八十里[8]。还攻楼烦三城[9]，因击胡骑平
城下[10]，所将卒当驰道为多。勃迁为太尉[11]。

　　击陈豨[12]，屠马邑。所将卒斩豨将军乘马绨[13]。击韩信、陈
豨、赵利军于楼烦[14]，破之。得豨将宋最、雁门守圂[15]。因转攻
得云中守遫[16]、丞相箕肆、将勋。定雁门郡十七县，云中郡十二
县。因复击豨灵丘[17]，破之，斩豨，得豨丞相程纵、将军陈武、
都尉高肆，定代郡九县。

　　燕王卢绾反[18]，勃以相国代樊哙将，击下蓟[19]，得绾大将

抵、丞相偃、守陉、太尉弱、御史大夫施，屠浑都[20]。破绾军上兰[21]，复击破绾军沮阳[22]。追至长城，定上谷十二县，右北平十六县[23]，辽西、辽东二十九县[24]，渔阳二十二县[25]。最从高帝得相国一人[26]，丞相二人，将军、二千石各三人[27]；别破军二[28]，下城三，定郡五，县七十九，得丞相、大将各一人。

勃为人木强敦厚[29]，高帝以为可属大事[30]。勃不好文学，每召诸生说士，东乡坐而责之[31]："趣为我语[32]。"其椎少文如此[33]。

勃既定燕而归，高祖已崩矣，以列侯事孝惠帝。孝惠帝六年，置太尉官，以勃为太尉。十岁，高后崩。吕禄以赵王为汉上将军，吕产以吕王为汉相国，秉汉权[34]，欲危刘氏。勃为太尉，不得入军门。陈平为丞相，不得任事。于是勃与平谋，卒诛诸吕而立孝文皇帝。其语在吕后、孝文事中。

段 意

写周勃在汉初多次率军平定叛乱，功绩显赫，特别在诸吕变乱中立下了诛吕安刘的盖世之功。

注 释

[1]韩王信：战国韩襄王的后代，曾随刘邦入汉中，后被封为韩王。高祖六年谋反，投降匈奴。代：汉封国，都城在今河北蔚县东北。[2]霍人：古邑名，在今山西繁峙东北。[3]武泉：古邑名，在今内蒙古武川县。[4]胡骑：匈奴骑兵。[5]铜鞮（dī）：古县名，治今山西沁县西南。[6]太原：古郡名，治晋阳，在今山西太原西南。[7]硰（shā）石：古邑名，在今山西静乐东北。[8]北：通"败"。此指败军。[9]楼烦：古县名，治今山西宁武。[10]平城：古县名，治今山西大同东。[11]太尉：汉代最高军事长官，三公之一。[12]陈豨（xī）：赵相国，高祖十年谋反，自立为代王，治马邑，在今山西朔州。十二年战败被杀。[13]乘马𫄸（chī）：乘马是复姓，𫄸是名。[14]赵利：原赵国将领。[15]雁门：古郡名，治所在今山西右玉南。圂（hùn）：雁门郡守名。[16]云中：古郡

名，治所在今内蒙古托克托东。遫（sù）：云中郡守名。[17]灵丘：古县名，治今山西灵丘东。[18]卢绾（wǎn）：刘邦同乡好友，高祖五年燕王臧荼谋反被俘后，刘邦封卢绾为燕王。十二年谋反，被击败后投降匈奴。[19]蓟（jì）：古县名，治今北京西南。[20]浑都：又名军都，古县名，治今北京昌平西。[21]上兰：水名，即马兰溪，在今河北怀来境内。[22]沮（jǔ）阳：上谷郡治，在今河北怀来东南。[23]右北平：古郡名，治所在今辽宁凌源西北。[24]辽西：古郡名，治所在今辽宁义县。辽东：古郡名，治所在今辽宁辽阳。[25]渔阳：古郡名，治所在今北京密云西南。[26]最：总计。[27]二千石：俸禄为二千石的官吏。这里指郡守。[28]别：另外，指周勃不从高帝而独立作战。[29]木强：质朴刚强。敦厚：忠厚稳重。[30]属：通"嘱"。[31]东乡坐：面朝东坐，意谓不尊重诸儒生和游说之士。乡，通"向"。[32]趣：快。[33]椎：直率。文：文饰。[34]秉：把持。

文帝既立，以勃为右丞相[1]，赐金五千斤，食邑万户。居月余，人或说勃曰："君既诛诸吕，立代王[2]，威震天下，而君受厚赏，处尊位，以宠，久之即祸及身矣。"勃惧，亦自危，乃谢请归相印[3]。上许之。岁余，丞相平卒，上复以勃为丞相。十余月，上曰："前日吾诏列侯就国[4]，或未能行，丞相吾所重，其率先之[5]。"乃免相就国。

岁余，每河东守尉行县至绛[6]，绛侯勃自畏恐诛，常被甲，令家人持兵以见之。其后人有上书告勃欲反，下廷尉[7]。廷尉下其事长安[8]，逮捕勃治之。勃恐，不知置辞。吏稍侵辱之。勃以千金与狱吏，狱吏乃书牍背示之曰"以公主为证"[9]。公主者，孝文帝女也，勃太子胜之尚之[10]，故狱吏教引为证。勃之益封受赐，尽以予薄昭[11]。及系急[12]，薄昭为言薄太后，太后亦以为无反事。文帝朝，太后以冒絮提文帝[13]，曰："绛侯绾皇帝玺[14]，将兵于北军[15]，不以此时反，今居一小县，顾欲反邪[16]？"文帝既见绛侯狱辞，乃谢曰[17]："吏（事）方验而出之[18]。"于是使使持节赦绛侯，复爵邑。绛侯既出，曰："吾尝将百万军，然安知狱吏之贵乎！"

绛侯复就国。孝文帝十一年卒，谥为武侯。

写周勃在汉文帝时任相数月即离职就国，后无辜遇祸，遭受囚狱之辱。

[1] 右丞相：汉代最高行政长官，位在左丞相之上。[2] 代王：汉文帝未即位时为代王。[3] 谢：此指辞官。[4] 诏列侯就国：下令让列侯回到各自的封地去。[5] 其率先之：请带头就国。[6] 河东：郡名，治安邑，在今山西夏县北。行县：巡行所属各县。[7] 廷尉：汉代掌管刑狱的最高长官。下廷尉，谓交给廷尉处理。[8] 下其事长安：意谓把此事交给长安地方去办。[9] 书牍背示之：在公文板背面写字向他示意。证：证人。[10] 尚：古代娶皇帝女儿为妻叫尚。[11] 薄昭：薄太后的弟弟，汉文帝的舅父。[12] 系急：指审理紧急时。[13] 冒絮：头巾。提：掷打。[14] 绾：系挂。玺：皇帝的玉印。[15] 北军：汉代守卫京城的一支卫戍部队。另一支叫南军。[16] 顾：反而。[17] 谢：道歉。[18] 吏方验而出之：谓官吏正在审查此事准备释放他。

子胜之代侯。六岁，尚公主，不相中[1]，坐杀人[2]，国除。绝一岁，文帝乃择绛侯勃子贤者河内守亚夫[3]，封为条侯[4]，续绛侯后。

条侯亚夫自未侯为河内守时[5]，许负相之[6]，曰："君后三岁而侯。侯八岁为将相，持国秉[7]，贵重矣，于人臣无两。其后九岁而君饿死。"亚夫笑曰："臣之兄已代父侯矣，有如卒[8]，子当代，亚夫何说侯乎[9]？然既已贵如负言，又何说饿死？指示我。"许负指其口曰："有从理入口[10]，此饿死法也[11]。"居三岁，其兄绛侯胜之有罪，孝文帝择绛侯子贤者，皆推亚夫，乃封亚夫为条侯，续绛侯后。

∧ 219

文帝之后六年，匈奴大入边。乃以宗正刘礼为将军[12]，军霸上[13]；祝兹侯徐厉为将军，军棘门[14]；以河内守亚夫为将军，军细柳[15]：以备胡。上自劳军，至霸上及棘门军，直驰入，将以下骑送迎。已而之细柳军[16]，军士吏被甲，锐兵刃，彀弓弩[17]，持满[18]。天子先驱至，不得入。先驱曰："天子且至[19]！"军门都尉曰："将军令曰'军中闻将军令，不闻天子之诏'。"居无何，上至，又不得入。于是上乃使使持节诏将军："吾欲入劳军。"亚夫乃传言开壁门。壁门士吏谓从属车骑曰："将军约，军中不得驱驰。"于是天子乃按辔徐行[20]。至营，将军亚夫持兵揖曰："介胄之士不拜[21]，请以军礼见。"天子为动[22]，改容式车[23]。使人称谢："皇帝敬劳将军。"成礼而去。既出军门，群臣皆惊。文帝曰："嗟乎，此真将军矣！曩者霸上[24]、棘门军，若儿戏耳，其将固可袭而虏也。至于亚夫，可得而犯邪！"称善者久之。月余，三军皆罢，乃拜亚夫为中尉[25]。

孝文且崩时，诫太子曰[26]："即有缓急[27]，周亚夫真可任将兵。"文帝崩，拜亚夫为车骑将军[28]。

孝景三年，吴、楚反。亚夫以中尉为太尉，东击吴、楚。因自请上曰："楚兵剽轻[29]，难与争锋，愿以梁委之[30]，绝其粮道，乃可制。"上许之。

太尉既会兵荥阳[31]，吴方攻梁，梁急，请救。太尉引兵东北走昌邑[32]，深壁而守。梁日使使请太尉，太尉守便宜[33]，不肯往。梁上书言景帝，景帝使使诏救梁。太尉不奉诏，坚壁不出，而使轻骑兵弓高侯[34]等绝吴、楚兵后食道[35]。吴兵乏粮，饥，数欲挑战，终不出。夜，军中惊，内相攻击扰乱，至于太尉帐下。太尉终卧不起。顷之，复定。后吴奔壁东南陬[36]，太尉使备西北。已而其精兵果奔西北，不得入。吴兵既饿，乃引而去。太尉出精兵追击，大破之。吴王濞弃其军，而与壮士数千人亡走，保于江南丹徒[37]。汉兵因乘胜，遂尽虏之，降其兵，购吴王千金[38]。月余，越人斩吴王头以告。凡相攻守三月，而吴、楚破平。于是诸将乃以太尉计谋为是。由此梁孝王与太尉有郤[39]。

段意

从周亚夫被封为条侯叙起，着重写其屯军细柳时的整肃军容和为将风度，以及景帝时亚夫平定吴楚之乱的卓越功勋。

注释

[1] 不相中：指感情不和。[2] 坐：因犯……罪。[3] 河内：郡名，治所在今河南武陟西南。守：郡守。[4] 条：汉县名，治今山东德州南。[5] 自：此处相当于"在"。[6] 许负：人名，一个善于看相的老婆子。负，通"妇"。相之：为他看相。[7] 秉：通"柄"，权。[8] 有如：假如。[9] 何说侯乎：怎么谈得上封侯呢？[10] 从（zòng）理：竖纹。从，通"纵"。[11] 法：法相，相貌。[12] 宗正：汉代掌管皇族事务的长官，九卿之一。[13] 霸上：古地名，又作"灞上"，在今陕西西安东灞河西岸的白鹿原上。[14] 棘门：古地名，在今陕西咸阳东北。[15] 细柳：古地名，在今陕西咸阳西南。[16] 之：到。[17] 彀（gòu）弓弩：张开弓弩。[18] 持满：拉满弓。[19] 且：将。[20] 按辔徐行：控着缰绳慢慢走。[21] 介胄之士：穿铠甲、戴头盔的将士。介，通"甲"。[22] 为动：受震动。[23] 改容：面容变得严肃起来。式车：身子俯在车前横木上，表示敬礼。式，通"轼"。[24] 曩（nǎng）者：此前，从前。[25] 中尉：掌管京城治安的武官，为九卿之一。[26] 太子：即后来的孝景帝刘启。[27] 缓急：偏义复词，指紧急情况。[28] 车骑将军：地位仅次于上卿的高级将领。[29] 剽（piāo）轻：勇猛迅捷。[30] 以梁委之：把梁国暂时丢给他们。梁，汉封国，都睢阳，在今河南商丘东。[31] 荥（xíng）阳：汉县名，治今河南荥阳东北。[32] 走：急行军。昌邑：古县名，在今山东金乡西北。[33] 守便宜：谓坚持有利的战略方针。[34] 弓高侯：指韩颓当，韩王信之子，汉文帝时从匈奴投汉，封弓高侯。[35] 后食道：后方的粮道。[36] 壁东南陬（zōu）：军营的东南角。[37] 丹徒：古县名，治今江苏镇江东的丹徒镇。[38] 购吴王千金：悬赏千金捉拿吴王。[39] 梁孝王：景帝同母弟刘武。郤（xì）：通"隙"，仇隙。

∧ 221

归，复置太尉官。五岁，迁为丞相，景帝甚重之。景帝废栗太子[1]，丞相固争之，不得。景帝由此疏之。而梁孝王每朝，常与太后[2]言条侯之短。

窦太后曰："皇后兄王信可侯也[3]。"景帝让曰："始南皮、章武侯先帝不侯[4]，及臣即位乃侯之。信未得封也。"窦太后曰："人主各以时行耳。自窦长君在时，竟不得侯，死后乃（封）其子彭祖顾得侯。吾甚恨之。帝趣侯信也[5]！"景帝曰："请得与丞相议之。"丞相议之，亚夫曰："高皇帝约'非刘氏不得王，非有功不得侯。不如约，天下共击之'。今信虽皇后兄，无功，侯之，非约也[6]。"景帝默然而止。

其后匈奴王〔唯〕徐卢等五人降，景帝欲侯之以劝后[7]，丞相亚夫曰："彼背其主降陛下，陛下侯之，则何以责人臣不守节者乎？"景帝曰："丞相议不可用。"乃悉封〔唯〕徐卢等为列侯。亚夫因谢病[8]。景帝中三年，以病免相。

顷之，景帝居禁中[9]，召条侯，赐食。独置大胾[10]，无切肉，又不置箸[11]。条侯心不平，顾谓尚席取箸[12]。景帝视而笑曰："此不足君所乎[13]？"条侯免冠谢[14]。上起，条侯因趋出[15]。景帝以目送之，曰："此怏怏者非少主臣也[16]！"

居无何，条侯子为父买工官尚方甲楯五百被可以葬者[17]。取庸苦之[18]，不予钱。庸知其盗买县官器[19]，怒而上变告子[20]，事连污条侯。书既闻上，上下吏。吏簿责条侯[21]，条侯不对。景帝骂之曰："吾不用也[22]。"召诣廷尉[23]。廷尉责曰："君侯欲反邪？"亚夫曰："臣所买器，乃葬器也，何谓反邪？"吏曰："君侯纵不反地上，即欲反地下耳。"吏侵之益急。初，吏捕条侯，条侯欲自杀，夫人止之，以故不得死，遂入廷尉。因不食五日，呕血而死。国除。

绝一岁，景帝乃更封绛侯勃他子坚为平曲侯[24]，续绛侯后。

十九年卒，谥为共侯。子建德代侯，十三年，为太子太傅。坐酎金不善[25]，元鼎五年，有罪，国除。

条侯果饿死。死后，景帝乃封王信为盖侯。

段 意

写周亚夫任相后刚正不阿，因反对废栗太子及封皇后兄、反对封匈奴降王为侯等数忤帝旨，为景帝所不容。最终被陷入狱，绝食呕血而死。

注 释

[1]栗太子：景帝长子刘荣，其母为栗姬，故称。因景帝姐长公主嫖与景帝妃王夫人合谋陷害栗姬，景帝七年栗太子被废为临江王，另立第九子刘彻为太子。[2]太后：指窦太后，汉景帝之母。[3]皇后：指景帝王皇后，刘彻生母。[4]南皮：指南皮侯窦彭祖，系窦太后之兄窦长君之子。章武侯：窦太后之弟窦广国的封号。[5]趣侯信：赶快封王信为侯。[6]非约：不合规定。[7]劝后：鼓励后边的匈奴人降汉。[8]谢病：称病辞职。[9]禁中：宫中。[10]大臷（zì）：大块的肉。[11]櫡（zhù）：通“箸”，筷子。[12]顾：回头。尚席：主管安排酒席的人。[13]"此不"句：这还不如您的意吗？[14]谢：告辞。[15]趋：快步走。[16]怏怏：不满意的样子。少主：指太子刘彻。景帝此语已暗藏杀机。[17]工官：官署名，主管制造皇室的日用器具和武器。尚方：官署名，主造皇室所用刀剑等兵器及玩好器物。甲：铠甲。楯：即"盾"，盾牌。五百被：五百套。亚夫子买此作葬器。[18]取庸：搬取甲盾的雇工。[19]县官：指皇帝。[20]上变告子：上书告发周亚夫之子。变，又称变事，揭发谋反的疏状。[21]簿责：写成文书逐条审问。[22]吾不用也：我再也不信用他了。或谓此乃责备狱吏无用而要另交他人审理之意。[23]召诣廷尉：下诏令送到廷尉那里去。[24]平曲：古县名，治今江苏东海东南。[25]酎（zhòu）金：皇帝祭祀宗庙时，让诸侯献金助祭，叫酎金。武帝元鼎五年（前112），朝廷借口酎金不善而剥夺了一百多个诸侯的爵位，周建德正在其中。

太史公曰：绛侯周勃始为布衣时，鄙朴人也[1]，才能不过凡庸[2]。及从高祖定天下，在将相位，诸吕欲作乱，勃匡国家难，复之乎正。虽伊尹、周公[3]，何以加哉[4]！亚夫之用兵，持威重[5]，执坚刃[6]，穰苴曷有加焉[7]！足己而不学[8]，守节不逊[9]，终以穷困。悲夫！

段 意

作者的论赞。既高度评价周氏父子，把他们比作伊尹、周公和穰苴，又在所谓批评文字中明贬实褒，微言寓讽，并借以自抒怨愤和感慨。

注 释

[1] 鄙朴：粗犷质朴。[2] 凡庸：普通人。[2] 伊尹：商初名臣，曾辅佐商汤灭夏桀，汤死后又辅佐太宗。周公：周初贤相，武王弟姬旦，曾佐武王灭商，又佐成王治天下。[4] 加：超过。[5] 持威重：指亚夫治军威严，用兵持重。[6] 执坚刃：比喻身先士卒。[7] 穰苴（rángjū）：春秋齐景公时名将，其事见《司马穰苴列传》。[8] 足己：满足于自己的才智。[9] 守节不逊：坚守节操而不谦恭逊顺。

（刘生良）

张耳陈馀列传

提 示

张耳（？—前204）、陈馀（？—前202）同是魏国都城的知名贤者，两人互相倾慕，结为刎颈之交，贫贱时同生死、共患难。秦灭魏后，两人一起被通缉，一起改名换姓忍辱藏于民间，一起投奔陈胜起义军，辅助陈胜攻城略地，一起先后拥立武臣、赵歇等为王，直到陈馀为将、张耳为相。在秦汉复杂的政治军事斗争背景下，由于争权夺势，两人之间的关系发生了由亲到仇的悲剧性的质的变化。在巨鹿之战中两人结怨反目，项羽入关封侯时，张耳为王，陈馀为侯，地位不等，权势不均，两人便开始互相攻杀。先是陈馀借齐王之兵打败张耳，被赵立为代王，后是张耳投汉，破赵斩杀陈馀，被汉立为赵王，两人之间的攻杀方告结束。

文章内容丰富，涉及的史实、人物众多，但由于紧紧围绕张耳、陈馀两个中心人物精心组织安排材料，故而脉络清晰，重点突出，既充分展现了两人政治军事方面的才智胆识，也深刻揭示了两人在争夺权势中的褊狭凶残。特别是生动的细节描写和形象的人物刻画，使不少段落极富于故事性，如张陈二人隐姓埋名逃避通缉、蒯通计收三十余城、火夫智救赵王、李良反赵、张陈二人推印反目、贯高受刑为张敖辩罪等，令人读起来饶有兴味，那明智的蒯通、刚直的贯高，甚至不知名的机智的火夫等次要人物也给人留下深刻的印象。

张耳者，大梁人也[1]。其少时，及魏公子毋忌为客[2]。张耳尝亡命游外黄[3]。外黄富人女甚美，嫁庸奴，亡其夫，去抵父客[4]。父客素知张耳，乃谓女曰："必欲求贤夫，从张耳。"女听，乃卒为请决[5]，嫁之张耳。张耳是时脱身游，女家厚奉给张耳，张耳以故致千里客[6]。乃宦魏为外黄令[7]，名由此益贤。陈馀者，亦大梁人也，好儒术[8]，数游赵苦陉[9]。富人公乘氏以其女妻之[10]，亦知陈馀非庸人也。馀年少，父事张耳[11]，两人相与为刎颈交[12]。

秦之灭大梁也，张耳家外黄[13]。高祖为布衣时[14]，尝数从张耳游，客数月。秦灭魏数岁，已闻此两人魏之名士也，购求有得张耳千金[15]，陈馀五百金。张耳、陈馀乃变名姓，俱之陈[16]，为里监门以自食[17]。两人相对。里吏尝有过笞陈馀[18]，陈馀欲起，张耳蹑之[19]，使受笞。吏去，张耳乃引陈馀之桑下而数之曰[20]："始吾与公言何如？今见小辱而欲死一吏乎？"陈馀然之。秦诏书购求两人，两人亦反用门者以令里中[21]。

段　意

写张耳、陈馀贫贱时之事。二人是魏国都城大梁知名的贤者，富人主动将女儿嫁给他们。张耳与布衣时的刘邦有些交情。秦灭魏后，张耳、陈馀改名换姓逃往陈地做里门看守，忍辱逃避秦的通缉。

注　释

[1]大梁：地名，战国时为魏国都城，在今河南开封西北。[2]魏毋忌：人名，魏昭王的小儿子，封为信陵君。"毋"也作"无"。[3]亡命游外黄：削除户籍流亡游走外黄。外黄，地名，在今河南民权西北。[4]亡其夫：逃离她的丈夫。去抵父客：去投奔父亲的朋友。客，宾客，朋友。[5]卒为请决：终于替她做主与前夫决裂。决，决裂，指断绝夫妻关系。[6]致：招致。[7]宦魏：在魏国做官。[8]儒术：儒家学说。[9]苦陉（xíng）：战国时赵国地名，在今河北定州东

南。[10]以其女妻（qì）之：把女儿嫁给他。[11]父事张耳：像对待父亲那样对待张耳。事，为……服务。[12]刎颈交：生死之交。[13]家外黄：家住在外黄。[14]高祖：即汉高祖刘邦。[15]购求：悬赏通缉。购，悬赏征求。求，寻找。[16]之：到，至。陈：地名，今河南淮阳。[17]为里监门以自食：做里门看守人养活自己。里，古代居民区单位，相传周代以25家为里，有里门。监门，守门人。[18]过笞（chī）：打骂。过，责备。笞，用竹板打。[19]蹑（niè）：踩。[20]数（shù）：批评。[21]反用门者以令里中：言利用里门看守身份号令里中居民。

陈涉起蕲[1]，至入陈[2]，兵数万。张耳、陈馀上谒陈涉[3]。涉及左右生平数闻张耳、陈馀贤，未尝见，见即大喜。

陈中豪杰父老乃说陈涉曰："将军身被坚执锐[4]，率士卒以诛暴秦，复立楚社稷[5]，存亡继绝，功德宜为王。且夫监临天下诸将[6]，不为王不可，愿将军立为楚王也。"陈涉问此两人，两人对曰："夫秦为无道，破人国家，灭人社稷，绝人后世，罢百姓之力[7]，尽百姓之财。将军瞋目张胆[8]，出万死不顾一生之计，为天下除残也。今始至陈而王之[9]，示天下私[10]。愿将军毋王，急引兵而西，遣人立六国后[11]，自为树党，为秦益敌也[12]。敌多则力分，与众则兵强[13]。如此野无交兵，县无守城，诛暴秦，据咸阳以令诸侯。诸侯亡而得立[14]，以德服之，如此则帝业成矣。今独王陈，恐天下解也[15]。"陈涉不听，遂立为王。

陈馀乃复说陈王曰："大王举梁、楚而西[16]，务在入关，未及收河北也。臣尝游赵，知其豪桀及地形，愿请奇兵北略赵地[17]。"于是陈王以故所善陈人武臣为将军[18]，邵骚为护军，以张耳、陈馀为左右校尉，予卒三千人，北略赵地。

武臣等从白马渡河[19]，至诸县，说其豪桀曰："秦为乱政虐刑以残贼天下[20]，数十年矣。北有长城之役，南有五岭之戍[21]，外内骚动，百姓罢敝，头会箕敛[22]，以供军费，财匮力尽，民不聊生。重之以苛法峻刑，使天下父子不相安。陈王奋臂为天下倡始，王楚之地，方二千里，莫不响应，家自为怒，人自为斗，各报其怨而攻其雠，县杀其令丞，郡杀其守尉[23]。今已张大楚[24]，王陈，使吴广、周文将卒百万西击秦[25]。于此时而不成封侯之业者，非人豪也。诸君试相与计之！夫天下同心而苦秦久矣[26]。因天下之力而攻无道之君[27]，报父兄之怨而成割地有土之业，此士之一时也[28]。"豪桀皆然其言[29]。乃行收兵，得数万人，号武臣为武信君。下赵十城，余皆城守[30]，莫肯下。

乃引兵东北击范阳[31]。范阳人蒯通说范阳令曰[32]："窃闻公之将死，故吊[33]。虽然，贺公得通而生。"范阳令曰："何以吊之？"对曰："秦法重，足下为范阳令十年矣，杀人之父，孤人之子，断人之足，黥人之首[34]，不可胜数。然而慈父孝子莫敢倳刃公之腹中者[35]，畏秦法耳。今天下大乱，秦法不施，然则慈父孝子且倳刃公之腹中以成其名，此臣之所以吊公也。今诸侯畔秦矣[36]，武信君兵且至，而君坚守范阳，少年皆争杀君，下武信君[37]。君急遣臣见武信君，可转祸为福，在今矣。"

范阳令乃使蒯通见武信君曰："足下必将战胜然后略地，攻得然后下城，臣窃以为过矣。诚听臣之计，可不攻而降城，不战而略地，传檄而千里定[38]，可乎？"武信君曰："何谓也？"蒯通曰："今范阳令宜整顿其士卒以守战者也，怯而畏死，贪而重富贵，故欲先天下降，畏君以为秦所置吏，诛杀如前十城也[39]。然今范阳少年亦方杀其令，自以城距君[40]。君何不赍臣侯印[41]，拜范阳令，范阳令则以城下君，少年亦不敢杀其令。令范阳令乘朱轮华毂[42]，使驱驰燕、赵郊。燕、赵郊见之，皆曰此范阳令，先下者也，即喜矣，燕、赵城可毋战而降也。此臣之所谓传檄而千里定者也。"武信君从其计，因使蒯通赐范阳令侯印。赵地闻之，不战以城下者三十余城。

段 意

写张耳陈馀投奔陈涉起义军后的几件大事。一、劝说陈涉不要急于在陈称王，建议立六国之后共同灭秦，取天下而成帝业。陈涉不听，称王于陈。二、劝陈涉攻占赵国。二人任左右校尉，辅助武臣说服诸县豪杰，聚兵数万，攻下赵国十座城。三、武臣采纳蒯通的计策，通过赐范阳令侯印，传檄而定千里，不战而得赵三十余城。

注 释

[1] 陈涉：人名，名胜，字涉。秦末农民起义军领袖，与吴广等在蕲县大泽乡揭竿起义。蕲（qí）：古县名，在今安徽宿州。[2] 陈：春秋诸侯国名，为楚所灭。在今河南淮阳及安徽亳州一带。[3] 谒（yè）：进见，通名请见。[4] 被（pī）坚执锐：身穿坚固的战衣，手执锐利的武器。[5] 复立楚社稷：言恢复楚国。社稷，土、谷之神，为国家政权的标志。[6] 监临：监察临视。[7] 罢（pí）：通"疲"。此句言秦使百姓力疲财尽。[8] 瞋（chēn）目张胆：张目放胆。言鼓足勇气，无所畏惧。[9] 王（wàng）：称王。[10] 示天下私：显示私心于天下。[11] 后：子孙后代。[12] 为秦益敌：为秦国增添敌对势力。[13] 与（yǔ）众：同盟者众多。[14] 亡而得立：灭亡后又得以复立。[15] 解：分裂，离散。[16] 举梁、楚而西：从魏、楚举兵西进。梁，战国时魏国，因魏惠王于公元前362年迁都大梁，故魏又称"梁"。[17] 略：（以军队）强取侵夺。[18] 善：友好。武臣：人名。[19] 白马：白马津，在河南滑县北。[20] 残贼：伤害。[21] 长城之役、五岭之戍：指秦始皇派蒙恬率三十万人耗费巨大人力财力修筑万里长城，又派五十万人戍守南方五岭。[22] 头会（kuài）箕敛：按人头收谷，用箕收取，言赋税苛重。[23] 这里是说家家愤怒，人人投入起义战斗，报仇雪恨，各郡县杀了郡守、县令等地方官。[24] 张大楚：陈涉立国号张楚，取张大楚国之意。[25] 吴广：人名，与陈涉一起领导农民起义。周文：人名，起义军将领之一，后战败自杀。将（jiàng）：率领。[26] 苦秦：为秦所苦。[27] 因：凭借，依靠。[28] 士之一时：言众豪杰的时机。[29] 然其言：认为他的话正确。[30] 城守：据城防守。[31] 范阳：古县名，治今河北定兴以南。[32] 蒯（kuǎi）通：人名，本名"彻"，因避汉武帝刘彻讳，《史记》《汉书》都作"通"。以善辩著名，有权

变，武信君用其策降赵三十余城，韩信用其计而平定齐地。后劝韩信叛汉，韩信不听，遂佯狂遁去。[33] 吊：吊唁。[34] 孤人之子：使人之子成为孤儿。黥（qíng）：用刀刺人面额后用墨涂染的刑法。[35] 傅（zì）：刺入。[36] 畔：通"叛"，反叛。[37] 下武信君：归附武信君。[38] 专檄（xí）而千里定：言不用攻战，只传文书便可平定千里。檄，古代官方文书。[39] 这里是说范阳令本该守战，但他贪富怕死，想先投降，可是又怕武信君像对待前面十城的守将一样杀了他。宜：应该。[40] 方：将要。距：通"拒"，抵御，抗拒。[41] 赍（jī）：交给。[42] 朱轮华毂（gǔ）：红漆车轮，彩绘车毂，古代贵族所乘的车。毂，车轮中心有圆孔可以插轴的部分。

至邯郸[1]，张耳、陈馀闻周章军入关，至戏却[2]；又闻诸将为陈王徇地[3]，多以谗毁得罪诛，怨陈王不用其筴不以为将而以为校尉。乃说武臣曰："陈王起蕲，至陈而王，非必立六国后。将军今以三千人下赵数十城，独介居河北[4]，不王无以填之。且陈王听谗，还报，恐不脱于祸。又不如立其兄弟；不，即立赵后。将军毋失时，时间不容息[5]。"武臣乃听之，遂立为赵王，以陈馀为大将军，张耳为右丞相，邵骚为左丞相。

使人报陈王，陈王大怒，欲尽族武臣等家[6]，而发兵击赵。陈王相国房君谏曰："秦未亡而诛武臣等家，此又生一秦也。不如因而贺之，使急引兵西击秦。"陈王然之，从其计，徙系武臣等家宫中[7]。封张耳子敖为成都君。

陈王使使者贺赵，令趣发兵西入关[8]。张耳、陈馀说武臣曰："王王赵[9]，非楚意，特以计贺王。楚已灭秦，必加兵于赵。愿王毋西兵[10]，北徇燕、代，南收河内以自广。赵南据大河，北有燕、代，楚虽胜秦，必不敢制赵。"赵王以为然，因不西兵，而使韩广略燕，李良略常山，张黡略上党。

韩广至燕，燕人因立广为燕王。赵王乃与张耳、陈馀北略地燕界。赵王间出[11]，为燕军所得。燕将囚之，欲与分赵地半，乃归王。使者往，燕辄杀之以求地。张耳、陈馀患之[12]。有厮养卒

谢其舍中曰[13]："吾为公说燕，与赵王载归。"舍中皆笑曰："使
者往十余辈，辄死，若何以能得王[14]？"乃走燕壁[15]。燕将见之，
问燕将曰："知臣何欲？"燕将曰："若欲得赵王耳。"曰："君知
张耳、陈馀何如人也？"燕将曰："贤人也。"曰："知其志何欲？"
曰："欲得其王耳。"赵养卒乃笑曰："君未知此两人所欲也。夫
武臣、张耳、陈馀杖马箠下赵数十城[16]，此亦各欲南面而王，岂
欲为卿相终己邪？夫臣与主岂可同日而道哉，顾其势初定，未敢
参分而王，且以少长先立武臣为王[17]，以持赵心[18]。今赵地已
服，此两人亦欲分赵而王，时未可耳。今君乃囚赵王。此两人名
为求赵王，实欲燕杀之，此两人分赵自立。夫以一赵尚易燕[19]，
况以两贤王左提右挈[20]，而责杀王之罪，灭燕易矣。"燕将以为
然，乃归赵王，养卒为御而归[21]。

段　意

　　写张耳、陈馀怨恨陈涉、拥立武臣为赵王之事。一、劝说武
臣自立为赵王，陈馀升任为大将军，张耳升任为右丞相。二、劝
说武臣不听陈涉调遣（向西发兵击秦），而派兵向北取燕、代，
向南收河内以扩充赵王地盘。三、赵王部下韩广取燕后自立为燕
王，并乘便劫持赵王想分赵一半土地，一火夫利用张耳、陈馀的
声威与实力智迎赵王而归。

注　释

　　[1]邯郸：战国时赵国都城，秦时置邯郸郡。[2]至戏（xī）
却：到戏地退兵。戏，地名，在今陕西临潼东北戏水边。却，退却。[3]徇（xùn）地：攻取占
领土地。[4]介居：独处。[5]时间不容息：言时机稍纵即逝。[6]族：灭族，
杀死整个家族。[7]徙系（jì）：迁徙拘囚。[8]趣（cù）：通"促"，急，赶快。
[9]王王赵：王称王于赵。[10]毋西兵：不要往西发兵。[11]间（jiàn）出：
乘空闲私自外出。间，"閒"的俗字，空隙。[12]患之：为之忧虑。[13]厮养卒：

火夫。谢：告诉。言有个火夫告诉同舍中之人。[14] 若：你。[15] 壁：营垒。言火夫跑到燕营。[16] 箠（chuí）：鞭子。此句言不用兵革，驱马便得赵数十城。[17] 少（shào）长（zhǎng）：年纪大小。[18] 持赵心：掌握赵国人心。[19] 易：轻视。[20] 左提右挈（qiè）：相互扶持。[21] 为御：为（赵王）驾驶车马。

李良已定常山，还报，赵王复使良略太原[1]。至石邑，秦兵塞井陉，未能前。秦将诈称二世使人遗李良书[2]，不封[3]，曰："良尝事我得显幸[4]。良诚能反赵为秦，赦良罪，贵良[5]。"良得书，疑不信。乃还之邯郸，益请兵[6]。未至，道逢赵王姊出饮，从百余骑。李良望见，以为王，伏谒道旁[7]。王姊醉，不知其将，使骑谢李良。李良素贵，起，惭其从官[8]。从官有一人曰："天下畔秦，能者先立。且赵王素出将军下，今女儿乃不为将军下车，请追杀之。"李良已得秦书，固欲反赵，未决，因此怒，遣人追杀王姊道中。乃遂将其兵袭邯郸[9]。邯郸不知，竟杀武臣、邵骚。赵人多为张耳、陈馀耳目者，以故得脱出。收其兵，得数万人。客有说张耳曰："两君羁旅[10]，而欲附赵，难；独立赵后，扶以义，可就功。"乃求得赵歇，立为赵王，居信都。李良进兵击陈馀，陈馀败李良，李良走归章邯[11]。

段 意

写张耳、陈馀在李良反赵后立赵歇为王之事。一、秦策反赵王部将李良。二、李良杀赵王姐，反赵攻破邯郸，杀了赵王武臣。三、张耳、陈馀逃脱后听从宾客意见，寻访到原赵国后代赵歇，立之为王。四、陈馀击败李良，李良投秦。

注 释

[1] 太原：郡名，治今山西太原西南。[2] 遗（wèi）：送。[3] 不封：不密封。故意泄密，使赵国君臣相疑。[4] 显幸：显荣宠幸。[5] 贵良：使李良显贵。

[6] 益：再。[7] 伏谒：跪伏拜见。[8] 惭其从官：在从官面前感到惭愧。[9] 将（jiàng）：统率。[10] 羁（jī）旅：寄居作客。[11] 章邯：人名，秦二世的武将，曾破陈涉军，后投降项羽，败于汉高祖后自杀。

　　章邯引兵至邯郸，皆徙其民河内，夷其城郭[1]。张耳与赵王歇走入巨鹿城[2]，王离围之。陈馀北收常山兵，得数万人，军巨鹿北。章邯军巨鹿南棘原，筑甬道属河，饷王离[3]。王离兵食多，急攻巨鹿。巨鹿城中食尽兵少，张耳数使人召前陈馀，陈馀自度兵少[4]，不敌秦，不敢前。数月，张耳大怒，怨陈馀，使张黡、陈泽往让陈馀曰[5]："始吾与公为刎颈交，今王与耳旦暮且死，而公拥兵数万，不肯相救，安在其相为死[6]！苟必信，胡不赴秦军俱死？且有十一二相全[7]。"陈馀曰："吾度前终不能救赵，徒尽亡军。且馀所以不俱死，欲为赵王、张君报秦[8]。今必俱死，如以肉委饿虎[9]，何益？"张黡、陈泽曰："事已急，要以俱死立信，安知后虑？"陈馀曰："吾死顾以为无益[10]，必如公言。"乃使五千人令张黡、陈泽先尝秦军[11]，至皆没。

　　当是时，燕、齐、楚闻赵急，皆来救。张敖亦北收代兵，得万余人，来，皆壁馀旁[12]，未敢击秦。项羽兵数绝章邯甬道，王离军乏食，项羽悉引兵渡河，遂破章邯。章邯引兵解[13]，诸侯军乃敢击围巨鹿秦军，遂虏王离。涉间自杀。卒存巨鹿者，楚力也。

　　于是赵王歇、张耳乃得出巨鹿，谢诸侯。张耳与陈馀相见，责让陈馀以不肯救赵，及问张黡、陈泽所在。陈馀怒曰："张黡、陈泽以必死责臣，臣使将五千人先尝秦军，皆没不出。"张耳不信，以为杀之，数问陈馀。陈馀怒曰："不意君之望臣深也[14]！岂以臣为重去将哉[15]？"乃脱解印绶，推予张耳。张耳亦愕不受。陈馀起如厕[16]，客有说张耳曰："臣闻'天与不取，反受其咎'。今陈将军与君印，君不受，反天不祥，急取之！"张耳乃佩其印，收其麾下。而陈馀还，亦望张耳不让[17]，遂趋出[18]。张耳遂收其兵。陈馀独与麾下所善数百人之河上泽中渔猎。由此陈馀、张耳遂有郤[19]。

段 意

写张耳、陈馀感情破裂。一、秦攻赵，张耳与赵王被围困在巨鹿数月，陈馀因兵力不足不敢去解围。二、张耳数招陈馀不至，派张黡、陈泽去指责陈馀拥兵数万而见死不救，违背生死与共的诺言。三、靠项羽兵力解巨鹿之围后，张耳责备陈馀，并误以为陈馀杀了张黡、陈泽。陈馀怒而将印绶推予张耳，张耳听从宾客意见，佩了将印，接管了部队。四、陈馀愤而离去，与数百亲信渔猎去了。从此两人感情有了裂痕。

注 释

[1] 夷：削平。[2] 巨鹿：县名，也作"钜鹿"，在今河北平乡。[3] 言章邯军修筑两旁有墙的通道连接黄河，供应王离军粮。属（zhǔ）：连接。饷：供给食物。[4] 度（duó）：估计。[5] 让：责备。[6] 相为死：相互为对方效死。[7] 有十一二相全：有十分之一二共同保全的可能性。[8] 报秦：向秦报仇。[9] 委：送。[10] 顾：但。[11] 尝：尝试。[12] 壁：修建营垒驻扎。[13] 解：溃散。[14] 望：怨恨。[15] 言难道以为我舍不得放弃将军职位吗。重：不轻易。去：失去。[16] 如厕：上厕所。如：到……去。[17] 望张耳不让：怨恨张耳不退让（印绶）。[18] 趋出：快步走出。[19] 郤（xì）：通"隙"，指感情有裂痕。

赵王歇复居信都[1]。张耳从项羽诸侯入关。汉元年二月，项羽立诸侯王，张耳雅游[2]，人多为之言。项羽亦素数闻张耳贤，乃分赵立张耳为常山王，治信都。信都更名襄国。

陈馀客多说项羽曰："陈馀、张耳一体有功于赵。"项羽以陈馀不从入关，闻其在南皮，即以南皮旁三县以封之，而徙赵王歇王代。

张耳之国，陈馀愈益怒，曰："张耳与馀功等也[3]，今张耳王，馀独侯，此项羽不平。"及齐王田荣畔楚，陈馀乃使夏说说田荣曰[4]："项羽为天下宰不平[5]，尽王诸将善地，徙故王王恶地，今赵王乃居代！愿王假臣兵[6]，请以南皮为扞蔽[7]。"田荣欲树党于赵以反楚，乃遣兵从陈馀。陈馀因悉三县兵袭常山王张耳[8]。张耳败走，念诸侯无可归者，曰："汉王与我有旧故，而项羽又强，立我，我欲之楚。"甘公曰[9]："汉王之入关，五星聚东井。东井者，秦分也。先至必霸[10]。楚虽强，后必属汉。"故耳走汉。汉王亦还定三秦，方围章邯废丘。张耳谒汉王，汉王厚遇之。

陈馀已败张耳，皆复收赵地，迎赵王于代，复为赵王。赵王德陈馀[11]，立以为代王。陈馀为赵王弱，国初定，不之国[12]，留傅赵王[13]，而使夏说以相国守代。

段　意

写陈馀借兵打败张耳之事。项羽入关封侯时，分赵之地立张耳为王，封陈馀为侯。陈馀认为与张耳功劳相当却权势不均，因而愤愤不平。齐王田荣叛楚，陈馀借其兵袭击张耳，张耳败走归汉。赵王感谢陈馀为之收复了赵地，立陈馀为代王。

注　释

[1]信都：地名，在今河北枣强东北。[2]雅游：久习于交游。[3]等：相等。[4]使夏说（yuè）说（shuì）田荣：派夏说说服田荣。[5]宰：主宰，主持。[6]假：借。[7]扞（hàn）蔽：屏藩。[8]悉：尽，全部。[9]甘公：即甘德，古天文学家。[10]汉王之入关……先至必霸：言汉王入关时有五星聚于东井（秦的分星）的天象，象征汉王必成霸业。五星，金、木、水、火、土五大行星。东井，即井宿，星名。古代天文学家把十二星辰的位置与地上州、国的位置相对应，认为东井是秦的分星。古人迷信，常以天象的变异来比附州国的吉凶。[11]德：感激。[12]不之国：言不到（自己的）代国。[13]留傅：留下来辅佐。

汉二年，东击楚，使使告赵[1]，欲与俱。陈馀曰："汉杀张耳乃从。"于是汉王求人类张耳者斩之[2]，持其头遗陈馀。陈馀乃遣兵助汉。汉之败于彭城西，陈馀亦复觉张耳不死，即背汉。

汉三年，韩信已定魏地，遣张耳与韩信击破赵井陉，斩陈馀泜水上，追杀赵王歇襄国。汉立张耳为赵王。汉五年，张耳薨[3]，谥为景王[4]。子敖嗣立为赵王[5]。高祖长女鲁元公主为赵王敖后。

段 意

写陈馀、张耳之死。汉联赵击楚，陈馀要求汉杀死张耳才发兵，后来兵败并发觉张耳未死，即背叛汉。汉派韩信与张耳破赵杀死陈馀和赵王，立张耳为赵王。张耳死后，其子继位并娶汉高祖长女鲁元公主为后。

注 释

[1] 使使：派使者。[2] 类：像，似。[3] 薨（hōng）：诸侯死称薨。[4] 谥（shì）：定谥号。古代帝王、贵族、大臣或其他有地位的人死后被加给的表示褒贬的称号叫谥或谥号。[5] 嗣（sì）：继承。

汉七年，高祖从平城过赵，赵王朝夕袒韝蔽，自上食[1]，礼甚卑，有子婿礼。高祖箕踞詈[2]，甚慢易之[3]。赵相贯高、赵午等年六十余，故张耳客也。生平为气，乃怒曰："吾王孱王也[4]！"说王曰："夫天下豪桀并起，能者先立。今王事高祖甚恭，而高祖无礼，请为王杀之！"张敖啮其指出血[5]，曰："君何言之误！且先人亡国，赖高祖得复国，德流子孙[6]，秋豪皆高祖力也[7]。愿君无复出口。"贯高、赵午等十余人皆相谓曰："乃吾等非也。吾王长者，不倍德[8]。且吾等义不辱，今怨高祖辱我王，故欲杀之，何乃污王为乎[9]？令事成归王，事败独身坐耳[10]。"

汉八年，上从东垣还，过赵，贯高等乃壁人柏人[11]，要之置厕[12]。上过欲宿，心动，问曰："县名为何?"曰："柏人。""柏人者，迫于人也！"不宿而去。

汉九年，贯高怨家知其谋，乃上变告之[13]。于是上皆并逮捕赵王、贯高等。十余人皆争自刭[14]，贯高独怒骂曰："谁令公为之？今王实无谋，而并捕王；公等皆死，谁白王不反者[15]！"乃辎车胶致，与王诣长安[16]。治张敖之罪。上乃诏赵群臣宾客有敢从王皆族[17]。贯高与客孟舒等十余人，皆自髡钳，为王家奴，从来[18]。贯高至，对狱[19]，曰："独吾属为之[20]，王实不知。"吏治榜笞数千，刺剟[21]，身无可击者，终不复言。吕后数言张王以鲁元公主故[22]，不宜有此。上怒曰："使张敖据天下[23]，岂少而女乎！"不听。廷尉以贯高事辞闻[24]，上曰："壮士！谁知者，以私问之[25]。"中大夫泄公曰："臣之邑子[26]，素知之。此固赵国立名义不侵为然诺者也[27]。"上使泄公持节问之箯舆前[28]。仰视曰："泄公邪？"泄公劳苦如生平驩[29]，与语，问张王果有计谋不。高曰："人情宁不各爱其父母妻子乎[30]？今吾三族皆以论死，岂以王易吾亲哉！顾为王实不反[31]，独吾等为之。"具道本指所以为者王不知状[32]。于是泄公入，具以报，上乃赦赵王。

上贤贯高为人能立然诺，使泄公具告之曰："张王已出。"因赦贯高。贯高喜曰："吾王审出乎[33]？"泄公曰："然。"泄公曰："上多足下[34]，故赦足下。"贯高曰："所以不死一身无余者，白张王不反也。今王已出，吾责已塞[35]，死不恨矣。且人臣有篡杀[36]之名，何面目复事上哉！纵上不杀我，我不愧于心乎？"乃仰绝肮[37]，遂死。当此之时，名闻天下。

张敖已出，以尚鲁元公主故[38]，封为宣平侯。于是上贤张王诸客，以钳奴从张王入关[39]，无不为诸侯相、郡守者。及孝惠、高后、文帝、孝景时[40]，张王客子孙皆得为二千石。

张敖，高后六年薨。子偃为鲁元王。以母吕后女故，吕后封为鲁元王。元王弱，兄弟少，乃封张敖他姬子二人：寿为乐昌侯，侈为信都侯。高后崩，诸吕无道，大臣诛之[41]，而废鲁元王及乐昌侯、信诸侯。孝文帝即位，复封故鲁元王偃为南宫侯，续张氏。

段 意

写张耳后人在汉代的地位、境遇。其子张敖身为赵王，忠心耿耿父事汉高祖，高祖甚傲慢无礼。赵相贯高血气方刚，怨赵王懦弱受辱，准备在柏人县杀掉汉高祖，事未成，被告发，赵王张敖及贯高等被逮捕。贯高受尽酷刑独自承当罪责证实赵王无罪后自杀。赵王获释后改封为侯，其宾客纷纷封官，其子孙或为王，或为侯。

注 释

[1] 袒（tǎn）鞲（gōu）蔽，自上食：言脱去外衣，戴上袖套，亲自送上食物。袒，裸露，或脱去上衣露出身体的一部分。鞲，革制的袖套。[2] 箕踞：两脚在前，手据膝而坐，状若箕。詈（lì）：骂。[3] 慢易：傲慢，轻视。[4] 孱（chán）王：懦弱之王。[5] 啮（niè）：咬。咬指出血以表至诚。[6] 德流子孙：功德流布于子孙。[7] 秋豪：即"秋毫"，比喻极细微之物，引申指一切。[8] 倍：通"背"。[9] 污：玷污。[10] 坐：犯罪。[11] 壁人柏人：在柏人馆舍夹壁中藏人。柏人，县名，治今河北隆尧。[12] 要（yāo）之置厕：约他藏在隐蔽之处。厕，隐蔽之处。[13] 怨家：仇家。上变：上书报告紧急事变。[14] 自刭（jǐng）：自杀。刭，用刀割颈。[15] 白：说明。[16] 辒（jiàn）车胶致：木笼车子以胶封住（以防擅自开启）。诣（yì）：至。长安：汉的都城，故城在今陕西西安西北。[17]"上乃诏"句：言高祖向赵国群臣宾客下令：有敢跟随赵王的，都要杀灭整个家族。诏（zhào）：皇帝颁发的文告、命令。[18]"贯高"以下：言以赵王家奴身份跟从到长安。髡（kūn）钳：剪去头发，铁箍束颈。[19] 对狱：受审问。[20] 吾属：我辈、我等。[21] 榜（péng）笞（chī）：鞭打。榜，通"搒"。剟（duō）：刺，《汉书》作"烕"，烧灼。[22] 吕后：吕雉，刘邦之妻。其子惠帝死后曾临朝执政八年。张王：赵王张敖。[23] 使：如果。[24] 辞：供词。[25] 以私问之：凭着私情去询问。[26] 邑子：同邑的人。[27]"此固赵国"句：言贯高是赵国重名义不背诺言的人。然诺：许诺。[28] 持节：手持符节。箯（biān）舆：竹床。[29] 劳（lào）苦：慰劳。驩：同"欢"。[30] 宁：难道。[31] 顾：不过。[32]"具道本指"句：言贯高向泄公详细讲述了之所以要谋杀高

祖的本意和张王并不知情的情况。本指：即"本旨"，原意。[33]审：确实，果真。[34]多足下：称赞您。足下，古代下称上或同辈之间的敬称。[35]吾责已塞：我的过去已经弥补。[36]篡（cuàn）杀：指谋杀君王。[37]绝肮（háng）：断喉。[38]尚：娶。[39]钳奴：髡钳为奴者，即上文所指剪发锁颈随王入长安的孟舒等人。[40]孝惠、高后、文帝、孝景：汉代高祖刘邦以后的四位君王，汉惠帝刘盈、汉高后吕雉、汉文帝刘恒、汉景帝刘启。[41]诸吕无道：吕后执政时，排斥刘邦旧臣，立吕氏家族之人为王。吕后死，周勃、陈平等尽灭诸吕，拥立孝文帝，恢复刘汉政权。

太史公曰：张耳、陈馀，世传所称贤者；其宾客厮役，莫非天下俊桀，所居国无不取卿相者。然张耳、陈馀始居约时[1]，相然信以死[2]，岂顾问哉。及据国争权，卒相灭亡，何乡者相慕用之诚，后相倍之戾也！岂非以势利交哉[3]？名誉虽高，宾客虽盛，所由殆与太伯、延陵季子异矣[4]。

段 意

司马迁认为：张耳、陈馀两位贤者贫贱时能生死相许，争权势时却互相残杀，乃是势利之交。

注 释

[1]居约时：处于贫贱时。约，卑下，穷困。[2]相然信以死：互相信任，生死相许。然，许诺。[3]"及据国争权"以下：言过去那样真诚地互相信任倾慕，后来却那样残忍地互相背叛，岂不是势利之交么！乡（xiàng）：通"向"，先前。倍：通"背"。戾（lì）：暴烈。[4]所由：所作所为。由，行。太伯：周代太王长子，太王想传位于少子，太伯便出走以让国。延陵季子：春秋时吴王之少子，吴王想传位给他，他坚决推辞不接受。

（冯杏实）

魏豹彭越列传

　　秦末汉初天下大乱，魏豹兄弟、彭越各自应时起事，在短短的时间内经历了"云蒸龙变"的巨大变化。魏豹兄弟原是魏国的贵族公子，被秦贬为平民。魏豹之堂兄魏咎（？—前208）加入陈胜起义军，被立为魏王，陈胜起义失败后，魏咎难敌秦军，自焚而死。魏豹（？—前204）投楚，跟从项羽攻秦入关，被封为西魏王，楚汉之争开始，魏豹降汉又叛汉，被俘，后被汉将杀死。彭越（？—前196）出身贫贱，在巨野泽中聚众起兵，率三万余人归附汉王刘邦，因击楚建功被封为梁王，后来被人告谋反，诛杀三族。

　　本文文笔极其简练。写魏咎经历仅二百来字，写魏豹经历约三百字，特别是次要人物吕后，着墨仅百来字，但其直接干预政事、阴险狠毒的特点便暴露无遗。本文主要人物之一的彭越形象最为鲜明突出。作者选取具体而典型的事件如推迟起兵、斩杀违纪者以令徒属等突出表现他胆识过人、魄力惊人，又通过游击击楚、攻城略地、夺粮援汉、破楚建功等事实显示他能攻善战的卓越军事才能。作者以一系列真实生动的情节事件完成了对这一应时而起的乱世英雄的形象塑造。

　　魏豹者，故魏诸公子也[1]。其兄魏咎，故魏时封为宁陵君。秦灭魏，迁咎为家人[2]。陈胜之起王也[3]，咎往从之。陈王使魏人周市徇魏地[4]，魏地已下，欲相与立周市为魏王。周市曰：

"天下昏乱[5]，忠臣乃见。今天下共畔秦[6]，其义必立魏王后乃可[7]。"齐、赵使车各五十乘[8]，立周市为魏王。市辞不受，迎魏咎于陈。五反[9]，陈王乃遣立咎为魏王[10]。

章邯已破陈王[11]，乃进兵击魏王于临济。魏王乃使周市出请救于齐、楚。齐、楚遣项它、田巴将兵随市救魏[12]。章邯遂击破杀周市等军，围临济。咎为其民约降[13]。约定，咎自烧杀[14]。

段　意

写魏豹兄弟的出身及魏咎参加农民起义军之事。魏豹兄弟是战国时魏国的贵族公子，魏咎被封为宁陵君，秦灭魏后被贬为平民。陈胜起义称王后，魏咎去参加陈胜的起义军，由于义军将领周市的坚持，陈胜立魏咎为魏王。秦将章邯打败了陈胜为首的农民军，又打败了前来救魏王的齐、楚之兵，魏咎为百姓立好降约后自焚而死。

注　释

[1] 故魏：战国时魏国。故，本来、原来。[2] 迁：贬谪，放逐。家人：平民。[3] 陈胜之起王（wàng）：陈胜起义称王。陈胜，秦末农民起义军领袖，公元前209年7月起义称王。[4] 徇（xùn）：攻取，占领。[5] 昏乱：指时世混乱。昏，同"昏"。[6] 畔：通"叛"，反叛。[7] 此句言一定要立魏王的后代才合情理。义：情理。后：后代。[8] 乘（shèng）：辆，古时一车四马为一乘。[9] 五反：五次反复。[10] 遣：使，让。[11] 章邯：人名，秦二世的武将。[12] 项它：人名，楚将。田巴：人名，齐将。将（jiàng）：统率。[13] 约降（xiáng）：预先约定有关投降的条件。[14] 自烧杀：火焚自杀。

魏豹亡走楚[1]。楚怀王予魏豹数千人[2]，复徇魏地。项羽已破秦，降章邯[3]，豹下魏二十余城，立豹为魏王。豹引精兵从项羽入关。汉元年，项羽封诸侯，欲有梁地，乃徙魏王豹于河东[4]，都平阳[5]，为西魏王。

汉王还定三秦[6]，渡临晋[7]，魏王豹以国属焉[8]，遂从击楚于彭城[9]。汉败，还至荥阳[10]，豹请归视亲病[11]，至国，即绝河津畔汉[12]。汉王闻魏豹反，方东忧楚，未及击[13]，谓郦生曰[14]："缓颊往说魏豹[15]，能下之[16]，吾以万户封若[17]。"郦生说豹。豹谢曰[18]："人生一世间，如白驹过隙耳[19]。今汉王慢而侮人[20]，骂詈诸侯群臣如骂奴耳[21]，非有上下礼节也，吾不忍复见也。"于是汉王遣韩信击虏豹于河东[22]，传诣荥阳[23]，以豹国为郡。汉王令豹守荥阳。楚围之急，周苛遂杀魏豹[24]。

段　意

写魏豹在反秦和楚汉之争中的经历。先投奔楚怀王，引兵击秦收复魏地，被立为魏王。跟从项羽入关后，被迁往河东封为西魏王。楚汉战争开始，魏豹归附汉王随之击楚，兵败，即借口回魏省亲背叛汉王。汉王派郦食其劝其归汉不成，即派韩信攻击并俘虏魏豹，改其国为郡（废其王位），令守荥阳。楚军包围荥阳，危急时，汉将周苛杀了魏豹。

注　释

[1] 亡：逃亡。走：奔向。[2] 楚怀王：熊心，战国时楚怀王熊槐之孙。项梁起义后，立之为王，仍称楚怀王。后来项羽自立为西楚霸王，表面上尊熊心为义帝，强迫他迁往长沙，命人击杀他于郴县。[3] 降章邯：使章邯投降。[4] 欲有梁地：想占有魏地。梁，即魏，因魏惠王于公元前 362 年迁都大梁，所以魏又称"梁"。徙：迁移，调动。河东：魏国旧地，山西境内黄河以东地区。[5] 都平阳：以平阳为都城。平阳，地名，在今山西临汾南。[6] 汉王还定三秦：言刘邦返回关中平定三秦。汉王，即刘邦，公元前 206 年，项羽分封刘邦为汉王，公元前 202 年刘邦打败了项羽才即皇帝位，为汉太祖高皇帝。三秦，地名，在今陕西一带，项羽破秦入关立三王，三分秦关中之地，故称三秦。[7] 临晋：战国时魏地，在今陕西大荔东。[8] 属：归属。[9] 彭城：地名，在今江苏徐州。[10] 荥（xíng）阳：县名，治今河南荥阳北。[11] 请归视亲病：请求回去探视生病的亲

人（实为托词）。[12] 绝河津畔汉：断绝黄河渡口反叛汉王。[13] 方东忧楚，未及击：言正忧虑东面的楚军，来不及攻击魏豹。[14] 郦生：指郦食其（yìjī），汉陈留人氏，家贫落魄，向刘邦献策攻下陈留，被封为广野君。后劝说齐王田广归汉，后因误会被田广煮死。[15] 缓颊：婉言劝解或代人说情。[16] 下之：言使之归附。[17] 若：你。[18] 谢：辞谢，推辞。[19] 白驹过隙：喻光阴迅速。[20] 慢：傲慢。[21] 詈（lì）：骂。[22] 击虏：攻击并俘虏。[23] 传（zhuàn）诣荥阳：用驿站的车马送到荥阳。传，驿站所备的车马。诣，到。[24] 周苛：人名，汉御史大夫，后兵败为项羽所杀。

　　彭越者，昌邑人也[1]，字仲[2]。常渔巨野泽中，为群盗[3]。陈胜、项梁之起[4]，少年或谓越曰[5]："诸豪桀相立畔秦，仲可以来[6]，亦效之。"彭越曰："两龙方斗，且待之。"

　　居岁余，泽间少年相聚百余人，往从彭越，曰："请仲为长[7]。"越谢曰[8]："臣不愿与诸君[9]。"少年强请，乃许。与期旦日日出会，后期者斩[10]。旦日日出，十余人后，后者至日中[11]。于是越谢曰[12]："臣老，诸君强以为长。今期而多后[13]，不可尽诛，诛最后者一人。"令校长斩之[14]。皆笑曰："何至是？请后不敢[15]。"于是越乃引一人斩之，设坛祭，乃令徒属[16]。徒属皆大惊，畏越，莫敢仰视。乃行略地[17]，收诸侯散卒，得千余人。

段　意

　　写彭越贫贱的强盗出身及聚众起事的经过，突出了两点：一、在陈胜起义、项梁叔侄起兵的变乱局势中，巨野泽间青年男子一再要求彭越为首起事。二、起事第一天彭越斩杀违约最严重的人以严明号令。

注　释

　　[1] 昌邑：县名，在今山东金乡西北。[2] 字仲：别号彭仲。字，在本名之外另取的一个名字。[3] 这里是说常在巨野泽中捕鱼并结伙为盗。渔：捕鱼。巨

野泽：在今山东巨野以北。[4] 项梁：项羽的叔父，陈胜起义时，项羽叔侄起兵吴中响应。[5] 少年：青年男子。[6] 来：招致，使人来归。[7] 长（zhǎng）：首领。[8] 谢：推辞。[9] 臣：我，对人表示谦卑的自称。与：跟从。[10] 这里是说相约明日日出时会合，后到的人要杀头。与期：相约。旦日：明日。后期者：所约时间以后到的人。[11] 后者至日中：言最后一个中午才到。[12] 谢：道歉。此指抱歉。[13] 这里是说约定而迟到者多。[14] 校长：古代下级军官职称。[15] 这里是说何至于如此（指杀头），请允许以后不迟到就是了。[16] 这里是说筑坛祭奠，才向众人发布命令。坛：土筑的高台。徒属：徒众，属众。[17] 略：以武力强取。

沛公之从砀北击昌邑[1]，彭越助之。昌邑未下，沛公引兵西。彭越亦将其众居巨野中，收魏散卒。项籍入关[2]，王诸侯[3]，还归，彭越众万余人毋所属[4]。汉元年秋，齐王田荣畔项王，（汉）乃使人赐彭越将军印，使下济阴以击楚[5]。楚命萧公角将兵击越，越大破楚军。汉王二年春，与魏王豹及诸侯东击楚，彭越将其兵三万余人归汉于外黄[6]。汉王曰："彭将军收魏地得十余城，欲急立魏后[7]。今西魏王豹亦魏王咎从弟也[8]，真魏后。"乃拜彭越为魏相国，擅将其兵[9]，略定梁地[10]。

汉王之败彭城解而西也[11]，彭越皆复亡其所下城[12]，独将其兵北居河上。汉王三年，彭越常往来为汉游兵[13]，击楚，绝其后粮于梁地。汉四年冬，项王与汉王相距荥阳[14]，彭越攻下睢阳[15]、外黄十七城。项王闻之，乃使曹咎守成皋[16]，自东收彭越所下城邑，皆复为楚。越将其兵北走穀城[17]。汉五年秋，项王之南走阳夏[18]，彭越复下昌邑旁二十余城，得谷十余万斛[19]，以给汉王食。

汉王败，使使召彭越并力击楚[20]。越曰："魏地初定，尚畏楚，未可去。"汉王追楚，为项籍所败固陵[21]。乃谓留侯曰[22]："诸侯兵不从，为之奈何？"留侯曰："齐王信之立，非君王之意，信亦不自坚[23]。彭越本定梁地，功多，始君王以魏豹故，拜彭越为魏相国。今豹死毋后[24]，且越亦欲王[25]，而君王不蚤定。与此两国约：即胜楚[26]，睢阳以北至穀城，皆以王彭相国[27]，从陈以东傅海[28]，与齐王信。齐王信家在楚，此其意欲复得故邑。君王能出捐此地许二人[29]，二人今可致；即不能，事未可知也。"于是汉王乃发使使彭越，如留侯策[30]。使者至，彭越乃悉引兵会垓下[31]，遂破楚。（五年）项籍已死[32]。春，立彭越为梁王，都定陶[33]。

六年，朝陈[34]。九年，十年，皆来朝长安[35]。

段 意

写彭越归汉封王的经过。彭越聚众万余人，曾帮助刘邦作战。刘邦被封为汉王的当年，即赐彭越将军印，令其击楚，获胜。彭越率三万人归附汉王，被封为魏王豹的相国，执掌军权。楚汉战争中汉王失利，彭越率军队游击击楚，争夺城池，夺粮援汉。汉王用张良之议，许诺封王，召韩信及彭越军队合围垓下，项羽败走自杀，彭越被封为梁王。

注 释

[1]沛公：刘邦，公元前209年响应陈胜起义，占领沛县，自立为沛公。砀（dàng）：秦时砀县，在今安徽砀山。[2]项籍：项羽。[3]王（wàng）诸侯：给诸侯封王。[4]毋：无。[5]使下济阴：叫他攻下济阴。济阴，郡名，治今山东定陶西北。[6]外黄：地名，在今河南民权西北。[7]后：后代。[8]从弟：堂弟。[9]擅将：专门统率。擅，专有，独占。[10]略定梁地：攻占平定魏国地方。梁，魏。[11]解：离散。[12]亡：失去。[13]为汉游兵：成为汉的流动不定的军队。[14]距：通"拒"，抵御，抗拒。[15]睢（suī）阳：地名，在今河南商丘以南。[16]曹咎：人名，楚将。成皋（gāo）：地名，在今河南荥阳汜水镇西。[17]穀城：县名，治今河南洛阳西北。[18]之南走阳夏（jiǎ）：到南方去奔向阳夏。阳夏，地名，秦末农民起义军领袖吴广的家乡，在今河南太康。[19]斛（hú）：古代量器，容十斗。[20]使使：派遣使者。[21]此句言在固陵为项羽

所败。固陵：古地名，在今河南太康南。[22] 留侯：张良，刘邦的谋士，因功封为留侯。[23] 此句言立韩信为齐王不是君王的意思，韩信自己心里也不踏实。信：韩信，初从项羽，后归刘邦，拜为大将军，平定齐地后，韩信认为权轻不行，要求称假王，刘邦怕他反叛，立之为齐王。破楚之后改封为楚王。坚：安心，牢靠。[24] 毋后：无后代。[25] 欲王（wàng）：想称王。[26] 即：如果。[27] 皆以王（wàng）彭相国：言以上地方都给彭越，封他为王。[28] 陈：春秋时诸侯国名，春秋末为楚所灭，国在今河南淮阳和安徽亳州一带。傅：附着，连着。[29] 出捐：舍弃给出。出，支付，给予。捐，舍弃，抛弃。[30] 如：依照，遵从。[31] 悉：尽，全部。垓下：地名，在今安徽灵璧东南。[32] 项籍已死：项羽垓下兵败，突围走乌江，自刎而死。[33] 定陶：县名，治今山东定陶西北。[34] 朝陈：到陈朝见。陈，陈胜起义后建国称王之地。[35] 朝长安：到长安朝见。刘邦后来迁都长安。

十年秋，陈豨反代地[1]，高帝自往击，至邯郸[2]，征兵梁王。梁王称病，使将将兵诣邯郸[3]。高帝怒，使人让梁王[4]。梁王恐，欲自往谢[5]。其将扈辄曰[6]："王始不往，见让而往，往则为禽矣[7]。不如遂发兵反。"梁王不听，称病。梁王怒其太仆[8]，欲斩之。太仆亡走汉，告梁王与扈辄谋反。于是上使使掩梁王[9]，梁王不觉[10]，捕梁王，囚之雒阳。有司治反形已具[11]，请论如法[12]。上赦以为庶人，传处蜀青衣[13]。西至郑[14]，逢吕后从长安来[15]，欲之雒阳，道见彭王[16]。彭王为吕后泣涕，自言无罪，愿处故昌邑。吕后许诺，与俱东至雒阳。吕后白上曰[17]："彭王壮士，今徙之蜀，此自遗患[18]，不如遂诛之。妾谨与俱来[19]。"于是吕后乃令其舍人告彭越复谋反[20]。廷尉王恬开奏请族之[21]。上乃可，遂夷越宗族[22]，国除[23]。

段 意

写彭越被杀之事。彭越因不亲自带兵出战触怒汉高祖，被人告谋反后遭逮捕拘囚，削职为民，流放蜀地。路遇吕后，哭诉无罪，请求回故乡昌邑，被吕后诳至洛阳，以再谋反罪被诛杀。

注 释

[1]陈豨（xī）：人名，他勾结匈奴在代地自立为王。代：战国时国名，在今河北蔚县一带。[2]邯郸：县名，今属河北。[3]此句言派将领率兵到邯郸。[4]让：责备。[5]谢：道歉，认错。[6]扈辄：人名，彭越部将。[7]为禽：被捉拿。禽，通"擒"。[8]太仆：官名，九卿之一，掌舆马及牧畜之事。[9]掩：乘其不备而逮捕。[10]觉：觉察。[11]有司治反形已具：官吏定为谋反罪状已经构成。有司，官吏。治，处理，处治。[12]请论如法：请依法判罪。论，判罪，判决。[13]传（zhuàn）处蜀青衣：言流放到蜀地青衣县。传，驿站的车马，指用驿站车马送去。处，居住，停留。蜀，古地名，今四川的一部分。青衣，县名，治今四川雅安以北。[14]郑：周代诸侯国名，在今河南新郑。[15]吕后：吕雉，刘邦之妻，刘邦死，其子继位为惠帝，惠帝死，吕后临朝称制，掌权八年。[16]道见：在路上遇见。[17]白上：报告皇帝。上，皇上，旧时对皇帝的讳称。[18]遗患：留下祸患。[19]妾（qiè）：旧时妇女自称的谦辞。谨：小心，谨慎。[20]舍人：王公贵官的侍从宾客，亲近左右。告：告发。[21]这里是说廷尉王恬开上奏请求诛杀彭越整个家族。廷尉：官名，九卿之一，掌刑狱。王恬开：人名。族：灭族，杀死整个家族的人的残酷刑罚。[22]夷：诛除，消灭。宗族：父系的亲属，又指同宗的人。[23]除：去掉，废除。

太史公曰：魏豹、彭越虽故贱[1]，然已席卷千里，南面称孤[2]，喋血乘胜日有闻矣[3]。怀畔逆之意，及败，不死而虏囚[4]，身被刑戮[5]，何哉？中材已上且羞其行[6]，况王者乎！彼无异故[7]，智略绝人[8]，独患无身耳[9]。得摄尺寸之柄[10]，其云蒸龙变[11]，欲有所会其度[12]，以故幽囚而不辞云[13]。

段 意

司马迁的看法：一、赞扬魏豹、彭越虽出身贫贱，却能横扫千里，建国称王，声名显赫。二、认为中等才智的人尚且以被虏囚受刑戮为羞耻，而身为王侯的魏豹、彭越却不畏避幽囚刑戮，是因为他们才智胆略过人，有了这条命并握住一点点权力就要在政治形势急剧变化、英雄豪杰并起的时候施展自己的才能，实现自己的抱负。

注 释

[1] 故贱：过去贫贱。[2] 南面称孤：称王，帝王面朝南而坐。孤，古代王侯的自称。 [3] 喋（dié）：通"蹀"，踏，踩。喋血乘胜：踏着血迹克敌制胜。日：一天天。有闻：有名望。[4] 虏囚：俘虏囚禁。[5] 被：蒙受。刑戮（lù）：犯法受刑或被处死。[6] 中材：中等才能。羞其行：以（被虏囚刑戮）为羞耻。[7] 彼无异故：那没有别的原因。[8] 绝：超过。[9] 独患无身耳：只担心不能保全自身。身，自身，本身。耳，语气词。[10] 得摄尺寸之柄：能取得小小的权力。摄，取，拿。柄，权柄，权力。[11] 云蒸龙变：比喻英雄豪杰乘时机而起。云蒸，云气升腾，喻政治形势急剧变化。龙，传说中能兴云作雨的神奇动物，喻才智胆略过人的人。[12] 欲有所会其度（dù）：想施展自己的抱负。会，符合，投合。度，胸襟，器度。 [13] 幽囚：拘囚。不辞：不逃避。辞，不受，谦让。云：句末语气词。

（冯杏实）

黥布列传

提 示

　　黥布（？—前195），本名英布，曾犯法被黥面故又称黥布。秦末农民起义浪潮中，英布在番阳起事，归附项羽封九江王。楚汉战争开始，英布反楚归汉，跟从刘邦打败项羽，封淮南王。韩信、彭越被杀后，英布震恐，由怀疑嫉妒生事，终致起兵反汉，兵败逃走，被番阳人杀掉。他的一生极富戏剧性：受刑而称王、归楚而反楚、归汉而反汉、起于番阳而又死于番阳。他勇武善战、精于用兵而缺乏远见卓识与气魄胆略、盲于问政。曾奉项羽命大量坑杀秦降兵和攻击追杀义帝，为当时人所愤恨鄙视。

　　本文人物的性格特征非常鲜明突出，作者通过人物语言、行为细节及心理活动的描写将人物写得丰满扎实、跃然纸上。对主要人物英布，特别注重写他在各种事态中的心理活动，准确而深刻地揭示其胸无谋略、浅薄狭隘的性格弱点，录用他的五句短话，也足以让人了解其识见水准与胸襟气度。刘邦在文中并非主要人物，但作者用一系列言行细节塑造了一个有抱负、有谋略、能听取意见、能识人用人制人的王者形象。特别值得一提的是作者以言写人的技巧十分高超，随何的机智果敢、萧相国的明智谨慎多半通过其语言表现出来。尤其是刘邦与薛公对话，六问六答，客观实录，不着半字评论，而刘邦的虚怀若谷、不耻下问，薛公的审时度势准确、识人深刻、分析透辟却早已令人叹服。

黥布者，六人也，姓英氏[1]。秦时为布衣[2]。少年，有客相之曰[3]："当刑而王[4]。"及壮，坐法黥[5]。布欣然笑曰："人相我当刑而王，几是乎[6]?"人有闻者，共俳笑之[7]。布已论输丽山[8]，丽山之徒数十万人[9]，布皆与其徒长豪桀交通[10]，乃率其曹偶[11]，亡之江中为群盗[12]。

段 意

写黥布贫贱的出身。他本名英布，为平民，犯罪被黥后成为骊山刑徒，逃跑到长江一带结伙为盗。他喜欢并相信别人说他将受刑称王的预言。

注 释

[1]此句言黥布本姓英，名英布。六：古国名，秦置县，在今安徽六安。[2]布衣：平民之服，指代平民。[3]相（xiàng）：看相，察看人的相貌以推测其命运的迷信行为。[4]刑而王（wàng）：受刑并称王。[5]坐法黥（qíng）：犯法被黥面。黥，在脸上或额上刻刺记号或文字并涂墨的刑罚。[6]几（jī）是乎：大概是这样吧。几，接近。[7]俳（pái）笑：嘲笑。[8]论输丽（lí）山：判罪送丽山服役（为秦始皇造墓）。论，判罪。输，送到。丽山，山名，丽通"骊"，即骊山，在今陕西临潼东南，秦始皇墓在山北。[9]丽山之徒：在骊山服役的刑徒。[10]徒长：刑徒头目。交通：交往。[11]曹偶：同类。曹，辈。偶，类。[12]亡：逃跑。之：到。江：长江。

陈胜之起也[1]，布乃见番君[2]，与其众叛秦，聚兵数千人。番君以其女妻之[3]。章邯之灭陈胜[4]，破吕臣军[5]，布乃引兵北击秦左右校[6]，破之清波[7]，引兵而东。闻项梁定江东会稽[8]，涉江而西。陈婴以项氏世为楚将[9]，乃以兵属项梁[10]，渡淮南，英布、蒲将军亦以兵属项梁[11]。

项梁涉淮而西[12]，击景驹、秦嘉等[13]，布常冠军[14]。项梁至薛[15]，闻陈王定死[16]，乃立楚怀王[17]。项梁号为武信君，英布为当阳君。项梁败死定陶[18]，怀王徙都彭城[19]，诸将英布亦皆保聚彭城。当是时，秦急围赵，赵数使人请救。怀王使宋义为上将[20]，范曾为末将[21]，项籍为次将[22]，英布、蒲将军皆为将军，悉属宋义[23]，北救赵。及项籍杀宋义于河上[24]，怀王因立籍为上将军，诸将皆属项籍。项籍使布先渡河击秦，布数有利[25]，籍乃悉引兵涉河从之，遂破秦军，降章邯等[26]。楚兵常胜，功冠诸侯[27]。诸侯兵皆以服属楚者[28]，以布数以少败众也[29]。

项籍之引兵西至新安，又使布等夜击坑章邯秦卒二十余万人[30]。至关，不得入[31]，又使布等先从间道破关下军[32]，遂得入，至咸阳[33]。布常为军锋[34]。项王封诸将，立布为九江王，都六[35]。

汉元年四月[36]，诸侯皆罢戏下，各就国[37]。项氏立怀王为义帝，徙都长沙，乃阴令九江王布等行击之[38]。其八月，布使将击义帝，追杀之郴县[39]。

汉二年，齐王田荣畔楚[40]，项王往击齐，征兵九江，九江王布称病不往，遣将将数千人行。汉之败楚彭城，布又称病不佐楚[41]。项王由此怨布，数使使者诮让召布[42]，布愈恐，不敢往。项王方北忧齐、赵，西患汉，所与者独九江王[43]，又多布材[44]，欲亲用之，以故未击。

段 意

写英布聚兵反秦、归楚封王之事。一、陈胜起义后，英布在番阳聚兵反秦，取得一些胜利后渡淮归楚。二、因勇敢善战，常以少胜多，军功突出，被封为九江王。三、奉项羽之命做了些残暴不义之事：在新安坑杀秦的降兵二十余万人，派人攻击并追杀义帝于郴县。四、楚汉战争开始后，英布借口生病，帮助楚国不力，项羽对他又怨恨又想依靠。

注　释

[1] 陈胜：人名，秦末农民起义军领袖。起：起义。[2] 番（pó）君：秦末番阳（治今江西鄱阳）县令吴芮，甚得民心，号曰番君。[3] 以其女妻（qì）之：把他的女儿嫁给英布。[4] 章邯：秦二世的武将，击败陈胜起义军，投降项羽被立为雍王，后为刘邦所败，自杀。[5] 吕臣：陈胜起义军中将领，陈胜死后，他组织苍头军，继续反秦。[6] 左右校：左校、右校，武官。[7] 清波：古地名，在今河南新蔡西南。[8] 项梁：项羽的叔父，秦末与项羽起兵吴中响应陈胜起义。江东：安徽芜湖以下长江下游南岸地区。会（kuài）稽：此指秦郡名，在今江苏东南部及浙江西部，郡治在今江苏苏州。[9] 陈婴：人名，秦末在东阳（今江苏盱眙东南）起义。[10] 属：归附。[11] 蒲将军：秦末起义军首领，其名不详。[12] 涉淮：渡过淮河。[13] 景驹：人名，楚国贵族后代，被秦嘉立为楚王，败于项梁而死。秦嘉：人名，秦末起义，败于项梁而死。[14] 冠（guàn）军：在诸军中为首位，言作战勇猛快捷。[15] 薛：县名，治今山东滕州东南。[16] 陈王：陈胜，在陈称王。定：确定，确实。[17] 楚怀王：熊心，战国时楚怀王熊槐之孙，被项梁立为王，仍称楚怀王，后来又被尊为义帝。[18] 定陶：县名，治今山东定陶西北。[19] 彭城：县名，治今江苏徐州。[20] 宋义：人名，原楚国令尹，加入项梁起义军。上将：主将，主帅。[20] 范曾：应为范增，人名，项羽的谋士。末将：次于上将、次将的将领。[22] 项籍：人名，即项羽，秦末与叔父项梁起兵吴中响应陈胜起义，秦亡后自立为西楚霸王，与刘邦争天下，垓下兵败，突围走乌江自刎而死。次将：副将，副帅。[23] 悉：尽，全部。[24] 河上：黄河故道南岸。[25] 数（shuò）有利：屡次占优势。数，屡次，频繁。利，有利的形势。[26] 降（xiáng）章邯：使章邯投降。[27] 功冠诸侯：军功居诸侯首位。[28] 服属：顺从，归属。[29] 以：因为。[30] 新安：县名，沿今河南渑池东。坑：活埋。秦卒：指章邯投降带来的秦兵。[31] 关：指函谷关，在今河南灵宝东北。不得入：不能进。刘邦先攻入咸阳，派兵守关，故楚军“不得入”。[32] 间（jiàn）道：小路。[33] 咸阳：秦国都城，在今陕西咸阳东北。[34] 军锋：军队前锋。[35] 九江王：辖有九江、庐江二郡地，相当于今安徽淮河以南大部及江西一带。都六：以六县为都城。六：县名，治今安徽六安。[36] 汉元年：公元前206 年，刘邦被项羽封为汉王，史书记为汉元年。[37] 罢戏（huī）下，各就国：从麾下离去，回各自的封国。罢，结束。戏下，同“麾下”，帅旗下。[38] 阴令：

暗中命令。行击：言在其迁徙途中攻击。[39] 郴（chēn）县：县名，治今湖南郴州。[40] 田荣：人名，他杀了项羽分封在齐国的三王，自立为齐王。畔：通"叛"。[41] 佐（zuǒ）：帮助。[42] 诮（qiào）让：谴责。[43] 与：亲附。[44] 多：称赞，赞赏。

汉三年，汉王击楚，大战彭城，不利，出梁地[1]，至虞[2]，谓左右曰[3]："如彼等者，无足与计天下事。"谒者随何进曰[4]："不审陛下所谓[5]。"汉王曰："孰能为我使淮南[6]，令之发兵倍楚[7]，留项王于齐数月，我之取天下可以百全[8]。"随何曰："臣请使之。"乃与二十人俱，使淮南。至，因太宰主之[9]，三日不得见。随何因说太宰曰："王之不见何，必以楚为强，以汉为弱，此臣之所以为使。使何得见，言之而是邪[10]，是大王所欲闻也；言之而非邪，使何等二十人伏斧质淮南市[11]，以明王倍汉而与楚也。"太宰乃言之王，王见之。随何曰："汉王使臣敬进书大王御者[12]，窃怪大王与楚何亲也[13]。"淮南王曰[14]："寡人北乡而臣事之[15]。"随何曰："大王与项王俱列为诸侯，北乡而臣事之，必以楚为强，可以托国也。项王伐齐，身负板筑[16]，以为士卒先[17]；大王宜悉淮南之众，身自将之[18]，为楚军前锋，今乃发四千人以助楚。夫北面而臣事人者，固若是乎[19]？夫汉王战于彭城，项王未出齐也，大王宜骚淮南之兵渡淮[20]，日夜会战彭城下，大王抚万人之众[21]，无一人渡淮者，垂拱而观其孰胜[22]。夫托国于人者，固若是乎？大王提空名以乡楚，而欲厚自托[23]，臣窃为大王不取也。然而大王不背楚者，以汉为弱也。夫楚兵虽强，天下负之以不义之名[24]，以其背盟约而杀义帝也。然而楚王恃战胜自强[25]，汉王收诸侯[26]，还守成皋、荥阳[27]，下蜀、汉之粟[28]，深沟壁垒，分卒守徼乘塞[29]，楚人还兵，间以梁地[30]，深入敌国八九百里，欲战则不得，攻城则力不能，老弱转粮千里之外；楚兵至荥阳、成皋，汉坚守而不动，进则不得攻，退则不得解[31]。故曰楚兵不足恃也。使楚胜汉[32]，则诸侯自危惧而相救[33]。夫楚之强，适足以致天下之兵耳[34]。故楚不如汉，其势易见也。今大王不与万全之汉而自托于危亡之楚[35]，臣窃为大王惑之[36]。臣非以淮南之兵足以亡楚也[37]。夫大王发兵而倍楚，项王必留；留数月，汉之取天下可以万全。臣请与大王提剑而归汉，汉王必裂地而封大王[38]，又况淮南？淮南必大王有也！故汉王敬使使臣进愚计，愿大王之留意也。"淮南王曰："请奉命[39]。"阴许畔楚与汉，未敢泄也[40]。

楚使者在，方急责英布发兵[41]，舍传舍[42]，随何直入，坐楚使者上坐[43]，曰："九江王已归汉，楚何以得发兵？"布愕然。楚使者起。何因说布曰："事已构[44]，可遂杀楚使者，无使归，而疾走汉并力[45]。"布曰："如使者教，因起兵而击之耳。"于是杀使者，因起兵而攻楚。楚使项声[46]、龙且攻淮南[47]，项王留而攻下邑[48]。数月，龙且击淮南，破布军。布欲引兵走汉，恐楚王杀之，故间行与何俱归汉[49]。

淮南王至，上方踞床洗[50]，召布入见，布（甚）大怒，悔来，欲自杀。出就舍，帐御饮食从官如汉王居[51]，布又大喜过望。于是乃使人入九江。楚已使项伯收九江兵[52]，尽杀布妻子[53]。布使者颇得故人幸臣[54]，将众数千人归汉。汉益分布兵而与俱北，收兵至成皋。四年七月，立布为淮南王，与击项籍。

汉五年，布使人入九江，得数县。六年，布与刘贾入九江[55]，诱大司马周殷[56]，周殷反楚，遂举九江兵与汉击楚，破之垓下[57]。

项籍死，天下定，上置酒。上折随何之功[58]，谓何为腐儒[59]，为天下安用腐儒。随何跪曰："夫陛下引兵攻彭城，楚王未去齐也，陛下发步卒五万人，骑五千，能以取淮南乎？"上曰："不能。"随何曰："陛下使何与二十人使淮南，至，如陛下之意，是何之功贤于步卒五万人、骑五千也。然而陛下谓何腐儒，为天下安用腐儒，何也？"上曰："吾方图子之功[60]。"乃以随何为护军中尉[61]。布遂剖符为淮南王[62]，都六，九江、庐江[63]、衡山[64]、豫章郡皆属布[65]。

七年，朝陈[66]。八年，朝雒阳[67]。九年，朝长安[68]。

段意

写英布反楚归汉封王的经过。一、汉王刘邦要夺取天下，想策反英布使之牵制项羽军力。随何主动请求出使淮南，向英布详细分析楚汉战争形势，说服英布叛楚并果断地促使英布杀了楚使者发兵攻楚，兵败，弃军从小路归汉。二、刘邦恩威并施，重用英布。英布跟从刘邦攻打楚军，大败项羽于垓下后，刘邦割地剖符正式封英布为淮南王。随何因策反英布有功被封为护军中尉。

注释

[1]梁：魏。战国时魏国因魏惠王迁都大梁又称"梁"。[2]虞：县名，治今河南虞城北。[3]谓左右：对左右说。左右，旁侧，在旁侍候的人或近臣。[4]谒者：通接宾客的近侍或官员。随何：人名，善于言辞，官至护军中尉。[5]审：明白，清楚。陛（bì）下：臣对帝王的尊称。[6]孰：谁。使：出使。[7]倍：通"背"，违背，背叛。[8]百全：百无一失。[9]太宰主之：言在太宰家住着。太宰，官名。主，以……为主人，在……做客。[10]邪（yé）：句末语气词。[11]伏斧质：伏在质上受斧砍，指斩杀。质，古代斩人用的垫板。[12]进书大王御者："进书大王"的谦恭说法。御者，驾驭车马的人，侍从。[13]窃怪：私下感到奇怪。[14]淮南王：即九江王英布，归汉以后才被封为淮南王。[15]寡人北乡（xiàng）而臣事之：我向北以臣的身份服侍他。寡人，古代王侯自称之词。北乡，面向北，"乡"通"向"。事，服侍。[16]负：背负，背着。板筑：筑墙用具。板，墙板。筑，杵。筑墙时以两板夹土，用杵夯，使之结实。[17]此句言身先士卒。[18]此句言亲自率领他们。[19]固若是乎：难道是这样的吗？固，难道。[20]骚（sǎo）：通"扫"，尽举。[21]抚：据有，拥有。[22]此句言袖手旁观其胜负。垂拱：垂衣拱手，形容无所事事，不费力气。[23]此句言挂着依

托楚国的空名，而想完全依托自己。[24] 负：加给。[25] 恃（shì）：依仗。[26] 收：收拢，聚集。[27] 成皋（gāo）：地名，在今河南荥阳汜水镇西。[28] 下蜀、汉之粟：取得蜀郡汉中郡的粮食。[29] 深沟壁垒：挖深战壕，筑牢营垒。守徼（jiào）乘（chéng）塞（sài）：言坚守边界要塞。徼，边界边塞防御工事。乘，防守。塞，边疆要塞。[30] 间（jiàn）：间隔，隔着。[31] 解：解脱，脱身。[32] 使：如果。[33] 自危惧而相救：因自危害怕而互相救助。[34] 致：招致。[35] 与：亲附，交好。[36] 惑：迷惑，疑惑。[37] 以：以为。[38] 裂地：分割土地。[39] 奉命：遵奉命令。[40] 阴许：秘密答应。畔：通"叛"。与：亲附。泄：泄露。[41] 责：要求。[42] 舍传（zhuàn）舍：住在旅舍里。[43] 上坐：受尊敬的席位。[44] 构：构成、造成。[45] 疾走汉并力：赶快奔向汉合并力量。[46] 项声：人名，楚军将领。[47] 龙且（jū）：人名，楚军将领。[48] 下邑：地名，在今安徽砀山。[49] 间（jiàn）行：隐秘地行动。[50] 上：指汉王。踞：两脚前伸而坐（随便无礼的坐姿）。洗：洗脚。[51] 帐御：帷帐衣服等用具。从官：部下僚属官吏。[52] 项伯：项羽叔父。[53] 妻子：妻和子女。[54] 故人：旧友。幸臣：被宠信的臣属。[55] 刘贾：人名，刘邦堂兄，即荆王。[56] 大司马：武官名。周殷：人名，楚军将领。[57] 垓（gāi）下：地名，在今安徽灵璧东南。[58] 折：损减。[59] 腐儒：迂腐的读书人。[60] 图：考虑。[61] 护军中尉：武官名。[62] 剖符：把帝王授予诸侯和功臣的符（凭据）剖分为二，帝王与诸侯各执一半。[63] 庐江：郡名，治今安徽合肥。[64] 衡山：县名，今属湖南。[65] 豫章郡：治今江西南昌。[66] 朝陈：到陈朝见。陈，县名，治今河南淮阳，陈胜起义后建国称王处。[67] 雒阳：在今河南洛阳东北。刘邦称帝初期建都雒阳。[68] 长安：古都，在今陕西西安西北。刘邦后来迁都长安。

十一年[1]，高后诛淮阴侯[2]，布因心恐。夏，汉诛梁王彭越[3]，醢之[4]，盛其醢遍赐诸侯。至淮南，淮南王方猎，见醢，因大恐，阴令人部聚兵[5]，候伺旁郡警急[6]。

布所幸姬疾[7]，请就医，医家与中大夫贲赫对门[8]，姬数如医家[9]，贲赫自以为侍中[10]，乃厚馈遗[11]，从姬饮医家。姬侍王，从容语次[12]，誉赫长者也[13]。王怒曰："汝安从知之？"具说状。王疑其与乱[14]。赫恐，称病。王愈怒，欲捕赫。赫言变事[15]，乘传诣长安[16]。布使人追，不及。赫至，上变[17]，言布谋反有端[18]，可先未发诛也[19]。上读其书，语萧相国[20]。相国曰："布不宜有此，恐仇怨妄诬之[21]。请系赫[22]，使人微验淮南王[23]。"淮南王布见赫以罪亡，上变，固已疑其言国阴事[24]；汉使又来，颇有所验，遂族赫家[25]，发兵反。反书闻[26]，上乃赦贲赫，以为将军。

上召诸将问曰："布反，为之奈何？"皆曰："发兵击之，坑竖子耳[27]！何能为乎？"汝阴侯滕公召故楚令尹问之[28]。令尹曰："是故当反[29]。"滕公曰："上裂地而王之[30]，疏爵而贵之[31]，南面而立万乘之主[32]，其反何也？"令尹曰："往年杀彭越，前年杀韩信，此三人者，同功一体之人也[33]。自疑祸及身，故反耳。"滕公言之上曰："臣客故楚令尹薛公者，其人有筹筴之计[34]，可问。"上乃召见，问薛公。薛公对曰："布反不足怪也。使布出于上计[35]，山东非汉之有也；出于中计，胜败之数未可知也；出于下计，陛下安枕而卧矣。"上曰："何谓上计？"令尹对曰："东取吴，西取楚，并齐取鲁，传檄燕、赵[36]，固守其所，山东非汉之有也。""何谓中计？""东取吴，西取楚，并韩取魏，据敖庾之粟[37]，塞成皋之口[38]，胜败之数未可知也。""何谓下计？""东取吴，西取下蔡[39]，归重于越[40]，身归长沙，陛下安枕而卧，汉无事矣。"上曰："是计将安出[41]？"令尹对曰："出下计。"上曰："何谓废上中计而出下计[42]？"令尹曰："布故丽山之徒也，自致万乘之主，此皆为身，不顾后为百姓万世虑者也，故曰出下计。"上曰："善。"封薛公千户[43]。乃立皇子长为淮南王[44]。上遂发兵自将东击布。

布之初反，谓其将曰："上老矣，厌兵[45]，必不能来。使诸将，诸将独患淮阴、彭越[46]，今皆已死，余不足畏也。"故遂反。果如薛公筹之，东击荆[47]，荆王刘贾走死富陵[48]。尽劫其兵[49]，渡淮击楚。楚发兵与战徐、僮间[50]，为三军，欲以相救为奇[51]。

或说楚将曰[52]："布善用兵，民素畏之。且兵法，诸侯战其地为散地[53]。今别为三，彼败吾一军，余皆走，安能相救！"不听。布果破其一军，其二军散走。

遂西，与上兵遇蕲西[54]，会甀[55]。布兵精甚，上乃壁庸城[56]，望布军置陈如项籍军[57]，上恶之[58]。与布相望见，遥谓布曰："何苦而反？"布曰："欲为帝耳。"上怒骂之，遂大战。布军败走，渡淮，数止战[59]，不利，与百余人走江南。布故与番君婚[60]，以故长沙哀王使人绐布[61]，伪与亡[62]，诱走越，故信而随之番阳[63]。番阳人杀布兹乡民田舍，遂灭黥布。

立皇子长为淮南王，封贲赫为期思侯，诸将率多以功封者[64]。

段　意

写英布叛汉被灭的经过。一、汉王以谋反罪先后诛杀韩信、彭越，英布惊恐，暗中部署集结军队，窥探动静。二、英布怀疑爱妾与贲赫淫乱要捉拿贲赫，贲赫告发其谋反，英布遂起兵反汉。三、故楚令尹薛公向刘邦分析英布，认为他并无远大抱负，不会与汉争天下、论胜负，危害不大。四、英布引兵攻荆、楚，获胜。五、汉高祖率军亲征，英布败走长沙，长沙王使人骗英布至番阳，英布被番阳人杀死。

注　释

[1]公元前196年。[2]高后：即吕后，刘邦之妻。淮阴侯：韩信，原封楚王，因人告其谋反，被汉高祖计捉，降为淮阴侯，后因谋反被杀。[3]彭越：人名，秦末聚众起义，归附刘邦，多建奇功，被封为梁王，后因人告谋反被杀。[4]醢（hǎi）之：把他剁成肉酱。醢，古代把人剁为肉酱的酷刑。[5]阴令人部聚兵：暗中叫人部署聚集军队。[6]候伺：侦察。警急：报告危急消息。[7]所幸姬：爱妾。疾，生病。[8]中大夫：官职等级名。贲（féi，今读 bēn）赫：人名。

[9] 如：到……去。[10] 侍中：官名。[11] 厚馈（kuì）遗（wèi）：赠送厚礼。
[12] 从（cōng）容语次：闲谈之间。从容，不慌不忙，闲暇。次，中，中间。
[13] 誉：称赞。长（zhǎng）者：谨慎忠厚的人。[14] 与乱：与之淫乱。[15]
言变事：告发（英布）发动事变。[16] 乘传（zhuàn）诣长安：坐驿站车马到长
安。传，驿站或驿站的车马。[17] 上变：向朝廷上书报告谋反叛乱事件。[18]
端：发端。[19] 可先未发诛也：可在尚未反叛时先诛杀。[20] 萧相国：丞相萧
何，刘邦的重要谋臣。[21] 妄：狂乱。诬：诬蔑。[22] 系（jì）：缚，拴。指拘
禁。[23] 微验：暗中侦察。[24] 阴事：秘密之事。[25] 族：灭族，杀死整个家
族的人。[26] 反书闻：听到关于反叛的报告。[27] 坑竖子耳：活埋了这小子。
竖子，小子，对人的鄙称。耳，语气词，表示肯定。[28] 汝阴侯滕公：夏侯婴，
秦末随刘邦起兵伐秦，屡立战功，封汝阴侯。曾任滕县令，故又称滕公。故楚令
尹：原楚国县令。[29] 是故当反：言英布当然要反叛。[30] 王之：使之为王。
[31] 疏爵而贵之：分封爵位使之显贵。[32] 万乘之主：（诸侯国）君王。万乘，
万辆兵车，天子才有万辆兵车。[33] 同功一体：功绩与地位相同。[34] 筹策：
谋划。策，同"策"。[35] 使布出于上计：假如英布采用上策。上计，上策，高
明的计谋。[36] 传檄（xí）：送去文书。檄，官府文书。[37] 敖庾（yǔ）：即敖
仓，秦代所建仓名，在河南荥阳东北敖山上。[38] 塞成皋之口：驻守成皋的关
口。[39] 下蔡：地名，在今安徽寿县北。[40] 归重于越：将贵重东西送到越国。
归，送，交。越，南越，今广东广西一带，秦末赵佗自立为南越武王，刘邦封赵
佗为南越王。[41] 是：这。此指英布。[42] 何谓：为什么。[43] 千户：千家。
言封食邑千家，为千户侯。[44] 皇子长：刘邦的儿子刘长。[45] 厌兵：厌恶战
事。[46] 诸将独患淮阴、彭越：言诸将中（英布）只怕韩信、彭越二人。[47]
荆：荆王刘贾的封国，在今安徽东南、江苏西南及浙江北部地区。[48] 走死富
陵：逃跑死于富陵。富陵，县名，在今江苏盱眙（xūyí）东北。[49] 劫：强夺，
威逼。[50] 徐：楚地名，在今江苏泗洪南。僮（zhuàng）：楚地名，在今安徽泗
县北。[51] 欲以相救为奇：想出奇兵互相救援。[52] 或：有人。[53] 诸侯战其
地为散（sàn）地：古兵家指在自己领地内与敌作战，其士卒在危急时容易逃跑，
故称散地。[54] 蕲（qí）西：蕲县西面。蕲县，治今安徽宿州东南。[55] 会甀
（zhuì）：乡名。[56] 壁庸城：以庸城为壁垒，指固守庸城。[57] 置陈（zhèn）：
布阵。陈，通"阵"。[58] 恶（wù）：讨厌，厌恶。[59] 数（shù）止战：几次
停下来交战。[60] 故：原来。[61] 长沙哀王：即番君，吴芮，刘邦封之为长沙
王。长沙，郡府名，在今湖南。绐（dài）：欺骗。[62] 伪与亡：假装与他一道逃
跑。[63] 番（pó）阳：县名，治今江西鄱阳。[64] 率：大都，一般。

太史公曰：英布者，其先岂《春秋》所见楚灭英、六[1]，皋陶之后哉[2]？身被刑法[3]，何其拔兴之暴也[4]！项氏之所坑杀人以千万数，而布常为首虐[5]。功冠诸侯，用此得王[6]，亦不免于身为世大僇[7]。祸之兴自爱姬殖[8]，妒媢生患[9]，竟以灭国！

段意

司马迁的感叹和看法：一、叹英布身受刑罚而迅速兴起。二、认为项羽杀人太多，英布是最暴虐的。三、英布虽功冠诸侯而封王，却身负着极大的耻辱。四、嫉妒产生祸患，竟能灭国。

注释

[1]先：祖先。岂：莫非。《春秋》：古籍名，编年体史书。楚灭英、六：史书记载"楚人灭六"。英，姓氏，皋陶之后代。六，古国名。[2]皋陶（yáo）：人名，传说是舜之臣，掌刑狱。传称春秋英、六诸国都是皋陶的后人。[3]被：遭受。[4]拔兴之暴：言突然迅疾兴起。暴，突然。[5]首虐：最残暴的。首，首位。[6]用：因。[7]僇（lù）：耻辱。[8]殖：滋生。[9]妒媢（mào）：妒忌。

（冯杏实）

淮阴侯列传

提　示

韩信（？—前196），是楚汉战争中举足轻重的人物。他出身贫贱，参加秦末农民大起义，先属项羽，不得重用，后归刘邦，拜为大将军，辅佐刘邦平定天下，建立西汉，先后被封齐王、楚王和淮阴侯。但由于他功高震主，又自负轻慢，热衷名位，为刘邦所疑忌，终于被杀，结束了他叱咤风云而又富有浓郁悲剧意味的一生。

为了写好这个重要人物，司马迁曾亲自到韩信家乡淮阴调查过，因此本篇写得特别具体生动，人物形象栩栩如生。文章很注意细节的描写，韩信早年的穷困潦倒，通过三件小事，写得让人如临其境，如见其人，十分生动传神。文章着重描写了韩信的累累战功，其中登坛拜将、井陉之战、潍水之役数处，又是作者精心用笔的地方，巧妙安排，细致描写，突出了韩信高瞻远瞩、深于谋略的大将风度和杰出的军事才能。文章在结构上，围绕中心人物韩信组织剪裁材料，详略有致，重点突出，虚实相生，前后呼应；文笔也十分简练，极为活泼流畅。全文字里行间饱含着作者的感情，对韩信一生的悲剧寄予了深切的同情，同时也有批评。至于篇中的次要人物，如萧何、刘邦、李左车、蒯通、吕后等，虽着墨不多，也都各有性格，生动形象，可见作者描写人物的高超技巧。

淮阴侯韩信者，淮阴人也[1]。始为布衣时，贫无行[2]，不得推择为吏，又不能治生商贾[3]，常从人寄食饮，人多厌之者。常数从其下乡南昌亭长寄食，数月，亭长妻患之，乃晨炊蓐食[4]。食时信往，不为具食。信亦知其意，怒，竟绝去。

信钓于城下，诸母漂[5]，有一母见信饥，饭信，竟漂数十日。信喜，谓漂母曰："吾必有以重报母。"母怒曰："大丈夫不能自食，吾哀王孙而进食[6]，岂望报乎！"

淮阴屠中少年有侮信者，曰："若虽长大[7]，好带刀剑，中情怯耳。"众辱之曰："信能死，刺我；不能死，出我袴下[8]。"于是信孰视之[9]，出袴下，蒲伏[10]。一市人皆笑信，以为怯。

段　意

写韩信早年穷困潦倒的三件事。一是从人寄食，在南昌亭长家久住，为亭长妻所厌，怒而离去。二是在城下垂钓，得漂母分食，方免饥馁。三是被淮阴屠中少年欺侮，从其胯下爬过，为市人讥笑。

注　释

[1] 淮阴：秦县名，故城在今江苏淮阴东南。[2] 行（xìng）：德行，善行。全句谓韩信贫穷，又没有好德行，故下句说不得推选为吏。可知自战国以来，即有乡里推选有德行者为吏之法。[3] 治生商贾（gǔ）：倒装句，即以商贾之道治生。商贾，商人的统称。[4] 蓐（rù）食：在床上吃饭。蓐，草垫子。[5] 母：古代对年长妇女的尊称。漂：漂洗。[6] 王孙：古代对贵族子弟的通称，也用作对青年人的尊称，相当于叫"公子"。[7] 若：你。[8] 袴：通"胯"。[9] 孰：通"熟"。[10]：同"俯"。蒲伏：同"匍匐"，俯伏在地上。

及项梁渡淮，信杖剑从之，居戏下[1]，无所知名。项梁败，又属项羽，羽以为郎中。数以策干项羽[2]，羽不用。汉王之入蜀，信亡楚归汉，未得知名，为连敖[3]。坐法当斩[4]，其辈十三人皆已斩，次至信，信乃仰视，适见滕公[5]，曰："上不欲就天下乎？何为斩壮士！"滕公奇其言，壮其貌，释而不斩。与语，大说之[6]。言于上，上拜以为治粟都尉[7]，上未之奇也。

信数与萧何语，何奇之。至南郑[8]，诸将行道亡者数十人[9]，信度何等已数言上，上不我用，即亡。何闻信亡，不及以闻，自追之。人有言上曰："丞相何亡。"上大怒，如失左右手。居一二日，何来谒上，上且怒且喜，骂何曰："若亡，何也？"何曰："臣不敢亡也，臣追亡者。"上曰："若所追者谁何？"曰："韩信也。"上复骂曰："诸将亡者以十数，公无所追；追信，诈也。"何曰："诸将易得耳。至如信者，国士无双。王必欲长王汉中，无所事信；必欲争天下，非信无所与计事者。顾王策安所决耳[10]。"王曰："吾亦欲东耳，安能郁郁久居此乎？"何曰："王计必欲东，能用信，信即留；不能用，信终亡耳。"王曰："吾为公以为将。"何曰："虽为将，信必不留。"王曰："以为大将。"何曰："幸甚。"于是王欲召信拜之。何曰："王素慢无礼，今拜大将如呼小儿耳，此乃信所以去也。王必欲拜之，择良日，斋戒[11]，设坛场[12]，具礼，乃可耳。"王许之。诸将皆喜，人人各自以为得大将。至拜大将，乃韩信也，一军皆惊。

段　意

韩信参加项梁、项羽的起义部队，不受重用，改投刘邦。官职卑小，因触犯刑律险被斩决，为夏侯婴所救。因久未受刘邦重视，失望逃离，得萧何慧眼识人，及时追回韩信，并说服刘邦，郑重拜其为大将。

注　释

[1] 戏（huī）下：同"麾下"，部下。[2] 干：请见进言。[3] 连敖：掌管仓库粮饷的小官。[4] 坐法：因过失而犯法。[5] 滕公：即夏侯婴，刘邦好友，

因其在秦时曾为滕县县令，故称。[6] 说：同"悦"。[7] 治粟都尉：管理粮饷的军官。[8] 南郑：今陕西汉中，当时为汉之都城。[9] 诸将行（háng）：即诸将领辈。[10] 顾：但，只。全句说，只看你汉王的计策怎样决定了。[11] 斋戒：古人于祭祀行礼之前，必沐浴更衣，不饮酒，不茹荤，以为这样可以一其心志，接通鬼神，称斋戒。[12] 坛场：筑土培高而成的叫坛，治平地面而成的叫场。此句谓在广场上设置台子。

信拜礼毕，上坐。王曰："丞相数言将军，将军何以教寡人计策?"信谢，因问王曰："今东乡争权天下，岂非项王邪[1]?"汉王曰："然。"曰："大王自料勇悍仁强孰与项王[2]?"汉王默然良久，曰："不如也。"信再拜贺曰："惟信亦为大王不如也。然臣尝事之[3]，请言项王之为人也。项王喑噁叱咤[4]，千人皆废，然不能任属贤将，此特匹夫之勇耳[5]。项王见人恭敬慈爱，言语呕呕[6]，人有疾病，涕泣分食饮。至使人有功当封爵者，印刓敝[7]，忍不能予，此所谓妇人之仁也[8]。项王虽霸天下而臣诸侯，不居关中而都彭城[9]。有背义帝之约，而以亲爱王[10]，诸侯不平。诸侯之见项王迁逐义帝置江南，亦皆归逐其主而自王善地。项王所过无不残灭者，天下多怨，百姓不亲附，特劫于威强耳[11]。名虽为霸，实失天下心。故曰其强易弱。今大王诚能反其道，任天下武勇，何所不诛！以天下城邑封功臣，何所不服！以义兵从思东归之士[12]，何所不散！且三秦王为秦将[13]，将秦子弟数岁矣，所杀亡不可胜计[14]，又欺其众降诸侯，至新安，项王诈坑秦降卒二十余万[15]，唯独邯、欣、翳得脱，秦父兄怨此三人，痛入骨髓。今楚强以威王此三人[16]，秦民莫爱也。大王之入武关，秋豪无所害[17]，除秦苛法，与秦民约，法三章耳[18]，秦民无不欲得大王王秦者。于诸侯之约，大王当王关中，关中民咸知之。大王失职入汉中，秦民无不恨者。今大王举而东，三秦可传檄而定也[19]。"于是汉王大喜，自以为得信晚。遂听信计，部署诸将所击。

段 意

韩信拜将后,向刘邦分析刘、项为人和楚、汉双方形势,指出项王虽勇而失人心,楚虽强而易弱,不足为惧;刘邦必须进军关中,以为巩固之根据地,然后才能平定天下。中肯的分析,精辟的见解,见出韩信长于谋略的大将风度,刘邦自恨得到韩信太晚。

注 释

[1] 乡:通"向"。全句说:现在你向东争夺天下权力,对手不就是项王吗?[2] 全句说:大王自己估量,你本人的勇狠和兵势的精强,比项王谁胜?仁强:此指精良强盛之义。孰:谁。[3] 事:共事。[4] 喑噁(yīnwù):满怀怒气的样子。[5] 匹夫:普通人。[6] 呕(xū)呕:温和的样子。[7] 刓(wán):磨去棱角。弊:损坏。[8] 妇人之仁:指不识大体。[9] 彭城:今江苏徐州。[10] 以亲爱王:把亲近信爱的人分封为王。[11] 劫:挟制。[12] 全句意为用义兵跟着想东归的将士。[13] 三秦王:指当时秦地的三个王,即雍王章邯、塞王司马欣、翟王董翳。[14] 杀亡:被杀和逃亡。[15] 坑:活埋。[16] 王:封王。[17] 豪:通"毫"。[18] "大王之入武关"以下:指刘邦初入关,与秦民约,杀人者死,伤人及盗抵罪。[19] 传檄(xí)而定:犹言下一道文书便可平定。檄,声讨罪行的文告。

八月,汉王举兵东出陈仓[1],定三秦。汉二年,出关,收魏、河南,韩、殷王皆降。合齐、赵共击楚。四月,至彭城,汉兵败散而还。信复收兵与汉王会荥阳[2],复击破楚京、索之间[3],以故楚兵卒不能西。

汉之败却彭城,塞王欣、翟王翳亡汉降楚,齐、赵亦反汉与楚和。六月,魏王豹谒归视亲疾[4],至国,即绝河关反汉[5],与楚约和。汉王使郦生说豹,不下。其八月,以信为左丞相,击魏。魏王盛兵蒲坂[6]，塞临晋[7]。信乃益为疑兵，陈船欲度临晋，而伏兵从夏阳以木罂缻渡军[8]，袭安邑[9]。魏王豹惊，引兵迎信，信遂虏豹，定魏为河东郡。汉王遣张耳与信俱，引兵东，北击赵、代。后九月，破代兵，禽夏说阏与[10]。信之下魏破代，汉辄使人收其精兵，诣荥阳以距楚[11]。

　　信与张耳以兵数万，欲东下井陉击赵[12]。赵王、成安君陈馀闻汉且袭之也[13]，聚兵井陉口，号称二十万。广武君李左车说成安君曰[14]："闻汉将韩信涉西河，虏魏王，禽夏说，新喋血阏与[15]，今乃辅以张耳，议欲下赵，此乘胜而去国远斗，其锋不可当。臣闻千里馈粮，士有饥色，樵苏后爨，师不宿饱[16]。今井陉之道，车不得方轨[17]，骑不得成列，行数百里，其势粮食必在其后。愿足下假臣奇兵三万人，从间道绝其辎重[18]。足下深沟高垒[19]，坚营勿与战。彼前不得斗，退不得还，吾奇兵绝其后，使野无所掠，不至十日，而两将之头可致于戏下。愿君留意臣之计。否，必为二子所禽矣[20]。"成安君，儒者也，常称义兵不用诈谋奇计，曰："吾闻兵法十则围之，倍则战[21]。今韩信兵号数万，其实不过数千。能千里而袭我，亦已罢极[22]。今如此避而不击，后有大者，何以加之！则诸侯谓吾怯，而轻来伐我。"不听广武君策，广武君策不用。

　　韩信使人间视[23]，知其不用，还报，则大喜，乃敢引兵遂下。未至井陉口三十里，止舍[24]。夜半传发，选轻骑二千人，人持一赤帜，从间道萆山而望赵军[25]，诫曰："赵见我走，必空壁逐我[26]，若疾入赵壁，拔赵帜，立汉赤帜。"令其裨将传飧[27]，曰："今日破赵会食[28]！"诸将皆莫信，详应曰[29]："诺。"谓军吏曰："赵已先据便地为壁，且彼未见吾大将旗鼓，未肯击前行，恐吾至阻险而还。"信乃使万人先行，出，背水陈[30]。赵军望见而大笑。平旦[31]，信建大将之旗鼓，鼓行出井陉口，赵开壁击之，大战良久。于是信、张耳详弃鼓旗，走水上军。水上军开入之，复疾战。赵果空壁争汉鼓旗，逐韩信、张耳。韩信、张耳已入水上军，军皆殊死战，不可败。信所出奇兵二千骑，共候赵空壁逐利，则驰入赵壁，皆拔赵旗，立汉赤帜二千。赵军已不胜，不能得信等，欲还归壁，壁皆汉赤帜，而大惊，以为汉皆已得赵王将矣，兵遂乱，遁走，赵将虽斩之，不能禁也。于是汉兵夹击，大破虏赵军，斩成安君泜水上[32]，禽赵王歇。

信乃令军中毋杀广武君，有能生得者购千金。于是有缚广武君而致戏下者，信乃解其缚，东乡坐，西乡对，师事之。

诸将效首虏[33]，（休）毕贺，因问信曰：“兵法右倍山陵[34]，前左水泽[35]，今者将军令臣等反背水陈，曰破赵会食，臣等不服。然竟以胜，此何术也？”信曰：“此在兵法，顾诸君不察耳。兵法不曰‘陷之死地而后生，置之亡地而后存[36]’？且信非得素拊循士大夫也[37]，此所谓‘驱市人而战之[38]’，其势非置之死地，使人人自为战；今予之生地，皆走[39]，宁尚可得而用之乎！”诸将皆服，曰：“善。非臣所及也。”

于是信问广武君曰：“仆欲北攻燕，东伐齐，何若而有功[40]？”广武君辞谢曰：“臣闻败军之将，不可以言勇；亡国之大夫，不可以图存。今臣败亡之虏[41]，何足以权大事乎[42]！”信曰：“仆闻之，百里奚居虞而虞亡[43]，在秦而秦霸，非愚于虞而智于秦也，用与不用，听与不听也。诚令成安君听足下计，若信者亦已为禽矣。以不用足下，故信得侍耳。”因固问曰：“仆委心归计[44]，愿足下勿辞。”广武君曰：“臣闻智者千虑，必有一失；愚者千虑，必有一得。故曰‘狂夫之言，圣人择焉[45]’。顾恐臣计未必足用，愿效愚忠。夫成安君有百战百胜之计，一旦而失之，军败鄗下[46]，身死泜上。今将军涉西河，虏魏王，禽夏说阏与，一举而下井陉，不终朝破赵二十万众[47]，诛成安君。名闻海内，威震天下，农夫莫不辍耕释耒[48]，褕衣甘食[49]，倾耳以待命者。若此，将军之所长也。然而众劳卒罢，其实难用。今将军欲举倦弊之兵，顿之燕坚城之下，欲战恐久力不能拔，情见势屈[50]，旷日粮竭[51]，而弱燕不服，齐必距境以自强也。燕、齐相持而不下，则刘项之权未有所分也。若此者，将军所短也。臣愚，窃以为亦过矣。故善用兵者不以短击长，而以长击短。"韩信曰："然则何由[52]？"广武君对曰："方今为将军计，莫如案甲休兵[53]，镇赵，抚其孤[54]，百里之内，牛酒日至，以飨士大夫醳兵[55]，北首燕路[56]，而后遣辩士奉咫尺之书[57]，暴其所长于燕[58]，燕必不敢不听从。燕已从，使喧言者东告齐[59]，齐必从风而服，虽有智者，亦不知为齐计矣。如是，则天下事皆可图也。兵固有先声而后实者，此之谓也。"韩信曰："善。"从其策，发使使燕[60]，燕从风而靡[61]。乃遣使报汉，因请立张耳为赵王，以镇抚其国。汉王许之，乃立张耳为赵王。

段　意

这一大段先叙刘邦用韩信计，定三秦而据关中。次叙韩信下魏破代，抄袭项羽后路，扭转彭城之败的战局。再叙井陉之战，成功地运用《孙子兵法》上"陷之死地而后生，置之亡地而后存"的战术，背水为阵，大破赵军，成为中国军事史上以少胜多的著名战例。并收降李左车，用李左车计，平定燕、赵，使汉军威势复振。在赫赫战功中，见出韩信杰出的军事才能。

注　释

[1] 陈仓：秦县名，治今陕西宝鸡。[2] 荥（xíng）阳：秦县名，治今河南郑州西，黄河南岸。[3] 京、索：即京县、索亭。京县在今荥阳东南，索亭即今荥阳。[4] 谒（yè）：请见。谒归即告假回家。[5] 绝河关：河关即蒲津关，在今陕西大荔东黄河西岸。魏豹截断河关，目的是阻止汉军进入魏境。[6] 蒲坂：地

名，在今山西永济西黄河东岸。[7]临晋：关名，即蒲津关，隔河与蒲坂相对。[8]夏阳：秦县名，治今陕西韩城西南。木罂缻（yīngfǒu）：木盆、木桶之类的水上运载工具。[9]安邑：战国初期魏国都城，在今陕西夏县西北，当时为河东重镇。[10]禽：通"擒"。阏与（yùyǔ）：城邑名，即今山西和顺。[11]距：通"拒"，抗拒。[12]井陉（xíng）：即下文的井陉口，为"太行八陉"之一。今河北井陉东北井陉山上的井陉关，即其地。[13]成安君：陈馀的封号。[14]广武君：李左车的封号。[15]喋（dié）血：践血，意为杀人流血很多，到处都践血而行。喋，同"蹀"，践。[16]"臣闻"以下是说：我听说从千里之外运粮食，士兵就会有饥色；到吃饭时才打柴做饭，部队就会经常吃不饱。馈（kuì）：运送。樵苏：砍柴打草。爨（cuàn）：烧火煮饭。宿饱：常饱。[17]方轨：两车并行。车不得方轨，形容山路极其险狭。[18]从间道：即抄近道。间道，指小路、近路。[19]深沟高垒：把护营的沟挖深，把军营的围墙加高。[20]禽：通"擒"。[21]十则围之，倍则战：有十倍于敌人的兵力就可以包围它，有一倍于敌人的兵力就可以决战。[22]罢：同"疲"。[23]间视：乘机探听。[24]止舍：停下来扎营。[25]间道萆山：从小路隐蔽到山上。萆，同"蔽"。[26]空壁：空营。[27]裨（bì）将：偏将，副将。传飧（sūn）：传令用一些早点。飧，小食。[28]会食：正式集合用饭。[29]详：通"佯"，假装。[30]背水陈：背靠着黄河列阵。陈，同"阵"。[31]平旦：天刚亮的时候。[32]泜（chí）水：河名，源出河北元氏西。[33]效首虏：献首级和俘虏。[34]倍：通"背"。[35]前左水泽：意为前面和左面必须临近川泽。[36]"陷之"以下：是说陷于死地而结果得生，置于亡地反而得存。语出《孙子·九地篇》，原文是："投之亡地而后存，陷之死地然后生。夫众陷于害，然后能为胜败。"[37]拊（fǔ）循：抚爱。士大夫：此指部下将士。[38]市人：指集市上的人，意为未经训练的乌合之众。[39]走：逃跑。[40]何若：犹若何。[41]虏：俘虏。[42]权：计量，策划。[43]百里奚：人名，春秋时虞国大夫，晋献公想灭亡虢国，向虞国借道。百里奚劝谏虞君，虞君不采用他的意见，结果虞国被晋国所灭。百里奚被虏做奴隶，给晋女作陪嫁送往秦国，百里奚逃脱，后被秦穆公用五张羊皮换至秦国，予以重用，终于辅佐秦穆公称霸西戎。[44]委心：犹言倾心。归计：求教，求计于人。[45]"狂夫"以下：意谓即使是狂人的话，圣人也应该考虑、选择。[46]鄗（hào）下：鄗城之下。鄗，秦县名，县治在今河北高邑东南。[47]不终朝：要不了一个早晨，极言破赵之快。[48]辍（chuò）耕释耒（lěi）：放下农具，停止耕作。辍，中止，停止。释，放下。耒，一种耕地翻土的农具。[49]褕（yú）衣甘食：美好的衣服和食物。褕，美好。[50]情见势屈：暴露真情，兵势挫减。[51]旷日粮竭：日子拖长了，粮饷也就短缺了。[52] 何由：走哪条路？[53] 案甲休兵：停止战争。案，通“按”，此为停止意。[54] 镇赵，抚其孤：安定赵国，存恤赵国死士的遗孤。[55] 飨（xiǎng）士大夫醳（yì）兵：宴请部队将士，犒劳兵卒。飨，饷。醳，醳酒。[56] 北首燕路：兵势北向燕国。首，向。[57] 咫（zhǐ）尺：指当时简牍的长度。咫，古代长度名，周制八寸，约相当于今 0.207 米。[58] 暴：显示，暴露。[59] 喧言者：能说会道的人，指辩士。[60] 使使：前一个使字是名词，使者；后一个使字是动词，出使。[61] 从风而靡：望风投降。靡，吓倒，降服。

楚数使奇兵渡河击赵，赵王耳、韩信往来救赵，因行定赵城邑[1]，发兵诣汉[2]。楚方急围汉王于荥阳，汉王南出，之宛、叶间[3]，得黥布[4]，走入成皋[5]，楚又复急围之。六月，汉王出成皋，东渡河，独与滕公俱，从张耳军脩武[6]。至，宿传舍[7]。晨，自称汉使，驰入赵壁。张耳、韩信未起，即其卧内上夺其印符[8]，以麾召诸将，易置之[9]。信、耳起，乃知汉王来，大惊。汉王夺两人军，即令张耳备守赵地，拜韩信为相国，收赵兵未发者击齐。

信引兵东，未渡平原[10]，闻汉王使郦食其已说下齐[11]，韩信欲止。范阳辩士蒯通说信曰[12]："将军受诏击齐，而汉独发间使下齐[13]，宁有诏止将军乎[14]？何以得毋行也[15]！且郦生一士，伏轼掉三寸之舌[16]，下齐七十余城；将军将数万众，岁余乃下赵五十余城。为将数岁，反不如一竖儒之功乎[17]？"于是信然之，从其计，遂渡河。齐已听郦生，即留纵酒，罢备汉守御。信因袭齐历下军[18]，遂至临菑[19]。齐王田广以郦生卖己，乃亨之[20]，而走高密[21]，使使之楚请救。韩信已定临菑，遂东追广至高密西。楚亦使龙且将[22]，号称二十万，救齐。

齐王广、龙且并军与信战，未合。人或说龙且曰："汉兵远斗穷战，其锋不可当。齐、楚自居其地战，兵易败散。不如深壁，令齐王使其信臣招所亡城，亡城闻其王在，楚来救，必反汉。汉兵二千里客居，齐城皆反之，其势无所得食，可无战而降也。"龙且曰："吾平生知韩信为人，易与耳[23]。且夫救齐不战而降之，吾何功？今战而胜之，齐之半可得，何为止！"遂战，与信夹潍水陈[24]。韩信乃夜令人为万余囊[25]，满盛沙，壅水上流[26]，引军半渡，击龙且，详不胜，还走。龙且果喜曰："固知信怯也。"遂追信渡水。信使人决壅囊，水大至。龙且军大半不得渡。即急击，杀龙且。龙且水东军散走，齐王广亡去。信遂追北至城阳[27]，皆虏楚卒。

汉四年，遂皆降平齐。使人言汉王曰："齐伪诈多变，反复之国也，南边楚[28]，不为假王以镇之[29]，其势不定。愿为假王便[30]。"当是时，楚方急围汉王于荥阳，韩信使者至，发书[31]，汉王大怒，骂曰："吾困于此，且暮望若来佐我[32]，乃欲自立为王！"张良、陈平蹑汉王足[33]，因附耳语曰："汉方不利，宁能禁信之王乎？不如因而立，善遇之，使自为守。不然，变生。"汉王亦悟，因复骂曰："大丈夫定诸侯，即为真王耳，何以假为！"乃遣张良往立信为齐王，征其兵击楚。

段 意

韩信在刚刚平定的赵地一带与楚军往来作战，刘邦兵败成皋而逃入韩信营中，夺其印符，重新调置将领，拜韩信为赵相国，让其进军齐国。韩信听信辩士蒯通之言，与刘邦的使者郦食其争功，出兵攻打齐国获胜。又与楚将龙且战于潍水，以计胜之。齐国平定，韩信向刘邦请求封为齐国的"假王"，刘邦不得已封他为齐王，但已启刘邦疑忌之端，为以后的悲剧种下了祸根。

[1]"因行定"句：与上句连看，意为因往来救赵，便把所经过的赵国各地城邑都占领、安定了。[2]发兵诣汉：派兵到刘邦那里去。诣（yì），到。[3]之宛、叶间：到宛、叶之间。宛，秦县名，县治在今河南南阳。叶，亦秦县名，治今河南叶县南。[4]黥（qíng）布：项羽猛将名，入关后被封为九江王，彭城之败后刘邦派说客随何往劝黥布。汉三年，楚汉相持于荥阳、成皋一带时，黥布叛楚归汉。[5]成皋：古之东虢国，春秋时为郑国的制邑，又名虎牢，在今河南荥阳境内。[6]脩武：秦县名，治今河南获嘉。脩，同"修"。[7]传舍：客馆。[8]"即其卧内"句：意为就在韩信、张耳的卧室内收取他们的印信牌符。即：就。上：刘邦。[9]麾：军中宣召用的旌麾。易置之：变更了诸将的职位。[10]平原：古邑名，故治在今山东平原南二十五里。[11]郦食其（lìyìjī）：陈留高阳乡（今河南杞县）人，本为里监门吏，后归刘邦，献计克陈留，封广野君。[12]蒯（kuǎi）通：本名蒯彻，因与汉武帝刘彻同名，故史官改为蒯通以避武帝之讳。[13]间使：离间敌人的使臣。[14]宁：岂。[15]"何以"句：怎么能够不前进呢！[16]伏轼：轼为车前横木，古人俯身其上以表敬意。掉：摇，或犹今言耍弄。[17]竖儒：儒家小子。竖，小子，骂人语。[18]历下：即今山东济南。[19]临菑（zī）：即今山东临淄，当时为齐国田广的国都。菑，同"淄"。[20]亨：同"烹"，用开水将人煮死。[21]高密：今山东高密西。[22]龙且：楚将名。[23]易与耳：很容易对付的。[24]潍水：即山东潍河，源出莒县北，东流至诸城，折向北流，经高密、安丘、潍坊、昌邑境，北注于莱州湾。文中所说夹潍对阵，当在今高密境内。[25]囊（náng）：口袋，袋子。[26]壅（yōng）：堵塞。[27]城阳：秦县名，县治在今山东菏泽东北。[28]边：连接，靠近。[29]假王：指代理齐王。假，权摄其职，犹今之言代理。[30]"愿为"句：为便宜起见，愿暂立为假王。[31]发书：拆看韩信的书信。[32]若：你，指韩信。[33]蹑（niè）：踩，踏。

楚已亡龙且，项王恐，使盱眙人武涉往说齐王信曰[1]："天下共苦秦久矣，相与戮力击秦[2]。秦已破，计功割地，分土而王之，以休士卒。今汉王复兴兵而东，侵人之分[3]，夺人之地。已破三秦，引兵出关，收诸侯之兵以东击楚，其意非尽吞天下者不休，其不知厌足如是甚也[4]。且汉王不可必[5]，身居项王掌握中数矣[6]，项王怜而活之。然得脱，辄倍约，复击项王，其不可亲信如此。今足下虽自以与汉王为厚交，为之尽力用兵，终为之所禽矣。足下所以得须臾至今者[7]，以项王尚存也。当今二王之事，权在足下。足下右投则汉王胜，左投则项王胜。项王今日亡，则次取足下[8]。足下与项王有故[9]，何不反汉与楚连和，参分天下王之[10]？今释此时，而自必于汉以击楚，且为智者固若此乎[11]？"韩信谢曰："臣事项王，官不过郎中，位不过执戟[12]，言不听，画不用[13]，故倍楚而归汉。汉王授我上将军印，予我数万众，解衣衣我[14]，推食食我[15]，言听计用，故吾得以至于此。夫人深亲信我，我倍之，不祥[16]，虽死不易[17]！幸为信谢项王！"

武涉已去，齐人蒯通知天下权在韩信，欲为奇策而感动之，以相人说韩信曰[18]："仆尝受相人之术。"韩信曰："先生相人何如？"对曰："贵贱在于骨法[19]，忧喜在于容色[20]，成败在于决断，以此参之[21]，万不失一。"韩信曰："善。先生相寡人何如？"对曰："愿少间[22]。"信曰："左右去矣。"通曰："相君之面，不过封侯，又危不安。相君之背，贵乃不可言。"韩信曰："何谓也？"蒯通曰："天下初发难也，俊雄豪桀建号壹呼[23]，天下之士云合雾集，鱼鳞杂遝[24]，熛至风起[25]。当此之时，忧在亡秦而已。今楚汉分争，使天下无罪之人肝胆涂地[26]，父子暴骸骨于中野[27]，不可胜数[28]。楚人起彭城，转斗逐北，至于荥阳，乘利席卷，威震天下。然兵困于京、索之间，迫西山而不能进者[29]，三年于此矣。汉王将数十万之众，距巩、雒，阻山河之险，一日数战，无尺寸之功，折北不救[30]，败荥阳，伤成皋，遂走宛、叶之间，此所谓智勇俱困者也。夫锐气挫于险塞，而粮食竭于内府[31]，百姓罢极怨望[32]，容容无所倚[33]。以臣料之，其势非天下之贤圣固不能息天下之祸。当今两主之命县于足下[34]，足下为汉则汉胜，与楚则楚胜[35]。臣愿披腹心，输肝胆[36]，效愚计，恐足下不能用也。诚能听臣之计，莫若两利而俱存之，参分天下，鼎足而居，其势莫敢先动[37]。夫以足下之贤圣，有甲兵之众，据强齐，从燕、赵[38]，出空虚之地而制其后，因民之欲，西乡为百姓请命，则天下风走而响应矣，孰敢不听！割大弱强，以立诸侯，诸侯已立，天下服听而归德于齐。案齐之故[39]，有胶、泗之地[40]，怀诸侯以德，深拱揖让[41]，则天下之君王相率而朝于齐矣。盖闻天与弗取，反受其咎[42]；时至不行，反受其殃。愿足下孰虑之。"

韩信曰："汉王遇我甚厚，载我以其车，衣我以其衣，食我以其食。吾闻之，乘人之车者载人之患，衣人之衣者怀人之忧，食人之食者死人之事，吾岂可以乡利倍义乎？"蒯生曰："足下自以为善汉王，欲建万世之业，臣窃以为误矣。始常山王、成安君为布衣时[43]，相与为刎颈之交[44]，后争张黡、陈泽之事[45]，二人相怨。常山王背项王，奉项婴头而窜逃[46]，归于汉王。汉王借兵而东下，杀成安君泜水之南，头足异处，卒为天下笑。此二人相与，天下至也。然而卒相禽者，何也？患生于多欲而人心难测也[47]。今足下欲行忠信以交于汉王，必不能固于二君之相与也，而事多大于张黡、陈泽。故臣以为足下必汉王之不危己，亦误矣。大夫种、范蠡存亡越，霸句践，立功成名而身死亡[48]。野兽已尽而猎狗亨[49]。夫以交友言之，则不如张耳之与成安君者也；以忠信言之，则不过大夫种、范蠡之于句践也。此二人者，足以观矣。愿足下深虑之。且臣闻勇略震主者身危，而功盖天下者不赏[50]。臣请言大王功略：足下涉西河，虏魏王，禽夏说，引兵下井陉，诛成安君，徇赵[51]，胁燕，定齐，南摧楚人之兵二十万，东杀龙且，西乡以报，此所谓功无二于天下，而略不世出者也[52]。今足下戴震主之威，挟不赏之功，归楚，楚人不信；归汉，汉人震恐：足下欲持是安归乎[53]？夫势在人臣之位而有震主之威，名高天下，窃为足下危之。"韩信谢曰："先生且休矣，吾将念之[54]。"

后数日，蒯通复说曰："夫听者事之候也[55]，计者事之机也[56]，听过计失而能久安者，鲜矣。听不失一二者，不可乱以言[57]；计不失本末者，不可纷以辞[58]。夫随厮养之役者，失万乘之权[59]；守儋石之禄者，阙卿相之位[60]。故知者决之断也，疑者事之害也，审豪氂之小计[61]，遗天下之大数，智诚知之，决弗敢行者[62]，百事之祸也。故曰'猛虎之犹豫，不若蜂虿之致螫[63]；骐骥之踟蹰[64]，不如驽马之安步；孟贲之狐疑[65]，不如庸夫之必至也。虽有舜、禹之智，吟而不言[66]，不如瘖聋之指麾也'[67]。此言贵能行之。夫功者难成而易败，时者难得而易失也。时乎时，不再来。愿足下详察之。"韩信犹豫，不忍倍汉，又自以为功多，汉终不夺我齐，遂谢蒯通。蒯通说不听，已，详狂为巫[68]。

段 意

项羽派说客武涉来劝韩信叛汉自立，指出刘邦之所以尚能容他，是因为楚国未灭，韩信考虑刘邦对他有知遇之恩，坚不为动。蒯通又说韩信，劝他与刘、项三分天下，鼎足而王，并进一步指出人心难测，刘邦虽有恩于他，但不可恃，今功高震主，处境危险。韩信不听蒯通之言，仍然不肯背叛刘邦。

注 释

[1] 盱眙（xūyí）：地名，故址在今江苏盱眙东北。[2] 戮力：并力，合力。[3] 侵人之分（fèn）：分，职权。全句谓，刘邦侵占了别的诸侯的职权。[4] 厌足：满足。厌，同"餍"。[5] 不可必：汉王的为人不可确信。[6] "身居"句：是说刘邦的性命有好几次被抓在项羽的手中了。[7] 须臾至今：延续到现在。须臾，顷刻，此有苟延之义。[8] 次取足下：轮到收拾你了。[9] 有故：有旧交情。

[10] 参：古"三"字，今通写作"叁"。[11]"今释"以下：现在放弃这个机会，自己确信刘邦是靠得住的而去攻打项羽，作为一个聪明人应当这么考虑吗？[12]"官不过"以下：互文，意为拿着戟守卫宫禁的武官。[13] 画：策划，计谋。[14] 衣衣：前一个衣字是名词，衣服；后一个衣字是动词，穿。[15] 食食：前一个食字是名词，饭食；后一个食字是动词，吃。[16] 不祥：不会有好结果。[17] 易：变。[18] 相（xiàng）人：看相的人。[19] 骨法：即人体骨骼的长相。旧时以为人体的骨相可以表现出他一生贵贱穷通的命运。[20] 容色：容貌，气色。[21] 以此参之：用上面所说的三项来参酌相人。[22] 愿少间：意思是请稍稍屏退从人，方可得间进言。[23] 桀：通"杰"。建号壹呼：建号，建立名号，指称王。壹呼，一声号召。壹，同"一"。[24] 鱼鳞杂遝：像鱼鳞一样密集地排列着。遝，通"沓（tà）"，杂沓是众多的样子。[25] 熛（biāo）至风起：如火一样飞腾，如风一样卷起。熛，火焰飞腾。[26] 肝胆涂地：犹言到处是死尸。[27] 中野：田野间。[28] 不可胜数：简直数不过来了。[29] 西山：泛指京、索西面的山地。[30] 折北不救：败逃不能自救。折，挫败。北，奔逃。[31] 内府：库藏。[32] 怨望：怨恨责望。[33] 容容：犹言摇摇，动摇不安的样子。[34] 县："悬"的本字。足下：指韩信。[35] 为：帮助。与：加入。[36] 披腹心，输肝胆：犹言推心置腹，披肝沥胆。[37]"其势"句：在这种形势下谁也不敢先动。[38] 从燕、赵：率领燕、赵。从，率领。[39] 案齐之故：稳固地占有原来齐国的地盘。案，此作占据解。故，故壤，故地。[40] 胶、泗：胶河，山东东部的河流，流经今平度、高密、胶州一带。泗水，山东西南部的河流，流经今泗水、曲阜、济宁一带。[41] 深拱揖让：从容有礼的样子。深拱，高举手，从容轻闲貌。[42] 咎（jiù）：过失。下文"殃"，意为祸患。[43] 常山王：即张耳。成安君：即陈馀。[44] 刎颈之交：誓同生死的至交。言要齐生死，虽刎颈也不悔恨。[45] 张黡（yǎn）、陈泽之事：陈胜起义后，张耳、陈馀趁天下大乱之际，立赵歇为赵王而共同辅佐。后秦军围赵歇、张耳于巨鹿城内，这时陈馀驻军城北，以为自己兵少，敌不过众多的秦军，不敢出兵。张耳派张黡、陈泽去责备陈馀，陈馀迫不得已，这才让他们两人带五千兵去试攻秦军，结果张黡、陈泽两人都战死了。巨鹿解围以后，张耳从此怨恨陈馀，陈馀一气之下出走，两人于是结仇。[46] 奉：同"捧"。项婴：项羽派遣到张耳那里去的使者，被张耳所杀。[47]"患生"句：祸患就出在彼此贪心不足，而且人心是变幻莫测的。意谓人为了私利，是不惜出卖朋友的。[48]"大夫种"以下：大夫种，即文种。文种与范蠡辅佐越王勾践重振越国后，又灭了吴国，勾践遂称霸一时。范蠡感到自己的地位不安，辞职去做了商人，而文种留恋权位，最后终于被勾践所杀。身死亡：死者指文种，亡（逃

隐）者指范蠡。[49]野兽：喻强敌。猎狗：喻功臣。亨：通"烹"。[50]震主：使国君受到震动、威压。不赏：无可再赏。[51]徇（xùn）：徇地，攻取土地。[52]略不世出：言举世的大功都不能出韩信之上。[53]"足下欲持"句：意谓要想拿着这样的"震主之威"和"不赏之功"归向何方呢。[54]念：考虑。[55]"夫听者"句：能听别人的善谋，就能看清事物发展变化的征候。[56]"计者"句：能反复计虑，就能把握住成败存亡的枢纽。[57]"听不失"句：听话而不会误认轻重的人，决不可用巧言来惑乱他。一二：犹次第，指轻重。[58]"计不失"句：设计而不至于不周到的人，决不可用辞令来迷误他。本末，犹首尾。纷：犹乱。[59]"夫随厮养"句：甘心守着贱役的必然失去重权。厮养：劈柴养马的人。万乘：指君王。[60]"守儋石（dàn）"句：恋于微禄的必然不能得到高位。儋：通"担"，计量谷米的量名。阙：同"缺"。[61]豪：通"毫"。氂：同"厘"。[62]决弗敢行：到下决断之时却不敢毅然执行。[63]蜂虿（chài）：马蜂，蝎子。致螫（shì）：用毒刺刺人。[64]骐骥：良马。下文"驽马"，意为劣马。踟蹰：犹踟躇，进退不定貌。[65]孟贲（bēn）：古代有名的勇士。[66]吟：同"噤"，闭口不言。[67]瘖（yīn）：哑。指麾：打手势。[68]详狂为巫：蒯通恐怕劝韩信叛汉的事被人发觉，就装疯冒充巫者以避祸。

汉王之困固陵[1]，用张良计，召齐王信，遂将兵会垓下[2]。项羽已破，高祖袭夺齐王军。汉五年正月，徙齐王信为楚王，都下邳[3]。

信至国，召所从食漂母，赐千金。及下乡南昌亭长，赐百钱，曰："公，小人也，为德不卒[4]。"召辱己之少年令出胯下者以为楚中尉[5]。告诸将相曰："此壮士也。方辱我时，我宁不能杀之邪？杀之无名[6]，故忍而就于此。"

项王亡将钟离眛家在伊庐[7]，素与信善。项王死后，亡归信。汉王怨眛，闻其在楚，诏楚捕眛。信初之国[8]，行县邑，陈兵出入[9]。汉六年，人有上书告楚王信反。高帝以陈平计，天子巡狩会诸侯[10]，南方有云梦[11]，发使告诸侯会陈："吾将游云梦。"实欲袭信，信弗知。高祖且至楚[12]，信欲发兵反，自度无罪[13]，欲谒上，恐见禽。人或说信曰："斩眛谒上，上必喜，无患。"信见豨计事。豨曰:"汉所以不击取楚,以豨在公所。若欲捕我以自媚于汉,吾今日死,公亦随手亡矣。"乃骂信曰:"公非长者[14]!"卒自刭[15]。信持其首,谒高祖于陈。上令武士缚信,载后车。信曰:"果若人言'狡兔死,良狗亨;高鸟尽,良弓藏;敌国破,谋臣亡'。天下已定,我固当亨!"上曰:"人告公反。"遂械系信[16]。至雒阳,赦信罪,以为淮阴侯。

信知汉王畏恶其能[17],常称病不朝从[18]。信由此日夜怨望,居常鞅鞅[19],羞与绛、灌等列[20]。信尝过樊将军哙,哙跪拜送迎,言称臣,曰:"大王乃肯临臣[21]!"信出门,笑曰:"生乃与哙等为伍[22]!"

上常从容与信言诸将能不[23],各有差[24]。上问曰:"如我能将几何[25]?"信曰:"陛下不过能将十万。"上曰:"于君何如?"曰:"臣多多而益善耳。"上笑曰:"多多益善,何为为我禽?"信曰:"陛下不能将兵,而善将将[26],此乃言之所以为陛下禽也。且陛下所谓天授,非人力也。"

陈豨拜为巨鹿守[27],辞于淮阴侯。淮阴侯挈其手[28],辟左右与之步于庭[29],仰天叹曰:"子可与言乎?欲与子有言也。"豨曰:"唯将军令之。"淮阴侯曰:"公之所居,天下精兵处也;而公,陛下之信幸臣也。人言公之畔[30],陛下必不信;再至,陛下乃疑矣;三至,必怒而自将。吾为公从中起[31],天下可图也。"陈豨素知其能也,信之,曰:"谨奉教!"汉十年,陈豨果反。上自将而往,信病不从。阴使人至豨所,曰:"弟举兵[32],吾从此助公。"信乃谋与家臣夜诈诏赦诸官徒奴[33],欲发以袭吕后、太子。部署已定,待豨报。其舍人得罪于信[34],信囚,欲杀之。舍人弟上变[35],告信欲反状于吕后。吕后欲召,恐其党不就,乃与萧相国谋,诈令人从上所来[36],言豨已得死,列侯群臣皆贺。相国绐信曰[37]:"虽疾,强入贺[38]。"信入,吕后使武士缚信,斩之长乐钟室[39]。信方斩，曰："吾悔不用蒯通之计，乃为儿女子所诈，岂非天哉!"遂夷信三族[40]。

段　意

　　垓下战后，项羽被彻底消灭，刘邦毫不迟疑地立即剥夺了韩信的兵权，把他迁到下邳去做楚王。接着，刘邦以到云梦巡狩会诸侯为名，袭击韩信，韩信欲反又止，终于被擒，赦罪后降为淮阴侯。韩信日益不满，与巨鹿陈豨相约谋反，因事机泄露，韩信被吕后、萧何诱杀于长乐钟室，结束了他轰轰烈烈而又悲惨的一生。

注　释

　　[1]固陵：即固始，地在今河南淮阳西北。[2]垓（gāi）下：刘、项最后决战地，在今安徽灵璧。[3]下邳（pī）：秦所置县，故治在今江苏邳州东。[4]为德不卒：做好事没有做到底。[5]中尉：掌管巡城捕盗的武官。[6]无名：无名义，无意义。[7]钟离眛：姓钟离，名眛。楚之勇将，素与韩信相善。项羽败死垓下后，钟离眛改名潜逃，以躲避刘邦的缉拿。伊庐：邑名，在今江苏灌云东北。[8]之国：到楚国。[9]陈兵出入：出入都严陈兵卫。[10]巡狩：同"巡守"，天子到诸侯国去。[11]云梦：古代泽薮名，在楚地，广八九百里。[12]且：将。[13]度：揣测，考虑。[14]长者：忠厚的人。[15]刭（jǐng）：割颈，抹脖子。[16]械系：用刑具锁缚。[17]畏恶：又害怕又厌恶。[18]朝从：定时朝见，有事从行。[19]鞅鞅：失意貌。[20]"羞与"句：犹言羞与绛、灌为伍。绛：指绛侯周勃。灌：指颍阴侯灌婴。二人皆刘邦名将，有勇而缺少文采谋略。[21]"大王"句：樊哙（kuài）说："您这样的大王身份反肯下顾及我么!"这是引为光荣的话。樊哙是刘邦的名将。[22]生：犹言一辈子。[23]不（fǒu）：同"否"。[24]各有差（cī）：各有高低不同。差，参差。[25]"如我"句：像我能带多少兵？将：率领。[26]将将：率领将军。前者为动词，后者为名词。[27]陈豨（xī）：宛句（今山东菏泽西南）人，从刘邦征讨有功，拜为巨鹿郡太守。巨鹿：秦置县，治今河北平乡。[28]挈（qiè）：携住。[29]辟：回避。[30]畔：同"叛"。[31]中：京城之中。[32]弟举兵：只管起兵好了。弟，通"第"，只。

[33] 这里是说：乘黑夜假传诏书，把没入宫中的罪人奴隶都释放出来。[34] 舍人：门客。[35] 上变：告发变乱之事。[36] 上所：刘邦所在的地方。[37] 绐（dài）：欺骗。[38] 强：勉强。[39] 长乐钟室：长乐宫中的悬钟之室。[40] 夷：平除，此指杀尽。三族：这里指父族、母族、妻族。也有父母、兄弟、妻子等族多种说法。

高祖已从豨军来[1]，至，见信死，且喜且怜之，问："信死亦何言？"吕后曰："信言恨不用蒯通计。"高祖曰："是齐辩士也。"乃诏齐捕蒯通。蒯通至，上曰："若教淮阴侯反乎？"对曰："然，臣固教之，竖子不用臣之策，故令自夷于此。如彼竖子用臣之计，陛下安得而夷之乎！"上怒曰："亨之。"通曰："嗟乎，冤哉亨也！"上曰："若教韩信反，何冤？"对曰："秦之纲绝而维弛[2]，山东大扰[3]，异姓并起，英俊乌集[4]。秦失其鹿[5]，天下共逐之[6]，于是高材疾足者先得焉[7]。跖之狗吠尧[8]，尧非不仁，狗因吠非其主。当是时，臣唯独知韩信，非知陛下也。且天下锐精持锋欲为陛下所为者甚众[9]，顾力不能耳[10]，又可尽亨之邪？"高帝曰："置之[11]。"乃释通之罪。

段 意

这一段是全传的余波，写刘邦捕捉蒯通而欲烹之，蒯通巧言善辩，很快化险为夷。作者这样安排，寓有深意：蒯通几句话就改变了刘邦杀人的主意，而他反复劝说韩信背汉自立，却毫无效果，足见韩信对刘邦的一片忠心。以后谋反，乃功高震主，刘邦不断猜忌，意欲加害，不得不尔也。此所谓"春秋笔法"。

注 释

[1]"高祖"句：刘邦已经从征伐陈豨的军中归来，下文"至"字，是指到达雒阳。[2] 纲绝而维弛：指法度混乱，朝政崩溃。纲，网上的大绳。维，系车盖的绳。纲、维都比喻国家的法度。[3] 山东：当时对函谷关、崤关以东地方的通

称。扰：乱。[4] 乌集：像乌鸦那样飞聚到一起。[5] 鹿：与禄谐音，即禄，喻帝位或国家政权。[6] 逐：追抢。[7] 高材疾足者：本领大走路又快的人。疾，快速。[8] 跖（zhí）：人名，古书上说他是战国时代的大盗，故又叫盗跖。吠（fèi）：狗叫。尧：传说中古代很有德行的君主。"跖之狗"以下各句本于《战国策·齐策》："跖之狗吠尧，非贵跖而贱尧也，狗固吠非其主也。"[9] 这里是说：磨快了刀枪要想像你这样做的人很多。锐精：磨砺铁器而使之锋利。[10] 顾：只是。[11] 置之：放了他。

　　太史公曰：吾如淮阴[1]，淮阴人为余言，韩信虽为布衣时，其志与众异[2]。其母死，贫无以葬，然乃行营高敞地[3]，令其旁可置万家。余视其母冢[4]，良然。假令韩信学道谦让[5]，不伐己功[6]，不矜其能[7]，则庶几哉[8]，于汉家勋可以比周、召、太公之徒[9]，后世血食矣[10]。不务出此[11]，而天下已集[12]，乃谋畔逆，夷灭宗族，不亦宜乎！

段　意

　　这一段是全传的总结，亦即对韩信的总评。司马迁一方面肯定了韩信具有远大志向和杰出才能，对于刘汉政权的建立起了重要作用，同时也批评了他居功自傲和最后谋叛的错误。言辞之间，充满着不胜惋惜之意。

注　释

　　[1] 如：去，往。[2] "其志"句：他的志趣和一般人不同。[3] 行营高敞地：到处寻求又高又宽的葬地。行，到各处行走。营，谋求。高，指地势高。敞，宽敞。[4] 冢（zhǒng）：隆起的坟墓。[5] 道：指老子之道，老子主张为人谦让。[6] 伐：骄傲自满。[7] 矜（jīn）：自以为贤能。[8] 庶几：差不多。[9] 周：周公旦。召：召公奭。二人都是辅佐周武王和周成王的功臣。太公：即吕望，辅佐武王伐纣，建立周朝。[10] 血食：受到祭享。古时祭必杀牲，故叫血食。[11] 务：努力。此：指学道谦让。[12] 集：安定。

（周啸天　管遗瑞）

韩信卢绾列传

韩王信（？—前196），与淮阴侯韩信同姓同名同时代，史家为了将此二人加以区别称前者为韩王信，称后者为淮阴侯韩信。

韩王信是战国韩襄王的后代，秦末引兵跟随刘邦，立过战功，被刘邦封为韩王。汉七年投降匈奴，十年，汉王派使召归汉，不归，战死。

卢绾（？—前193），系刘邦同乡、至友，跟随刘邦起兵，被封为燕王，后降匈奴。匈奴单于封他为东胡王。死于匈奴。

陈豨（？—前195），宛句（今山东菏泽）人，刘邦将领，被封为列侯。汉初任赵国相国，统帅赵、代军队。因大养宾客被刘邦所疑而造反，后为刘邦所杀。

这是一篇韩、卢二王的合传。文章记叙了韩、卢二人从跟随刘邦征战、升迁及投降匈奴至死的全过程；记叙了他们的后代归汉后受封、繁衍的情况。传末还记叙了陈豨被疑、造反、被杀的经过。

刘邦一统天下后，封异姓王七人，再次形成封建割据的局面。刘邦为了巩固中央集权，捍卫刘氏江山，坚决执行"非刘氏而王者天下共诛之"的策略。韩、卢逼于形势，不得不作"狡兔三窟"之计。本文通过韩、卢、陈三人由被刘邦怀疑谋反到害怕被诛而不得不反的过程的叙述，揭示了封建统治者为了自身利益不惜屠戮功臣和至友的凶残本性。

韩王信者，故韩襄王孽孙也[1]，长八尺五寸。及项梁之立楚后怀王也[2]，燕、齐、赵、魏皆已前王[3]，唯韩无有后[4]，故立韩诸公子横阳君成为韩王[5]，欲以抚定韩故地。项梁败死定陶[6]，成犇怀王。沛公引兵击阳城[7]，使张良以韩司徒降下韩故地[8]，得信，以为韩将，将其兵从沛公入武关[9]。

段 意

写韩王信为刘邦所得的经过。先说明韩王信与已故韩襄王的关系；次写项梁为了安抚旧韩国领地的百姓，立一个名叫成的韩贵族为韩王，后来项梁战败身死，韩王成只好去投靠楚怀王。再写刘邦乘势派张良带兵拿下了旧韩国的土地并获得了信，让信任大将，带兵跟从沛公。

注 释

[1] 孽（niè）：姬妾生的儿子为孽。[2] 项梁：下相（今江苏宿迁）人，世代为楚将，封于项（今河南项城），项羽季父。秦二世元年九月杀会稽守起兵。项梁为了恢复楚国，把当时已沦为牧羊人的楚怀王的孙子心找来立为楚怀王，故称"楚后怀王"。[3] 前王：承前为王。这里是说旧六国贵族纷纷起来继承王位，已经自立为王的有燕王韩广、齐王田儋、赵王歇、魏王咎。[4] 无有后：尚无后继王位之人。[5] 横阳：即横城（今山东定陶西北）。[6] 定陶：在今山东定陶西北。[7] 阳城：县名，治今河南登封东南。[8] 韩司徒：张良的封号。[9] 武关：在今陕西商南西北，是陕西、河南两省交通要道。

沛公立为汉王[1]，韩信从入汉中[2]，乃说汉王曰："项王王诸将近地[3]，而王独远居此[4]，此左迁也[5]。士卒皆山东人[6]，跂而望归[7]，及其锋东乡[8]，可以争天下。"汉王还定三秦[9]，乃许信为韩王，先拜信为韩太尉[10]，将兵略韩地[11]。

项籍之封诸王皆就国[12]，韩王成以不从无功，不遣就国，更以为列侯。及闻汉遣韩信略韩地，乃令故项籍游吴时吴令郑昌为韩王以距汉[13]。汉二年，韩信略定韩十余城。汉王至河南[14]，韩信急击韩王昌阳城[15]。昌降，汉王乃立韩信为韩王，常将韩兵从。三年，汉王出荥阳[16]，韩王信、周苛等守荥阳。及楚败荥阳，信降楚，已而得亡[17]，复归汉，汉复立以为韩王，竟从击破项籍[18]。天下定，五年春，遂与剖符为韩王[19]，王颍川[20]。

段 意

写韩信被刘邦封为韩王的经过。共写了四件事。一是刘邦被项羽封为汉王后，韩信说服汉王，挥军东向平定三秦取得成功，汉王许诺要封信为韩王而暂时提升他为韩太尉，带兵驻守韩地。二是原韩王成因无功被项羽降为列侯，项羽听说汉王派信管理韩地就封过去的吴县县令郑昌为韩王以与汉王抗衡。三是韩信于汉王二年夺取了韩地的十余座城市，接着又攻下了韩王郑昌驻守的阳城，郑昌投降。于是，汉王封韩信为韩王。四是汉三年，韩王信等驻守的荥阳城被项羽攻下，韩王信投降，不久又逃回到汉王身边，汉王再次立他为韩王，跟随刘邦打天下。汉五年春，正式与汉王剖符为信，王颍川之地。

注 释

[1] 公元前206年2月，项羽分封刘邦为汉王。[2] 汉中：古郡名，因地处汉水上游而得名，治所在今陕西汉中东，辖境大致包括陕西秦岭以南一带及湖北西北部。当时是刘邦的封国。[3] 近地：指关中一带。[4] 独远居此：指项羽为了抑制刘邦，把他分封在十分偏远闭塞的汉中。[5] 左迁：汉以右为大，左为小，左迁意即降官职。[6] 山东：函谷关、崤山（现河南洛宁西北）以东地区。[7] 跂（qǐ）：抬起脚后跟站着。[8] 锋：军中将土的气锋。乡：通"向"。[9] 三秦：指项羽在关中分封的雍、塞、翟三个诸侯国，因为三国均在旧秦地，故称三秦。[10] 太尉：汉代的最高军事长官。[11] 略：带强制性地夺取。[12] 就国：列国诸侯多住京城，并不在自己封地内，现在要让他们各归封国，故曰就国。[13] 故：过去，过去的。距汉：距，通"拒"，距汉即与汉对抗。[14] 河南：古郡名。辖境包括今河南西北大部地区。[15] 阳城：县名，治今河南登封东南。[16] 荥

阳：县名，治今河南郑州西部，黄河南岸。秦时置县。[17] 亡：逃走。[18] 竟：终于。[19] 剖符：古代帝王分封诸侯或功臣，把表示凭证的符分为两半，双方各执一半以示信用。[20] 颍川：古郡名。治所在今河南中部和东南一带。

　　明年春，上以韩信材武[1]，所王北近巩、洛[2]，南迫宛、叶[3]，东有淮阳[4]，皆天下劲兵处[5]，乃诏徙韩王信王太原以北[6]，备御胡[7]，都晋阳[8]。信上书曰："国被边[9]，匈奴数入，晋阳去塞远[10]，请治马邑[11]。"上许之，信乃徙治马邑。秋，匈奴冒顿大围信[12]，信数使使胡求和解[13]。汉发兵救之，疑信数间使[14]，有二心，使人责让信[15]。信恐诛，因与匈奴约共攻汉，反，以马邑降胡，击太原[16]。

段 意

　　写韩王信投降匈奴的原因。先是汉王认为韩王信有军事干才，派他到与匈奴接壤的封国去以防备匈奴入侵，把国都定在晋阳，韩王信认为晋阳离国界还远，要求把都城迁到接近匈奴的马邑。这年秋天，匈奴头目冒顿带兵将韩王信包围起来，韩王信几次派使者与匈奴和谈。汉发兵救了韩王信，但疑惑他有二心，派人前去责备。韩王信害怕被杀于是造反，与匈奴共攻汉。

注 释

　　[1] 材武：有军事才能。[2] 巩：古县名，治所在今河南巩义境内。洛：即洛阳，在今河南洛阳东北。[3] 宛：古县名，治所在今河南南阳。叶：古县名，治所在今河南叶县南。[4] 淮阳：古县名，治所在今河南淮阳。[5] 劲兵处：有强兵把守的地方。[6] 诏：古代皇帝所颁发的命令文告。徙：迁移。[7] 胡：古代北方的少数民族，这里指匈奴。[8] 晋阳：古县名，治所在今山西太原南面的古城营。[9] 国被边：国，指韩王信的封国；被，覆盖；边，国界。[10] 塞：指国家边境险要之处。　[11] 马邑：古县名，治所在今山西朔州。[12] 冒顿（mòdú）：匈奴单于之名。姓挛鞮（dī），秦二世元年（前209）杀父自立，先后并

吞了楼兰、乌孙等31个弱小政权，对西汉是个严重威胁。[13] 使使胡：第一个使字当动词用，派遣之意；第二个使字当名词用，使者之意。这三个字的意思是：派使者到胡人那里去。[14] 间使：密使。[15] 责让：指责，批评。[16] 太原：古郡名，治所在今山西太原西南。

七年冬，上自往击，破信军铜鞮[1]，斩其将王喜。信亡走匈奴。（与）其将白土人曼丘臣[2]、王黄等立赵苗裔赵利为王，复收信败散兵，而与信及冒顿谋攻汉。匈奴使左右贤王将万余骑[3]，与王黄等屯广武以南[4]，至晋阳，与汉兵战，汉大破之，追至于离石[5]，复破之。匈奴复聚兵楼烦西北[6]，汉令车骑击破匈奴。匈奴常败走，汉乘胜追北，闻冒顿居代（上）谷[7]，高皇帝居晋阳，使人视冒顿[8]，还报曰"可击"。上遂至平城[9]。上出白登[10]，匈奴骑围上。上乃使人厚遗阏氏[11]，阏氏乃说冒顿曰："今得汉地，犹不能居；且两主不相厄[12]。"居七日，胡骑稍引去[13]。时天大雾，汉使人往来，胡不觉。护军中尉陈平言上曰[14]："胡者全兵[15]，请令强弩傅两矢外向[16]，徐行出围。"入平城，汉救兵亦到，胡骑遂解去。汉亦罢兵归。韩信为匈奴将兵往来击边。

段 意

写汉王与韩王信、冒顿三次交战的情况。第一次在汉王七年，汉王亲自带兵在铜鞮大败韩王信，信逃到匈奴，其将曼丘臣等搜集残部，另立新王与信、冒顿等策划攻汉。第二次是匈奴主动出击，在晋阳、离石、楼烦西北三次被汉王军击溃，汉军乘胜追击。第三次是汉王向冒顿发起进攻，结果在白登被冒顿军重重包围，汉王派人用重礼馈赠冒顿妻子阏氏，阏氏劝说冒顿，七天后冒顿军渐渐后退。汉王用陈平之计，乘雾突围。最后写韩王信带领匈奴军队继续骚扰汉王边境。

注 释

[1] 铜鞮（dī）：古县名，治所在今山西沁县南。[2] 白土：古县名，属上郡。旧城在今内蒙古鄂尔多斯南。[3] 左右贤王：匈奴手下的统帅。[4] 屯：驻防。广武：古县名，西汉置，在今山西代县西南。[5] 离石：古县名，在今山西西部，吕梁山西侧，黄河支流三川河流域一带。[6] 楼烦：古县名，治所在今山西朔州东。[7] 代谷：山名，今山西代县西北。[8] 视：察看。[9] 平城：古县名。治所在今山西大同东。[10] 白登：古县名。治所在今山西大同东北。[11] 阏氏（yānzhī）：单于的嫡妻，相当于皇后。[12] 厄：受困。[13] 稍引去：渐渐避开。[14] 中尉陈平：中尉，掌握京城治安的武官；陈平，阳武（今河南原阳）人，先依附项羽，后投奔刘邦，是刘邦的重要谋臣，被封为曲逆侯。惠帝时任左丞相，文帝时任丞相。[15] 全兵：指匈奴的武器全部都是弓和矛。[16] 傅：通"附"。

汉十年，信令王黄等说误陈豨[1]。十一年春，故韩王信复与胡骑入居参合[2]，距汉[3]。汉使柴将军击之[4]，遗信书曰："陛下宽仁，诸侯虽有畔亡[5]，而复归，辄复故位号，不诛也。大王所知。今王以败亡走胡，非有大罪，急自归！"韩王信报曰："陛下擢仆起闾巷[6]，南面称孤[7]，此仆之幸也。荥阳之事，仆不能死，囚于项籍，此一罪也。及寇攻马邑，仆不能坚守，以城降之，此二罪也。今反为寇将兵，与将军争一旦之命，此三罪也。夫种、蠡无一罪，身死亡[8]，今仆有三罪于陛下，而欲求活于世，此伍子胥所以偾于吴也[9]。今仆亡匿山谷间，且暮乞贷蛮夷[10]，仆之思归，如痿人不忘起[11]，盲者不忘视也，势不可耳。"遂战。柴将军屠参合[12]，斩韩王信。

段 意

写韩王信之死。韩王信继续进行反汉活动，汉王派柴将军进击。柴先用书信劝降，韩王信自知于汉有三大罪状，不可能得到汉王的宽恕，欲归已不可能，于是与之战，柴将军屠城，斩了韩王信。

[1] 说误：说，劝说；误，受惑也。[2] 故：过去的。因现在的韩信已成叛逆，所以用"故"表明之。参合：古县名，治所在今山西阳高东北。[3] 距：同"拒"。[4] 柴将军：即刘邦将领柴武，刘邦任命他为大将军。[5] 畔：通"叛"。[6] 擢（zhuó）：提升。闾巷：街巷。[7] 孤：帝王称自己为孤。[8] 种：指大夫文种。蠡：指范蠡。二人都是春秋时代越王勾践的大臣，帮助勾践卧薪尝胆战胜吴国。此二人对越国有功无过，但最后文种还是被勾践所杀，范蠡逃走。[9] 伍子胥：春秋时吴国大夫。楚平王七年，其父被杀，入吴。后帮助吴王阖闾夺取了王位，整军经武，国势日强，破楚，以功封于申。吴王夫差时渐被疏远，后赐自杀。偾（fèn）：仆倒，此处指自杀倒地。[10] 贷：饶恕。此句言自己身在蛮夷之地却日暮都在乞求汉王宽恕。[11] 瘘（wěi）：病名。患这种病的人肢体萎弱，筋脉弛漫，不能站立行走。[12] 屠：屠城。指捣毁城池，杀死居民。

信之入匈奴，与太子俱；及至颓当城[1]，生子，因名曰颓当。韩太子亦生子，命曰婴。至孝文十四年，颓当及婴率其众降汉。汉封颓当为弓高侯[2]，婴为襄城侯[3]。吴楚军时[4]，弓高侯功冠诸将。传子至孙，孙无子，失侯。婴孙以不敬失侯。颓当孽孙韩嫣[5]，贵幸，名富显于当世。其弟说，再封，数称将军，卒为案道侯。子代，岁余，坐法死。后岁余，说孙曾拜为龙额侯[6]，续说后。

写韩王信的子孙在匈奴的繁衍情况和归汉以后的繁衍和袭爵情况。在匈奴，韩王信得一子，其太子亦得一子。汉文帝十四年，此二人率部降汉，均封侯。韩王信在匈奴所生子颓当传至第三代无子，失侯；太子婴传至第三代亦失侯。而颓当孽孙二人：

韩嫣贵幸，说为将军。说孙拜侯，侯位得续。

注 释

[1] 颓当：县名，在匈奴境内。[2] 弓高：即古沧州县，治所在今河北盐山西南。[3] 襄城：古县名，治所在今河南睢县境。[4] 吴楚军时：汉景帝三年（前154）吴王刘濞、楚王刘戊等七国诸侯，打着"清君侧"的旗号造反，是我国历史上著名的"吴、楚七国之乱"。[5] 韩嫣：汉武帝宠臣，官至上大夫，后为太后所赐死。[6] 龙额（é）：古侯国名，故城在今河北景县东三十里。

卢绾者，丰人也[1]，与高祖同里。卢绾亲与高祖太上皇相爱[2]。及生男，高祖、卢绾同日生，里中持羊酒贺两家。及高祖、卢绾壮，俱学书[3]，又相爱也。里中嘉两家亲相爱，生子同日，壮又相爱，复贺两家羊酒。高祖为布衣时，有吏事辟匿[4]，卢绾常随出入上下。及高祖初起沛，卢绾以客从[5]，入汉中，为将军，常侍中[6]。从东击项籍，以太尉常从[7]，出入卧内，衣被饮食赏赐，群臣莫敢望。虽萧、曹等[8]，特以事见礼[9]，至其亲幸，莫及卢绾。绾封为长安侯。长安，故咸阳也。

段 意

写卢绾与刘邦的亲密关系和得到的殊荣。首先说明亲密的原因，是因为刘邦和卢绾是邻居，他俩的父亲是好朋友，刘邦和卢绾又是同日出生，长大后二人又一同上学读书。其次写二人亲密的表现：一是刘邦在做老百姓的时候卢绾就不离左右，二是刘邦起兵以后卢绾又成了他的随身亲信，三是卢绾经常受到刘邦的物质赏赐，其他人都不及他，四是还被封为长安侯。

注 释

[1] 丰：古县名，治今江苏丰县。[2] 亲：父亲。[3] 学书：学习识字。[4]

辟：同"避"。[5] 客从：以宾客身份相随。[6] 侍中：加官名。原有官职加上"侍中"就可出入禁宫，成为皇帝亲信。[7] 太尉：汉代最高军事长官。[8] 萧：即萧何，刘邦同乡，从刘邦起兵，是刘邦的重要谋臣，为西汉第一任宰相。曹：即曹参，是刘邦的开国大臣。[9] 特：只，仅仅。

汉五年冬，以破项籍[1]，乃使卢绾别将[2]，与刘贾击临江王共尉[3]，破之。七月还，从击燕王臧荼[4]，臧荼降。高祖已定天下，诸侯非刘氏而王者七人[5]。欲王卢绾，为群臣觖望[6]。及虏臧荼，乃下诏诸将相列侯，择群臣有功者以为燕王。群臣知上欲王卢绾，皆言曰："太尉长安侯卢绾常从平定天下，功最多，可王燕。"诏许之。汉五年八月，乃立卢绾为燕王。诸侯王得幸莫如燕王。

段 意

写卢绾随刘邦征战立功和刘邦封卢绾为王的经过。先叙卢绾在派部将协助攻打共尉和跟从刘邦攻打臧荼中有一定功劳。次写刘邦想王卢绾，群臣投其所好，称赞卢绾功最多，可封王。最后写刘邦立卢绾为王。

注 释

[1] 以：因为。[2] 别将：部将。[3] 刘贾：刘邦的堂兄。共尉：共敖的儿子，临江王是项羽赐给他的封号。[4] 臧荼：原为燕王韩广部将，曾跟从项羽入关，被封为燕王，后又背楚降汉，汉王五年因反叛被俘。[5] 七人是：代王韩王信、赵王张耳、楚王韩信、淮南王黥布、梁王彭越、长沙王吴芮、闽越王无诸（就在这一月张耳、吴芮相继去世。八月，刘邦又封张耳之子张敖为赵王，封吴芮之子吴臣为长沙王）。[6] 觖（jué）望：不满意，抱怨。

汉十一年秋，陈豨反代地[1]，高祖如邯郸击豨兵[2]，燕王绾亦击其东北。当是时，陈豨使王黄求救匈奴。燕王绾亦使其臣张胜于匈奴,言豨等军破。张胜至胡,故燕王臧荼子衍出亡在胡,见张胜曰:"公所以重于燕者,以习胡事也[3]。燕所以久存者,以诸侯数反,兵连不决也[4]。今公为燕,欲急灭豨等,豨等已尽,次亦至燕,公等亦且为虏矣。公何不令燕且缓陈豨而与胡和?事宽[5],得长王燕;即有汉急[6],可以安国。"张胜以为然,乃私令匈奴助豨等击燕。燕王绾疑张胜与胡反,上书请族张胜。胜还,具道所以为者。燕王寤[7],乃诈论它人,脱胜家属,使得为匈奴间[8],而阴使范齐之陈豨所,欲令久亡,连兵勿决。

段 意

写卢绾与匈奴、陈豨勾结反汉的经过。汉十一年(后面陈豨传作汉王十年)陈豨在代地造反,卢绾配合高祖攻击陈豨。卢绾和陈豨都派人到匈奴争取支持,逃亡在匈奴的原燕王臧荼的儿子衍以利害关系劝说卢绾使臣张胜不要急于灭陈豨,张胜以为言之有理便暗使匈奴助陈击燕。卢绾怀疑张胜串通胡人造反,请求皇上族灭张胜。张胜回来后把自己这样做的道理告诉了燕王。燕王明白过来以后便谎称是其他人所为,张胜家属才免遭杀戮。燕王又派人到陈豨处,劝说陈豨不停地对汉用兵。

注 释

[1]代:古郡名、国名,治所在今河北蔚县西南。[2]如:到……去。[3]习:通晓。[4]兵连不决:连续用兵侵扰而不停止。决,通"缺",空缺也。[5]宽:松缓。[6]即:如果。[7]寤:通"悟"。[8]使得为匈奴间:间,密使,句意为使张胜能成为卢绾在匈奴的密使。

汉十二年,东击黥布[1]。豨常将兵居代,汉使樊哙击斩豨。其裨将降[2],言燕王绾使范齐通计谋于豨所。高祖使使召卢绾,绾称病。上又使辟阳侯审食其[3]、御史大夫赵尧往迎燕王[4],因验问左右[5]。绾愈恐，闭匿[6]，谓其幸臣曰："非刘氏而王，独我与长沙耳[7]。往年春，汉族淮阴[8]，夏，诛彭越[9]，皆吕后计[10]。今上病，属任吕后[11]。吕后妇人，专欲以事诛异姓王者及大功臣[12]。"乃遂称病不行。其左右皆亡匿。语颇泄[13]，辟阳侯闻之，归具报上，上益怒。又得匈奴降者，降者言张胜亡在匈奴，为燕使。于是上曰："卢绾果反矣！"使樊哙击燕。燕王绾悉将其宫人家属骑数千居长城下，侯伺，幸上病愈[14]，自入谢[15]。四月，高祖崩[16]，卢绾遂将其众亡入匈奴，匈奴以为东胡卢王。绾为蛮夷所侵夺，常思复归。居岁余，死胡中。

段　意

写卢绾被疑谋反、逃至匈奴、死于胡中的全过程。先写樊哙击溃陈豨军杀掉陈豨以后，卢绾派范齐与陈豨合谋之事被揭发引起汉王的感疑；次写卢绾与亲信所说的指责吕后专门制造事端来诛杀异姓王等语又被泄露，更使汉王愤怒；接着，从匈奴前来投降汉王的人又把张胜在匈奴充当燕使的事捅了出来。三事并发，汉王坚信卢绾已反，于是派樊哙击燕。最后写卢绾将其宫人、家属带至长城下等侯，希望汉王病愈后前去认错，结果汉王死了，卢绾只好率其所属逃入匈奴，一年后死在胡中。

注　释

[1] 黥布：原名英布，因犯秦法受过黥刑（脸上刺字）故名。秦末他率刑徒起义，先依附项羽，后投降刘邦，被封为淮南王，高祖十二年举兵反汉战败被杀。[2] 裨将：副将。[3] 审食其（yì jī）：刘邦同乡，因侍奉吕雉受到宠信，被封为辟阳侯。吕雉执政时官至左丞相。文帝时被淮南厉王刘长所杀。[4] 御史大夫：秦、汉时官名，相当于副丞相。[5] 验问左右：与身边的告发人相验证。[6] 闭匿：匿，藏起来。闭匿即关上门藏起来。[7] 长沙：指长沙王吴芮。[8] 族淮阴：淮阴指淮阴侯韩信。吕后杀了韩信，灭了他的三族（父族、母族、妻族）。[9] 彭

越：字仲，邑昌（今山东金乡）人。陈胜起义后，他聚众起兵，后归服刘邦，参加了歼灭项羽的垓下之战。汉初封为梁王，汉六年，因谋反被刘邦、吕后所杀。[10] 吕后：名雉，刘邦妻子。[11] 属任：委托任用。[12] 专欲以事：专门想借事。[13] 颇泄：颇，稍微，稍稍也。颇泄即稍稍泄露了一些。[14] 幸：希望。[15] 谢：认罪。[16] 崩：皇帝死曰崩。

　　高后时，卢绾妻子亡降汉[1]，会高后病[2]，不能见，舍燕邸[3]，为欲置酒见之。高后竟崩，不得见。卢绾妻亦病死。
　　孝景中六年，卢绾孙他之以东胡王降，封为亚谷侯[4]。

段　意

写卢绾妻、子降汉及后代受封，结束对卢绾的记叙。

注　释

　　[1] 妻子：指妻和儿子。[2] 会：遇上。[3] 舍燕邸：住在燕王官邸。[4] 亚谷：在今河北雄县东。

　　陈豨者，宛朐人也[1]，不知始所以得从[2]。及高祖七年冬，韩王信反，入匈奴，上至平城还[3]，乃封豨为列侯[4]，以赵相国将监赵、代边兵[5]，边兵皆属焉。

段　意

简介陈豨的履历。

注　释

　　[1] 宛朐：古县名（亦作冤句），治所在今山东菏泽西南。[2] 不知始所以得从：不知当初是何原因跟从刘邦的。[3] 平城：古县名，治所在今山西大同东。[4] 封豨为列侯：指封陈豨为阳夏侯。[5] 将监：将，率领；监，督察。赵：古国名，疆域有今山西中部，陕西东北角，河北西南部。

豨常告归过赵，赵相周昌见豨宾客随之者千余乘，邯郸官舍皆满[1]。豨所以待宾客布衣交[2]，皆出客下[3]。豨还之代，周昌乃求入见。见上，具言豨宾客盛甚，擅兵于外数岁[4]，恐有变。上乃令人覆案豨客居代者财物诸不法事[5]，多连引豨。豨恐，阴令客通使王黄、曼丘臣所。及高祖十年七月，太上皇崩，使人召豨，豨称病甚。九月，遂与王黄等反，自立为代王，劫略赵、代[6]。

段　意

写陈豨造反的经过。先写造反原因：陈豨回老家探望经过赵国都邯郸。赵相周昌见陈豨随行宾客很多，便到汉王处陈述陈豨可能造反，于是汉王命令再查陈豨门客的违法事件。这些违法事件很多牵连到陈豨，陈豨因害怕而与韩王信部将王黄等串通，接着便与王黄等反汉，自立为代王并夺取了赵、代之地。

注　释

[1]邯郸：古都邑、县名，时为赵国都城。故址在今河北邯郸。[2]布衣交：旧谓贫贱之交，此处指不以势位骄人，如贫贱之交。[2]皆出客下：言不因自己富贵自尊自大，屈己礼之。[4]擅兵：独揽兵权。[5]覆案：覆，通"复"，再次；案，考察。覆案即旧案再查。[6]劫略：以威力征服或挟制。

上闻，乃赦赵、代吏人为豨所诖误劫略者[1]，皆赦之[2]。上自往，至邯郸，喜曰："豨不南据漳水[3]，北守邯郸，知其无能为也。"赵相奏斩常山守、尉[4]，曰："常山二十五城，豨反，亡其二十城[5]。"上问曰："守、尉反乎？"对曰："不反。"上曰："是力不足也。"赦之，复以为常山守、尉。上问周昌曰："赵亦有壮士可令将者乎？"对曰："有四人。"四人谒，上谩骂曰："竖子能为将乎？"四人惭伏。上封之各千户，以为将。左右谏曰："从入蜀、汉，伐楚，功未遍行，今此何功而封？"上曰："非若所知！陈豨反，邯郸以北皆豨有，吾以羽檄征天下兵[6]，未有至者，今唯独邯郸中兵耳[7]。吾胡爱四千户封四人，不以慰赵子弟！"皆曰："善。"于是上曰："陈豨将谁？"曰："王黄、曼丘臣，皆故贾人[8]。"上曰："吾知之矣。"乃各以千金购黄、臣等[9]。

段 意

写陈豨反后，汉王到邯郸采取收买人心的策略。一是赦免了因陈豨造反而受连累的赵、代官吏；二是让负有丢失常山二十城责任的常山守、尉官复原职；三是封给赵国四名未有寸功的壮士每人千户；四是用重金收买反将王黄和曼丘臣来降。

注 释

[1] 诖（guà）误：贻误，连累。[2] 皆赦之：恐为衍文。因此句之前已有"乃赦……"之句。[3] 漳水：卫河支流，流经河南、河北边境。[4] 常山：古郡名。治所在今河北元氏西北。守、尉：郡守和郡尉。秦时在郡里设郡守、郡尉和郡监三个主要官吏。[5] 亡：失去。[6] 羽檄（xí）：以鸟的羽毛插在檄书上谓羽檄，取其急速若飞鸟之意。[7] 中兵：发兵。[8] 贾（gǔ）人：商人。[9] 购：重金收买。

十一年冬，汉兵击斩陈豨将侯敞、王黄于曲逆下[1]，破豨将张春于聊城[2]，斩首万余。太尉勃入定太原、代地[3]。十二月，上自击东垣[4]，东垣不下，卒骂上；东垣降，卒骂者斩之，不骂者黥之[5]。更命东垣为真定。王黄、曼丘臣其麾下受购赏之[6]，皆生得，以故陈豨军遂败。

上还至洛阳。上曰："代居常山北，赵乃从山南有之，远。"乃立子恒为代王[7]，都中都[8]，代、雁门皆属代[9]。

高祖十二年冬，樊哙军卒追斩豨于灵丘[10]。

段 意

写汉王消灭陈豨叛军的经过。其中经历了三个阶段：一是汉王十一年冬，汉军与陈豨军交战，斩将破城，取得胜利，并命周勃入定太原和代地；二是同年十二月，汉王亲自率兵攻打东垣，取得了最后胜利，惩罚了抵抗和谩骂汉王的敌军，奖赏了王、曼部下中受购之人，并立其子刘恒为代王，管理代地；三是第二年十二月，汉王派樊哙在灵丘杀死了陈豨。

注 释

[1]曲逆：古县名，治所在今河北顺平东南。[2]聊城：县名，在今山东西部，大运河流贯其间。[3]太尉：汉代最高军事长官。勃：指周勃，刘邦著名将领。太原：郡名，治所在今山西太原西南。[4]东垣：古县名，治所在今河北正定南。[5]黥：古代一种肉刑，用刀刺刻额、颊等处，再涂上墨。[6]麾（huī）下：旗下，部下。[7]恒：即刘恒，刘邦儿子，即位后为汉文帝。[8]中都：古县名，故城在今山西平遥西南。[9]雁门：古郡名，治所在今山西右玉南。[10]灵丘：县名，治所在今山西东北部。

太史公曰：韩信、卢绾非素积德累善之世[1]，徼一时权变[2]，以诈力成功，遭汉初定[3]，故得列地，南面称孤[4]。内见疑强大，外倚蛮貊以为援[5]，是以日疏自危，事穷智困，卒赴匈奴，岂不哀哉！陈豨，梁人，其少时数称慕魏公子[6]，及将军守边，招致宾客而下士，名声过实。周昌疑之，疵瑕颇起[7]，惧祸及身，邪人进说，遂陷无道。於戏悲夫[8]！夫计之生孰成败于人也深矣[9]。

段 意

此段是司马迁对韩王信、卢绾和陈豨三人一生的总结。对韩、卢二人的结论是：此二人能够当王不是依靠一生时刻积德累善，而是依靠一时的权变和诈力；此二人成为叛逆，又是因为在国内拥有强大实权而受到惑疑，在外又依靠匈奴作为援助，以至与朝廷关系日渐疏远而自危，事穷智困最后叛亡。对陈豨的结论是：因慕魏公子而养宾客以致名声过实，被人疑惑上告而邪人又进说，于是便走上邪路。最后司马迁认为，计谋的生熟、成败对人的影响是太大了。

注 释

[1] 世：一生。[2] 徼（jiāo）：窃取；又为"侥"的异体字。[3] 遭：遇上。[4] 南面称孤：帝王在金殿上坐北向南，称自己为孤、寡人、朕等。[5] 蛮貊（mò）：我国古代称南方少数民族为蛮，称北方少数民族为貊。蛮貊是对少数民族的泛称。[6] 魏公子：魏无忌。战国时魏国贵族，号信陵君，礼贤下士，门下有食客三千。[7] 疵瑕：本指玉病，比喻人的过失或缺点。[8] 於戏（wūhū）：感叹词，表示惊叹。[9] 生：不成熟。孰：同"熟"。此句是说计谋的生熟成败对于人的影响太深了。

（张 是）

田儋列传

提 示

田儋（？—前208），狄城（治所在今山东高青东南）人，战国齐国贵族。在陈涉起义之初，田儋用计杀死狄城县令起义，自立为齐王，拥有齐地，后被秦将章邯所杀。

这篇列传主要介绍了田儋和他的堂弟田荣、田横在秦末起义战争中更替称王及其败亡的过程，亦即刘邦平定齐国的过程。文末着重写了田横战败被召，耻为汉臣而自杀，其从属数百人亦为之殉节的故事。其中使用了较多的语言描写，充分体现了田横宁死不甘为人下的个性和矛盾的心理状态，读之有如闻其声、如见其人之感。

田儋者[1]，狄人也，故齐王田氏族也。儋从弟田荣[2]，荣弟田横，皆豪[3]，宗强[4]，能得人。

段 意

简述田儋的出身和弟兄三人的概况。

注 释

[1] 儋（dān）：通"担"。[2] 从弟：堂弟。[3] 豪：豪猪刺长而刚，喻有才德、威望或有权势的人。[4] 宗强：宗族强盛。

陈涉之初起王楚也[1]，使周市略定魏地[2]，北至狄，狄城守[3]。田儋详为缚其奴[4]，从少年之廷，欲谒杀奴[5]。见狄令，因击杀令，而召豪吏子弟曰："诸侯皆反秦自立，齐，古之建国，儋，田氏，当王。"遂自立为齐王，发兵以击周市。周市军还去，田儋因率兵东略定齐地[6]。

简述田儋自立为王和拥有齐地的经过。田儋在陈涉起义的影响下，用计杀狄县令聚众起义，自立为齐王，并发兵赶走了驻在狄附近的陈涉的队伍，占领了齐地。

注　释

[1] 陈涉：即陈胜。阳城（今河南登封东南）人，农民出身。秦二世元年（前209）被征屯戍渔阳（治所在今北京密云西南），同吴广在蕲县大泽乡（今安徽宿州东南）刘村集发动同行戍卒九百人起义，并在陈县（今河南淮阳）建立张楚政权，他被推为王。[2] 周市：陈胜将领之一。后拥立魏国贵族后裔魏咎为魏王，自任丞相。[3] 狄城守：狄城防守。[4] 详：通"佯"，假装。[5] 欲谒杀奴：古法杀奴必须报官。谒，陈述理由。此句意即欲向县令陈述理由而后将奴杀掉。[6] 略定：略，带强制性地夺取；定，平定。

秦将章邯围魏王咎于临济急[1]，魏王请救于齐，齐王田儋将兵救魏。章邯夜衔枚击[2]，大破齐、魏军，杀田儋于临济下[3]。儋弟田荣收儋余兵东走东阿[4]。

段　意

写田儋之死。秦将章邯围魏，齐救魏，秦将大破齐魏联军，田儋被杀，田荣收集残部逃走。

[1] 章邯：秦将领，秦二世派他镇压农民义军，后投降项羽，被项羽封为雍王。临济：古县名，治所在今河南封丘附近。[2] 衔枚：枚，是古代行军时防止士卒喧哗的用具，状如筷。将其衔在口中叫衔枚。[3] 下：附近。[4] 东阿：古城镇名，在今山东阳谷东北。

齐人闻王田儋死，乃立故齐王建之弟田假为齐王[1]，田角为相，田间为将，以距诸侯。

田荣之走东阿，章邯追围之。项梁闻田荣之急，乃引兵击破章邯军东阿下。章邯走而西，项梁因追之[2]。而田荣怒齐之立假，乃引兵归，击逐齐王假。假亡走楚[3]。齐相角亡走赵，角弟田间前求救赵，因留不敢归[4]。田荣乃立田儋子市为齐王，荣相之，田横为将，平齐地。

写田儋死后齐国发生的变化。一是齐人闻田儋已死，另立齐王、齐相和齐将；二是项梁引兵救田荣，田荣回师齐国，赶走齐人新立的一伙人，另立田儋儿子为齐王，自任相，田横为将，平定了齐国。

[1] 齐王建：战国时期齐国最后一个国王。公元前 221 年，秦将王贲率军从燕地南下直破齐之临淄，俘虏了齐王建，齐亡。[2] 因：趁势。[3] 亡走：亡，逃；走，跑。[4] 因：就。

项梁既追章邯[1]，章邯兵益盛，项梁使使告赵、齐，发兵共击章邯。田荣曰："使楚杀田假[2]，赵杀田角、田间，乃肯出兵。"楚怀王曰："田假，与国之王[3]，穷而归我[4]，杀之不义。"

赵亦不杀田角、田间以市于齐[5]。齐曰："蝮螫手则斩手,螫足则斩足[6]。何者? 为害于身也。今田假、田角、田间于楚、赵,非直手足戚也,何故不杀[7]? 且秦复得志于天下,则龁龁用事者坟墓矣[8]。"楚、赵不听,齐亦怒,终不肯出兵。章邯果败杀项梁,破楚兵,楚兵东走。而章邯渡河围赵于巨鹿[9]。项羽往救赵,由此怨田荣。

段意

写项羽怨恨田荣的原因。项梁要求田荣发兵共击章邯,田荣提出条件:楚杀掉齐王田假,赵杀田角、田间才肯出兵。楚、赵都不愿这样做,齐亦不出兵。结果章邯杀项梁,破楚兵,围赵于巨鹿。项羽救赵,由此怨恨田荣。

注释

[1]既:虽然。[2]使:如果。[3]与国:友好国家。[4]穷:无路可走。[5]市:做生意。此句指赵不以杀田角、田间来和齐做交易。[6]蝮螫(fùshì):蝮,毒蛇;螫,用毒刺刺人。古时人受毒蛇蜇伤手足则割去其肉。[7]"蝮螫"以下是说:蝮蛇刺伤人手则要割去其手上之肉,刺伤人足则割去其足上之肉。现在三田对于楚、赵二国并非像人的手足那样有密切的关系,为什么不杀? [8]则龁龁(yǐhé)用事者坟墓矣:龁龁,倾轧,侧齿咬也;用事者,指起兵反秦的首领。此句字面的意思是:如果秦国再次夺得天下,那么,搞倾轧的反秦首领们便要死亡。显然,田荣认为,楚、赵既然承认田市为王的齐国,那就应当把另一个齐王和他的领导班子消灭掉,不杀他们就是搞两个齐国,就是倾轧。[9]河:黄河。巨鹿:古县名,治所在今河北平乡西南。

项羽既存赵,降章邯等,西屠咸阳,灭秦而立侯王也,乃徙齐王田市更王胶东[1],治即墨[2]。齐将田都从共救赵,因入关,故立都为齐王,治临淄[3]。故齐王建孙田安,项羽方渡河救赵,田安下济北数城[4],引兵降项羽,项羽立田安为济北王,治博阳[5]。田荣以负项梁不肯出兵助楚[6]、赵攻秦，故不得王。赵将陈馀亦失职，不得王。二人俱怨项王。

写项羽灭秦，论功行赏，田荣和赵将陈馀无功失职未能封王，二人怨恨项王。

注　释

[1]立：设立。更：改换。胶东：项羽把原齐国一分为三，东部称胶东，中部仍称齐，建都临淄，西部称济北。[2]治：治理，政事所在地。即墨：古邑，县名，在今山东平度东南。[3]临淄：古邑名，在今山东淄博东。[4]济北：古郡名，治所在今山东长清南。[5]博阳：古邑名，故邑在今山东泰安东南。[6]负：背弃，违背。

项王既归[1]，诸侯各就国[2]，田荣使人将兵助陈馀，令反赵地，而荣亦发兵以距击田都，田都亡走楚。田荣留齐王市，无令之胶东。市之左右曰[3]："项王强暴，而王当之胶东，不就国，必危。"市惧，乃亡就国。田荣怒，追，击杀齐王市于即墨，还，攻杀济北王安。于是田荣乃自立为齐王，尽并三齐之地[4]。

项王闻之，大怒，乃北伐齐。齐王田荣兵败，走平原[5]，平原人杀荣。项王遂烧夷齐城郭[6]，所过者尽屠之。齐人相聚畔之[7]。

段　意

写田荣造反和兵败被杀的经过。当项王回到国都，诸侯也各就国的时候，田荣一面派兵协助陈馀造反，一面又发兵攻打田都，田都逃楚。然后又杀掉胶东王田市、济北王田安，尽并三齐之地，自立为齐王。项羽闻之大怒，伐齐，田荣兵败逃到平原又为平原人所杀。项王烧夷齐城，屠杀所过地方的民众，齐人相聚反叛。

注 释

[1] 既归：即回到国都彭城。[2] 就国：诸侯多住京城而不在自己的封地内，现在要他们各归封国，故曰就国。[3] 左右：身边亲信。[4] 三齐之地：见前段注[1]。[5] 平原：郡名，治所在今山东平原西南。[6] 烧夷：放火焚烧并夷为平地。[7] 畔：通"叛"。

荣弟横，收齐散兵，得数万人，反击项羽于城阳[1]。而汉王率诸侯败楚，入彭城[2]。项羽闻之，乃醳齐而归[3]，击汉于彭城，因连与汉战，相距荥阳[4]。以故田横复得收齐城邑，立田荣子广为齐王，而横相之，专国政，政无巨细皆断于相。

段 意

写田横收复齐国的情况。田荣死后其弟田横收集散兵反击项羽，正当此时汉王攻楚，项羽放弃攻齐，连与汉战，因此田横乘机收复齐国城邑，立田荣子为王，自任丞相，专国政。

注 释

[1] 城阳：古县名，治所在今山东鄄城。[2] 彭城：今江苏徐州。[3] 醳：通"释"。[4] 相距：距，通"拒"。相距即相对抗。荥（xíng）阳：古县名，治所在今河南荥阳东北。

横定齐三年，汉王使郦生往说下齐王广及其相国横[1]。横以为然[2]，解其历下军[3]。汉将韩信引兵且东击齐[4]。齐初使华无伤、田解军于历下以距汉[5]。汉使至，乃罢守战备，纵酒，且遣使与汉平[6]。汉将韩信已平赵[7]、燕，用蒯通计[8]，度平原，袭破齐历下军，因入临淄。齐王广、相横怒，以郦生卖己，而亨郦生[9]。齐王广东走高密[10]，相横走博（阳），守相田光走城阳，将军田既军于胶东。楚使龙且救齐[11]，齐王与合军高密。汉将韩信与曹参破杀龙且[12]，虏齐王广。汉将灌婴追得齐守相田光[13]。至博（阳），而横闻齐王死，自立为齐王，还击婴，婴败横之军于嬴下[14]。田横亡走梁，归彭越[15]。彭越是时居梁地[16]，中立，且为汉，且为楚。韩信已杀龙且，因令曹参进兵破杀田既于胶东，使灌婴破杀齐将田吸于千乘[17]。韩信遂平齐，乞自立为齐假王[18]，汉因而立之。

段 意

写齐被汉王歼灭的经过，其中共写了五件事：一是田横平定齐国三年的时候，汉将韩信乘汉使郦生说和于齐、齐国放松戒备之际攻打齐国取胜，齐一面烹杀郦生一面纷纷逃亡。二是楚王派大将龙且救齐，组成联军，又被战败，龙且被杀，齐王和守相田光被虏。三是田横闻田广已死，自立为齐王，反攻汉将灌婴，结果大败，投奔彭越。四是韩信乘胜追击，命令曹参、灌婴杀死齐将田既、田吸，齐国遂平。五是韩信自立为代理齐王。

注 释

[1] 郦生：即郦食其（lìyìjī），秦汉之际陈留高阳乡（今河南杞县）人，本为里监门吏，秦末农民战争时归刘邦，因献计克陈留，被封为广野君。说下：劝说投降。[2] 然：对。[3] 解：通"懈"，松懈。历下：古邑名，在今山东济南西。[4] 韩信：刘邦将领。且：还是，仍旧。[5] 军：驻军。[6] 平：媾和。[7] 平：平定。[8] 蒯（kuǎi）通：汉初范阳（治今河北定兴北固城镇）人。陈胜起义后派武臣进攻赵地，他游说范阳令归降成功，武臣因而不战得赵地三十余城。蒯通计，指蒯通用乘齐放松军事戒备的情况下，向齐发动进攻的计谋，从而与郦生争功。[9] 亨：同"烹"，即烹杀。[10] 高密：古郡名、国名。治所在今山东高密西南。[11] 龙且（jū）：齐国人，项羽手下武将。曾任司马，故又称司马龙且。[12] 曹参：刘邦的开国大臣。[13] 灌婴：刘邦手下闻名于世的骑兵将领。[14] 嬴（yíng）：古县名，治所在今山东莱芜西北。[15] 彭越：昌邑（今山东金乡）

人。做过强盗，陈胜起义时他也聚众起兵，后归刘邦，参加过歼灭项羽的垓下之战。汉初封为梁王。高祖六年因谋反被杀。[16] 梁地：指战国时魏国管辖地区，国都在大梁。[17] 千乘：邑名。故城在今山东博兴东北的高苑。[18] 假王：代理国王。

后岁余，汉灭项籍，汉王立为皇帝，以彭越为梁王。田横惧诛，而与其徒属五百余人入海，居岛中。高帝闻之，以为田横兄弟本定齐[1]，齐人贤者多附焉，今在海中不收，后恐为乱，乃使使赦田横罪而召之[2]。田横因谢曰："臣亨陛下之使郦生，今闻其弟郦商为汉将而贤[3]，臣恐惧，不敢奉诏。请为庶人，守海岛中。"使还报，高皇帝乃诏卫尉郦商曰[4]："齐王田横即至，人马从者敢动摇者致族夷[5]！"乃复使使持节具告以诏商状，曰："田横来，大者王，小者乃侯耳；不来，且举兵加诛焉[6]。"田横乃与其客二人乘传诣雒阳[7]。

段 意

写汉王招安田横的情况。共有三层意思：一、汉灭项羽后刘邦立为皇帝，封彭越为梁王，田横失去靠山，与其徒属逃至海岛上。二、高帝害怕田横日久作乱，派使者免其罪而召之，田横推辞，不敢奉诏，请求当个普通老百姓守在海岛中。三、高帝进一步采取措施，诏告将军郦商：田横即到，你手下的人有敢于动摇的要灭族。于是再派使者告知诏告郦商的情况，并说："田横若回来可封王侯，不回来派兵诛杀。"田横乃行。

注 释

[1] 本定齐：意即齐国本来是受他们统治的。[2] 召：通"招"，招安也。[3] 郦商：秦末农民起义中一支义军首领，后归刘邦，是西汉王朝开国名将。其兄郦生被田横烹杀。[4] 卫尉：官爵，汉代九卿之一。[5] 人马从者敢动摇者：人马从者，指跟从郦商的人马；敢动摇者，指那些仍想给郦商报仇杀田横的人。

未至三十里，至尸乡厩置[1]，横谢使者曰：“人臣见天子当洗沐。”止留。谓其客曰：“横始与汉王俱南面称孤，今汉王为天子，而横乃为亡虏而北面事之，其耻固已甚矣[2]。且吾亨人之兄，与其弟并肩而事其主，纵彼畏天子之诏，不敢动我，我独不愧于心乎？且陛下所以欲见我者，不过欲一见吾面貌耳。今陛下在洛阳，今斩吾头，驰三十里间[3]，形容尚未能败[4]，犹可观也。”遂自刭。令客奉其头[5]，从使者驰奏之高帝。高帝曰：“嗟乎，有以也夫[6]！起自布衣，兄弟三人更王，岂不贤乎哉[7]！”为之流涕，而拜其二客为都尉[8]，发卒二千人，以王者礼葬田横。

段 意

写田横耻为刘邦称臣而自杀的经过和刘邦的反应。共有四层意思：一、当车行至距汉王不远的尸乡时，田横以“人臣见天子当洗沐”为借口停下来；二、对其客作临终嘱咐；三、自杀后，其客捧其头驰奏高帝；四、高帝大发感慨，封其两客为都尉，以王者礼葬田横。

注 释

[1] 尸乡：一作尸氏，即西亳，在今河南偃师西。厩（jiù）置：厩，马厩。指准备好车马以传驿。[2] 固：本来。[3] 间：之内。[4] 败：腐烂。[5] 奉：通“捧”。[6] 有以也夫：有道理啊！[7] 乎哉：是助词连用，重点是哉，表示反问兼感叹。[8] 都尉：官名，比将军略低的武官。

既葬，二客穿其冢旁孔[1]，皆自刭，下从之[2]。高帝闻之，乃大惊，以田横之客皆贤。吾闻其余尚五百人在海中[3]，使使召之。至则闻田横死，亦皆自杀。于是乃知田横兄弟能得士也。

段意

写田横门客的殉节。有三层意思：一、田横埋葬后，一同来的两门客在墓旁自杀殉节；二、高帝以为田横门客皆贤，想利用之，派使臣至海中召之，客闻田横死，五百人自杀；三、指出人们由此才知道田横兄弟能得士。

注 释

[1]穿：凿穿。冢（zhǒng）：坟墓。[2]下：下到墓中。[3]吾：应为太史公的自称。"吾"以下文字是写太史公所闻。

太史公曰：甚矣，蒯通之谋！乱齐、骄淮阴[1]，其卒亡此两人[2]！蒯通者，善为长短说[3]，论战国之权变，为八十一首[4]。通善齐人安期生[5]，安期生尝干项羽[6]，项羽不能用其筴。已而项羽欲封此两人，两人终不肯受，亡去。田横之高节，宾客慕义而从横死，岂非至贤！余因而列焉。不无善画者，莫能图，何哉[7]？

段意

写对蒯通和田横的评价。对蒯通一分为二：批评他谋略上的错误：乱齐、骄淮阴；肯定他的有两点：一是写有论战国权变的著作，二是不肯接受项羽的封赏。同时赞美田横的高节和至贤，对于善画者不能画田横的事迹以传世深表遗憾。

注 释

[1]乱齐、骄淮阴：乱齐，指蒯通不顾郦生说降田横，并已取得田横认可的事实，策动韩信攻打无备之师，毁灭齐国和田横。骄淮阴，指蒯通鼓吹韩信"贵

不可言"，应当与刘、项三分天下等语，详见《淮阴侯列传》。[2] 两人：指淮阴侯韩信和齐王田横。[3] 长短说：欲让此事长则长说之，欲让此事短则短说之，故称长短说。此句言善于舌辩也。[4] 论战国之权变，为八十一首：即蒯通所著《隽永》一书，计八十一篇。[5] 安期生：琅邪（今山东胶南琅邪台西北）人。曾学于河东丈人，卖药海上，秦始皇东游时，曾与之长谈并赐以重金。后随刘邦，不为所用。[6] 干：求也。[7] 不无善画者，莫能图，何哉：图，画也。言天下虽有善画之人，却不知为田横及其门客徒属慕义死节之事作画以表彰传世，不知什么原因。盖感叹画人不知画此也。

（张　是）

樊郦滕灌列传

提 示

这篇列传是四人合传。这四个人是：樊哙、郦商、夏侯婴和灌婴，他们都是刘邦手下战功卓著的将领。

樊哙（？—前189），沛县人，原以屠狗为业，后随刘邦起义，初为部将，以军功封贤成君。在楚汉战争中，项羽谋士范增在鸿门宴上谋杀刘邦，他直入营门，斥责项羽，刘邦因得借机逃走。此后又跟随刘邦击破了臧荼、陈豨和韩王信的叛乱，任左丞相，封舞阳侯。

郦商（？—前180），高阳（今河南杞县西）人。在秦末农民大起义中，曾是一支军队的首领，后归刘邦。在楚汉战争和平定异姓王侯的反叛中，他率领军队攻城陷阵，为西汉王朝立下了汗马功劳。被封为右丞相、涿侯，死后谥景侯。

夏侯婴（？—前172），沛县人，曾任滕（滕县，在今山东南部）令，楚人称令为公，故又称滕公。素与刘邦友善，在沛时，刘邦戏伤夏侯婴被人告发，当从重治罪，夏侯婴为了刘邦不至受罚，甘愿替他挨板子并坐牢一年多。刘邦起义后，他是其亲近而又得力的将领。他作战勇猛，能迅速克敌制胜。在关键时刻，他头脑冷静，能化险为夷，曾两次在危难中救了刘氏父子的命，被刘邦封为太仆、昭平侯，死谥文侯。

灌婴（？—前176），沛县人，早年是卖丝织品的商贩，和刘邦一起在沛县起兵，是刘邦手下闻名于世的骑兵将领。在楚汉两军相持阶段、决战阶段他都迂回敌后，切断敌军粮道并占领了楚军军事重镇彭城一带大片土地，从东完成了对项羽的战略包围。在决定性的垓下会战中，追击项羽，消灭了项羽残余，迫使项羽自杀。在消灭诸吕的斗争中，支持了周勃的行动计划，迎立了文帝，对巩固西汉政权做出了巨大贡献。被封为执珪、昌文侯、颍阴侯、太尉、丞相等，死后谥懿侯。

　　文章以记叙战功为主，按时间顺序记载了四人为汉王朝立下的历次战功，最后写其后代袭爵和失爵的情况。文章语言简洁，脉络清楚，史料翔实，繁简得当。其中的少量人物语言描写，读之有如见其人、如闻其声之感。

　　舞阳侯樊哙者[1]，沛人也。以屠狗为事，与高祖俱隐[2]。

　　初从高祖起丰[3]，攻下沛。高祖为沛公，以哙为舍人[4]。从攻胡陵、方与[5]，还守丰，击泗水监丰下[6]，破之。复东定沛，破泗水守薛西[7]。与司马䎡战砀东[8]，却敌[9]，斩首十五级，赐爵国大夫[10]。常从，沛公击章邯军濮阳[11]，攻城先登，斩首二十三级，赐爵列大夫[12]。复常从，从攻城阳[13]，先登。下户牖[14]，破李由军[15]，斩首十六级，赐上间爵[16]。从攻围东郡守尉于成武[17]，却敌，斩首十四级，捕虏十一人，赐爵五大夫[18]。从击秦军，出亳南[19]。河间守军于杠里[20]，破之。击破赵贲军开封北[21]，以却敌先登，斩侯一人[22]，首六十八级，捕虏二十七人，赐爵卿[23]。从攻破杨熊军于曲遇[24]。攻宛陵[25]，先登，斩首八级，捕虏四十四人，赐爵封号贤成君[26]。从攻长社、轘辕[27]，绝河津[28]，东攻秦军于尸[29]，南攻秦军于犨[30]。破南阳守于阳城[31]。东攻宛城[32]，先登。西至郦[33]，以却敌，斩首二十四级，捕虏四十人，赐重封。攻武关[34]，至霸上[35]，斩都尉一人[36]，首十级，捕虏百四十六人，降卒二千九百人。

　　段　意

　　写樊哙的身世和对秦作战立下的累累战功、战绩以及七次升官受赏的情况。

注 释

[1] 舞阳侯：樊哙生前的最后封号。舞阳，古邑名，在今河南舞阳。[2] 高祖：指刘邦。隐：藏匿。这一句的意思是：为了避祸，樊哙和刘邦一同躲藏在芒山和砀山一带。[3] 丰：古邑名，在今江苏丰县。[4] 舍人：战国、汉初的王公、大臣亲近的随行官员。[5] 胡陵：古县名，治所在今山东鱼台东南。方与：古县名，治所在今山东鱼台北。[6] 泗水：古郡名，治所在今江苏沛县东。监：郡监。秦时在郡里设置郡守、郡尉、郡监三个主要官吏，郡监掌管一郡的监察之权。[7] 守：郡守，一郡的行政长官。薛：古县名，治所在今山东滕州东南。[8] 砀：古县名，治所在今安徽砀山东南。[9] 却敌：打退敌军。[10] 国大夫：即官大夫，为秦汉时第六等官爵。[11] 章邯：秦大将，率军镇压以陈胜为首的农民义军，后降项羽，楚汉战争中兵败自杀。濮阳：古郡名，治所在今河南濮阳西南。[12] 列大夫：即公大夫，秦汉时第七等官爵。[13] 城阳：古县名，治所在今山东鄄城。[14] 户牖（yǒu）：古乡村名，在今河南原阳北。[15] 李由：秦丞相李斯的儿子，当时任三川郡的郡守。[16] 上间爵：爵位名，不在二十等爵位之内。[17] 东郡：治所在今河南濮阳西南。成武：古县名，治所在今山东成武。[18] 五大夫：秦汉时第五等官爵。[19] 亳（bó）：古邑名，在今河南商丘北。[20] 河间：汉郡名，治所在今河北献县东南。杠里：古县名，治所在今山东鄄城。[21] 开封：古县名，治所在今河南开封南。[22] 侯：军侯，秦代军队中管理事务工作的官。[23] 卿：爵位名。汉代有九卿（即太常、光禄勋、卫尉、太仆、廷尉、大鸿胪、宗正、大司农、少府等），这里未指明是九卿中的哪一种。[24] 曲遇：古城镇名，在今河南中牟西。[25] 宛陵：古城镇名，在今河南新郑东北。[26] 贤成君：封爵以外加封的美称。[27] 长社：古邑名，在今河南长葛西。轘辕（huányuán）：山名，在今河南偃师东南，和巩义、登封交界，因山路有十二道弯而得名。[28] 河津：指平阴津，在今河南孟津东，是黄河重要渡口之一。[29] 尸：尸乡，在今河南偃师西。[30] 犨（chōu）：古邑名，在今河南鲁山东南。[31] 南阳：古郡名，治所在今河南南阳，辖境在今河南西南和湖北西北一带。阳城：即堵阳城，在今河南南阳东北。[32] 宛：古县名，治所在今河南南阳。[33] 郦：古县名，治所在今河南内乡东北。[34] 武关：在今陕西商南西北。[35] 霸上：古地名，在今陕西西安东，是古代军事要地。[36] 都尉：比将军略低的武官。

项羽在戏下[1]，欲攻沛公。沛公从百余骑因项伯面见项羽[2]，谢无有闭关事[3]。项羽既飨军士[4]，中酒[5]，亚父谋欲杀沛公[6]，令项庄拔剑舞坐中[7]，欲击沛公，项伯常（肩）〔屏〕蔽之。时独沛公与张良得入坐[8]，樊哙在营外，闻事急，乃持铁盾入到营。营卫止哙，哙直撞入，立帐下。项羽目之，问为谁。张良曰："沛公参乘樊哙[9]。"项羽曰："壮士。"赐之卮酒彘肩[10]。哙既饮酒，拔剑切肉食，尽之。项羽曰："能复饮乎?"哙曰："臣死且不辞，岂特卮酒乎!且沛公先入定咸阳，暴师霸上[11]，以待大王。大王今日至，听小人之言，与沛公有隙[12]，臣恐天下解[13]，心疑大王也。"项羽默然。沛公如厕，麾樊哙去[14]。既出，沛公留车骑，独骑一马，与樊哙等四人步从，从间道山下归走霸上军[15]，而使张良谢项羽。项羽亦因遂已[16]，无诛沛公之心矣。是日微樊哙犇入营[17]，谯让项羽[18]，沛公事几殆[19]。

明日，项羽入屠咸阳[20]，立沛公为汉王。汉王赐哙爵为列侯，号临武侯。迁为郎中[21]，从入汉中[22]。

附近。[2]项伯：项羽的叔父，曾任楚军左尹。秦时与张良是朋友，张对他有救命之恩，刘邦因张良得见项伯，约为婚姻，以兄长事之。[3]闭关事：指刘邦进入咸阳后，想独占秦地，派兵把守函谷关，不让其他诸侯进入。[4]飨（xiǎng）：以酒肉犒劳。[5]中酒：酒喝到似醉非醉的程度。[6]亚父：亚，次的意思，亚父即仅次于父亲，是一种特殊的尊称。此处指范增。范增是项羽的主要谋臣，后刘邦采用陈平的反间计，离间了他和项羽的关系，他愤然离开项羽，后因疽发背而死。[7]项庄：项羽的堂弟。[8]张良：字子房，韩国贵族后裔，刘邦的重要谋臣，汉初被封为留侯。[9]参乘：也叫陪乘，相当于后来的卫士。[10]卮（zhī）：古代一种圆底酒杯。卮酒：即一杯酒。彘（zhì）：猪也。彘肩：即猪腿。[11]暴师：指未进入宫室，把军队驻扎在霸上。[12]隙：感情上的裂痕。[13]解：分裂，瓦解。[14]麾（huī）：指挥。[15]间道：小路。[16]遂已：遂己之意。指项羽相信了刘邦和樊哙说的假话而感到满意。[17]微：没有。犇：同"奔"。[18]谯让：谴责。[19]殆：危险。[20]咸阳：秦王朝的国都，在今陕西西安东。屠咸阳，指项羽军在咸阳城内大肆烧杀掳掠。[21]郎中：官名，不在正规编制之内。郎是殿建侍从的意思。其任务是护卫、陪从、随时建议，备顾问及差遣。有议郎、中郎、侍郎、郎中之别。[22]汉中：古郡名，治所在今陕西汉中东，辖境大约包括今陕西南部及湖北西北部一带地区。

　　还定三秦[1]，别击西丞白水北[2]。雍轻车骑于雍南[3]，破之。从攻雍、斄城[4]，先登。击章平军好畤[5]，攻城，先登陷阵，斩县令丞各一人，首十一级，虏二十人，迁郎中骑将[6]。从击秦车骑壤东[7]，却敌，迁为将军[8]。攻赵贲，下郿、槐里、柳中、咸阳；灌废丘[9]，最[10]。至栎阳[11]，赐食邑杜之樊乡[12]。从攻项籍，屠煮枣[13]。击破王武、程处军于外黄[14]。攻邹、鲁、瑕丘、薛[15]。项羽败汉王于彭城[16]，尽复取鲁、梁地[17]。哙还至荥阳[18]，益食平阴二千户[19]，以将军守广武[20]。一岁，项羽引而东。从高祖击项籍，下阳夏[21]，虏楚周将军卒四千人。围项籍于陈[22]，大破之，屠胡陵[23]。

写樊哙在汉定三秦至大破项羽一段时间内所立下的历次战功和升迁受赏的情况。

注　释

[1] 三秦：指项羽在关中分封的雍、塞、翟三个诸侯国。这三个诸侯国都在原来秦国的土地上，故合称三秦。[2] 西：古城名，在今甘肃天水西南。白水：即今之白水江，在甘肃南部，天水附近。[3] 雍：指雍王章邯。章邯原为秦将领，秦二世派他镇压农民义军，后降项羽，项羽封他为雍王。后面的雍指雍县，治所在今陕西凤翔南。[4] 漦（tái）：古县名，治所在今陕西武功西南。[5] 章平：章邯的儿子。好畤（zhì）：古县名，治所在今陕西乾县东北。[6] 郎中骑将：官名。郎中的首脑称将，将又分车、户、骑三将。[7] 壤：壤乡，古村邑名，在今陕西武功东南。[8] 将军：武官名。[9] 郿：古邑名，在今陕西眉县东北。槐里：古县名，治所在今陕西兴平东南。柳中：即细柳，古地名，在今陕西咸阳西南渭河北岸。废丘：也叫犬丘，古邑名，在今陕西兴平东南。[10] 最：功劳最多。[11] 栎（yuè）阳：古县名，治所在今陕西临潼东北。[12] 杜：古县名，治所在今陕西西安东南。樊乡：在当时的杜县南。[13] 煮枣：古邑名，可能在今山东菏泽附近。[14] 外黄：古县名，治所在今河南杞县东北。[15] 邹：古县名，治所在今山东邹城。鲁：鲁城，鲁国国都，在今山东曲阜。瑕丘：古地名，在今山东兖州东北。薛：古国名，春秋后期薛国迁下邳（今江苏邳州西南），薛成为齐邑。[16] 彭城：古县名，治所在今江苏徐州。[17] 鲁：指春秋时鲁国管辖的地区，在今山东西南部。梁地：指战国时魏国管辖的地区，因国都在大梁（今河南开封），所以亦称梁地。[18] 荥阳：古县名，治所在今河南荥阳东北。[19] 平阴：古县名，治所在今河南孟津东。[20] 广武：山名，在今河南荥阳东北。[21] 阳夏：古县名，治所在今河南太康。[22] 陈：古县名，治所在今河南淮阳。[23] 胡陵：古县名，治所在今山东鱼台东南。

项籍既死，汉王为帝，以哙坚守战有功，益食八百户。从高帝攻反燕王臧荼[1]，虏荼，定燕地[2]。楚王韩信反[3]，哙从至陈，取信，定楚。更赐爵列侯，与诸侯剖符[4]，世世勿绝，食舞阳，号为舞阳侯，除前所食。以将军从高祖攻反韩王信于代[5]。自霍人以往至云中[6]，与绛侯等共定之[7]，益食千五百户。因击陈豨与曼丘臣军[8]，战襄国[9]，破柏人[10]，先登，降定清河、常山凡二十七县[11]，残东垣[12]，迁为左丞相。破得綦毋卬、尹潘军于无终、广昌[13]。破豨别将胡人王黄军于代南，因击韩信军于参合[14]，军所将卒斩韩信。破豨胡骑横谷[15]，斩将军赵既，虏代丞相冯梁、守孙奋、大将王黄、将军、太仆解福等十人[16]。与诸将共定代乡邑七十三。其后燕王卢绾反[17]，哙以相国击卢绾[18]，破其丞相，抵蓟南[19]，定燕地，凡县十八，乡邑五十一。益食邑千三百户[20]，定食舞阳五千四百户。从[21]，斩首百七十六级，虏二百八十八人。别[22]，破军七，下城五，定郡六，县五十二，得丞相一人，将军十二人，二千石已下至三百石十一人。

段　意

写楚、汉相争结束后，樊哙在平定造反的王、将中所取得的战绩。文章以时间为序，依次写了他平定燕王臧荼、楚王韩信、将领陈豨、曼丘臣、韩王信、燕王卢绾等所立下的战功和他不断升迁受赏的情况。最后对樊哙跟随刘邦征战的全部战功做出概括。

注　释

[1]臧荼（tú）：原为燕王韩广部将，曾随项羽救赵，又跟从入关，被封为燕王，后背楚归汉，汉五年（前202）因反叛被俘。[2]燕地：这里指臧荼所统辖的地区，主要在河北北部。[3]韩信：在秦末农民起义中，先从项羽，后投奔刘邦，灭齐后自立为齐王，刘邦徙封他为楚王，后又降为淮阴侯，高祖十一年（前196）因意图谋反被杀。[4]剖符：把表示凭证的符分为两半，朝廷和被封的人各执一半，以作凭信。[5]韩王信：战国韩襄王后代，引兵跟随刘邦，被封为韩王，高祖七年投降匈奴。代：代地，在今山西大同以东，河北张家口以西一带。[6]霍人：古邑名，在今山西繁峙北。云中：古郡名，治所在今内蒙古托克托东北。[7]绛侯：指周勃，刘邦的重要将领。[8]陈豨：刘邦将领，汉初曾任赵国的相

国，统帅赵、代军队。高祖十年，勾结匈奴发动叛乱，后战败被杀。曼丘臣：韩王信将领，随韩王信叛汉，战败投降匈奴。[9] 襄国：古县名，治所在今河北邢台西南。[10] 柏人：古县名，治所在今河北内丘东北。[11] 清河：古郡名，治所在今河北清河东南。常山：郡名，治所在今河北元氏西北。[12] 东垣：古县名，治所在今河北正定南。[13] 无终：古县名，治所在今天津蓟县。广昌：古县名，治所在今河北涞源北。[14] 参合：古县名，治所在今山西阳高东北。[15] 横谷：古县名，治所在今河北蔚县西北。[16] 太仆：皇帝或诸侯王手下管车马的官。[17] 卢绾（wǎn）：刘邦同乡、好友。随刘邦起义，被封为燕王，后投降匈奴，匈奴单于封他为东胡王，死于匈奴。[18] 相国：汉初称丞相为相国。[19] 蓟（jì）：古县名，金代改为大兴县，治今北京西南。[20] 益：增加。[21] 从：跟从刘邦。[22] 别：另外，此处指另率一支军队。

　　哙以吕后女弟吕须为妇[1]，生子伉，故其比诸将最亲。

　　先黥布反时[2]，高祖尝病甚，恶见人[3]，卧禁中[4]，诏户者无得入群臣。群臣绛、灌等莫敢入[5]。十余日，哙乃排闼直入[6]，大臣随之。上独枕一宦者卧[7]。哙等见上，流涕曰：“始陛下与臣等起丰沛，定天下，何其壮也！今天下已定，又何惫也！且陛下病甚，大臣震恐，不见臣等计事，顾独与一宦者绝乎[8]？且陛下独不见赵高之事乎[9]？”高帝笑而起。

　　段　意

　　写樊哙与吕后的非同一般的关系和激励病中的刘邦重振精神，治理好国家。

　　注　释

　　[1] 女弟：妹妹。吕须：樊哙妻子，吕后执政时被封为临光侯。　[2] 黥（qíng）布：即英布，因犯法受黥刑（脸上刺字）而人称黥布。秦末率刑徒起兵，先投靠项羽，被封为九江王，后背楚降汉，被封为淮南王。高祖十二年举兵反汉，战败被杀。[3] 恶（wù）：讨厌。[4] 禁中：宫中。[5] 绛、灌：指周勃和灌婴，二人均为刘邦重要将领。[6] 闼（tà）：门。排闼：推门。[7] 宦者：宦官，即太

监。[8] 顾：反而。绝：隔绝。[9] 赵高之事：赵高，秦朝宦官，原为中车府令。赵高之事指秦始皇在沙丘病死以后，赵高串通丞相李斯发动宫廷政变，伪造秦始皇诏令，逼死公子扶苏，立胡亥为二世皇帝。后赵高又杀李斯，自己做了丞相，独揽大权，最后他又逼二世自杀，立二世侄子婴为皇帝，终为子婴所杀。

其后卢绾反，高帝使哙以相国击燕[1]。是时高帝病甚，人有恶哙党于吕氏[2]，即上一日宫车晏驾[3]，则哙欲以兵尽诛灭戚氏、赵王如意之属[4]。高帝闻之大怒，乃使陈平载绛侯代将[5]，而即军中斩哙。陈平畏吕后，执哙诣长安[6]。至则高祖已崩[7]，吕后释哙，使复爵邑。

段 意

写樊哙参与吕后谋杀刘邦妃嫔和儿子的活动，高祖知道后命令陈平斩樊哙，陈平怕吕后，只将樊哙押解到长安。高祖死后，吕后释放了樊哙，恢复了他的爵邑。

注 释

[1] 燕：指燕王卢绾。[2] 党：勾结。[3] 即：如果。一日：一旦。宫车：皇帝在宫中乘坐的车，此处是皇帝代称。晏驾：古代皇帝死亡的讳辞。宫车晏驾，即皇帝去世的一种避讳的说法。[4] 戚氏：戚夫人，刘邦的妃嫔，赵王如意的母亲。赵王如意：刘邦的第三个儿子，后被吕后所杀。[5] 陈平：刘邦重要谋臣，后曾任丞相。句意是：于是派陈平用车送绛侯周勃去军中取代樊哙的将领职位。[6] 执：逮捕。诣：到。长安：西汉王朝的国都，在今陕西西安西北。[7] 崩：古代称帝王之死曰崩。

孝惠六年[1]，樊哙卒[2]，谥为武侯[3]。子伉代侯。而伉母吕须亦为临光侯，高后时用事专权，大臣尽畏之。伉代侯九岁，高后崩，大臣诛诸吕、吕须婘属，因诛伉。舞阳侯中绝数月。孝文帝既立[4]，乃复封哙他庶子市人为舞阳侯[5]，复故爵邑。市人立

∧ 317

二十九岁卒，谥为荒侯。子他广代侯。六岁，侯家舍人得罪他广，怨之，乃上书曰："荒侯市人病不能为人[6]，令其夫人与其弟乱而生他广，他广实非荒侯子，不当代后。"诏下吏[7]。孝景中六年[8]，他广夺侯为庶人，国除[9]。

段 意

写樊哙死后，其妻、子的命运和后代袭爵、失爵的情况。共写了四层意思。一、樊哙死后被谥和妻、子受封的情况。二、高后死，其妻、子被诛杀。三、文帝立，再封樊哙姬妾生的儿子市人为侯。四、市人死后其子他广代侯，后因他广被人告发不是市人的儿子而失去侯位和封国，成为庶人。

注 释

[1] 孝惠：刘邦的太子刘盈。公元前194—前188年在位。[2] 卒：死。[3] 谥（shì）：君主时代帝王、贵族、大臣等死后，依其生前事迹所给予的称号。[4] 孝文帝：刘恒，刘邦的第四个儿子。[5] 庶子：古时指姬妾所生的儿子。[6] 不能为人：指没有生殖后代的能力，即患有不育症。[7] 诏下吏：诏令官吏处理。[8] 孝景：景帝刘启，是文帝的太子。公元前157—前141年在位。[9] 国除：废除封国。

曲周侯郦商者[1]，高阳人[2]。陈胜起时，商聚少年东西略人[3]，得数千。沛公略地至陈留[4]，六月余，商以将卒四千人属沛公于岐[5]。从攻长社[6]，先登，赐爵封信成君。从沛公攻缑氏[7]，绝河津[8]，破秦军洛阳东[9]。从攻下宛、穰[10]，定十七县。别将攻旬关[11]，定汉中[12]。

段 意

写郦商在秦末农民起义中起兵的情况，归属刘邦后所立下的三次战功和受封情况。

注 释

[1]曲周侯：是郦商生前的最后封号。曲周：古县名，治所在今河北曲周。[2]高阳：古地名，在今河南杞县西。[3]少年：青年人。东西：四处。略：带强制性争取。[4]陈留：古县名，治所在今河南开封东南陈留镇。[5]岐：古地名，在今河南开封陈留镇附近。[6]长社：古邑名，在今河南长葛西。[7]缑（gōu）氏：古县名，治所在今河南偃师东南。[8]绝：断绝，封锁。河津：指平阴津，在今河南孟津东，是黄河重要渡口之一。[9]洛阳：古都邑名，在今河南洛阳东北。[10]宛：古县名，治所在今河南南阳。穰：古邑名，在今河南邓州东南。[11]别将：部将。旬关：古关名，在今陕西旬阳东。[12]汉中：古郡名，因地处汉水上游而得名，治所在今陕西汉中东，辖境大约包括今陕西秦岭南部和湖北西北部。

项羽灭秦，立沛公为汉王。汉王赐商爵信成君，以将军为陇西都尉[1]。别将定北地、上郡[2]。破雍将军焉氏[3]，周类军枸邑[4]，苏驵军于泥阳[5]。赐食邑武成六千户[6]。以陇西都尉从击项籍军五月，出巨野[7]，与钟离眜战[8]，疾斗[9]，受梁相国印，益食邑四千户。以梁相国将从击项羽二岁三月，攻胡陵[10]。

段 意

写从项羽立刘邦为汉王到刘邦击败项羽一段时间内，郦商所建立的战功和受封赏情况。

注 释

[1]陇西：古郡名，治所在今甘肃临洮南。都尉：比将军略低的武官。[2]北地：古郡名，治所在今甘肃宁县西北，辖境包括今甘肃平凉和宁夏固原一带。上郡：古郡名，治所在今陕西榆林东南，辖境包括今陕西北部及内蒙古黄河河套南部地区。[3]雍将军：指雍王章邯的将军。焉氏：古县名，治所在今甘肃泾川东。[4]枸邑：古县名，治所在今陕西旬邑。[5]泥阳：古邑名，在今甘肃宁县

东南。[6] 武成：古县名，治所在今陕西华县东北。[7] 巨野：古邑名，在今山东巨野。[8] 钟离眛：项羽的重要将领。[9] 疾斗：疾，猛烈。疾斗，即战斗十分猛烈。[10] 胡陵：古县名，治所在今山东鱼台东南。

项羽既已死，汉王为帝。其秋，燕王臧荼反[1]，商以将军从击荼，战龙脱[2]，先登陷阵，破荼军易下[3]，却敌，迁为右丞相，赐爵列侯，与诸侯剖符[4]，世世勿绝，食邑涿五千户[5]，号曰涿侯。以右丞相别定上谷[6]，因攻代[7]，受赵相国印。以右丞相赵相国别与绛侯等定代、雁门[8]，得代丞相程纵、守相郭同[9]、将军已下至六百石十九人。还，以将军为太上皇卫一岁七月[10]。以右丞相击陈豨[11]，残东垣[12]。又以右丞相从高帝击黥布[13]，攻其前拒[14]，陷两陈[15]，得以破布军。更食曲周五千一百户，除前所食。凡别破军三，降定郡六，县七十三，得丞相、守相、大将各一人，小将二人，二千石已下至六百石十九人。

段意

写项羽死、刘邦立为皇帝后的一段时间内，郦商立功受赏的情况。先分叙六次立功和三次受封的情况：第一次是击破臧荼军，升右丞相，赐爵列侯并与诸侯剖符。第二次是攻占上谷和代取得成功，受赵相国印。第三次是与周勃等平定了代和雁门，俘虏了丞相、守相、将军以下数百人。第四次是为太上皇做警卫工作一年零七个月。第五次是击陈豨。第六次是随从高帝击黥布，破布军，汉王为之增加食邑到五千一百户。文章最后将所有战功作一归纳。

注释

[1] 臧荼：原为燕王韩广部将，曾跟从项羽入关，被封为燕王，后归刘邦，高祖五年因叛汉被俘。[2] 龙脱：古地名，在今河北徐水西。[3] 易：易水，在

河北西部。[4] 剖符：把表示凭证的符分成两半，朝廷和诸侯各执一半，以示信用。[5] 涿：古邑名，在今河北涿州。[6] 上谷：古郡名，治所在今河北怀来东南。[7] 代：古郡、国名，治所在今河北蔚县西南。[8] 雁门：古郡名，治所在今山西右玉南。[9] 守相：代理丞相。[10] 太上皇：刘邦的父亲。[11] 陈豨：刘邦将领，汉初任赵国的相国，统率赵、代的军队。高祖十年勾结匈奴叛汉，战败被杀。[12] 东垣：古县名，治所在今河北正定南。残：毁坏。[13] 黥布：原名英布，因犯秦法受过黥刑（脸上刺字），故叫黥布。秦末率刑徒起兵，先依附项羽，被封为九江王，后反楚降汉，被封为淮南王，高祖十二年反汉，战败被杀。[14] 前拒：前沿阵地。[15] 陈："阵"的古字，阵地。

商事孝惠[1]、高后时，商病，不治[2]。其子寄，字况，与吕禄善[3]。及高后崩，大臣欲诛诸吕，吕禄为将军，军于北军[4]，太尉勃不得入北军[5]，于是乃使人劫郦商[6]，令其子况绐吕禄[7]，吕禄信之，故与出游，而太尉勃乃得入据北军，遂诛诸吕。是岁商卒，谥为景侯。子寄代侯。天下称"郦况卖交"也[8]。

段 意

写郦商父子被迫参加了消灭吕党的斗争。先介绍在吕后执政时郦商得了病不能理事，而其子况与吕后的侄儿禄是好朋友。次写吕后死后大臣想要诛杀吕党，但吕禄是北军的统帅，太尉周勃进不去。再写大臣们使人劫持郦商，要他儿子去把吕禄骗出来。吕禄相信了况的话，与他一块到外面游玩去了，结果周勃进入北军，杀了诸吕。而郦商也就在这一年病逝。最后写人们因此批评郦况出卖了朋友。

注 释

[1] 事：侍奉。[2] 不治：不理事。[3] 吕禄：吕后兄吕释之的儿子，吕后时被封为赵王，后为周勃等人所杀，当时掌管北军。[4] 军：驻军。北军：汉代守卫京师的部队之一，因驻守长安城北，故称北军。[5] 太尉：秦、汉时的最高军事长官。勃：周勃。[6] 劫：威逼，胁迫。[7] 绐（dài）：欺骗。[8] 卖交：

出卖朋友。

孝景前三年[1]，吴、楚、齐、赵反[2]，上以寄为将军，围赵城十月，不能下。得俞侯栾布自平齐来[3]，乃下赵城，灭赵，王自杀[4]，除国。孝景中二年，寄欲取平原君为夫人[5]，景帝怒，下寄吏[6]，有罪，夺侯。景帝乃以商他子坚封为缪侯，续郦氏后。缪靖侯卒，子康侯遂成立。遂成卒，子怀侯世宗立。世宗卒，子侯终根立。为太常[7]，坐法[8]，国除。

段 意

写郦商子孙袭爵位的情况。本段着重写了郦商儿子寄的两件事：一是孝景前三年七国之乱暴发，郦寄围攻赵城，打了十个月都未攻下，结果还是其他将领平定齐国后前来助战才拿下来。二是郦寄想娶景帝王皇后的母亲平原君为妻，触怒景帝，侯位被夺。其次，文章还写了景帝为了续郦氏后另封商子坚为侯，传至第三代因犯法失去封国等情况。

注 释

[1] 孝景：即汉景帝刘启。前：景帝的纪年分为前、中、后三期，前期七年，中期六年，后期三年。在位共十六年。[2] 吴、楚、齐、赵反：指吴、楚、赵、胶东、胶西、济南、淄川七国发动的武装叛乱。[3] 栾布：原是彭越的家人，后为臧荼的将领，文帝时担任燕国的相国，景帝时参加平定七国之乱，因功被封为俞侯。平齐：指平定了齐地的胶东、胶西、济南、淄川等诸侯国。[4] 王：指赵王刘遂，刘邦的孙子。[5] 平原君：景帝王皇后的母亲臧儿的尊号。[6] 下寄吏：把郦寄交给官吏处治。[7] 太常：掌管宗庙仪礼的官员，为九卿之一。[8] 坐法：因为犯法。

汝阴侯夏侯婴[1]，沛人也[2]。为沛厩司御[3]。每送使客还，过沛泗上亭[4]，与高祖语，未尝不移日也[5]。婴已而试补县吏[6]，与高祖相爱。高祖戏而伤婴，人有告高祖。高祖时为亭长，重坐伤人[7]，告故不伤婴[8]，婴证之。后狱覆[9]，婴坐高祖系岁余[10]，掠笞数百[11]，终以是脱高祖。

段　意

先介绍夏侯婴的出生地和工作，然后写他与刘邦的亲密关系。主要记叙了高祖因开玩笑而伤夏侯婴之事。高祖因此被人告发，按律应从重治罪。高祖不承认有伤人事，夏侯婴亦出面证明，结果案子反了过来，婴坐了牢，挨了打。

注　释

[1] 汝阴侯：夏侯婴生前的最后封号。汝阴：古县名，治所在今安徽阜阳。[2] 沛：古县名，治所在今江苏沛县。[3] 厩（jiù）：马厩，泛指牲口棚。司御：掌管养马驾车的人。[4] 泗上亭：即泗水亭，在今江苏沛县东。当时刘邦担任泗水亭的亭长。十里一亭，亭长的辖区有十里。[5] 移日：形容时间很长。[6] 试：试用。补：充任。[7] 坐：特指办罪的因由。重坐伤人：意即因伤人而办罪者应从重。[8] 告：上告，此处略相当于申诉。故：原因。此句的意思是：刘邦向官府申诉他没有伤人的原因。[9] 狱覆：案子翻了过来。[10] 坐：由于。系：关押。[11] 掠笞（chī）：用竹板、木棍或鞭子打人。

高祖之初与徒属欲攻沛也[1]，婴时以县令史为高祖使[2]。上降沛一日[3]，高祖为沛公，赐婴爵七大夫[4]，以为太仆[5]。从攻胡陵[6]，婴与萧何降泗水监平[7]，平以胡陵降，赐婴爵五大夫[8]。从击秦军砀东[9]，攻济阳[10]，下户牖[11]，破李由军雍丘下[12]，以兵车趣攻战疾，赐爵执帛[13]。常以太仆奉车从击章邯军东阿[14]、濮阳下[15]，以兵车趣攻战疾，破之，赐爵执珪[16]。复常奉车从击赵贲军开封[17]、杨熊军曲遇[18]。婴从捕虏六十八人，降卒八百五十人，得印一匮[19]。因复常奉车从击秦军雒阳东，以兵车趣攻战疾，赐爵封转为滕公。因复奉车从攻南阳[20]，战于蓝田、芷阳[21]，以兵车趣攻战疾，至霸上[22]。项羽至，灭秦，立沛公为汉王。汉王赐婴爵列侯，号昭平侯。复为太仆，从入蜀、汉[23]。

段 意

写夏侯婴跟从刘邦从沛起兵到刘邦立为汉王这段时间内立下的战功和升迁晋爵的情况。记叙了他随着战功的增加，由七大夫逐步升为昭平侯的整个过程。

注 释

[1] 徒属：指服劳役的民夫们。[2] 县令史：县里掌管文书的小官吏。[3] 上：指刘邦。[4] 七大夫：秦汉时第七等爵位。[5] 太仆：掌管皇帝车马的官员，为九卿之一。[6] 胡陵：古县名，治所在今山东鱼台东南。[7] 萧何：沛县丰邑（今江苏丰县）人。刘邦的重要谋臣，西汉的第一任丞相。泗水：郡名，治所在沛，辖境相当于今安徽、江苏淮河以北，宿迁、泗洪以西，萧县、涡阳、凤台以东地区。监：官名，即郡监，为郡的主要官吏之一。[8] 五大夫：秦汉时第五等爵位。[9] 砀：古县名，治所在今安徽砀山。[10] 济阳：古县名，治所在今河南兰考东北。[11] 户牖（yǒu）：古乡村名，在今河南原阳北。[12] 李由：秦丞相李斯的儿子，时任三川郡郡守。雍丘：古县名，治所在今河南杞县。[13] 执帛：战国时楚国的爵位名，职位仅次于执珪。[14] 章邯：秦大将，后投降项羽，被封为雍王。东阿：古城镇名，在今山东阳谷东北。[15] 濮阳：古郡名，治所在今河南濮阳西南。[16] 执珪：战国时楚国的爵位。[17] 赵贲：秦将领。开封：古县名，治所在今河南开封西南。[18] 曲遇：即曲遇聚，古城镇名，在今河南中牟西。[19] 匮：通"柜"。[20] 南阳：古郡名，治所在今河南南阳。[21] 蓝田：古县名，治所在今陕西蓝田西。芷阳：古县名，治所在今陕西长安东。[22] 霸上：古地名，在今陕西西安东，是古代军事要地。[23] 蜀：古郡名，治所在今四川成都。汉：指汉中郡，治所在今陕西汉中东。蜀、汉是当时项羽给刘邦的封地，辖境包括今四川和陕西的汉中一带。

还定三秦[1]，从击项籍。至彭城[2]，项羽大破汉军。汉王败，不利，驰去。见孝惠、鲁元[3]，载之。汉王急，马罢，虏在后[4]，常蹶两儿欲弃之[5]，婴常收，竟载之，徐行面雍树乃驰[6]。汉王怒，行欲斩婴者十余[7]，卒得脱，而致孝惠[8]、鲁元于丰[9]。

汉王既至荥阳[10]，收散兵，复振，赐婴食祈阳[11]。复常奉车从击项籍，追至陈[12]，卒定楚[13]，至鲁[14]，益食兹氏[15]。

段　意

写夏侯婴在楚汉战争中立下的两次战功和受赏的情况。其中着重写了刘邦战败逃跑，几次将自己的子女扔掉而被夏侯婴救起的经过。

注　释

[1]三秦：指项羽在关中分封的雍、塞、翟三个诸侯国。这三个诸侯国都在原来秦国境内，故合称三秦。[2]彭城：古县名，治所在今江苏徐州。[3]孝惠：即后来的孝惠皇帝刘盈。鲁元：鲁元公主，刘邦女儿。[4]虏：敌军。[5]蹶：踢。[6]面雍树：古代有些地方称大人面对面抱着小孩叫"面雍树"。当时刘邦的儿子孝惠和女儿鲁元都很小。[7]行：即将。[8]致：送到。[9]丰：古邑名，在今江苏丰县。[10]荥阳：古县名，治所在今河南荥阳东北。[11]祈阳：古乡邑名。[12]陈：古县名，治所在今河南淮阳。[13]楚：楚地。指项羽统辖的地区。[14]鲁：鲁城，春秋时鲁国国都，故址在今山东曲阜。[15]兹氏：古县名，治所在今山西汾阳。

汉王立为帝。其秋，燕王臧荼[1]反，婴以太仆从击荼。明年，从至陈，取楚王信[2]。更食汝阴[3]，剖符世世勿绝。以太仆从击代[4]，至武泉、云中[5]，益食千户。因从击韩信军胡骑晋阳旁[6]，大破之。追北至平城[7]，为胡所围，七日不得通。高帝使使厚遗阏氏[8]，冒顿开围一角[9]。高帝出欲驰，婴固徐行[10]，弩皆持满外向，卒得脱。益食婴细阳千户[11]。复以太仆从击胡骑句注北[12]，大破之。以太仆击胡骑平城南，三陷陈，功为多，赐所夺邑五百户。以太仆击陈豨、黥布军[13]，陷陈却敌[14]，益食千户，定食汝阴六千九百户，除前所食。

段意

写汉王立为皇帝以后，夏侯婴在平定王朝内部的反王臧荼、韩信、韩王信，反将陈豨以及与匈奴作战中所立下的战功和受封赏的情况。其中，着重叙写了汉军在平城被匈奴包围，夏侯婴帮助汉帝脱险的经过。

注 释

[1] 臧荼：原为燕王韩广的部将，曾跟随项羽入关，被封为燕王，后归附刘邦，高祖五年因反叛被俘。[2] 楚王信：指韩信，刘邦的大将军，曾自立为齐王，刘邦徙封他为楚王，后降为淮阴侯，高祖十一年，因谋反被杀，并灭三族。[3] 汝阴：古县名，秦置，治所在今安徽阜阳。[4] 代：古郡、国名，辖境包括今河北张家口以西，山西大同以东部分地区。[5] 武泉：古县名，治所在今山西大同北。云中：古郡名，治所在今内蒙古托克托东北。[6] 韩信：指韩王信，战国韩襄王的后代，秦末引兵跟随刘邦，被封为韩王，汉七年投降匈奴。胡：指匈奴。晋阳：古县名，治所在今山西太原南古城营。[7] 平城：古县名，治所在今山西大同东。[8] 阏氏（yānzhī）：对匈奴王后的称呼。[9] 冒顿（mòdú）：匈奴单于（即国王）。秦二世元年（前209）杀父头曼自立。[10] 固：坚持。[11] 细阳：古县名，故城在今安徽阜阳西北。[12] 句注：句注山，在今山西代县西北。[13] 陈豨：刘邦将领，汉初任赵国的相国，统率赵、代的军队，高祖十年，勾结匈奴发动叛乱，后战败被杀。黥布：原名英布，因犯法受过黥刑（脸上刺字）故人称黥布。秦末率刑徒起兵，先依附项羽，后归刘邦，被封为淮南王，高祖十二年举兵叛汉，战败被杀。[14] 陈：通"阵"。

　　婴自上初起沛，常为太仆[1]，竟高祖崩[2]。以太仆事孝惠，孝惠帝及高后德婴之脱孝惠、鲁元于下邑之间也[3]，乃赐婴县北第第一[4]，曰"近我"，以尊异之。孝惠帝崩，以太仆事高后。高后崩，代王之来[5]，婴以太仆与东牟侯入清宫[6]，废少帝[7]，以天子法驾迎代王代邸[8]，与大臣共立为孝文皇帝，复为太仆。

八岁，卒，谥为文侯。子夷侯灶立，七年卒。子共侯赐立，三十一年卒。子侯颇尚平阳公主[9]。立十九岁，元鼎二年[10]，坐与父御婢奸罪[11]，自杀，国除。

段 意

简述高祖死后，夏侯婴侍奉惠帝、高后、文帝的情况和最后封号以及子孙袭爵的情况。其中突出了两点：一是惠帝和高后感谢他在下邑途中救他们的义举，把最靠近宫殿的地方赐给他，以表示对他的特别尊敬。二是高后死后他又与东牟侯共入宫，废少帝，与大臣们共立惠文帝。

注 释

[1] 常：固定的。[2] 竟：完结（动词），可理解为"到……才完结"。[3] 德：感激。脱：脱离危险，使动用法，使……脱离危险。下邑：古县名，治所在今安徽砀山西。[4] 县：这里指京城。北：指北阙，宫殿北面的门楼。前一个"第"字指府第。句意是：夏侯婴的府第最靠近宫殿。[5] 代王：即后来的孝文皇帝刘恒，史称汉文帝。[6] 东牟侯：即刘兴居，系齐悼惠王刘肥的儿子。[7] 少帝：惠帝刘盈的养子刘恭即皇帝位，称为少帝，后高后杀死少帝刘恭，又另立常山王刘义为皇帝，改名刘弘，此处说的少帝指刘弘。高后八年九月刘弘及惠帝诸子为大臣们所杀。[8] 法驾：皇帝的车马。代邸：代王的官邸。[9] 尚：古代娶皇帝的女儿称"尚"。平阳公主：景帝刘启的女儿。[10] 元鼎：武帝刘彻的年号。[11] 御婢：皇帝赐给的婢女。

颍阴侯灌婴者[1]，睢阳贩缯者也[2]。高祖之为沛公，略地至雍丘下[3]。章邯败杀项梁[4]，而沛公还军于砀[5]，婴初以中涓从击破东郡尉于成武及秦军于扛里[6]，疾斗[7]，赐爵七大夫[8]。从攻秦军亳南、开封、曲遇[9]，战疾力[10]，赐爵执帛[11]，号宣陵君。从攻阳武以西至雒阳[12]，破秦军尸北[13]，北绝河津[14]，南破南阳守齮阳城东[15]，遂定南阳郡。西入武关[16]，战于蓝田[17]，疾力，至霸上[18]，赐爵执珪[19]，号昌文君。

写灌婴的出身和沛公起义之初跟从沛公四次参战立功和三次受封的情况。

注 释

[1] 颍阴侯：灌婴生前的最后封号。颍阴：古县名，治所在今河南许昌。[2] 睢阳：古县名，治所在今河南商丘南。缯（zēng）：丝织品的总称。[3] 略：带强制性地争取。雍丘：古县名，治所在今河南杞县。[4] 章邯：秦末大将，后投降项羽，被封为雍王。项梁：下相（今江苏宿迁）人，楚国贵族后裔，楚将项燕的儿子。公元前 209 年他和侄儿项羽起兵反秦。立原楚怀王的孙子熊心为楚王，自号武信君。[5] 砀：古县名，治所在今安徽砀山。[6] 中涓：皇帝身边亲近的侍臣。东郡尉：东郡的都尉。东郡，在今河南濮阳西南。成武：古县名，治所在今山东成武。扛里：古县名，治所在今山东鄄城。[7] 疾斗：疾，猛烈。疾斗指灌婴作战十分勇猛。[8] 七大夫：秦汉时第七等爵位。[9] 亳（bó）：古邑名，可能在今河南商丘北。开封：古县名，治所在今河南开封南。曲遇：即曲遇聚，古城镇名，在今河南中牟西。[10] 战疾力：猛攻力战。[11] 执帛：战国时楚国的爵位名，职位仅次于执珪。[12] 阳武：古县名，治所在今河南原阳东南。雒阳：古都邑名，在今河南洛阳东北。[13] 尸：尸乡，在今河南偃师西。[14] 河津：指黄河的重要渡口平阴津，在今河南孟津东。[15] 南阳守：南阳郡的郡守。南阳郡的治所在今河南南阳。齮（yǐ）：南阳郡守吕齮。阳城：即堵阳城，在今河南南阳东北。[16] 武关：在陕西商南西北，是陕西和河南两省之间的交通要道。[17] 蓝田：古县名，治所在今陕西蓝田西。[18] 霸上：古地名，也作"灞上"，在今陕西西安东，是古代军事要地。[19] 执珪：战国时楚国的最高爵位。

沛公立为汉王，拜婴为郎中[1]。从入汉中[2]，十月，拜为中谒者[3]，从还定三秦[4]，下栎阳[5]，降塞王[6]。还围章邯于废丘[7]，未拔。从东出临晋关[8]，击降殷王[9]，定其地。击项羽将龙且、魏相项他军定陶南[10]，疾战，破之。赐婴爵列侯，号昌文侯，食杜平乡[11]。

段 意

写沛公立为汉王以后，灌婴参加的四次战斗（四战三胜）和晋升官职的情况。

注 释

[1] 郎中：皇帝的侍从官，在内充当侍卫，在外随从征伐。[2] 汉中：古郡名，治所在今陕西汉中东，辖境大约包括今陕西南部及湖北西北部。[3] 中谒者：皇帝身边掌管传达的官员。[4] 三秦：指项羽在关中分封的雍、塞、翟三个诸侯国，这三国因都在原秦国内故称三秦。[5] 栎（yuè）阳：古县名，治所在今陕西临潼东北。[6] 塞王：司马欣。原为秦将，后投降项羽，被封为塞三。[7] 废丘：也叫犬丘，古邑名，在今陕西兴平东南。[8] 临晋关：也称蒲津关，在今陕西大荔黄河西岸，是历代秦、晋之间的险要通道。[9] 殷王：指司马卬（áng），殷王为项羽所封。[10] 定陶：古县名，治所在今山东定陶西北。[11] 杜：古县名，治所在今陕西西西安东南。平乡：古乡村名，当时属杜县。

复以中谒者从降下砀，以至彭城[1]。项羽击，大破汉王。汉王遁而西[2]，婴从还，军于雍丘。王武、魏公申徒反，从击破之。攻下黄[3]，西收兵，军于荥阳[4]。楚骑来众，汉王乃择军中可为（车）骑将者，皆推故秦骑士重泉人李必、骆甲习骑兵[5]，今为校尉[6]，可为骑将。汉王欲拜之[7]，必、甲曰："臣故秦民，恐军不信臣，臣愿得大王左右善骑者傅之[8]。"灌婴虽少，然数力战，乃拜灌婴为中大夫[9]，令李必、骆甲为左右校尉，将郎中骑兵击楚骑于荥阳东[10]，大破之。受诏别击楚军后，绝其饷道，起阳武至襄邑[11]。击项羽之将项冠于鲁下[12]，破之，所将卒斩右司马[13]、骑将各一人。击破柘公、王武军于燕西[14]，所将卒斩楼烦将五人[15]，连尹一人[16]。击王武别将桓婴白马下[17]，破之，所将卒斩都尉一人[18]。以骑渡河南[19]，送汉王到雒阳，使北迎相国韩信军于邯郸[20]。还至敖仓[21]，婴迁为御史大夫[22]。

写自灌婴跟随刘邦攻占砀到送汉王到洛阳，迎相国韩信于邯郸这段时间内所立下的历次战功和所受的封赏。

[1]彭城：古县名，治所在今江苏徐州。[2]遁：逃跑。[3]黄：外黄，古县名，治所在今河南杞县东北。[4]荥阳：古县名，治所在今河南荥阳东北，是古代军事要地。[5]故：从前的。重泉：古县名，故城在今陕西蒲城东南。[6]校尉：次于将军的武官。[7]拜：任命。[8]傅：辅助。[9]中大夫：御史大夫的顾问官。[10]郎中骑兵：即郎中骑将，武官名。[11]襄邑：古县名，治所在今河南睢县。[12]鲁：鲁城，在今山东曲阜。下：附近。[13]右司马：主管军马的官员。[14]燕：古县名，治所在今河南延津东北。[15]楼烦：古县名，治所在今山西朔州东。古代此地人善于骑马射箭，由此称军中善于骑射的人叫"楼烦"。[16]连尹：春秋时楚国主管射箭的官员。[17]白马：古县名，治所在今河南滑县东。[18]都尉：低于将军的武官。[19]河：黄河。[20]韩信：即淮阴侯韩信，刘邦大将，当时是赵国的相国。邯郸：古郡名，治所在今河北邯郸西南。[21]敖仓：秦代建立的著名大粮仓，在今河南荥阳境内的敖山上。[22]御史大夫：秦汉时官名，相当于副丞相。

三年，以列侯食邑杜平乡。以御史大夫受诏将郎中骑兵东属相国韩信，击破齐军于历下[1]，所将卒虏车骑将军华毋伤及将吏四十六人。降下临菑[2]，得齐守相田光[3]。追齐相田横至嬴、博[4]，破其骑，所将卒斩骑将一人，生得骑将四人。攻下嬴、博，破齐将军田吸于千乘[5]，所将卒斩吸。东从韩信攻龙且、留公旋于高密[6]，卒斩龙且，生得右司马、连尹各一人，楼烦将十人，身生得亚将周兰[7]。

写灌婴攻打齐国所立下的功劳。有三层意思：一、以御史大夫身份接受皇帝命令，带领骑兵部队去接受相国韩信领导。二、和齐作战取得的战果：在历下击溃齐军，抓获将军一名、将吏四十六人；攻占临菑，俘虏了齐守相；追齐相，击溃其骑兵，斩将一人捉住四人；攻下嬴、博，斩杀齐将军。三、跟从韩信攻打项羽派来救齐的军队，在高密斩杀楚将龙且，活捉多人并亲身擒获亚将周兰。

注 释

[1] 历下：古邑名，在今山东济南西。[2] 临菑：古邑名，亦作临淄，以城临菑水得名。故址在今山东淄博东北。[3] 守相：代理丞相。[4] 嬴：古县名，治所在今山东莱芜西北。博：古邑名，在今山东泰安东南。[5] 千乘：古邑名，在今山东高青高宛镇北。[6] 高密：古县名，治所在今山东高密西南。[7] 亚将：副将。

齐地已定，韩信自立为齐王[1]，使婴别将击楚将公杲于鲁北[2]，破之。转南，破薛郡长[3]，身虏骑将一人[4]，攻（博）〔傅〕阳[5]，前至下相以东南僮、取虑、徐[6]。度淮[7]，尽降其城邑，至广陵[8]。项羽使项声、薛公、郯公复定淮北[9]。婴度淮北，击破项声、郯公下邳[10]，斩薛公，下下邳，击破楚骑于平阳[11]，遂降彭城，虏柱国项佗。降留、薛、沛、酂、萧、相[12]。攻苦、谯[13]，复得亚将周兰。与汉王会颐乡[14]。从击项籍军于陈下[15]，破之，所将卒斩楼烦将二人，虏骑将八人。赐益食邑二千五百户。

项籍败垓下去也[16]，婴以御史大夫受诏将车骑别追项籍至东城[17]，破之。所将卒五人共斩项籍[18]，皆赐爵列侯。降左右司马各一人[19]，卒万二千人，尽得其军将吏。下东城、历阳[20]。渡江[21]，破吴郡长吴下[22]，得吴守，遂定吴、豫章、会稽郡[23]。还定淮北，凡五十二县。

段 意

写灌婴对楚作战，彻底歼灭楚军，帮助刘氏一统天下所立下的战功。共有五层意思：一、韩信派灌婴部将攻打楚将和楚地取得了节节胜利。二、项羽派部将再定淮北，灌婴渡淮北，攻占下邳，斩杀楚将一人；在平阳击溃楚骑兵，彭城投降，项佗被捉；留、薛、沛、酂、萧、相等县相继向灌婴部投降；攻打苦、谯等县，再次抓获楚亚将周兰。三、与汉王会师后又跟从汉王在陈附近击溃项羽军队，结果楚方楼烦将二人被斩，骑将八人被俘。灌婴受到增加食邑二千五百户的奖赏。四、项羽在垓下之战中失败逃走，灌婴接受汉王命令进行追击，在东城击溃项军，项羽被灌婴五名将士共斩（五人均赐爵列侯），其左右司马及兵卒一万二千人投降，全部将领和官吏被捉。五、攻占了楚残留的全部国土，捉获了吴郡郡守。

注 释

[1] 事详见《淮阴侯列传》。[2] 别将：部将。[3] 薛郡：治所在今山东曲阜。薛郡长，即薛郡郡守。[4] 身：亲身，亲自。[5] 傅阳：古邑名，在今山东峄城南。[6] 下相：古县名，治所在今江苏宿迁西。僮：古邑名，在今江苏睢宁西北。取虑：古邑名，在今江苏睢宁北。徐：古邑名，在今安徽泗县东南。[7] 淮：淮河。[8] 广陵：古县名，治所在今江苏扬州。[9] 郯：音 tán。[10] 下邳(pī)：古县名，治所在今江苏睢宁西北。[11] 平阳：古邑名，在今江苏徐州西。[12] 留：古县名，治所在今江苏沛县东南。薛：古县名，治所在今山东滕州东南。沛：古县名，治所在今江苏沛县。酂(cuó)：古县名，治所在今河南永城西。萧：古县名，治所在今安徽萧县西北。相：古县名，治所在今安徽濉溪北。[13] 苦：古县名，治所在今河南鹿邑东。谯：古县名，治所在今安徽亳州。[14] 颐乡：古乡村名，在今河南鹿邑南。[15] 陈：古县名，治所在今河南淮阳。[16] 垓下：古地名，在今安徽灵璧南沱河北岸。[17] 东城：古县名，治所在今安徽定远东南。[18] 将卒五人共斩：项王在乌江边自刎而死，死后被灌婴手下军官王翳割去其头，其余骑兵为了争夺项羽尸体互相残杀，最后，郎中骑杨喜、骑司马吕

马童、郎中吕胜和杨武各夺得一部分肢体。[19] 司马：官名，掌管军政和军赋。[20] 历阳：古县名，治所在今安徽和县。[21] 江：长江。[22] 吴郡：古郡名，治所在今江苏苏州。[23] 豫章：古郡名，治所在今江西南昌。会稽：古郡名，治所在今江苏苏州。

汉王立为皇帝，赐益婴邑三千户。其秋，以车骑将军从击破燕王臧荼[1]。明年，从至陈，取楚王信。还，剖符[2]，世世勿绝，食颍阴二千五百户，号曰颍阴侯。

以车骑将军从击反韩王信于代[3]，至马邑[4]，受诏别降楼烦以北六县，斩代左相，破胡骑于武泉北[5]。复从击韩信胡骑晋阳下[6]，所将卒斩胡白题将一人[7]。受诏并将燕、赵、齐、梁、楚车骑，击破胡骑于硰石[8]。至平城[9]，为胡所围，从还军东垣[10]。

从击陈豨[11]，受诏别攻豨丞相侯敞军曲逆下[12]，破之，卒斩敞及特将五人[13]。降曲逆、卢奴、上曲阳、安国、安平[14]。攻下东垣。

黥布反[15]，以车骑将军先出，攻布别将于相[16]，破之，斩亚将楼烦将三人。又进击破布上柱国军及大司马军[17]。又进破布别将肥诛。婴身生得左司马一人，所将卒斩其小将十人，追北至淮上。益食二千五百户。布已破，高帝归，定令婴食颍阴五千户，除前所食邑。凡从得二千石二人，别破军十六，降城四十六，定国一，郡二，县五十二，得将军二人，柱国、相国各一人，二千石十人。

段 意

写灌婴在平定内部的叛王叛将和与匈奴作战中所立下的战功和受到的封赏。先写汉王立为皇帝，赐增加食邑。以下依次写他立下的战功和受到的赏赐：跟随高祖击溃叛王臧荼，次年跟从高祖在陈逮捕了楚王韩信。于是与朝廷剖符，食邑二千五百户，封颍阴侯。跟从刘邦攻打反王韩王信，使六县来降，斩代相，破胡骑。跟从刘邦攻打韩王信及胡骑，其将士斩胡将一人。接着又带领骑兵在硰石把胡骑打败。在平城被胡人包围，突围后回军东垣。跟从刘邦攻打反将陈稀，斩其丞相和特将五人。曲逆等五县、邑投降，并攻占了东垣。淮南王黥布反，灌婴攻破其别将并斩亚将和楼烦将三人。击溃其上柱国军和大司马军，击溃其部将肥诛的军队。灌婴还亲自活捉左司马一人，其将士又斩其小将十人。皇上给灌婴增加食邑二千五百户。高帝回京后，让灌婴在颍阴食五千户，收回从前的食邑。灌婴跟从高帝出征打仗的战果总计：打垮十六支敌军，降服四十六座城邑，平定诸侯国一、郡二、县五十二，并俘将军二人，柱国、相国各一人，二千石的官吏十人。

注释

[1] 臧荼：原为燕王韩广的部下，曾跟从项羽入关，被封为燕王，后背楚降汉，高祖五年因反叛被俘。[2] 剖符：把表示凭证的符分为两半，朝廷和受封的人各执一半，以示信用。[3] 韩王信：战国韩襄王的后代，曾随从刘邦到汉中，后被封为韩王，高祖七年投降匈奴。代：指代地，在今山西大同以东，河北张家口以西部地区。[4] 马邑：古县名，治所在今山西朔州。[5] 胡：指匈奴。武泉：古邑名，在今山西大同西。[6] 晋阳：古邑名，在今山西太原南面的古城营。[7] 白题：匈奴的一支。[8] 硰（shā）石：古邑名，在今山西静乐东北。[9] 平城：古县名，治所在今山西大同东。[10] 东垣：古县名，治所在今河北正定南。[11] 陈稀：刘邦的将领，汉初任赵国的相国，统率赵、代的军队。高祖十年，勾结匈奴反汉，战败被杀。[12] 曲逆：古邑名，治所在今河北顺平东南。[13] 特将：楚、汉时将领的名称。[14] 卢奴：古县名，治所在今河北定州。上曲阳：古邑名，在今河北曲阳西。安国：古邑名，在今河北安国东南。安平：古邑名，在今河北安平。[15] 黥布：原名英布，因犯秦法受过黥刑（脸上刺字），故又名黥布。秦末率刑徒起兵，先依附项羽，后投降刘邦，被封为淮南王，高祖十二年反汉，战败被杀。[16] 相：古县名，治所在今安徽濉溪西北。[17] 上柱国：战国

时楚国官名，相当于丞相。大司马：掌管军政事务的高级官吏。

  婴自破布归，高帝崩，婴以列侯事孝惠帝及吕太后[1]。太后崩，吕禄等以赵王自置为将军[2]，军长安[3]，为乱。齐哀王闻之[4]，举兵西，且入诛不当为王者[5]。上将军吕禄等闻之，乃遣婴为大将，将军往击之。婴行至荥阳，乃与绛侯等谋[6]，因屯兵荥阳[7]，风齐王以诛吕氏事[8]，齐兵止不前。绛侯等既诛诸吕，齐王罢兵归，婴亦罢兵自荥阳归，与绛侯、陈平共立代王为孝文皇帝[9]。孝文皇帝于是益封婴三千户，赐黄金千斤，拜为太尉[10]。

段意

  写灌婴在消灭诸吕和立汉文帝中所发挥的作用。共六层意思：一、刘邦死后，灌婴又侍奉惠帝和吕后。二、吕后死后其侄吕禄自任将军，军队驻扎长安城，图谋叛乱。三、齐哀王刘襄发兵要进京诛杀吕禄等，吕禄派灌婴迎击。四、灌婴与周勃策划：一方面将军队驻扎荥阳，按兵不动；另一方面将诛杀吕氏之事示意齐哀王。五、周勃等诛杀诸吕后齐哀王和灌婴都把军队带了回去。六、灌婴与周勃、陈平等拥立刘恒为皇帝，皇帝为灌婴增封食邑、赐黄金，任命为太尉。

注释

  [1]孝惠帝：刘邦的太子刘盈。吕太后：刘邦的妻子吕雉。[2]吕禄：吕后的侄儿。吕后七年，吕后封吕禄为赵王。自置为将军：指惠帝死后，吕后委任吕台、吕产、吕禄为将军。此处指吕禄自己派自己去任将军。[3]军长安：当时这三吕统帅卫戍长安城的南北军。[4]齐哀王：指齐悼惠王刘肥的儿子刘襄。[5]不当为王者：指被吕后所封的吕氏诸王，如梁王吕产、赵王吕禄等。[6]绛侯：周勃，刘邦的重要将领。[7]屯兵：驻防。[8]风：示意。[9]陈平：刘邦的重要谋臣。代王：刘邦的儿子刘恒，高祖十一年，刘恒被刘邦封为代王。[10]太

尉：秦、汉时全国最高军事长官。

三岁[1]，绛侯勃免相就国，婴为丞相，罢太尉官。是岁，匈奴大入北地、上郡[2]。令丞相婴将骑八万五千往击匈奴，匈奴去。济北王反[3]，诏乃罢婴之兵。后岁余，婴以丞相卒，谥曰懿侯。子平侯阿代侯。二十八年卒，子强代侯。十三年，强有罪，绝。二岁，元光三年[4]，天子封灌婴孙贤为临汝侯，续灌氏后。八岁，坐行赇有罪[5]，国除。

太史公曰：吾适丰沛[1]，问其遗老，观故萧、曹、樊哙、滕公之家[2]，及其素[3]，异哉所闻！方其鼓刀屠狗卖缯之时[4]，岂自知附骥之尾[5]，垂名汉廷，德流子孙哉？余与他广通[6]，为言高祖功臣之兴时若此云。

狗（樊哙）和叫卖丝绸（灌婴）之时，哪里会知道自己依附他人垂名汉廷，德流子孙呢？三、司马迁与樊哙的孙子樊他广交往，他广告诉他，高祖功臣兴起之时就是这样。

注释

［1］适：往、到。丰：古邑名，在今江苏丰县。沛：古县名，治所在今江苏沛县。［2］萧：萧何。曹：曹参。萧何、曹参、樊哙、滕公均为沛县人。［3］素：平素，指平时的为人。［4］鼓刀：宰杀牲畜，动刀作声也。缯（zēng）：丝织品的总称。鼓刀屠狗指樊哙，樊哙是屠狗出身。卖缯指灌婴，灌婴是卖丝织品的商人。［5］附骥之尾：比喻依附他人以成名。［6］他广：樊哙的孙子。

（张　是）

张丞相列传

提　示

本篇名为专传，形似类传，实为张苍、周昌、申屠嘉三人合传。因张苍年逾百岁，历任四朝，先为御史大夫，后任丞相，故以其事贯穿全篇，前连周昌，后及申屠嘉。为体现叙传承转照应，兼及周苛、赵尧、任敖、曹窑。张苍（？—前152）秦时为御史，后归汉。因为精通历算，熟谙户籍财赋公文簿籍，为计相，升御史大夫，文帝初为丞相。周昌（？—前192）因为其从兄守荥阳忠勇死难，本人亦有军功，任御史大夫。后遵刘邦意旨相赵王如意。为人刚直敢言。如意被害，称病不朝。申屠嘉（？—前155）初从刘邦击项羽、英布，文帝时破格为丞相。谨守法度、廉正不阿，曾拟诛文帝宠臣邓通。三人气质不同，然均恪尽职守。

本篇在结构篇章上以御史大夫、丞相为线，巧用插叙，上递下接，章法整饬。人物语言行动，叙写传神。高祖拥戚姬乍见周昌之窘态，周昌廷争情急语塞口吃之神情，申屠嘉震慑宠臣邓通之威严气度，跃然纸上。申屠嘉之后，尚有丞相多人，不传丞相而传御史大夫，体现了司马迁的叙事原则：只为有突出事功者立传。车丞相以下，疑为褚少孙所补，本书删略不录。

张丞相苍者，阳武人也[1]。好书、律、历[2]。秦时为御史，主柱下方书[3]。有罪，亡归[4]。及沛公略地过阳武，苍以客从攻南阳[5]。苍坐法当斩[6]，解衣伏质[7]，身长大，肥白如瓠[8]，时王陵见而怪其美士[9]，乃言沛公，赦勿斩。遂从西入武关[10]，至咸阳。沛公立为汉王，入汉中，还定三秦[11]。陈馀击走常山王张耳，耳归汉，汉乃以张苍为常山守[12]。从淮阴侯击赵，苍得陈馀。赵地已平，汉王以苍为代相[13]，备边寇。已而徙为赵相，相赵王耳[14]。耳卒，相赵王敖[15]。复徙相代王。燕王臧荼反，高祖往击之，苍以代相从攻臧荼有功，以六年中封为北平侯[16]，食邑千二百户。

迁为计相[17]，一月，更以列侯为主计四岁[18]。是时萧何为相国，而张苍乃自秦时为柱下史[19]，明习天下图书计籍[20]。苍又善用算律历[21]，故令苍以列侯居相府，领主郡国上计者[22]。黥布反亡，汉立皇子长为淮南王[23]，而张苍相之。十四年，迁为御史大夫[24]。

段 意

写张苍为御史大夫以前的经历，突出两点：一、坐法当斩，因王陵进言获释；二、因为秦时为柱下史，明习天下图书典籍、统计报表，精通律历，为汉计相。

注 释

[1] 阳武：秦县名，故城在今河南原阳东南。[2] 好书、律、历：爱好图书、乐律、历法。古人认为乐律与历法关系密切，历以治时（定时令），律以候气（测气候），均需应用数学，故连带学习。[3] 主柱下方书：从事在殿柱下管理四方所上文书的工作。方书，四方文书，一说方版文书。[4] 亡归：逃回家。[5] 以客从：以宾客身份跟随。客，犹后世之幕僚。南阳：秦郡名，治所在宛（yuān）县（今河南南阳）。[6] 坐法当斩：因犯法判处斩刑。[7] 伏质：趴在锧上待斩。质，通"锧"，古代腰斩用的铁砧。[8] 瓠（hù）：葫芦瓜。[9] 王陵（？—前181），详见《陈丞相世家》。[10] 武关：在今陕西商南东南，丹江北岸。[11] 三秦：秦朝覆灭后，项羽把关中分封给秦降将章邯、司马欣、董翳，合称三秦。其地相当于今陕西秦岭以北及甘肃东部地区。[12] 常山：秦郡名，郡治元氏（今河北元氏

西北)。守（shòu）：郡的行政长官。[13] 为代相：做代王的相国。当时的代王是韩王信。[14] 赵王耳：赵王张耳。[15] 敖：张耳的儿子张敖。[16] 以：于。[17] 计相：协助丞相管理朝廷财政收支的临时官职。[18] 更：改。主计：由计相改名的临时职官。[19] 柱下史：御史。[20] 计籍：财政收支的簿册及人事登记。[21] 善：擅长。用算，应用数学。[22] 领主郡国上计者：负责主管郡县及诸侯王国呈报朝廷的财政收支统计报表。[23] 皇子长：刘邦的最小的儿子刘长。[24] 御史大夫：秦汉时仅次于丞相的中央长官。掌监察、执法，兼管重要文书图籍。

周昌者，沛人也。其从兄曰周苛[1]，秦时皆为泗水卒史[2]。及高祖起沛，击破泗水守监[3]，于是周昌、周苛自卒史从沛公。沛公以周昌为职志[4]，周苛为客。从入关，破秦。沛公立为汉王，以周苛为御史大夫，周昌为中尉[5]。

汉王四年，楚围汉王荥阳急，汉王遁出[6]，去，而使周苛守荥阳城。楚破荥阳城，欲令周苛将，苛骂曰："若趣降汉王[7]！不然，今为虏矣！"项羽怒，亨周苛[8]。于是乃拜周昌为御史大夫。常从击破项籍。以六年中与萧、曹等俱封。封周昌为汾阴侯；周苛子周成以父死事，封为高景侯。

段意

周苛、周昌以卒史身份随刘邦入关破秦，楚汉战争中周苛死，周昌为御史大夫。

注释

[1] 从兄：堂兄。[2] 泗水：秦郡名，治所在沛（今江苏沛县）。[3] 守监：郡守、监察御史。监察御史，驻郡的监察官。[4] 职志：掌旗官。[5] 中尉：官名，掌京师治安。[6] 据《高祖本纪》《项羽本纪》《秦楚之际月表》，项羽围荥阳，刘邦突围在汉三年，此言"四年"，误。荥（xíng）阳：县名，故城在今河南荥阳东北。[7] 若：你（们）。趣（cù）：赶快。[8] 亨（pēng）：同"烹"，古代用鼎镬煮杀人的酷刑。

昌为人强力[1]，敢直言，自萧、曹等皆卑下之[2]。昌尝燕时入奏事[3]，高帝方拥戚姬[4]，昌还走[5]，高帝逐得，骑周昌项[6]，问曰："我何如主也?"昌仰曰："陛下即桀、纣之主也。"于是上笑之，然尤惮周昌。及帝欲废太子，而立戚姬子如意为太子，大臣固争之[7]，莫能得；上以留侯策即止[8]。而周昌廷争之强[9]。上问其说，昌为人吃[10]，又盛怒，曰："臣口不能言，然臣期期知其不可[11]。陛下虽欲废太子，臣期期不奉诏。"上欣然而笑。既罢，吕后侧耳于东箱听，见周昌，为跪谢曰[12]："微君[13]，太子几废[14]。"

是后戚姬子如意为赵王，年十岁，高祖忧即万岁之后不全也[15]。赵尧年少，为符玺御史[16]。赵人方与公谓御史大夫周昌曰[17]："君之史赵尧，年虽少，然奇才也，君必异之[18]，是且代君之位[19]。"周昌笑曰："尧年少，刀笔吏耳[20]，何能至是乎!"居顷之，赵尧侍高祖。高祖独心不乐，悲歌，群臣不知上之所以然。赵尧进请问曰："陛下所为不乐，非为赵王年少而戚夫人与吕后有郤邪[21]？备万岁之后而赵王不能自全乎[22]？"高祖曰："然。吾私忧之，不知所出。"尧曰："陛下独宜为赵王置贵强相[23]，及吕后[24]、太子、群臣素所敬惮乃可。"高祖曰："然。吾念之欲如是，而群臣谁可者?"尧曰："御史大夫周昌，其人坚忍质直[25]，且自吕后、太子及大臣皆素敬惮之。独昌可。"高祖曰："善。"于是乃召周昌，谓曰："吾欲固烦公[26]，公强为我相赵王。"周昌泣曰："臣初起从陛下，陛下独奈何中道而弃之于诸侯乎[27]？"高祖曰："吾极知其左迁[28]，然吾私忧赵王，念非公无可者。公不得已强行!"于是徙御史大夫周昌为赵相。

段意

周昌刚直敢言，刘邦欲废太子，周昌极力廷争。刘邦担忧自己死后赵王如意难保，接受赵尧置贵强相的进言，任周昌为赵相。

注 释

[1] 强力：刚强有力。[2] 卑下之：为动用法，为之卑，为之下，即敬畏周昌。[3] 燕时：指高祖退朝闲居之时。燕，通"宴"，安闲。[4] 拥：拥抱。[5] 还走：回头就跑。[6] 项：脖颈。[7] 固争：强谏。[8] 以：因。留侯策：指张良劝太子刘盈礼请"商山四皓"为辅翼的计策。详见《留侯世家》。[9] 廷争之强：在朝廷上据理力争最强硬。[10] 吃：说话结巴。[11] 期：极，楚地方音。由于情绪激动，说话结巴，将"期"说成"期期"。[12] 跪：欠身。[13] 微：如果没有。[14] 几（jī）：差点儿。[15] 忧即万岁之后不全也：担心自己死后如意不能保全。即，如果。[16] 符玺御史：掌管符信及玉玺的御史。[17] 方与公：方与县县令。方与：故城在今山东鱼台西。[18] 异：优待。[19] 是：此（人）。且：将。[20] 刀笔吏：抄抄写写的小吏。古时用简策，写错了用刀削去再写，故名。[21] 郄：隔阂；仇怨。[22] 备：担心。[23] 置贵强相：安排一个地位尊贵而又坚强有力的人为相。[24] 及：达得到。[25] 坚忍质直：坚毅，有韧性，质朴，直率。[26] 固烦公：一定劳烦您。[27] 独：偏偏。奈何：为什么。奈，通"奈"。[28] 左迁：降职。

　　既行久之，高祖持御史大夫印弄之，曰："谁可以为御史大夫者？"孰视赵尧[1]，曰："无以易尧[2]。"遂拜赵尧为御史大夫。尧亦前有军功食邑，及以御史大夫从击陈豨有功，封为江邑侯。

　　高祖崩，吕太后使使召赵王，其相周昌令王称疾不行。使者三反[3]，周昌固为不遣赵王[4]。于是高后患之，乃使使召周昌。周昌至，谒高后，高后怒而骂周昌曰："尔不知我之怨戚氏乎？而不遣赵王，何？"昌既征[5]，高后使使召赵王，赵王果来。至长安月余，饮药而死。周昌因谢病不朝见[6]，三岁而死。

　　后五岁，高后闻御史大夫江邑侯赵尧高祖时定赵王如意之画，乃抵尧罪[7]，以广阿侯任敖为御史大夫。

高祖死后，吕后欲加害赵王，多次征召，周昌托词不遣。其后赵王被害，周昌称病不朝，抑郁而死。赵尧继周昌为御史大夫，因置贵强相事被吕后发觉，判罪免职。

[1]孰视：注目细看。孰，同"熟"。[2]无以易尧：没有谁能换赵尧。意即赵尧是最中意的人选。[3]三反：多次往返。反，同"返"。[4]固：坚决。[5]征：召回。[6]谢病：推说有病。[7]抵：判处。

任敖者，故沛狱吏。高祖尝辟吏[1]，吏系吕后[2]，遇之不谨[3]。任敖素善高祖，怒，击伤主吕后吏。及高祖初起，敖以客从，为御史，守丰二岁[4]，高祖立为汉王，东击项籍，敖迁为上党守[5]。陈豨反时，敖坚守，封为广阿侯，食千八百户。高后时为御史大夫，三岁，免。以平阳侯曹窋为御史大夫[6]。高后崩，（不）与大臣共诛吕禄等，免[7]。以淮南相张苍为御史大夫。

赵尧之后，任敖、曹窋相继为御史大夫。

[1]辟吏：躲避官差。辟，同"避"。[2]系（jì）：拘捕。[3]遇之不谨：对她不礼貌。[4]丰：邑名，即今江苏丰县。[5]上党：郡名，秦治所在长子县（今山西长子西南）。[6]曹窋（zhú）：曹参的儿子。[7]不与大臣共诛吕禄等，免：此处疑有脱衍。据《吕后本纪》，诛诸吕全赖曹窋往来驰告，其免官应属其他原因。

苍与绛侯等尊立代王为孝文皇帝。四年，丞相灌婴卒，张苍为丞相。

自汉兴至孝文二十余年，会天下初定，将相公卿皆军吏。张苍为计相时，绪正律历[1]。以高祖十月始至霸上[2]，因故秦时本以十月为岁首[3]，弗革[4]。推五德之运，以为汉当水德之时，尚黑如故[5]。吹律调乐，入之音声[6]，及以比定律令[7]。若百工[8]，天下作程品[9]。至于为丞相，卒就之[10]，故汉家言律历者，本之张苍。苍本好书，无所不观，无所不通，而尤善律历。

张苍德王陵[11]。王陵者，安国侯也。及苍贵，常父事王陵。陵死后，苍为丞相，洗沐，常先朝陵夫人上食，然后敢归家。

苍为丞相十余年，鲁人公孙臣上书言汉土德时，其符有黄龙当见[12]。诏下其议张苍，张苍以为非是，罢之。其后黄龙见成纪[13]，于是文帝召公孙臣以为博士[14]，草土德之历制度，更元年[15]。张丞相由此自绌[16]，谢病称老。苍任人为中候[17]，大为奸利，上以让苍[18]，苍遂病免。苍为丞相十五岁而免。孝景前五年，苍卒，谥为文侯。子康侯代，八年卒。子类代为侯，八年，坐临诸侯丧后就位不敬[19]，国除。

初，张苍父长不满五尺，及生苍，苍长八尺余，为侯、丞相。苍子复长。及孙类，长六尺余，坐法失侯。苍之免相后，老，口中无齿，食乳，女子为乳母。妻妾以百数，尝孕者不复幸。苍年百有余岁而卒。

段 意

张苍为丞相，完成订定律历、整齐度量的工作。然不能顺时随俗，终被免相。附记张苍几件逸事。

注 释

[1]绪正：探讨订正。[2]以：因。[3]因：沿袭。[4]弗革：不改变。[5]

"推五德之运"以下：推算五德运转情形，认为汉朝正值水德时代，所以像过去一样崇尚黑色。按：战国时期阴阳家邹衍创"五德转移"说，认为水、火、木、金、土五种物质的德性相生相克，运important变化，形成王朝的兴替，因此一个朝代建立，要相应改正朔，易服色。照五德转移的说法，周是火德，以十一月为岁首，色尚赤；秦胜周是水克火，以十月为岁首，色尚黑。汉初主张更历者认为，汉胜秦是土克水，汉为土德，应以正月为岁首，色尚黄。张苍认为汉仍为水德，应尚黑如故。[6] 吹律调乐：吹奏律管，校正音阶。律，定音笛。[7] 比定律令：比照制定法令。[8] 若：与。[9] 程品：度量标准。程，度量总名。品，标准规格。[10] 卒就：终于完成这些事。[11] 德王陵：感戴王陵的恩德。[12] 符：祥瑞的征兆。见：同"现"。[13] 成纪：县名。故城在今甘肃静宁西南。[14] 博士：学官名。[15] 更元年：改称元年，即后元元年（前163）。[16] 绌：通"黜"（chù），贬退。[17] 中候：官名，将作少府（主管宫室修建）的属官有左右中候。[18] 让：责备。[19] 临（lìn）：吊唁死者。

申屠丞相嘉者，梁人[1]，以材官蹶张从高帝击项籍[2]，迁为队率[3]。从击黥布军，为都尉[4]。孝惠时，为淮阳守[5]。孝文帝元年，举故吏士二千石从高皇帝者，悉以为关内侯[6]，食邑二十四人，而申屠嘉食邑五百户。张苍已为丞相，嘉迁为御史大夫。张苍免相，孝文帝欲用皇后弟窦广国为丞相，曰："恐天下以吾私广国[7]。"广国贤有行，故欲相之，念久之不可。而高帝时大臣又皆多死，余见无可者，乃以御史大夫嘉为丞相，因故邑封为故安侯[8]。

段　意

申屠嘉为丞相以前的经历及为丞相的因由。

注　释

[1] 梁：秦县名。故城在今河南汝州西南。[2] 材官蹶张：能脚踏强弩以发射飞箭的武卒。[3] 队率（shuài）：队长。[4] 都尉：比将军略低的武官。[5] 淮阳：郡名，治所在陈（今河南淮阳）。[6] 关内侯：秦汉二十级爵的第十九级。食邑关中，不治民。[7] 私：偏爱。[8] 因：就着。故安：县名，故城在今河北

易县东南。

嘉为人廉直，门不受私谒[1]。是时太中大夫邓通方隆爱幸[2]，赏赐累巨万。文帝尝燕饮通家，其宠如是。是时丞相入朝，而通居上傍[3]，有怠慢之礼。丞相奏事毕，因言曰："陛下爱幸臣，则富贵之；至于朝廷之礼，不可以不肃！"上曰："君勿言，吾私之[4]。"罢朝坐府中，嘉为檄召邓通诣丞相府[5]。不来，且斩通。通恐，入言文帝。文帝曰："汝第往[6]，吾今使人召若[7]。"通至丞相府，免冠，徒跣[8]，顿首谢[9]。嘉坐自如，故不为礼，责曰："夫朝廷者，高皇帝之朝廷也。通小臣，戏殿上，大不敬，当斩。吏今行斩之[10]！"通顿首，首尽出血，不解[11]。文帝度丞相已困通，使使者持节召通，而谢丞相曰[12]："此吾弄臣，君释之。"邓通既至，为文帝泣曰[13]："丞相几杀臣。"

段　意

申屠嘉为整肃朝廷礼法，拟在相府处斩文帝宠臣邓通，文帝派使者持节解说方罢。

注　释

[1] 门不受私谒：在家里不接受私人拜见。[2] 太中大夫：皇帝的顾问官。[3] 傍：同"旁"。[4] 私：宠爱。[5] 檄（xí）：征召或声讨的文书。[6] 第：只管。[7] 今：马上。若：你。[8] 徒跣（xiǎn）：赤脚步行。[9] 谢：服罪。[10] 今行斩之：马上推出去斩掉。[11] 不解：不释放。[12] 谢：告诉。[13] 为：对。

嘉为丞相五岁，孝文帝崩，孝景帝即位。二年，晁错为内史[1]，贵幸用事，诸法令多所请变更，议以谪罚侵削诸侯[2]。而丞相嘉自绌所言不用[3]，疾错[4]。错为内史，门东出，不便，更穿一门南出。南出者，太上皇庙堧垣[5]。嘉闻之，欲因此以法错擅穿宗庙垣为门，奏请诛错[6]。错客有语错，错恐，夜入宫上谒，自归景帝[7]。至朝，丞相奏请诛内史错。景帝曰："错所穿非真庙垣，乃外堧垣，故他官居其中[8]，且又我使为之，错无罪。"罢朝，嘉谓长史曰[9]："吾悔不先斩错，乃先请之[10]，为错所卖[11]。"至舍，因欧血而死。谥为节侯。子共侯蔑代，三年卒。子侯去病代，三十一年卒。子侯臾代，六岁，坐为九江太守受故官送有罪[12]，国除。

段　意

申屠嘉嫉恨晁错，以擅穿宗庙外墙为门的罪名奏请诛晁，未成，呕血而死。

注　释

[1] 内史：京师地区的行政长官。[2] 议以谪罚侵削诸侯：建议用寻过失加以处罚的办法来削减侯王领地。[3] 绌：通"黜"。意谓因所言不被采纳而自觉委屈。[4] 疾：通"嫉"。[5] 堧（ruán）垣：宗庙的外墙，内外墙之间隔着一片空地。[6] "欲因此"以下：欲因此法错，以擅穿宗庙垣为门，奏请诛错。因：根据。法：法办。擅穿：未经允许，擅自打穿。垣（yuán）：墙。[7] 自归景帝：向景帝自首。[8] 故他官居其中：所以其他官员也住在那里。[9] 长史：官名。丞相、太尉、御史大夫均有长史，职任颇重，号为"三公辅佐"。[10] 乃：却。[11] 卖：欺。[12] 受故官送：接受旧日僚属送的礼品。

自申屠嘉死之后，景帝时开封侯陶青[1]、桃侯刘舍为丞相[2]。及今上时，柏至侯许昌[3]、平棘侯薛泽[4]、武强侯庄青翟[5]、高陵侯赵周等为丞相[6]。皆以列侯继嗣，娖娖廉谨[7]，为丞相备员而已，无所能发明功名有著于当世者。

申屠嘉以后的几位丞相，谨小慎微，充数而已。

[1] 开封：今河南开封。[2] 桃：县名。故城在今河北冀州西北。[3] 柏至：不详。[4] 平棘：县名。故城在今河北赵县东南。[5] 武强：治所在今河北武强东北。[6] 高陵：县名。故城在今陕西高陵西南。[7] 婥（chuò）婥：拘谨的样子。

太史公曰：张苍文学律历[1]，为汉名相，而绌贾生[2]、公孙臣等言正朔服色事而不遵，明用秦之《颛顼历》[3]，何哉？周昌，木强人也[4]。任敖以旧德用。申屠嘉可谓刚毅守节矣，然无术学，殆与萧、曹、陈平异矣。

作者论赞，评论张苍等人的得失。此段以下，司马贞认为系褚少孙等所补，本书删略不录。

[1] 文学律历：《汉书》作"文好律历"，颜师古解释为"名为好律历"。[2] 绌：通"黜"，不采纳。[3] 颛顼（zhuānxū）历：秦历，以十月为岁首。[4] 木强：刚强直率。

（冯守燊）

郦生陆贾列传

提 示

本篇为郦食其、陆贾、朱建的合传，前二人是刘邦的谋士。郦生出身贫穷卑贱，却胆识过人、有勇有谋，有"狂生"之称，居然使倨傲的刘邦对其言听计从。他智夺陈留、据守敖仓、劝降齐国，为刘邦入关破秦立下汗马功劳。因淮阴侯不服其劝降之功而攻齐，郦生不肯求他退兵保齐而被齐王烹杀，令人叹惋。陆贾见地高深，辩才无碍。两次出使南越，令尉他心悦诚服；著《新语》指陈秦亡汉兴之道，君臣称善；惠帝时称病家居宴游，又为陈平出计，调和将相、暗斗诸吕，深得韬晦之玄机。晚年亦为汉朝的内定外安多有贡献，最后寿终正寝，可谓功德圆满。朱建也是一位足智多谋、坚毅勇敢之人。谏止淮南王反，为辟阳侯效力设谋，文帝欲捕他时为了不累及他人而自杀，可见其有眼力、讲义气。

司马迁撰写此传多方搜求甄别史料，据篇尾"太史公曰"可知有以下做法：筛选现成史料（判定郦生投汉时间）、研究人物著述（读陆贾《新语》）、依据第一手材料（与朱建之子为友，亲自了解到许多事实）。故所述人物言行具体信实、所论形势精当无误。全文主次分明，郦生、陆贾、朱建所占篇幅为 4：2：1，详者不繁，略者不空，实为一篇优秀的合传。论者有云"朱建之事，原无足传也，史迁乃津津言之，若深赏之，何也？盖迁之被罪几死，无人赴救，故感愤特详之耳。其实非公论也。"（《考证》引日中井语）录以备考。

郦生食其者[1]，陈留高阳人也[2]。好读书，家贫落魄[3]，无以为衣食业，为里监门吏[4]。然县中贤豪不敢役[5]，县中皆谓之狂生[6]。

及陈胜、项梁等起，诸将徇地过高阳者数十人[7]，郦生闻其将皆握龊[8]，好苛礼自用[9]，不能听大度之言[10]，郦生乃深自藏匿。后闻沛公将兵略地陈留郊[11]，沛公麾下骑士适郦生里中子也[12]，沛公时时问邑中贤士豪俊。骑士归，郦生见谓之曰："吾闻沛公慢而易人[13]，多大略，此真吾所愿从游[14]，莫为我先[15]。若见沛公，谓曰'臣里中有郦生，年六十余，长八尺，人皆谓之狂生，生自谓我非狂生'。"骑士曰："沛公不好儒，诸客冠儒冠来者，沛公辄解其冠，溲溺其中[16]。与人言，常大骂。未可以儒生说也。"郦生曰："弟言之[17]。"骑士从容言如郦生所诫者[18]。

沛公至高阳传舍[19]，使人召郦生。郦生至，入谒[20]，沛公方倨床使两女子洗足[21]，而见郦生。郦生入，则长揖不拜[22]，曰："足下欲助秦攻诸侯乎？且欲率诸侯破秦也？"沛公骂曰："竖儒[23]！夫天下同苦秦久矣，故诸侯相率而攻秦，何谓助秦攻诸侯乎？"郦生曰："必聚徒合义兵诛无道秦，不宜倨见长者。"于是沛公辍洗，起摄衣[24]，延郦生上坐[25]，谢之[26]。郦生因言六国从横时[27]。沛公喜，赐郦生食，问曰："计将安出？"郦生曰："足下起纠合之众，收散乱之兵，不满万人，欲以径入强秦，此所谓探虎口者也。夫陈留，天下之衝[28]，四通五达之郊也，今其城又多积粟。臣善其令[29]，请得使之[30]，令下足下[31]。即不听[32]，足下举兵攻之，臣为内应。"于是遣郦生行，沛公引兵随之，遂下陈留。号郦食其为广野君。

郦生言其弟郦商，使将数千人从沛公西南略地。郦生常为说客，驰使诸侯。

　　写郦食其如何从一介穷书生变为沛公谋臣。郦生虽家贫位卑，却是富豪不敢欺负的"狂生"。他挑中了沛公，虽知沛公轻慢儒生仍坚请熟人引荐。他以破秦大业使沛公变倨为恭，并出计智取陈留，被称为"广野君"。弟郦商也随沛公征战。

注　释

　　[1] 郦生食其：郦食其（lì yì jī），人名。生，对读书人的尊称。[2] 陈留：秦县名，治所在今河南开封东南陈留城。高阳：乡名，在今河南杞县。[3] 落魄（tuò，又读 pò）：同"落泊"，穷困失意。[4] 里监门吏：古代协助里正管理治安的看门小吏。[5] 贤豪：贤士豪俊。役：役使、驱遣。[6] 狂生：言行疏阔、狂放不羁的人。[7] 徇：带兵巡行攻城略地。[8] 握齪：同"龌龊"，器量狭小，拘牵于小节。[9] 苛礼：烦琐细小的礼节。自用：自以为是。[10] 大度：远大的见识。[11] 略地：强抢土地。[12] 麾（huī）下：部下。麾，古代用以指挥部队的旗帜。适生里中子也：恰好是郦生的同乡人。[13] 慢而易人：态度傲慢，看不起人。[14] 游：交游。[15] 莫为我先：没人为我介绍引荐。[16] 溲溺（niào），同"尿"，解小便。[17] 弟言之：只管这么说。弟，同"第"，尽管、只管。[18]"骑士从容言"一句：骑士就不慌不忙地把郦生让他讲的话向刘邦说了。[19] 传（zhuàn）舍：古时供来往行人居住的地方。[20] 入谒：递上求见的名片。[21] 倨床：又开两腿靠在床上，动作极不文雅。[22] 长揖不拜：只行大拱手礼，不跪拜，表现得不卑不亢。[23] 竖儒：你这个读书的小子！竖，竖子、小子。[24] 摄衣：整理好衣服。[25] 延：请。[26] 谢：道歉赔礼。[27] 从横：合纵连横。[28] 衝：同"冲"。[29] 臣善其令：我跟陈留县令交情很好。[30] 请得使之：请您派我去出使。[31] 令下足下：使他投降您。[32] 即：如果。

　　汉三年秋，项羽击汉，拔荥阳[1]，汉兵遁保巩、洛[2]。楚人闻淮阴侯破赵，彭越数反梁地，则分兵救之。淮阴方东击齐[3]，汉王数困荥阳、成皋[4]，计欲捐成皋以东[5]，屯巩、洛以拒楚。郦生因曰："臣闻知天之天者[6]，王事可成；不知天之天者，王事不可成。王者以民人为天，而民人以食为天。夫敖仓[7]，天下转输久矣[8]，臣闻其下乃有藏粟甚多，楚人拔荥阳，不坚守敖仓，乃引而东，令适卒分守成皋[9]，此乃天所以资汉也。方今楚易取而汉反却[10]，自夺其便[11]，臣窃以为过矣[12]。且两雄不俱立，楚汉久相持不决，百姓骚动，海内摇荡，农夫释耒[13]，工女下机[14]，天下之心未有所定也。愿足下急复进兵，收取荥阳，据敖仓之粟，塞成皋之险，杜大行之道，距蜚狐之口，守白马之津[15]，以示诸侯效实形制之势，则天下知所归矣[16]。方今燕、赵已定，唯齐未下。今田广据千里之齐，田间将二十万之众[17]，军于历城[18]，诸田宗强[19]，负海阻河、济[20]，南近楚，人多变诈，足下虽遣数十万师，未可以岁月破也[21]。臣请得奉明诏说齐王[22]，使为汉而称东藩[23]。"上曰："善。"

乃从其画，复守敖仓，而使郦生说齐王曰："王知天下之所归乎？"王曰："不知也。"曰："王知天下之所归，则齐国可得而有也；若不知天下之所归，即齐国未可得保也。"齐王曰："天下何所归？"曰："归汉。"曰："先生何以言之？"曰："汉王与项王戮力西面击秦[24]，约先入咸阳者王之[25]。汉王先入咸阳，项王负约不与而王之汉中[26]。项王迁杀义帝[27]，汉王闻之，起蜀汉之兵击三秦，出关而责义帝之处[28]，收天下之兵，立诸侯之后。降城即以侯其将[29]，得赂即以分其士[30]，与天下同其利，豪英贤才皆乐为之用。诸侯之兵四面而至，蜀汉之粟方船而下[31]。项王有倍约之名[32]，杀义帝之负；于人之功无所记，于人之罪无所忘；战胜而不得其赏，拔城而不得其封；非项氏莫得用事；为人刻印，刓而不能授[33]；攻城得赂，积而不能赏；天下畔之[34]，贤才怨之，而莫为之用。故天下之士归于汉王，可坐而策也[35]。夫汉王发蜀汉，定三秦；涉西河之外，援上党之兵[36]；下井陉[37]，诛成安君[38]；破北魏[39]，举三十二城：此蚩尤之兵也[40]，非人之力也，天之福也[41]。今已据敖仓之粟，塞成皋之险，守白马之津，杜大行之阪[42]，距蜚狐之口，天下后服者先亡矣。王疾先下汉王，齐国社稷可得而保也；不下汉王，危亡可立而待也。"田广以为然，乃听郦生，罢历下兵守战备，与郦生日纵酒。

　　淮阴侯闻郦生伏轼下齐七十余城[43]，乃夜度兵平原袭齐[44]。齐王田广闻汉兵至，以为郦生卖己[45]，乃曰："汝能止汉军，我活汝；不然，我将亨汝[46]！"郦生曰："举大事不细谨，盛德不辞让[47]。而公不为若更言[48]！"齐王遂亨郦生，引兵东走。

段　意

　　郦生出计使汉王据有天才粮库敖仓，扼守成皋、太行山、蜚狐口和白马津。他亲赴齐国劝降，指出项王负约、杀义帝、吝于封赏、独用项氏，故人心离散；沛公则深得人心，天助其成，必得天下。齐王罢军降汉，淮阴侯偏不服而连夜袭齐，致使郦生被齐烹杀。

注　释

　　[1] 荥（xíng）阳：秦县名，治所在今河南荥阳东北。[2] 巩：秦县名，治所在今河南巩义西。洛：今河南洛阳。[3] 方东击齐：正要向东进攻齐国。[4] 成皋（gāo）：今河南洛阳氾水镇，形势险要。[5] 捐：放弃。[6] 知天之天者：知道天之所以为天之人。天，天下形势、重要之事。[7] 敖（áo）仓：秦在敖山上所置谷仓，故址在今河南郑州西北邙山上，地当黄河与济水分流处。中原漕粮集中于此，再西运关中，北输边疆，是当时最重要的粮仓。[8] 转输：转运、传输。[9] 适卒：即"谪（zhé）卒"，罚罪流放戍守的人。[10] 反却：反而退却。[11] 自夺其便：自己丧失有利时机。[12] 过矣：退而守巩、洛的做法是错误的。[13] 耒（lěi）：农具，类似后世的犁头。[14] 工女：亦作"红（gōng）女"，古指从事蚕桑、纺织、缝纫等工作的女子。[15] "收取荥阳"以下：收取，攻占。据、塞、杜、距、守等动词皆指占据、扼守。大行之道，即太行之道，在今河南沁阳。蜚狐口，即飞狐口，要隘名，在今河北涞源北、蔚县南，百里险关，一线微通，乃北方交通之咽喉。白马津，在河南滑县东北古黄河渡口，历来为军事争夺要地。[16] "以示诸侯"以下：用来向诸侯显示汉的实力和对有利形势的控制，

那么天下就知道该投奔谁了。[17] 田间：田间为齐王田假的将领，实际上驻守历城的应为田解。[18] 历城：今山东济南西，南对历山。[19] 诸田宗强：田氏宗族各支系势力强大。[20] 负海阻河、济：背靠大海，以黄河、济水为险阻抵挡汉军。[21] 未可以月岁破也：攻下齐国不是短时间的事。[22] 说（shuì）：游说、劝说。全句是说：请您下诏令派我去说服齐王。[23] 东藩：东边的屏藩、属国。藩，篱，屏障。[24] 戮（lù）力：尽力、努力。[25] 王（wàng）之：称王，做（关中）王。[26] 汉中：秦郡名，治所在今陕西汉中东。[27] 迁杀义帝：秦末农民战争中，项羽立楚怀王之孙熊心为义帝，迁到长沙，又派人暗杀之。[28] 责义帝之处：质问项羽，查寻义帝的处所、下落。[29] 降城即以侯其将：封降将为所降城邑的侯。[30] 赂：财物。全句谓：凡得到的财物都分给士卒。[31] 方船：并船，船挨船。[32] 倍约：背弃盟约。倍，通"背"。[33] 刓（wán）：磨损。项羽吝啬，刻好的印在手中反复把玩，棱角磨圆了也舍不得封侯授印。[34] 畔：通"叛"。[35] 可坐而策也：可以坐着推测、揣算出来，形容显而易见。[36] 援：用、征用。韩信从西河渡河攻魏豹，收取上党之兵以为汉王之援。上党：今山西长治北。[37] 井陉（xíng）：今河北井陉东北的山隘口。[38] 成安君：赵相陈馀的封号。成安，秦县名，今河南汝州东南。井陉一战，韩信攻灭陈馀。[39] 北魏：指魏豹，以其地在黄河之北故称北魏，亦称西魏。[40] 蚩尤：古代传说中九黎族的首领，是能呼风唤雨的英雄，曾与黄帝战于涿鹿，在神话中的地位近似战神。[41] 天之福：上天保佑的。[42] 大行之阪（bǎn）：指太行之阪，即羊肠坂道，形势险要，在今山西晋城天井关东。[43] 伏轼：轼为古代车厢左右前三方状如半框的横木，供人凭倚。伏轼形容郦生乘车而来，不费力气就劝降了齐国。[44] 度兵平原：使军队从平原渡口过黄河。度，同"渡"。平原，平原津，古渡口名，今山东平原西南。[45] 卖：欺哄。[46] 亨：即"烹"，古代鼎镬煮人的酷刑。[47] "举大事不细谨"以下：能做大事的人都不拘谨于细节，有大德的人不会顾及别人的责难。让：责备。[48] "而公"一句：而公，你的老子。若，你。你老子我不会替你改口劝他的！

汉十二年[1]，曲周侯郦商以丞相将兵击黥布有功。高祖举列侯功臣[2]，思郦食其。郦食其子疥数将兵，功未当侯，上以其父故，封疥为高梁侯[3]。后更食武遂[4]，嗣三世。元狩元年中[5]，武遂侯平坐诈诏衡山王取百斤金[6]，当弃市[7]，病死，国除也[8]。

郦商及郦食其子孙的封荫情况。

[1] 汉十二年：公元前 195 年。[2] 举：举拔、分封。[3] 高梁：邑名，在今山西临汾东北。[4] 更食武遂：更改他的封地到武遂（今山西临汾西南）。食，食邑，封地。[5] 元狩元年：公元前 122 年。[6]"武遂侯平坐诈诏"一句：郦食其的重孙郦平因谎称皇帝诏令、取走衡山王金百斤而犯罪。坐：因……而犯法。[7] 当：判罪。弃市：在闹市杀头、暴尸街头示众。[8] 国除：封国被取消。

陆贾者，楚人也。以客从高祖定天下[1]，名为有口辩士[2]，居左右，常使诸侯。

及高祖时，中国初定[3]，尉他平南越[4]，因王之[5]。高祖使陆贾赐尉他印为南越王。陆生至，尉他魋结箕倨见陆生[6]。陆生因进说他曰："足下中国人，亲戚昆弟坟墓在真定[7]。今足下反天性，弃冠带[8]，欲以区区之越与天子抗衡为敌国，祸且及身矣。且夫秦失其政，诸侯豪桀并起，唯汉王先入关，据咸阳。项羽倍约，自立为西楚霸王，诸侯皆属，可谓至强。然汉王起巴蜀，鞭笞天下[9]，劫略诸侯[10]，遂诛项羽灭之。五年之间，海内平定，此非人力，天之所建也。天子闻君王王南越，不助天下诛暴逆[11]，将相欲移兵而诛王，天子怜百姓新劳苦，故且休之，遣臣授君王印，剖符通使[12]。君王宜郊迎，北面称臣[13]，乃欲以新造未集之越[14]，屈强于此[15]。汉诚闻之，掘烧王先人冢，夷灭宗族，使一偏将将十万众临越，则越杀王降汉，如反复手耳。"

于是尉他乃蹶然起坐[16]，谢陆生曰："居蛮夷中久，殊失礼义。"因问陆生曰："我孰与萧何、曹参、韩信贤？"陆生曰："王似贤。"复曰："我孰与皇帝贤？"陆生曰："皇帝起丰沛，讨暴秦，诛强楚，为天下兴利除害，继五帝三王之业，统理中国。中国之人以亿计，地方万里[17]，居天下之膏腴[18]，人众车舆[19]，万物殷富，政由一家，自天地剖泮未始有也[20]。今王众不过数十万，皆蛮夷，崎岖山海间，譬若汉一郡，王何乃比于汉！"尉他大笑曰："吾不起中国[21]，故王此。使我居中国，何渠不若汉[22]？"乃大说陆生[23]，留与饮数月。曰："越中无足与语[24]，至生来，令我日闻所不闻。"赐陆生橐中装直千金[25]，他送亦千金[26]。陆生卒拜尉他为南越王，令称臣奉汉约。归报，高祖大悦，拜贾为太中大夫[27]。

段 意

介绍高祖幕僚陆贾使越的情况。他辩才出众，出使南越，对尉他分析形势，授印封王，令其臣服守约。尉他与之欢饮笑谈，厚赐钱物。陆贾归来升太中大夫。

注 释

[1] 客：门客、幕僚。[2] 有口：有口才、善言辞。[3] 中国：中原之国，为古代华夏族于黄河南北中原地区所建。相对于四周少数民族地区"四方"，故称"中国"。[4] 尉他：即赵佗（tuō），秦时任南海郡郡尉，故称尉他。他，同"佗"。秦末，他兼并了南海、桂林和象郡，自立为南越王。南越：古族名，南方越人的一支，也称南粤，分布在今两广及湖南南部等地。[5] 因王之：于是做了南越王。[6] 魋结：同"椎髻（jì）"，头发在顶部扎为一束结成发髻。此言尉他久在越地，同其风俗，然不曾"被（披）发"。箕倨：岔开两腿，似簸箕而坐，极不文雅，极不礼貌。[7] 亲戚昆弟：父母兄弟。真定：秦县名，今河北正定。[8] "今足下"以下：现在您违背本性，抛弃了中原穿戴的习俗。冠带，帽子衣带。[9] 鞭笞（chī）：用鞭子打，引申为驱使，征服。[10] 劫略：以武力征服、挟制。[11] 暴逆：凶暴和背信弃义的人，暗指项羽。[12] 剖符：符为金、铁等所制表示凭信之物，剖为两半，朝廷与受封者各执一半，以作凭据。此指汉朝廷封尉他为南越王。通使：互派使节。[13] 北面称臣：古代君王的座位朝南，臣子朝北，称臣必面向北坐。[14] 新造未集：新建立尚未安定。[15] 屈强：即"倔犟"。[16] 蹶然：一下子惊起的样子。[17] 方：方圆。[18] 膏腴（yú）：肥肉，

脂油，此指肥美的土地。[19] 人众车舆：人口发达，车辆繁多。[20] 天地剖泮（pàn）：开天辟地。[21] 起：起兵、起事。[22] 何渠：哪里，哪能。[23] 大说（yuè）：非常喜欢。[24] 越中无足与语：越地没有一个值得谈心的人。[25] 橐（tuó）中装直千金：一袋珠宝价值千金。[26] 他送亦千金：又送其他礼物，也值千金。[27] 太中大夫：郎中令属官，掌议论。

陆生时时前说称《诗》《书》[1]。高帝骂之曰："乃公居马上而得之[2]，安事《诗》《书》[3]！"陆生曰："居马上得之，宁可以马上治之乎[4]？且汤、武逆取而以顺守之[5]，文武并用，长久之术也。昔者吴王夫差、智伯，极武而亡[6]；秦任刑法不变，卒灭赵氏[7]。乡使秦已并天下[8]，行仁义，法先圣[9]，陛下安得而有之？"高帝不怿而有惭色[10]，乃谓陆生曰："试为我著秦所以失天下，吾所以得之者何，及古成败之国。"陆生乃粗述存亡之征[11]，凡著十二篇。每奏一篇，高帝未尝不称善，左右呼万岁，号其书曰"新语"[12]。

段 意

陆贾以正、反面历史事实论证如何巩固政权，奉命阐述秦亡汉兴的原因，著成《新语》十二篇。

注 释

[1]《诗》《书》：《诗经》《尚书》，都是极重要的儒家经典。[2] 乃公居马上而得之：你老子骑在马背上打来的天下。[3] 安事：哪里用得着。[4] 宁可：难道能够。[5] 汤、武：商汤、周武王，上古贤君。逆取：以武力反叛夺取政权。顺守：用顺应民心的文治之策巩固政权。[6] 吴王夫差：春秋末年吴国君主，曾打败越国、齐国，争霸诸侯，后被越国打败自杀。智伯：又作"知伯"，春秋末年晋国势力最强的大臣，曾打败众大臣独霸晋国，后被赵襄子、韩康子、魏桓子联合打败。极武而亡：穷兵黩武招致灭亡。[7]"秦任刑法"以下：秦国倚重苛刑治国而不知改变，终于使自己灭亡了。赵氏：指秦朝，秦的祖先曾被封在赵城，故又称赵氏。[8] 乡使：假如。[9] 法先圣：以先圣为效法的对象。[10] 不怿（yì）：不高兴。[11] 粗述：大略叙述。征：征兆、苗头、迹象。[12] 新语：据

《七录》，《新语》二卷，陆贾撰。今本分两卷，共二十篇。

孝惠帝时[1]，吕太后用事[2]，欲王诸吕，畏大臣有口者[3]，陆生自度不能争之[4]，乃病免家居[5]。以好畤田地善[6]，可以家焉[7]。有五男，乃出所使越得橐中装卖千金，分其子，子二百金，令为生产。陆生常安车驷马[8]，从歌舞鼓琴瑟侍者十人[9]，宝剑直百金，谓其子曰："与汝约[10]：过汝[11]，汝给吾人马酒食[12]，极欲[13]，十日而更[14]。所死家，得宝剑车骑侍从者。一岁中往来过他客，率不过再三过，数见不鲜[15]，无久恩公为也[16]。"

吕太后时，王诸吕，诸吕擅权，欲劫少主，危刘氏[17]。右丞相陈平患之[18]，力不能争，恐祸及己，常燕居深念[19]。陆生往请[20]，直入坐，而陈丞相方深念，不时见陆生[21]。陆生曰："何念之深也？"陈平曰："生揣我何念[22]？"陆生曰："足下位为上相，食三万户侯，可谓极富贵无欲矣。然有忧念，不过患诸吕、少主耳。"陈平曰："然。为之奈何？"陆生曰："天下安，注意相；天下危，注意将。将相和调，则士务附[23]；士务附，天下虽有变，即权不分。为社稷计[24]，在两君掌握耳。臣常欲谓太尉绛侯[25]，绛侯与我戏，易吾言[26]。君何不交驩太尉[27]，深相结？"为陈平画吕氏数事[28]。陈平用其计，乃以五百金为绛侯寿[29]，厚具乐饮[30]；太尉亦报如之[31]。此两人深相结，则吕氏谋益衰。陈平乃以奴婢百人，车马五十乘[32]，钱五百万，遗陆生为饮食费[33]。陆生以此游汉廷公卿间[34]，名声藉甚[35]。

及诛诸吕，立孝文帝[36]，陆生颇有力焉。孝文帝即位，欲使人之南越。陈丞相等乃言陆生为太中大夫，往使尉他，令尉他去黄屋称制[37]，令比诸侯[38]，皆如意旨。语在南越语中[39]。陆生竟以寿终[40]。

段 意

对吕太后大封诸吕，陆贾知无力争辩，称病家居游乐，轮流住在各儿子家。吕氏擅权，刘氏政权不稳，右丞相陈平深为忧惧。陆贾出计使与太尉深相结交，以将相调和挫败吕氏阴谋，名声大振。诛诸吕，立文帝，再度出使南越。陆贾晚年功德圆满，寿终正寝。

注 释

[1]孝惠帝：刘盈，刘邦的儿子，公元前194年至公元前188年在位。[2]吕太后：刘邦的妻子，名雉，字娥姁。惠帝时起，她临朝称制十六年。[3]有口：指谏诤。[4]自度（duó）：自己估计、推测。[5]病免家居：称病免官回到家中。[6]以好畤田地善：认为好畤县的田土肥沃。好畤（zhì），县名，在今陕西乾县东北。[7]家焉：在那里安家定居。[8]安车驷马：古代老者所乘四匹马拉的舒适车辆。[9]从：领着，后面跟着。[10]约：讲定条件。[11]过：访、探望，此指轮流到每个儿子家去住。[12]给（jǐ）：供给，充足供应。[13]极欲：尽量满足要求，尽兴。[14]更：轮流、换一家。[15]"一岁中往来"以下：一年中往来寻访别的朋友，（到你们每家去住）大概也就是两三次，频繁见面就不新鲜了。[16]无久恩公为也：不会时常打扰你们诸位啰。恩（hùn），扰。[17]"欲劫少主"以下：想挟持少帝，夺取刘家的皇位。少主：惠帝皇后无子，就假装有身孕，以后宫妃嫔之子冒充之，吕太后立为少主，后与诸吕同为汉大臣所杀。[18]右丞相陈平：刘邦的重要谋臣，惠帝、吕后、文帝时任丞相。[19]燕居深念：静居深思。[20]请：问候请安。[21]不时见陆生：没有马上看见陆先生进来。[22]揣（chuǎi）：推测，揣度。[23]务附：亲附。[24]社稷：国家。社为土神，稷为谷神，古代君王主持祭祀土神谷神，故用以代称国家。[25]太尉绛侯：周勃，秦末随刘邦起兵，以军功为将军，吕后时为太尉。太尉，秦汉时全国最高军事长官。[26]易吾言：不看重我的话。[27]骥：同"欢"。[28]为陈平画吕氏数事：为陈平对付吕氏出了几个计谋。[29]为绛侯寿：祝绛侯长寿。[30]厚具乐饮：准备了许多歌舞乐伎和丰盛的酒宴。[31]报如之：回谢相当的东西。[32]乘（shèng）：一车四马为一乘。[33]遗（wèi）：赠送。[34]游：交游、活动。[35]名声藉甚：名声更大更盛。[36]孝文帝：刘恒，刘邦的儿子，公元前179年至公

元前 157 年在位。[37] 去黄屋称制：放弃帝号，取消称帝。古代皇帝所乘之车用黄色丝绸作车盖，叫"黄屋"。制，皇帝的命令。[38] 比：与……并列。[39] 语在南越语中：事详见《南越列传》。[40] 寿终：活到正常寿数，老死。

平原君朱建者，楚人也。故尝为淮南王黥布相[1]，有罪去，后复事黥布。布欲反时，问平原君，平原君非之，布不听而听梁父侯[2]，遂反。汉已诛布，闻平原君谏，不与谋[3]，得不诛。语在黥布语中[4]。

平原君为人辩有口，刻廉刚直[5]，家于长安。行不苟合[6]，义不取容[7]。辟阳侯行不正[8]，得幸吕太后[9]。时辟阳侯欲知平原君[10]，平原君不肯见。及平原君母死，陆生素与平原君善，过之。平原君家贫，未有以发丧，方假贷服具[11]，陆生令平原君发丧。陆生往见辟阳侯，贺曰："平原君母死。"辟阳侯曰："平原君母死，何乃贺我乎？"陆贾曰："前日君侯欲知平原君[12]，平原君义不知君，以其母故[13]。今其母死，君诚厚送丧[14]，则彼为君死矣。"辟阳侯乃奉百金往税[15]。列侯贵人以辟阳侯故，往税凡五百金[16]。

辟阳侯幸吕太后，人或毁辟阳侯于孝惠帝[17]，孝惠帝大怒，下吏[18]，欲诛之。吕太后惭，不可以言。大臣多害辟阳侯行[19]，欲遂诛之。辟阳侯急，因使人欲见平原君。平原君辞曰："狱急[20]，不敢见君。"乃求见孝惠幸臣闳籍孺[21]，说之曰："君所以得幸帝，天下莫不闻[22]。今辟阳侯幸太后而下吏，道路皆言君谗[23]，欲杀之，今日辟阳侯诛，且日太后含怒[24]，亦诛君，何不肉袒为辟阳侯言于帝[25]？帝听君出辟阳侯，太后大驩。两主共幸君，君贵富益倍矣。"于是闳籍孺大恐，从其计，言帝，果出辟阳侯。辟阳侯之囚[26]，欲见平原君，平原君不见辟阳侯，辟阳侯以为倍己[27]，大怒。及其成功出之，乃大惊。

吕太后崩，大臣诛诸吕，辟阳侯于诸吕至深[28]，而卒不诛。

计画所以全者[29]，皆陆生、平原君之力也。

孝文帝时，淮南厉王杀辟阳侯，以诸吕故[30]。文帝闻其客平原君为计策，使吏捕欲治。闻吏至门，平原君欲自杀。诸子及吏皆曰："事未可知，何早自杀为？"平原君曰："我死祸绝，不及而身矣[31]。"遂自到。孝文帝闻而惜之，曰："吾无意杀之。"乃召其子，拜为中大夫[32]。使匈奴，单于无礼，乃骂单于，遂死匈奴中。

段 意

平原君朱建曾两度效力淮南王黥布，因谏止黥布谋反，汉不杀朱建。其为人善辩刚直。辟阳侯趁平原君无力葬母，厚赠丧礼与之结交。惠帝欲杀辟阳侯，平原君迫使惠帝幸臣闳籍孺救出辟阳侯。靠平原君、陆贾的谋划，辟阳侯终未死于汉大臣刀下。文帝欲捕平原君，他恐连累捕吏、儿子而自杀。文帝颇惋惜。

注 释

[1]淮南王黥（qíng）布：汉初诸侯王，原名英布，后因犯法黥面故称黥布，举兵反刘邦，战败被杀。黥，古代肉刑之一，又称墨刑，以刀刺刻额颊等处再涂上墨。[2]梁父侯：黥布的臣属，史书失其名迹。[3]与（yù）：参与。[4]语在黥布语中：详情写在黥布的列传中。然该传不见平原君有关记载，梁玉绳曰："盖后人删之。"[5]刻廉刚直：为人严刻清廉，性格刚毅正直。[6]苟合：无原则地附和。全句之意：言行讲道义，不肯苟且而投合世俗的标准。[7]取容：曲从讨好，取悦于人。[8]辟阳侯：审食其（yìjī），刘邦的同乡，吕后的宠臣，官至左丞相。辟阳，河北冀州东南。[9]得幸：受宠幸，吕后与他有暧昧关系。[10]知：相知、交好。[11]假贷服具：借钱物置办丧服、葬具。[12]君侯：对辟阳侯的尊称。[13]"平原君义不知君"以下：平原君守义不结交您，是因为要孝养老母的缘故。《礼记·曲礼上》："父母存，不许友以死。"平原君本心不愿结交辟阳侯，这样说是陆贾为他寻找的托词。[14]诚：如果真的。[15]税：赠送丧服。[16]"列侯贵人"以下：其他高官显贵因辟阳侯的缘故，也前去赠送丧服等共达五百金之多。[17]"人或毁辟阳侯"一句：有人在孝惠帝面前毁谤辟阳侯。[18]下吏：

交给狱吏处置。[19] 害：痛恨。[20] 狱急：案情紧急。[21] 闳（hóng）籍孺：据《佞幸列传》，高帝时有籍孺，惠帝时有闳孺，应为闳孺。[22] "君所以得幸帝"以下：您得幸于皇帝的原因，天下无人不知。[23] 道路皆言君谗：所有的人都说您在进谗言。道路，路上的人，人们。[24] 且日：明日，日后，意为不久的将来。[25] 肉袒：脱去上衣，裸着上身，指请罪。[26] 辟阳侯之囚：当辟阳侯被囚禁的时候。[27] 倍己：背叛自己。倍，通"背"。[28] 至深：交往最深，最亲密。[29] 计画所以全者：出谋划策，如何保全了性命的。[30] "孝文帝时"以下：据《淮南衡山列传》，淮南王刘长之母原为赵王张敖美人，后为高祖所幸而生刘长。张敖之臣贯高谋刺高祖事发，牵连刘长之母，辟阳侯审食其力能救助而未救，刘长深恨之。文帝三年时，刘长亲以铁锤锤杀审食其。文帝不忍致法刘长，反治审食其交深诸吕之事，而涉及平原君。厉王：刘长的谥号。[31] 不及而身矣：灾祸就落不到你们身上了。[32] 中大夫：皇帝备顾问的官员。

初，沛公引兵过陈留[1]，郦生踵军门上谒曰[2]："高阳贱民郦食其，窃闻沛公暴露[3]，将兵助楚讨不义，敬劳从者[4]，愿得望见，口画天下便事[5]。"使者入通，沛公方洗，问使者曰："何如人也？"使者对曰："状貌类大儒，衣儒衣，冠侧注[6]。"沛公曰："为我谢之[7]，言我方以天下为事，未暇见儒人也。"使者出谢曰："沛公敬谢先生，方以天下为事，未暇见儒人也。"郦生瞋目案剑叱使者曰[8]："走！复入言沛公，吾高阳酒徒也，非儒人也。"使者惧而失谒，跪拾谒，还走，复入报曰[9]："客，天下壮士也，叱臣，臣恐，至失谒。曰'走！复入言，而公高阳酒徒也[10]'。"沛公遽雪足杖矛曰："延客入[11]！"

郦生入，揖沛公曰："足下甚苦，暴衣露冠，将兵助楚讨不义，足不何不自喜也[12]？臣愿以事见，而曰'吾方以天下为事，未暇见儒人也'。夫足下欲兴天下之大事而成天下之大功，而以目皮相[13]，恐失天下之能士。且吾度足下之智不如吾，勇又不如吾。若欲就天下而不相见[14]，窃为足下失之[15]。"沛公谢曰："乡者闻先生之容[16]，今见先生之意矣。"乃延而坐之，问所以取天下者。郦生曰："夫足下欲成大功，不如止陈留。陈留者，天下之据衝也[17]，兵之会地也，积粟数千万石[18]，城守甚坚。臣素善其令，愿为足下说之。不听臣，臣请为足下杀之[19]，而下陈留。足下将陈留之众，据陈留之城，而食其积粟，招天下之从兵[20]；从兵已成，足下横行天下，莫能有害足下者矣。"沛公曰："敬闻命矣。"

于是郦生乃夜见陈留令，说之曰："夫秦为无道而天下畔之，今足下与天下从则可以成大功[21]。今独为亡秦婴城而坚守[22]，臣窃为足下危之。"陈留令曰："秦法至重也，不可以妄言，妄言者无类[23]，吾不可以应。先生所以教臣者，非臣之意也，愿勿复道。"郦生留宿卧，夜半时斩陈留令首，逾城而下报沛公[24]。沛公引兵攻城，县令首于长竿以示城上人[25]，曰："趣下[26]，而令头已断矣！今后下者必先斩之！"于是陈留人见令已死，遂相率而下沛公。沛公舍陈留南城门上，因其库兵[27]，食积粟，留，出入三月，从兵以万数[28]，遂入破秦。

段　意

郦生事迹异闻（据梁玉绳说）。他往见沛公时以"我乃高阳酒徒"怒斥使者，使沛公马上请见。劝沛公欲得天下则不可以皮相取人；设谋夺取陈留，并亲杀陈留令。沛公占陈留，食储粟，招兵马，得以入关破秦。

注　释

[1]"初，沛公引兵过陈留"至本段末"遂入破秦"：再叙郦生之事，与本传赞语"郦生披儒衣往说汉王，乃非也"相矛盾，显系窜入之文。据《史记志疑》卷三十二，梁玉绳曰："考《御览》三百六十六引《楚汉春秋》与此正同。则是后人因其小有异同而附之。"[2]踵（zhǒng）：脚后跟。踵门，即亲自登门。上谒：呈上名帖。谒，类似后世之名片。[3]暴（pù）露：栉风沐雨，在外奔波。[4]

敬劳从者：我恭敬地有劳各位（沛公的）随从。[5] 口画：谈论谋划。[6] 冠侧注：戴着名为侧注帽的儒冠。侧注，又叫高山冠。[7] 谢之：谢绝他。[8] 瞋目案剑：圆睁怒目，按着宝剑。案，同"按"。[9] "使者惧而失谒"以下：使者吓得掉了名帖，跪着拾起名帖，回头跑进去再次报告沛公。[10] 而公：你老子。[11] "沛公遽雪足"以下：沛公马上擦了脚，挂着长矛说："请客人进来！"雪，揩。[12] 自喜：自爱自重。[13] 目皮相（xiàng）：只看外表。[14] 就天下：成就得天下的大业。[15] 窃为足下失之：我替您因损失这样的人才而惋惜。窃，谦敬的说法，意为我暗地里、我私下里。[16] 乡者：先前。[17] 据：要冲。衢，同"冲"。[18] 石（shí，又读 dàn）：容量、重量单位，汉代一百二十斤为一石。[19] 臣请为足下杀之：请允许我为您杀了陈留令。[20] 从（zòng）兵：合纵之兵。全句说招聚天下可以联合的军事力量。[21] 与天下从：跟天下的人联合反秦。从（zòng），合纵，此指投降刘邦。[22] 婴城：据城，靠着城防死守。[23] 无类：无遗类，无一幸免，意为灭族。[24] 逾城：翻越城墙。[25] 县：同"悬"，悬挂。[26] 趣（cù）下：赶快投降。[27] 因其库兵：凭借陈留府库所藏兵器。[28] 以万数：几万，以万为单位计算。

太史公曰：世之传郦生书，多曰汉王已拔三秦，东击项籍而引军于巩、洛之间，郦生被儒衣往说汉王[1]，乃非也。自沛公未入关，与项羽别而至高阳，得郦生兄弟。余读陆生《新语》书十二篇，固当世之辩士。至平原君子与余善[2]，是以得具论之[3]。

段　意

司马迁就本传史料的来源及甄别发表简要的评论。

注　释

[1] 被：穿着。[2] 平原君子：其名不详。[3] 具论之：因司马迁与朱建之子交情好，所以以上史事能完备地记叙下来。

（宗小荣）

傅靳蒯成列传

提 示

傅宽（？—前190）以魏骑将身份随刘邦入关破秦，楚汉交兵，随刘邦转战，后隶属韩信，以平齐有功，封阳陵侯。靳歙（？—前183）以中涓近臣身份随刘邦，楚汉战争中有绝楚饷道、破项冠、俘临江王等战功，封信武侯。周绁（？—前175）常为刘邦陪乘，战事利与不利，终不背离刘邦，封蒯成侯。此篇三国时魏张晏以为司马迁原作已逸，现作为后人所补。此说有人赞同，亦有多人反对。赞同者认为：此传"平直无奇"，"似角色供状"，《太史公自序》说："欲详知秦楚之事，唯周绁常从高祖平定诸侯，作《傅靳蒯成列传》第三十八。"今传周绁事极简略，足见"非司迁原书"。反对者认为：此传"叙事简而有法，与曹相国、樊郦滕灌传同一体例"，"不类补文"。按：后说是。攻秦灭楚之事，已见项羽、高祖本纪，陈涉、萧、曹世家，淮阴、彭越诸传。这里的"详知秦楚之事"，别有寄意。汉朝建立，韩信、彭越诸人均有殊勋，以功高震主，惨遭诛灭；而周绁等近臣，以善于逢迎，皆封高爵。司马迁为此传，寄慨遥深。明代王维桢说："看太史传傅靳诸将，可见高祖赏功臣最急。"可以帮助我们体会本篇的写作意图。

阳陵侯傅宽[1]，以魏五大夫骑将从[2]，为舍人[3]，起横阳[4]。从攻安阳、杠里[5]，击赵贲军于开封[6]，及击杨熊曲遇、阳武[7]，斩首十二级，赐爵卿[8]。从至霸上。沛公立为汉王，汉王赐宽封号共德君[9]。从入汉中，迁为右骑将。从定三秦，赐食邑雕阴[10]。从击项籍，待怀[11]，赐爵通德侯。从击项冠、周兰、龙且[12]，所将卒斩骑将一人敖下[13]，益食邑。

属淮阴[14]，击破齐历下军[15]，击田解[16]。属相国参[17]，残博[18]，益食邑。因定齐地，剖符世世勿绝，封为阳陵侯，二千六百户，除前所食。为齐右丞相，备齐[19]。五岁为齐相国[20]。

四月，击陈豨，属太尉勃[21]，以相国代丞相哙击豨[22]。一月，徙为代相国[23]，将屯[24]。二岁，为代丞相，将屯。

孝惠五年卒[25]，谥为景侯。子顷侯精立，二十四年卒。子共侯则立，十二年卒。子侯偃立，三十一年，坐与淮南王谋反，死，国除。

段 意

写傅宽攻秦击楚平齐的战功及所得封赏。

注 释

[1] 阳陵：县名，故城在今陕西咸阳东北。西汉景帝时始置阳陵县，此处疑有误。[2] 五大夫：爵位名。秦汉二十级爵的第九级。骑将：骑兵的长官。[3] 舍人：随从官员。[4] 横阳：邑名，今河南商丘西南。[5] 安阳：邑名，今山东曹县东北。杠（gāng）里：其地在今山东鄄城。[6] 赵贲（bēn）：秦将。开封：县名，故城在今河南开封西南。[7] 杨熊：秦将。曲遇：曲遇聚，在今河南中牟东。阳武：县名，故城在今河南原阳东南。[8] 赐爵卿：赐给卿一级的爵位。卿，战国时的高级爵位。[9] 共（gōng）德君：封号，无食邑。[10] 雕阴：县名，故城在今陕西富县北。[11] 怀：县名，故城在今河南武陟西南。[12] 项冠、龙且（jū）：项羽的将领。周兰：龙且的部属。[13] 敖下：敖仓之下。敖仓是秦代重要粮仓，旧址在今河南荥阳东北敖山。[14] 淮阴：指韩信。[15] 历下：邑名，今山东济南。[16] 田解：齐王田广的将领。[17] 参：曹参。[18] 残：摧毁。博：邑名，今山东泰安东南。[19] 备齐：加强齐地的防务。[20] 五岁为齐相国：五年之后担任齐王刘肥的相国。[21] 勃：周勃。[22] 以相国代丞相哙击豨：以齐相国的身份代替丞相樊哙攻打陈豨。[23] 代相国：代国相国。代，汉初封国

名。[24] 将屯：统领驻防部队。[25] 孝惠五年：公元前 190 年。

信武侯靳歙，以中涓从[1]，起宛朐[2]。攻济阳[3]。破李由军[4]。击秦军亳南[5]、开封东北，斩骑千人将一人，首五十七级，捕虏七十三人，赐爵封号临平君。又战蓝田北[6]，斩车司马二人，骑长一人，首二十八级，捕虏五十七人。至霸上。沛公立为汉王，赐歙爵建武侯，迁为骑都尉[7]。

从定三秦。别西击章平军于陇西[8]，破之，定陇西六县，所将卒斩车司马、候各四人，骑长十二人。从东击楚，至彭城，汉军败，还保雍丘[9]，去击反者王武等[10]。略梁地[11]，别将击邢说军菑南[12]，破之，身得说都尉二人，司马、候十二人[13]，降吏卒四千一百八十人。破楚军荥阳东[14]。三年，赐食邑四千二百户。

别之河内[15]，击赵将贲郝军朝歌[16]，破之，所将卒得骑将二人，车马二百五十匹。从攻安阳以东[17]，至棘蒲[18]，下七县。别攻破赵军，得其将司马二人，候四人，降吏卒二千四百人。从攻下邯郸[19]。别下平阳[20]，身斩守相，所将卒斩兵守、郡守各一人，降邺[21]。从攻朝歌、邯郸，及别击破赵军，降邯郸郡六县。还军敖仓，破项籍军成皋南[22]，击绝楚饷道[23]。起荥阳至襄邑[24]，破项冠军鲁下[25]。略地东至缯、郯、下邳[26]，南至蕲、竹邑[27]。击项悍济阳下[28]。还击项籍陈下[29]，破之。别定江陵[30]，降江陵柱国、大司马以下八人[31]，身得江陵王[32]，生致之雒阳，因定南郡。从至陈，取楚王信[33]，剖符世世勿绝，定食四千六百户，号信武侯。

以骑都尉从击代，攻韩信平城下[34]，还军东垣[35]。有功，迁为车骑将军，并将梁、赵、齐、燕、楚车骑。别击陈豨丞相敞[36]，破之，因降曲逆[37]。从击黥布有功，益封，定食五千三百户。凡斩首九十级，虏百三十二人；别破军十四，降城五十九，

367

定郡、国各一，县二十三；得王、柱国各一人，二千石以下至五百石三十九人。

高后五年，歙卒，谥为肃侯。子亭代侯。二十一年，坐事国人过律[38]，孝文后三年，夺侯，国除。

写靳歙随刘邦攻秦破楚及其后击陈豨、英布等人的战功与所获封赏。

[1]中涓：主管宫中清洁扫除的近臣。[2]宛朐（yuānqú）：县名，即冤句。故城在今山东菏泽西南。[3]济阳：县名，故城在今河南兰考东北堌阳镇。[4]李由：秦丞相李斯之子。[5]亳：都邑名，今河南商丘西南。[6]蓝田：县名，故城在今陕西蓝田西灞河西岸。[7]都尉：比将军略低的武官。[8]章平：章邯之子。陇西：郡名，治所在狄道（今甘肃临洮）。[9]雍丘：县名，治所在今河南杞县。[10]王武：原属项羽，降汉后又反叛。[11]略：夺取。梁：今河南东部地区。[12]邢说（yuè）：项羽将领。甾（zī）：县名，故城在今河南民权东。[13]司马：管军政和军赋的官。候：军候，管侦察的官。[14]荥阳：县名，故城在今河南荥阳东北。[15]别之河内：分领军队前往河内。河内，地区名。战国时，今武陟、新乡、淇县一带黄河以北地区称河内。[16]朝歌：邑名，今河南淇县。[17]安阳：邑名，今河南安阳西南。[18]棘蒲：邑名，今河北魏县南。[19]邯郸：秦县名，故城在今河北邯郸西南。[20]平阳：邑名，今河北临漳西南。[21]邺：县名。故城在今河北临漳西南。[22]成皋：关名，今河南荥阳汜水镇西。[23]馈道：运送军粮的道路。[24]襄邑：县名，治今河南睢县。[25]鲁：县名，治今山东曲阜。[26]缯（zēng）：县名，故城在今山东苍山西北。郯（tán）：县名，故城在今山东郯城北。下邳（pī）：县名，故城在今江苏睢宁西北古邳镇东。[27]蕲（qí）：县名，故城在今安徽宿州南蕲县集。竹邑：县名，故城即今安徽宿州符离集。西汉置竹县，东汉改竹邑。此处疑有误。[28]项悍：项羽的部属。[29]陈：县名，故城即今河南淮阳。[30]江陵：县名，治今湖北江陵。[31]柱国：楚官名，最高武官。大司马：官名，掌邦政。[32]江陵王：即临江王。项羽封共敖为临江王，都江陵。此为共敖之子共尉。[33]楚王信：即韩

信。[34]韩信：韩王信。详见《韩信卢绾列传》。[35]东垣：县名，故城在今河北正定东南。[36]敌：候敌。[37]曲逆：县名，故城在今河北顺平东南。[38]事国人过律：役使所辖食邑人民超过法律规定。

蒯成侯缲者[1]，沛人也，姓周氏。常为高祖参乘[2]，以舍人从起沛[3]。至霸上，西入蜀、汉[4]，还定三秦，食邑池阳[5]。东绝甬道[6]，从出度平阴[7]，遇淮阴侯兵襄国[8]，军乍利乍不利，终无离上心。以缲为信武侯，食邑三千三百户。高祖十二年，以缲为蒯成侯，除前所食邑。

上欲自击陈豨，蒯成侯泣曰："始秦攻破天下，未尝自行。今上常自行，是为无人可使者乎？"上以为"爱我"，赐入殿门不趋[9]，杀人不死[10]。

至孝文五年，缲以寿终，谥为贞侯。子昌代侯，有罪，国除。至孝景中二年，封缲子居代侯。至元鼎三年，居为太常[11]，有罪，国除。

段 意

写周缲随刘邦的征战经历和亲近地位，突出他忠于刘邦，善于逢迎，得重赏。

注 释

[1]蒯成：不详。一说，乡聚名，在今陕西宝鸡东。[2]参乘：即"骖乘(cānshèng)"，车上的近侍警卫。[3]舍人：（王公贵官的）亲近左右。[4]汉：汉中郡，治所在南郑县（今陕西汉中）。[5]池阳：邑名，今甘肃平凉西北。[6]甬道：两侧有墙的运粮道路。[7]度：同"渡"。平阴：平阴津，黄河重要渡口之一，在河南孟津东北。[8]襄国：县名，故城在今河北邢台。[9]趋：小步快走，示恭敬。[10]杀人不死：杀人不偿命。刘邦入关，约法三章有"杀人者死"，刘邦赐周缲"杀人不死"，可见宠幸到何等程度。其他功臣，未见有此赏赐。[11]太常：官名，掌宗庙礼仪。

太史公曰：阳陵侯傅宽、信武侯靳歙皆高爵，从高祖起山东，攻项籍，诛杀名将，破军降城以十数，未尝困辱，此亦天授也。蒯成侯周绁操心坚正[1]，身不见疑，上欲有所之[2]，未尝不垂涕，此有伤心者然[3]，可谓笃厚君子矣[4]。

段 意

作者论赞，明褒暗贬，所谓"高爵""天授"，实谓其战功与爵位不相称。（《求阙斋读书录》："子长于当世艳称之功臣封爵者，皆不甚满意，常以不可知有，归之于天。"）所谓"操心坚正""笃厚君子"，实为反语。"此有伤心者然"句，剥去了此辈面具，揭示了此辈得封高爵因由。至此，前所谓"详知秦楚之事"所指云何，不难明白。

注 释

[1] 操心坚正：心地纯正，意志坚定。[2] 之：往；到……去。[3] 此有伤心者然：像是很伤心的样子。此，一作"比"，类似，像。[4] 笃厚：诚实忠厚。

（冯守桑）

刘敬叔孙通列传

刘敬与叔孙通都是汉朝立国之初，在协助刘邦稳定时局、创立制度、巩固政权方面有大贡献的人物。司马迁之所以为他们立传，就是为了肯定他们的作用；但具体到这两个人，司马迁对他们的态度又各有不同。

刘敬本名娄敬，原是一个戍卒。他的主要贡献是劝刘邦定都关中，其后又劝刘邦不要轻易对匈奴用兵，并且倡导了和亲政策。因为人微言轻，所以他的意见可能被采纳，也可能不被采纳。合了主上的心意时，马上就被擢升；逆了主上的心意时就会锒铛入狱，一夜成囚。两种遭遇他都经历过，然而他毕竟是个善于审时度势，具有真才大智的人物，所以尽管经受波折，终于还是得到刘邦的信用，因而平步青云。作者认为，他的成功既是才智之故，也是机遇所为。

叔孙通在秦朝当过博士，后来追随过项梁、项羽，项羽失败后他又投降了刘邦。篇中重点记述了他替刘邦制订朝仪一事，其他如劝刘邦勿易太子，替汉惠帝出谋为高祖立庙，以及在秦廷和秦二世对话等，虽然也都一一记述，但却处处流露作者对这个人物的厌恶。司马迁批评叔孙通"希世度务"，讨厌他软熟圆滑，认为他是个阿世取容的小人。司马迁对这个人物的嘲讽，是和他对汉代儒生的厌恶，以及对汉武帝罢黜百家、独尊儒术的政策不满分不开的。

叙事明晰和寓针砭于陈述之间，是本文的艺术特点。

刘敬者，齐人也。汉五年[1]，戍陇西[2]，过洛阳，高帝在焉。娄敬脱挽辂[3]，衣其羊裘，见齐人虞将军曰："臣愿见上言便事[4]。"虞将军欲与之鲜衣[5]，娄敬曰："臣衣帛，衣帛见；衣褐，衣褐见：终不敢易衣。"于是虞将军入言上。上召入见，赐食。

已而问娄敬，娄敬说曰："陛下都洛阳，岂欲与周室比隆哉[6]？"上曰："然。"娄敬曰："陛下取天下与周室异。周之先自后稷，尧封之邰[7]，积德累善十有余世。公刘避桀居豳[8]。太王以狄伐故去豳，杖马箠居岐[9]，国人争随之。及文王为西伯，断虞、芮之讼[10]，始受命，吕望、伯夷自海滨来归之。武王伐纣，不期而会孟津之上八百诸侯[11]，皆曰纣可伐矣，遂灭殷。成王即位，周公之属傅相焉，乃营成周洛邑[12]，以此为天下之中也，诸侯四方纳贡职，道里均矣，有德则易以王，无德则易以亡。凡居此者，欲令周务以德致人，不欲依阻险，令后世骄奢以虐民也。及周之盛时，天下和洽，四夷乡风[13]慕义怀德，附离而并事天子[14]。不屯一卒，不战一士，八夷大国之民莫不宾服[15]，效其贡职[16]。及周之衰也，分而为两[17]，天下莫朝，周不能制也。非其德薄也，而形势弱也。今陛下起丰沛，收卒三千人，以之径往而卷蜀、汉，定三秦，与项羽战荥阳，争成皋之口，大战七十，小战四十，使天下之民肝脑涂地，父子暴骨中野，不可胜数，哭泣之声未绝，伤痍者未起[18]，而欲比隆于成康之时，臣窃以为不侔也[19]。且夫秦地被山带河，四塞以为固[20]，卒然有急，百万之众可具。因秦之故，资甚美膏腴之地，此所谓天府者也[21]。陛下入关而都之，山东虽乱，秦之故地可全而有也。夫与人斗，不搤其亢、拊其背[22]，未能全其胜也。今陛下入关而都，案秦之故地，此亦搤天下之亢而拊其背也。"

高帝问群臣，群臣皆山东人，争言周王数百年，秦二世即亡，不如都周。上疑未能决。及留侯明言入关便，即日车驾西都关中。

于是上曰："本言都秦地者娄敬，'娄'者乃'刘'也。"赐姓刘氏，拜为郎中，号为奉春君。

段 意

写刘敬本名娄敬，因劝刘邦定都关中，意见被采纳，官拜郎中，并赐姓刘。

注 释

[1]汉五年：公元前202年。[2]陇西：郡名，治今甘肃临洮。[3]脱挽辂：解脱了车前的横木，即卸了车。辂，车前横木。[4]便事：有利于国家的事。[5]鲜衣：华美的新衣。[6]隆：兴盛。[7]邰：古国名，周祖先发祥之地，在今陕西武功西南。[8]豳（bīn）：古国名，周的祖先公刘所建，在今陕西旬邑西。[9]杖马箠居：扬鞭策马地迁居。箠，马鞭。岐：山名，在今陕西岐山东北。[10]虞、芮：两小国名。虞在陕西陇县西南。芮在甘肃华亭。虞、芮之讼，事见《周本纪》。[11]孟津：黄河渡口名，在今河南孟津东。[12]成周：周成王时建筑的都城，在今河南洛阳内。[13]乡风：向往其风化。乡，同"向"。[14]附离：使离者相附，犹今之谓团结。[15]八夷：八方之夷，周围的少数民族。[16]贡职：献纳贡赋。[17]分而为两：东周后期被两大贵族把持，称为东周君、西周君。[18]伤痍者未起：指人民饱受战争之祸，创伤还没有恢复。[19]不侔：不能相提并论。[20]四塞：指东之函谷关、西之大散关、南之武关、北之萧关。[21]天府：天然府库。[22]搤：同"扼"。亢：通"吭"，喉咙。拊：击。

汉七年[1]，韩王信反，高帝自往击之。至晋阳[2]，闻信与匈奴欲共击汉，上大怒，使人使匈奴。匈奴匿其壮士、肥牛马，但见老弱及羸畜。使者十辈来，皆言匈奴可击。上使刘敬复往使匈奴，还报曰："两国相击，此宜夸矜见所长。今臣往，徒见羸瘠老弱[3]，此必欲见短，伏奇兵以争利。愚以为匈奴不可击也。"是时汉兵已逾句注[4]，二十余万兵已业行[5]，上怒，骂刘敬曰："齐虏！以口舌得官，今乃妄言沮吾军[6]！"械系敬广武[7]。遂往，至平城，匈奴果出奇兵围高帝白登[8]，七日然后得解。高帝至广武，赦敬，曰："吾不用公言，以困平城。吾皆已斩前使十辈言可击者矣。"乃封敬二千户，为关内侯，号为建信侯。

段 意

写刘敬告诉刘邦"匈奴不可击也"，结果惹怒刘邦，获罪被囚。后来证明他的意见正确，于是又得封为侯。

注 释

[1] 汉七年：公元前200年。[2] 晋阳：县名，治今山西太原西南。[3] 羸（léi）瘠老弱：瘦弱的牲畜和老弱的士卒。[4] 已逾句注：已翻过句注山。此山在今山西代县西北。[5] 业行：全都出动。[6] 沮吾军：阻挠我出兵。沮，同"阻"。[7] 广武：县名，治今山西代县西南。[8] 白登：山名，在平城东北。平城县在今山西大同东北。

高帝罢平城归，韩王信亡入胡。当是时，冒顿为单于，兵强，控弦三十万[1]，数苦北边[2]。上患之，问刘敬。刘敬曰："天下初定，士卒罢于兵[3]，未可以武服也。冒顿杀父代立，妻群母，以力为威，未可以仁义说也。独可以计久远子孙为臣耳，然恐陛下不能为。"上曰："诚可，何为不能！顾为奈何[4]？"刘敬对曰："陛下诚能以适长公主妻之[5]，厚奉遗之，彼知汉适女，送厚，蛮夷必慕以为阏氏[6]，生子必为太子，代单于。何者？贪汉重币[7]。陛下以岁时汉所余彼所鲜数问遗[8]，因使辩士风谕以礼节。冒顿在，固为子婿；死，则外孙为单于。岂尝闻外孙敢与大父抗礼者哉[9]？兵可无战以渐臣也[10]。若陛下不能遣长公主，而令宗室及后宫诈称公主，彼亦知，不肯贵近，无益也。"高帝曰："善。"欲遣长公主。吕后日夜泣，曰："妾唯太子、一女，奈何弃之匈奴！"上竟不能遣长公主，而取家人子名为长公主，妻单于。使刘敬往结和亲约。

刘敬从匈奴来，因言"匈奴河南白羊、楼烦王[11]，去长安近者七百里[12]，轻骑一日一夜可以至秦中[13]。秦中新破，少民，地肥饶，可益实[14]。夫诸侯初起时，非齐诸田，楚昭、屈、景莫能兴。今陛下虽都关中，实少人。北近胡寇，东有六国之族，宗强，一日有变，陛下亦未得高枕而卧也。臣愿陛下徙齐诸田，楚昭、屈、景，燕、赵、韩、魏后，及豪桀名家居关中。无事，可以备胡；诸侯有变，亦足率以东伐。此强本弱末之术也"。上曰："善。"乃使刘敬徙所言关中十余万口。

段 意

写刘敬建议刘邦对匈奴实行和亲政策，并徙六国诸侯的后代及豪杰名家于关中，意见均被采纳。

注 释

[1]控弦：能拉弓的人，即指士兵。[2]苦：骚扰。[3]罢于兵：被战争拖得精疲力竭。罢，同"疲"。[4]"诚可"以下：真能如此，为什么不能做？只是怎么去做呢？[5]适长公主：指吕后所生的真长公主。适，通"嫡"。[6]阏氏：单于王后。[7]重币：厚礼。[8]岁时：每年。数问遗：多送几次礼品慰问。[9]大父：祖父、外祖父。[10]渐臣：在潜移默化中臣服。[11]白羊王、楼烦王：匈奴两部落王，居河套南。[12]去：距离。[13]秦中：关中。[14]益实：补充，填满。

叔孙通者，薛人也[1]。秦时以文学征[2]，待诏博士。数岁，陈胜起山东，使者以闻，二世召博士诸儒生问曰："楚戍卒攻蕲入陈，于公如何[3]？"博士诸生三十余人前曰："人臣无将[4]，将即反，罪死无赦。愿陛下急发兵击之。"二世怒，作色[5]。叔孙通前曰："诸生言皆非也。夫天下合为一家，毁郡县城，铄其兵[6]，示天下不复用。且明主在其上，法令具于下，使人人奉职，四方辐辏[7]，安敢有反者！此特群盗鼠窃狗盗耳，何足置之齿牙间！郡守尉今捕论，何足忧！"二世喜曰："善。"尽问诸生，诸生或言反，或言盗。于是二世令御史案诸生言反者下吏，非所宜言[8]。诸言盗者皆罢之。乃赐叔孙通帛二十匹，衣一袭，拜为博士。叔孙通已出宫，反舍[9]，诸生曰："先生何言之谀也？"通曰："公不知也，我几不脱于虎口！"乃亡去，之薛，薛已降楚矣。及项梁之薛，叔孙通从之。败于定陶[10]，从怀王。怀王为义帝，徙长沙[11]，叔孙通留事项王。汉二年，汉王从五诸侯入彭城[12]，叔孙通降汉王。汉王败而西，因竟从汉。

叔孙通儒服，汉王憎之；乃变其服，服短衣，楚制[13]，汉王喜。

叔孙通之降汉，从儒生弟子百余人，然通无所言进，专言诸故群盗壮士进之。弟子皆窃骂曰："事先生数岁，幸得从降汉，今不能进臣等，专言大猾[14]，何也？"叔孙通闻之，乃谓曰："汉王方蒙矢石争天下，诸生宁能斗乎？故先言斩将搴旗之士[15]。诸生且待我，我不忘矣。"汉王拜叔孙通为博士，号稷嗣君。

段　意

写叔孙通先为秦博士，后从项梁、项羽，后又投降刘邦的经过。

注　释

[1] 薛：县名，治今山东滕州南。[2] 以文学征：因精通经术而被征召。[3] 蕲（qí）：县名，治今安徽宿州南。陈：县名，治今河南淮阳。于公如何：诸博士如何看待这件事。[4] 将：指自为将，拥有私众。[5] 作色：变了脸色。[6] 铄其兵：指秦始皇销毁天下兵器。[7] 辐辏：即指归附，如车辐之归凑于毂。[8] 非所宜言：即不该说这种话。[9] 反舍：回到学馆。[10] 定陶：县名，治今山东定陶西。公元前 208 年，项梁兵败于此。[11] 徙长沙：公元前 206 年，项羽徙义帝于长沙郡郴县，即今湖南郴州。[12] 从五诸侯：率领各路诸侯之兵。关东六国，去楚而为五。彭城：即今江苏徐州。[13] 制：指衣着款式。[14] 专言大猾：专门推荐大奸猾之人。[15] 搴（qiān）旗：夺旗。

汉五年，已并天下，诸侯共尊汉王为皇帝于定陶，叔孙通就其仪号[1]。高帝悉去秦苛仪法，为简易。群臣饮酒争功，醉或妄呼，拔剑击柱，高帝患之。叔孙通知上益厌之也，说上曰："夫儒者难与进取，可与守成[2]。臣愿征鲁诸生，与臣弟子共起朝仪[3]。"高帝曰："得无难乎？"叔孙通曰："五帝异乐，三王不同礼。礼者，因时世人情为之节文者也[4]。故夏、殷、周之礼所因损益可知者[5]，谓不相复也。臣愿颇采古礼与秦仪杂就之[6]。"上曰："可试为之，令易知，度吾所能行为之[7]。"

于是叔孙通使征鲁诸生三十余人。鲁有两生不肯行，曰："公所事者且十主，皆面谀以得亲贵。今天下初定，死者未葬，伤者未起，又欲起礼乐。礼乐所由起，积德百年而后可兴也。吾不忍为公所为[8]。公所为不合古，吾不行。公往矣，无污我[9]！"叔孙通笑曰："若真鄙儒也，不知时变[10]。"

遂与所征三十人西[11]，及上左右为学者与其弟子百余人为绵蕝野外[12]。习之月余，叔孙通曰："上可试观。"上既观，使行礼，曰："吾能为此。"乃令群臣习肄[13]，会十月[14]。

汉七年，长乐宫成，诸侯群臣皆朝十月[15]。仪：先平明，谒者治礼，引以次入殿门，廷中陈车骑步卒卫宫，设兵张旗志[16]。传言"趋"[17]。殿下郎中侠陛，陛数百人[18]。功臣列侯诸将军军吏以次陈西方，东乡[19]；文官丞相以下陈东方，西乡。大行设九宾，胪传[20]。于是皇帝辇出房[21]，百官执职传警[22]，引诸侯王以下至吏六百石以次奉贺[23]。自诸侯王以下莫不振恐肃敬。至礼毕，复置法酒[24]。诸侍坐殿上皆伏抑首[25]，以尊卑次起上寿。觞九行[26]，谒者言"罢酒"[27]。御史执法举不如仪者辄引去[28]。竟朝置酒，无敢讙哗失礼者[29]。于是高帝曰："吾乃今日知为皇帝之贵也。"乃拜叔孙通为太常[30]，赐金五百斤。

叔孙通因进曰："诸弟子儒生随臣久矣，与臣共为仪，愿陛下官之。"高帝悉以为郎。叔孙通出,皆以五百斤金赐诸生。诸生乃皆喜曰:"叔孙生诚圣人也,知当世之要务。"

段 意

写叔孙通替刘邦制定朝仪的经过。

注 释

[1] 就其仪号:拟定庙堂礼仪及君臣职守称号。[2] 进取:指攻城略地。守成:指巩固政权。[3] 起:起草、制定。朝仪:朝贺皇上的礼节。[4] 节文:礼节文饰。[5] 因:沿袭、继承。损:减少、删改。益:增加、补充。[6] 杂就之:参酌制订。[7] 度吾所能行为之:意谓所制定的朝仪要考虑我做得到才好。[8] 不忍为公所为:不愿参与你这件事。[9] 无污我:不要玷污我的品格。[10] 鄙儒:鄙陋迂腐的儒生。时变:时世变化。[11] 西:西入长安。[12] 上左右为学者:高帝身边近臣中有学术的人。绵蕝野外:在野外拉起长绳,结扎茅草定礼仪之位,进行演习。绵,长绳。蕝(jué),茅草束立于地。[13] 习肄:练习。[14] 会十月:习肄毕正赶上十月岁首。[15] 朝十月:朝贺刘邦称汉七周年。[16] 设兵张旗志:陈列着各种兵器、帷帐、旌旗。[17] 趋:传呼群臣上殿,要急行进入。[18] 陛数百人:台阶上站列着几百名警卫郎。[19] 乡:同"向"。[20] 大行设九宾,胪(lú)传:大行令主持朝仪,设立了九站司仪,高声传呼引群臣入殿。大行,九卿之一。胪传,呼唱传入。[21] 辇(niǎn):人挽的天子坐车。[22] 执职传警:拿着旗帜传呼清道。[23] 以次奉贺:按官位尊卑依次上前奉承恭贺。[24] 法酒:有严格礼仪的酒宴。[25] 伏抑首:低着头。[26] 觞九行:酒过九巡。觞,酒杯。[27] 罢酒:宴会结束。[28] "御史执法"句:御史大夫主持宴会,不合礼仪的就拉出去。[29] "竟朝置酒"以下:整个朝贺与宴会,自始至终没有敢大声说话的。[30] 太常:九卿之一,掌祭祀礼仪。

汉九年[1],高帝徙叔孙通为太子太傅[2]。汉十二年,高祖欲以赵王如意易太子,叔孙通谏上曰:"昔者晋献公以骊姬之故废太子,立奚齐,晋国乱者数十年,为天下笑。秦以不蚤定扶苏,令赵高得以诈立胡亥,自使灭祀,此陛下所亲见。今太子仁孝,天下皆闻之;吕后与陛下攻苦食啖[3],其可背哉!陛下必欲废适而立少，臣愿先伏诛，以颈血污地。"高帝曰："公罢矣，吾直戏耳。"叔孙通曰："太子天下本，本一摇，天下振动，奈何以天下为戏！"高帝曰："吾听公言。"及上置酒，见留侯所招客从太子入见，上乃遂无易太子志矣。

高帝崩，孝惠即位，乃谓叔孙生曰："先帝园陵寝庙，群臣莫（能）习[4]。"徙为太常，定宗庙仪法。及稍定汉诸仪法，皆叔孙生为太常所论箸也。

孝惠帝为东朝长乐宫[5]，及间往来[6]，数跸烦人[7]，乃作复道[8]，方筑武库南。叔孙生奏事，因请间曰："陛下何自筑复道高寝，衣冠月出游高庙[9]？高庙，汉太祖，奈何令后世子孙乘宗庙道上行哉[10]？"孝惠帝大惧，曰："急坏之。"叔孙生曰："人主无过举[11]。今已作，百姓皆知之，今坏此，则示有过举。愿陛下为原庙渭北[12]，衣冠月出游之，益广多宗庙，大孝之本也。"上乃诏有司立原庙。原庙起，以复道故。

孝惠帝曾春出游离宫，叔孙生曰："古者有春尝果，方今樱桃孰，可献[13]，愿陛下出，因取樱桃献宗庙。"上乃许之。诸果献由此兴。

段 意

写叔孙通劝刘邦勿易太子，以及给汉惠帝献计重建高祖庙等事。

注 释

[1] 汉九年：公元前198年。[2] 太子太傅：官名，辅导太子。[3] 攻苦食啖：吃粗茶淡饭，犹言含辛茹苦。攻苦，吃苦。啖，素。[4] 莫习：不熟悉。谓不熟悉先帝陵园寝庙的礼仪。[5] 东朝长乐宫：到东边长乐宫朝见太后。汉制，皇帝居未央宫，在长安城西。太后居长乐宫，在长安城东。[6] 及间往来：以及平时来往。间，非朝会之时。[7] 跸：清道止行人，即戒严。[8] 复道：架筑阁廊走道。[9] 衣冠：高帝生时所用的衣冠，藏在高帝寝庙中。月出游高庙：每月

天子备法驾，将高帝的衣冠出游一次，展示在高庙中。[10] 乘宗庙道上行：惠帝所建的复道有一段在高帝庙道上，今帝行复道上，就等于高帝子孙凌驾在高帝之上。[11] 过举：办错的事。[12] 原庙：重建一个高帝庙。渭北：渭水之北。[13] 献：向祖宗陵庙敬献樱桃。

太史公曰：语曰"千金之裘，非一狐之腋也；台榭之榱，非一木之枝也；三代之际，非一士之智也[1]"。信哉[2]！夫高祖起微细，定海内，谋计用兵，可谓尽之矣。然而刘敬脱挽辂一说，建万世之安，智岂可专邪！叔孙通希世度务制礼[3]，进退，与时变化，卒为汉家儒宗。"大直若诎，道固委蛇[4]"，盖谓是乎？

段 意

这一段是作者的论赞。司马迁肯定了刘敬、叔孙通等人在巩固政权、定国安邦方面的作用，但对以叔孙通为代表的汉代儒生的缺点，也做了不客气的批评，明显地表露了个人的好恶。

注 释

[1]"语曰"以下：出自《慎子》，意谓价值千金的狐裘，不是一只狐狸的腋皮制成的；楼台亭榭的椽木，不是一棵树的枝子能建成的；夏商周三代的兴起，不是靠一个人的智慧完成的。[2] 信哉：真是这样的啊！[3] 希世度务：阿顺世俗，随波逐流而行事。[4]"大直若诎（qū）"以下：语出《老子》，意思是，真正直的东西，看来像是弯的；万事万物的道理本来就是曲曲折折。诎，同"屈"，弯曲。委蛇，同"逶迤"，也是曲曲折折的样子。

（韩兆琦　何永丰）

季布栾布列传

提 示

季布，项羽勇将，曾多次困刘邦。项羽灭，遭刘邦悬赏缉捕。他扮作刑徒，隐匿为耕田奴，后经游侠朱家活动，获赦任职。惠帝时为河东太守。栾布（？—前145），臧荼部将，臧荼叛汉被俘，栾布亦成阶下囚。彭越替他赎罪，任命为梁大夫。彭越被诛，栾布不顾禁令，公开哭祭，面对鼎镬，慷慨陈言。刘邦释其罪，拜为都尉。文帝时为燕相，后以军功封俞侯。二布经历相似，且有令名，季布重诺，栾布有惠泽。然司马迁写这篇合传，主要目的是透过二人史实，从不同侧面反映如何对待死亡这一重大而严肃的问题。司马迁认为："死或重于泰山，或轻于鸿毛。"为正义而死，当义无反顾，否则就不应轻生，即便面对强权和暴力，也当忍辱负重，顽强地活下去，以实现人生的价值。真正的勇敢在于能做出艰难的抉择，正视严峻的现实。因此写季布，着重写其重死，能摧刚为柔；写栾布，着重写其不重死，趋汤如归。栾布传正面描写，行文简促；季布传多用烘托映衬，即前人所谓绿叶扶花之法，行文疏宕。二传疏密互见，虚实相生，正反映衬，剪裁得宜，寓论断于叙事。既突出了人物特点，又体现了立传意图。由于司马迁的特殊经历，本篇寄托着他的深沉感慨。

季布者，楚人也。为气任侠[1]，有名于楚。项籍使将兵，数窘汉王。及项羽灭，高祖购求布千金[2]，敢有舍匿[3]，罪及三族[4]。季布匿濮阳周氏[5]。周氏曰："汉购将军急，迹且至臣家[6]，将军能听臣，臣敢献计；即不能，愿先自刭[7]。"季布许之。乃髡钳季布[8]，衣褐衣，置广柳车中[9]，并与其家僮数十人，之鲁朱家所卖之。朱家心知是季布，乃买而置之田。诫其子曰："田事听此奴，必与同食。"朱家乃乘轺车之洛阳[10]，见汝阴侯滕公[11]。滕公留朱家饮数日，因谓滕公曰[12]："季布何大罪，而上求之急也？"滕公曰："布数为项羽窘上，上怨之，故必欲得之。"朱家曰："君视季布何如人也？"曰："贤者也。"朱家曰："臣各为其主用，季布为项籍用，职耳[13]。项氏臣可尽诛邪？今上始得天下，独以己之私怨求一人，何示天下之不广也[14]！且以季布之贤而汉求之急如此，此不北走胡即南走越耳。夫忌壮士以资敌国[15]，此伍子胥所以鞭荆平王之墓也[16]。君何不从容为上言邪？"汝阴侯滕公心知朱家大侠，意季布匿其所，乃许曰："诺。"待间[17]，果言如朱家指[18]。上乃赦季布。当是时，诸公皆多季布能摧刚为柔[19]，朱家亦以此名闻当世。季布召见，谢[20]，上拜为郎中[21]。

段意

季布遭刘邦悬赏缉捕，接受濮阳周氏建议，摧刚为柔，剃发钳颈，隐匿为奴。后经朱家通过夏侯婴进言，获赦任郎中。

注释

[1] 为气任侠：好逞意气，以济困扶弱，行侠仗义自任。[2] 购求：悬赏征求。[3] 舍匿：窝藏。[4] 三族：这里指父母、兄弟、妻子。此外尚有父族、母族、妻族等多种说法。[5] 濮阳：邑名，在今河南濮阳西南。[6] 迹：追查踪迹。[7] 即：假如。自刭（jǐng）：割颈自杀。[8] 髡（kūn）钳：剃去头发，用铁钳套住脖子。意谓将季布扮作刑徒。[9] 广柳车：当时运载货物的大牛车，一说为载棺材的丧车。[10] 轺（yáo）车：一匹马驾的轻便快速车。[11] 滕公：即夏侯婴。汝阴：县名，治今安徽阜阳。[12] 因：乘机。[13] 职：职分；分内的事。[14] 之：此；这样。不广：心胸狭窄。全句说：怎么向天下人显示这样心胸狭窄呢！[15] 忌：忌恨。资：帮助。[16] 荆：楚国的别称。全句说：这就是伍子胥

掘墓鞭打楚平王尸首的缘由。详见《伍子胥列传》。[17] 待间：等待机会。[18] 指：同"旨"，意旨。[19] 多：称赞。摧刚为柔：为适应情势，克制自己，变刚强为柔顺。[20] 谢：认错；请罪。[21] 郎中：官名，郎中令属官，分为车郎、户郎、骑郎三类，分别管理宫廷车、骑、门户。

　　孝惠时，为中郎将[1]。单于尝为书嫚吕后[2]，不逊，吕后大怒，召诸将议之。上将军樊哙曰："臣愿得十万众，横行匈奴中[3]。"诸将皆阿吕后意[4]，曰"然"。季布曰："樊哙可斩也！夫高帝将兵四十余万众，困于平城[5]，今哙奈何以十万众横行匈奴中？面欺[6]！且秦以事于胡，陈胜等起[7]。于今创痍未瘳[8]，哙又面谀，欲摇动天下。"是时殿上皆恐，太后罢朝，遂不复议击匈奴事。

　　季布为河东守[9]，孝文时，人有言其贤者，孝文召，欲以为御史大夫。复有言其勇，使酒难近[10]。至，留邸一月[11]，见罢。季布因进曰："臣无功窃宠，待罪河东[12]。陛下无故召臣，此人必有以臣欺陛下者；今臣至，无所受事，罢去，此人必有以毁臣者[13]。夫陛下以一人之誉而召臣，一人之毁而去臣，臣恐天下有识闻之有以窥陛下也[14]。"上默然惭，良久曰："河东吾股肱郡[15]，故特召君耳。"布辞，之官。

段 意

　　写季布任职后敢于直言的两件事，说明季布能屈能伸。一是当众指斥樊哙迎合吕后，季布认为用兵匈奴不合时宜；一是向文帝进言，说明人君不应随意改变主意。

注 释

　　[1] 中郎将：中郎署的长官，担任宫中护卫、侍从。[2] 嫚（màn）：侮辱。[3] 横行：纵横驰骋。[4] 阿：迎合。[5] 平城：县名，故城在今山西大同东北。

[6] 面欺：当面说谎。[7] 以：因。事：战事。全句说：秦朝因为对匈奴用兵，才引起陈胜等人的起义。[8] 创痍（chuāngyí）未瘳（chōu）：战争创伤还没有医治好。[9] 河东守：河东郡的郡守。河东郡，治今山西夏县西北。[10] 使酒难近：好发酒性，难以亲近。[11] 邸：客馆。[12] 待罪：任职。谦辞，表示自己能力低，不知何时获罪。[13] "陛下无故"以下为互文见义，句意为：……此人必有以誉臣而欺陛下者……此人必有以毁臣而欺陛下者。[14] 窥陛下：窥见陛下深浅。[15] 股肱（gōng）：大腿、手臂，喻河东郡的重要。

楚人曹丘生[1]，辩士，数招权顾金钱[2]。事贵人赵同等[3]，与窦长君善[4]。季布闻之，寄书谏窦长君曰："吾闻曹丘生非长者，勿与通。"及曹丘生归，欲得书请季布[5]。窦长君曰："季将军不说足下[6]，足下无往。"固请书，遂行。使人先发书，季布果大怒，待曹丘。曹丘至，即揖季布曰："楚人谚曰'得黄金百（斤），不如得季布一诺'，足下何以得此声于梁、楚间哉？且仆楚人，足下亦楚人也。仆游扬足下之名于天下[7]，顾不重邪[8]？何足下距仆之深也[9]！"季布乃大说，引入，留数月，为上客，厚送之。季布名所以益闻者，曹丘扬之也。

段 意

辩士曹丘生招权纳贿，季布起初对他很厌恶，后来却待为上客。说明季布意气用事，经不起吹捧。

注 释

[1] 曹丘生：曹丘先生。曹丘，复姓。[2] 招权顾金钱：借重权势为人办事，取其酬劳金钱。顾，通"雇"，酬劳。[3] 赵同：汉文帝宠幸的宦官赵谈。司马迁因避父讳，改"谈"为"同"。[4] 窦长君：汉文帝窦皇后的哥哥。[5] 请：谒见。[6] 说：同"悦"。[7] 游扬：宣扬，传扬。[8] 顾：难道。[9] 距：同"拒"。

季布弟季心，气盖关中，遇人恭谨，为任侠，方数千里，士皆争为之死。尝杀人，亡之吴，从袁丝匿[1]。长事袁丝，弟畜灌夫、籍福之属[2]。尝为中司马，中尉郅都不敢不加礼[3]。少年多时时窃籍其名以行[4]。当是时，季心以勇，布以诺，著闻关中。

季布母弟丁公[5]，为楚将。丁公为项羽逐窘高祖彭城西，短兵接，高祖急，顾丁公曰："两贤岂相厄哉[6]！"于是丁公引兵而还，汉王遂解去。及项王灭，丁公谒见高祖。高祖以丁公徇军中[7]，曰："丁公为项王臣不忠，使项王失天下者，乃丁公也。"遂斩丁公，曰："使后世为人臣者无效丁公！"

段 意

附传季心、丁公，从正反两面映衬季布。高祖斩丁公，实为玩弄权术，不然，何以不斩项伯？

注 释

[1] 从袁丝匿：躲在袁盎家里。袁盎，字丝。[2] "长事袁丝"以下：把袁丝当长辈对待，把灌夫、籍福等人当弟弟对待。[3] 中司马：中尉的属官。中尉：掌管京都治安的武官。郅（zhì）都：见《酷吏列传》。[4] 窃籍其名：偷偷地假借他的名义。[5] 丁公：丁固。[6] 厄：迫害。[7] 徇：示众。

栾布者，梁人也[1]。始梁王彭越为家人时，尝与布游[2]。穷困，赁佣于齐[3]，为酒人保[4]。数岁，彭越去，之巨野中为盗[5]，而布为人所略卖为奴于燕[6]。为其家主报仇，燕将臧荼举以为都尉。臧荼后为燕王，以布为将。及臧荼反，汉击燕，虏布。梁王彭越闻之，乃言上，请赎布以为梁大夫。

段 意

栾布穷困时与彭越有交往，后为燕王臧荼部将，臧荼叛汉失败，栾布被俘。梁王彭越替他赎罪，任命为梁大夫。

[1] 梁：县名，故城在今河南汝州西南。[2] 家人：居家之人，即平民。游：交往。[3] 赁（lìn）佣：受人雇佣。[4] 保：帮工。[5] 巨野：即大野泽，在今山东巨野东北。[6] 略：劫持。

使于齐[1]，未还，汉召彭越，责以谋反，夷三族[2]。已而枭彭越头于雒阳下[3]，诏曰："有敢收视者，辄捕之。"布从齐还，奏事彭越头下，祠而哭之[4]。吏捕布以闻。上召布，骂曰："若与彭越反邪[5]？吾禁人勿收，若独祠而哭之，与越反明矣。趣亨之[6]。"方提趣汤[7]，布顾曰[8]："愿一言而死。"上曰："何言？"布曰："方上之困于彭城，败荥阳、成皋间，项王所以（遂）不能西，徒以彭王居梁地，与汉合从苦楚也[9]。当是之时，彭王一顾[10]，与楚则汉破[11]，与汉而楚破。且垓下之会，微彭王[12]，项氏不亡。天下已定，彭王剖符受封，亦欲传之万世。今陛下一征兵于梁，彭王病不行，而陛下疑以为反，反形未见[13]，以苛小案诛灭之[14]，臣恐功臣人人自危也。今彭王已死，臣生不如死，请就亨。"于是上乃释布罪，拜为都尉[15]。

段 意

汉诛彭越，枭首示众。栾布使齐回梁，不顾禁令，奏事彭越头下，痛哭祭奠，并于被捕就烹之际，慷慨陈词，为彭越鸣不平。高祖壮其义，释罪拜为都尉。

注 释

[1] 使于齐：栾布奉彭越命出使到齐国。[2] 夷：灭族。[3] 枭：悬头示众。[4] 祠：祭祀。[5] 若：你。[6] 趣（cù）：赶快。亨：同"烹"，古代以鼎镬煮杀人的酷刑。[7] 方提趣汤：正提着栾布走向汤镬。趣（qū），同"趋"。汤，滚水。[8] 顾：回头。[9] 合从（zòng）：联合。[10] 一顾：偏向一边。[11] 与：

结交，亲附。[12] 微：如果没有。[13] 见：同"现"，显露。[14] 苛小案：苛刻细小的案件。[15] 都尉：比将军略低的武官。

孝文时，为燕相，至将军。布乃称曰[1]："穷困不能辱身下志，非人也；富贵不能快意，非贤也。"于是尝有德者厚报之，有怨者必以法灭之。吴〔楚〕反时[2]，以军功封俞侯[3]，复为燕相。燕齐之间皆为栾布立社[4]，号曰栾公社。

景帝中五年薨。子贲嗣，为太常[5]，牺牲不如令[6]，国除。

段 意

栾布为燕相，报德报怨，于民有惠泽，民间为之立社。吴楚七国之乱时，以军功封俞侯。

注 释

[1] 称：宣称。[2] 吴楚反：景帝三年（前154），吴王刘濞、楚王刘戊等发动武装叛乱。[3] 俞：通"鄃"，县名，故城在今山东夏津东。[4] 立社：建造祠庙。[5] 太常：官名，掌宗庙礼仪。[6] 牺牲不如令：祭祀用的牲畜不合规定。

太史公曰：以项羽之气，而季布以勇显于楚[1]，身屡（典）军搴旗者数矣[2]，可谓壮士。然至被刑戮，为人奴而不死，何其下也！彼必自负其材，故受辱而不羞，欲有所用其未足也[3]，故终为汉名将。贤者诚重其死。夫婢妾贱人感慨而自杀者[4]，非能勇也，其计画无复之耳[5]。栾布哭彭越，趣汤如归者，彼诚知所处[6]，不自重其死。虽往古烈士，何以加哉[7]！

段 意

作者论赞。赞扬季布为实现抱负，忍辱不死，乃是真勇；栾布知道怎样处理生死，趋汤如归，堪称烈士。

注 释

[1] 以：因。全句说：因为项羽崇尚气力，所以季布以勇气闻名于楚。[2] 屦军搴（qiān）旗：践踏敌军，拔取敌旗。屦，本指鞋，引申为踩踏。[3] 用其未足：发挥还没有施展出来的才能。[4] 感慨而自杀：感到愤慨就自杀。[5] 其计画无复之耳：他们的愿望无法实现罢了。复，实践。[6] 知所处：知道怎样处理生死。[7] 烈士：立志建功立业或重义轻生的人。加：超过。

（冯守燊）

平准书

提 示

　　《平准书》主要记载了从汉高祖刘邦元年（前206）至汉武帝刘彻元封元年（前110）近百年间西汉财政经济的发展变化及重要的财政经济政策。主要内容有：（一）货币制度的变革。从汉高祖元年至汉武帝元封元年，西汉货币变革共有九次，《平准书》记载了八次（高后时的一次未记载）。变革的主要内容除前119年造皮币和白金三品外，主要是铜钱品种、规格和铸币权的变革。前113年汉武帝销废各种铜钱令京师造五铢钱通行全国，不准郡国和私人铸钱，将铸币权集中于中央。（二）实行平准均输政策。武帝时朝廷设大司农掌管全国的经济，大司农属官有平准令、丞，各县设均输官。平准令掌管调剂物资和平衡物价。均输官掌管货物的购销和运输。（三）实行盐铁官营。前119年汉武帝任用桑弘羊、东郭咸阳、孔仅三个大商贾当理财官，在全国各地设置盐铁官，实行盐铁官营。（四）卖官爵和赎罪。西汉朝廷为了刺激农业生产的发展、筹集军粮和增加财政收入，规定，凡向朝廷交纳一定数量的粮食、现钱以及羊等实物，就可以获得相应级别的爵位、官职（包括提升官职），有罪的可以免、减罪。（五）征收轺车税和缗钱税并严惩偷税者重奖告发者。（六）兴修水利。主要有：修复黄河瓠子口的河堤，开凿汾河、黄河渠，开凿长安至华阴的直渠，在朔方开渠等。

　　《平准书》也记载了西汉政治、军事的一些情况。其主要内容是：（一）对匈奴作战。前127年卫青夺取匈奴河南地，建立朔方郡；前124

年卫青攻打匈奴右贤王，斩获一万五千人；前121年霍去病出击匈奴，斩获四万人；前119年卫青、霍去病出击匈奴，斩获八九万人。（二）扩大版图。主要史实有：招来东瓯，灭南越、朝鲜，诛西羌，通西南夷等。在此基础上，新设置了若干郡。

此外，《平准书》还比较集中地反映了司马迁朴素的唯物史观。他用发展变化的观点去观察分析社会经济活动，总结出了"物盛则衰""时极而转"的规律。

《史记·平准书》是正史专章记叙经济史的先例。从《汉书》开始名为"食货志"。《平准书》记载史事以时间为纲组织材料。

汉兴，接秦之弊，丈夫从军旅[1]，老弱转粮饷[2]，作业剧而财匮[3]，自天子不能具钧驷[4]，而将相或乘牛车，齐民无藏盖[5]。于是为秦钱重难用[6]，更令民铸钱[7]，一黄金一斤[8]，约法省禁[9]。而不轨逐利之民[10]，蓄积余业以稽市物[11]，物踊腾粜[12]，米至石万钱，马一匹则百金[13]。

段 意

由于战乱，汉初物资匮乏，国家和百姓都很穷困。朝廷变更币制，让老百姓造轻钱。富商大贾囤积居奇，物价猛涨。

注 释

[1] 丈夫：成年男子。[2] 转：转运，运输。[3] 作业：所从事的工作、业务。剧：艰难。财：物资。匮（kuì）：缺乏。 [4] 自：即使。具：具有。钧驷：四匹毛色一样的马。钧，通"均"，相同，一样。古代天子所乘车驾须套四匹毛色相同的马。[5] 齐民：平民，老百姓。藏盖：储藏、遮盖。此指储藏、遮盖之物，即储蓄，储备。[6] 于是：这时。为：因为。秦钱：秦代使用的铜钱，一枚重半两，即十二铢。[7] 更：另外。铸钱：汉高祖刘邦让民间铸造榆荚钱，重三铢，比秦钱轻了四分之三。[8] 一黄金一斤：汉高祖规定，黄金以斤为重量单位，废除了秦以镒为重量单位的币制。一镒为二十四两（一说二十两），一斤为十六两，汉代一锭黄金的重量也减轻了。[9] 约法省禁：简省法令和减少禁律。[10] 不轨

逐利之民：指富商大贾。不轨，不守法度。逐利，追逐商业盈利。[11] 余业：富裕的产业。稽市物：囤积市场货物。[12] 物踊腾粜：《汉书·食货志》作"痛腾跃"，当依《汉书》。痛，甚。腾跃，喻物价上涨。[13] 百金：百万枚铜钱。汉代的真金叫黄金。铜叫金，一金万枚铜钱。

　　天下已平[1]，高祖乃令贾人不得衣丝乘车[2]，重租税以困辱之[3]。孝惠、高后时[4]，为天下初定[5]，复弛商贾之律[6]，然市井之子孙亦不得仕宦为吏[7]。量吏禄[8]，度官用[9]，以赋于民[10]。而山川园池市井租税之入[11]，自天子以至于封君汤沐邑[12]，皆各为私奉养焉[13]，不领于天下之经费[14]。漕转山东粟[15]，以给中都官[16]，岁不过数十万石。

　　段　意

　　汉初实行贱商政策。汉高祖刘邦不许商人穿丝织衣服和坐车，并且加重他们的租税。孝惠、高后时不准商人的子孙做官。财政上，政府根据官吏俸禄和经费的需要来向百姓征收赋税。皇帝及诸侯、皇后、公主等封邑内的山川园池市井租税收入，是他们的私人生活费用，不属于国家的经费。

　　注　释

　　[1] 天下已平：全国平定了。指刘邦打败项羽于前202年即皇帝位。[2] 贾（gǔ）人：商人。衣丝：穿丝织衣服。衣，穿，动词。[3] 重：加重，动词。[4] 孝惠：汉惠帝刘盈。前195年刘邦死，刘盈继位为孝惠皇帝，在位七年。高后：汉高祖刘邦的皇后吕雉。前188年惠帝死，皇太子刘恭继位，前184年吕雉杀刘恭，立恒山王刘义（更名刘弘）为帝。刘恭、刘弘均年幼，实际上由吕雉临朝称制治理朝政，直至前180年吕雉死。[5] 为：因为。[6] 复：又。弛：放宽。商贾之律：高帝困辱商贾的律令。[7] 市井：古代做买卖的地方。古人未有市，早上在井边汲水，即井为市进行交易。此代指商人。仕宦、为吏：做官。[8] 量吏禄：估量官吏的俸禄。[9] 度官用：估计官府的费用。度（duó），估计。[10] 赋：征收赋税。[11] 市井：此代指商品交易。[12] 至于：到。封君：领受封邑

的贵族。汤沐邑：天子赐给封君的封邑，邑内的租赋收入，供封君作为私人奉养。汉代，皇帝、皇后、公主、诸侯王列侯都有汤沐邑。上句中的山川、园池、市井，是就汤沐邑所辖范围而言的。[13] 私奉养：私人的生活费用。[14] 领：属。经费：常年费用，指官俸和军队费用。[15] 漕转：水路运输。一说舟运曰漕，车运曰转。山东：崤山或华山以东地区。[16] 中都官：京师各官署。中都，古代对京师的通称。

　　至孝文时[1]，荚钱益多[2]，轻，乃更铸四铢钱[3]，其文为"半两"[4]，令民纵得自铸钱[5]。故吴[6]，诸侯也，以即山铸钱[7]，富埒天子[8]，其后卒以叛逆[9]。邓通[10]，大夫也，以铸钱财过王者。故吴、邓氏钱布天下[11]，而铸钱之禁生焉[12]。

段　意

　　孝文帝时改铸四铢重的半两钱，并让老百姓任意仿照铸造。吴王刘濞、大夫邓通由于自己造钱财富可以和天子、王者相比，于是禁止私人铸钱。

注　释

　　[1] 孝文：汉文帝刘恒，刘邦中子，西汉第三代皇帝，前179年至前157年在位。[2] 荚钱：轻薄如榆荚一样的铜钱。[3] 铢：重量单位。一两为二十四铢。[4] 文：文字。这里指钱币上表示面值的"半两"两个字。半两应为十二铢，而实际重量只有四铢。[5] 令民纵得自铸钱：让老百姓可以任意地自己造钱。纵，任意。得，可以。[6] 故吴：已死的吴王，指刘濞（前215—前154），汉高祖刘邦之兄刘仲的儿子，封为吴王。[7] 以：因。即：靠近。[8] 埒：相等。[9] 卒以：终于。叛逆：叛乱。汉景帝三年（前154）吴王刘濞联络楚王刘戊、胶西王刘卬、胶东王刘雄渠、菑川王刘贤、济南王刘辟光、赵王刘遂，以诛晁错、清君侧为名，公开发动武装叛乱，史称"七国之乱"。[10] 邓通：西汉蜀郡南安（今四川乐山）人，汉文帝时官至上大夫，文帝赐给他蜀郡严道的铜山，任其自铸钱币。[11] 布：流通。[12] 铸钱之禁：铸造钱币的禁律。汉景帝中元六年（前144）制订了伪造钱币犯死罪的法律。

匈奴数侵盗北边[1]，屯戍者多，边粟不足给食当食者[2]。于是募民能输及转粟于边者拜爵[3]，爵得至大庶长[4]。

孝景时[5]，上郡以西旱[6]，亦复脩卖爵令[7]，而贱其价以招民[8]；及徒复作[9]，得输粟县官以除罪[10]。益造苑马以广用[11]，而宫室列观[12]舆马益增脩矣。

段 意

文帝、景帝时因为对匈奴作战和旱灾，粮食缺乏，朝廷实施入粟拜爵、入粟除罪的政策来筹集粮食。

注 释

[1] 数（shuò）：多次。[2] 给食：供养。当食者：应当吃粮食的人。指屯戍于边境的士卒。[3] 输：交纳。转：运输。拜爵：授予爵位。[4] 得：可以。大庶长：爵位名。《汉书·食货志》记载："文帝从错（晁错）之言，令民入粟边，六百石爵上造，稍增至四千石为五大夫，万二千石为大庶长。"[5] 孝景：孝景帝刘启，前156年至前141年在位。汉文帝的儿子，西汉第四代皇帝。[6] 上郡：郡名，治所在肤施，今陕西榆林东南、无定河北岸。[7] 脩：同"修"，修订。[8] 贱其价：降低爵位的价格。贱，（价格）低。[9] 徒：触犯法律而被判处徒刑、从事劳役的犯人。复作：在官府服役的女犯人。《汉书·宣帝纪》颜师古注引李奇曰："复作者，女徒也。谓轻罪，男子守边一岁，女子软弱不任守，复令作于官，亦一岁，故谓之复作徒也。"《汉旧仪》："男为戍罚作，女为复作，皆一岁到三月。"[10] 县官：官府。[11] 益造：增修。苑：养禽兽植林木供帝王贵族打猎游乐的场所。马：指马厩，养马的地方。广用：扩大使用。[12] 列观（guàn）：诸观。观，宫廷或宗庙大门外两旁高大华丽的楼台。舆马：车马。益增脩：渐渐增多和漂亮。脩，同"修"。

至今上即位数岁[1]，汉兴七十余年之间[2]，国家无事，非遇水旱之灾，民则人给家足，都鄙廪庾皆满[3]，而府库余货财。京师之钱累巨万[4]，贯朽而不可校[5]。太仓之粟陈陈相因[6]，充溢露积于外[7]，至腐败不可食。众庶街巷有马[8]，阡陌之间成群[9]，而乘字牝者傧而不得聚会[10]。守闾阎者食粱肉[11]，为吏者长子孙[12]，居官者以为姓号[13]。故人人自爱而重犯法[14]，先行义而后绌耻辱焉[15]。当此之时，网疏而民富[16]，役财骄溢[17]，或至兼并[18]豪党之徒，以武断于乡曲[19]。宗室有土公卿大夫以下[20]，争于奢侈，室庐舆服僭于上[21]，无限度。物盛而衰，固其变也[22]。

段　意

汉朝建立后，经过七十多年的发展，呈现出社会安定、经济繁荣、国家富裕、百姓家给人足的兴旺局面。同时，也出现了一方面百姓重视守法行义，另一方面富人豪强横行霸道，皇室、贵族、列侯、公、卿、大夫等争于奢侈的现象。

注　释

[1] 今上：指当今皇上，即汉武帝刘彻（汉景帝之子），他于前140年继承皇位。[2] 汉兴七十余年之间：从汉朝建立到汉武帝继位后的几年，中间已经过了七十多年。[3] 都：城市。鄙：边远地区。廪庾：粮仓。有屋盖者叫廪，无屋盖者叫庾。[4] 累：积累。[5] 贯：穿钱的绳子。校（jiào）：数，核实。[6] 太仓：汉代京城中的大谷仓。陈陈相因：陈粮加陈粮，相互积压。[7] 充溢：装满后溢出（仓外）。露积：露天堆积。[8] 众庶：庶民，众民。[9] 阡陌（mò）：田间小路，此代指田野。[10] 字牝（pìn）：母马。字，通"牸"，牸、牝均指雌性牲畜。傧：通"摈"，排斥。[11] 闾阎：里巷的门。粱肉：精美的膳食。粱，优良品种的粟。[12] 为吏者长子孙：当官的人子孙长大了（官职还未变动）。[13] 居官者以为姓号：做官的以官职作为姓氏别号。如管仓库的官改姓为"仓""庾"。上两句是说政治稳定，官吏长时间没有变动。[14] 重犯法：难于犯法，即不触犯法律。重，难。[15] 先行义：把行为正当看作首要的事情。先，首要的事情。意动用法，以……为先。行，行为。绌：贬斥。耻辱：指耻辱的行为，即不正当的行为。[16] 网疏：法网宽疏。如上文所说"约法省禁""弛商贾之律"。[17] 役财骄溢：依仗财富骄横过分。役，役使，使用，这里有"依仗"的意思。溢，过分。[18] 或：有的人。至：甚至。兼并：吞并。这里指吞并土地。[19] 豪党：

结成一团的豪强。以武断于乡曲：凭借威势在地方上主断（是非曲直）。乡曲，乡间。[20] 宗室：与皇帝同宗的贵族，如太子、公主等。有土：有封地。指有封地的列侯。公、卿、大夫：朝廷的高级官员。[21] 僭（jiàn）：超越本分。上：皇上。[22] 固：本来。

自是之后[1]，严助、朱买臣等招来东瓯[2]，事两越[3]，江、淮之间萧然烦费矣[4]。唐蒙、司马相如开路西南夷[5]，凿山通道千余里，以广巴蜀，巴蜀之民罢焉[6]。彭吴贾灭朝鲜[7]，置沧海之郡[8]，则燕齐之间靡然发动[9]。及王恢设谋马邑[10]，匈奴绝和亲[11]，侵扰北边，兵连而不解[12]，天下苦其劳，而干戈日滋[13]。行者赍[14]，居者送，中外骚扰而相奉[15]，百姓抏弊以巧法[16]，财赂衰耗而不赡[17]。入物者补官[18]，出货者除罪[19]，选举陵迟[20]，廉耻相冒[21]，武力进用[22]，法严令具[23]。兴利之臣自此始也[24]。

其后汉将岁以数万骑出击胡[25]，及车骑将军卫青取匈奴河南地，筑朔方[26]。当是时，汉通西南夷道，作者数万人[27]，千里负担馈粮[28]，率十余钟致一石[29]，散币于邛僰以集之[30]。数岁道不通，蛮夷因以数攻，吏发兵诛之[31]。悉巴蜀租赋不足以更之[32]，乃募豪民田南夷[33]，入粟县官[34]，而内受钱于都内[35]。东至沧海之郡，人徒之费拟于南夷[36]。又兴十余万人筑卫朔方[37]，转漕甚辽远[38]，自山东咸被其劳[39]，费数十百巨万[40]，府库益虚。乃募民能入奴婢得以终身复[41]，为郎增秩[42]，及入羊为郎，始于此。

其后四年[43]，而汉遣大将将六将军[44]，军十余万，击右贤王[45]，获首虏万五千级[46]。明年[47]，大将军将六将军仍再出击胡，得首虏万九千级。捕斩首虏之士受赐黄金二十余万斤，虏数万人皆得厚赏，衣食仰给县官[48]；而汉军之士马死者十余万，兵甲之财转漕之费不与焉[49]。于是大农陈藏钱经耗[50]，赋税既竭[51]，犹不足以奉战士[52]。有司言："天子曰'朕闻五帝之教不相复而治[53]，禹、汤之法不同道而王[54]，所由殊路[55]，而建德一也[56]。北边未安，朕甚悼之[57]。日者[58]，大将军攻匈奴，斩首虏万九千级，留�踬无所食[59]。议令民得买爵及赎禁锢免减罪'[60]。请置赏官[61]，命曰武功爵[62]。级十七万[63]，凡直三十余万金[64]。诸买武功爵官首者试补吏[65]，先除[66]；千夫如五大夫[67]；其有罪又减二等[68]；爵得至乐卿[69]；以显军功。"军功多用越等[70]，大者封侯卿大夫，小者郎吏[71]。吏道杂而多端[72]，则官职耗废[73]。

段 意

这一部分主要记汉武帝扩大版图和为筹集粮食、经费所实施的卖官爵和赎罪的政策。扩大版图主要史实有：匈奴与汉断绝和亲后，前127、前124、前123年，卫青三次出击匈奴；招来东瓯、治理两越、通西南夷、扩大巴蜀、灭朝鲜等。由于用兵和大兴土木，粮食、财物耗费巨大。为此，汉朝实施卖官爵及赎罪政策：凡向朝廷交纳粮食、财物或现钱，可以获得相应的爵位、官职或升职，有罪的可以免罪或减罪。还规定，向官府献送奴婢，可以终身免除徭役。

注 释

[1] 自是：从此。[2] 东瓯：古族名，地区名。汉惠帝时其首领被封为东海王，建都东瓯（今浙江温州）。[3] 事两越：治理闽越和南越。闽越，其首领汉初受封为闽越王，建都在东冶（今福建福州）。南越，秦末建立的南越国，后为汉武帝所灭。[4] 萧然：骚扰不安。烦费：烦扰耗费。[5] 唐蒙：武帝时任番阳令。汉武帝采纳他的开通夜郎道的建议并任命他为中郎将出使夜郎（今贵州西部及北部），招致夜郎侯多同及旁近小邑归汉，汉于其地置犍为郡。唐蒙曾征发巴蜀士卒开道修路。司马相如：字长卿，西汉蜀郡成都人。汉武帝时为郎官，后任命为中

郎将出使巴蜀，略定西南夷。据《司马相如列传》记载："司马长卿便略定西夷……除边关，关益斥（广），西至沫、若水，南至牂柯为徼（界），通零关道，桥孙水以通邛都。"西南夷：今四川西南、云南、贵州地区各少数民族。[6]巴蜀：巴郡和蜀郡。巴郡，治所在江州（今重庆北嘉陵江北岸）。蜀郡，治所在成都（今四川成都）。罢（pí）：通"疲"，疲劳。[7]彭吴：人名。贾：《汉书·食货志》作"穿"，颜师古云："本皆荒梗，始开通之也，故言穿。"灭："滅"的简体。清·钱大昕《廿二史考异》和王念孙《读书杂志》均认为"灭"字是"濊"字之误。濊（wèi），古代地名和民族名，在今朝鲜民主主义人民共和国境内。《后汉书·东夷传·濊》："濊，北与高句骊、沃沮，南与辰韩接，东穷大海，西至乐浪。"朝鲜：汉代的朝鲜，即今朝鲜半岛北半部。据《朝鲜列传》记载，汉武帝元封二年（前109）遣二将军由水陆两路略取朝鲜，元封三年，朝鲜大臣杀国王卫右渠降汉，卫氏朝鲜亡。彭吴可能是最先讨伐朝鲜的人。[8]置沧海之郡：卫氏朝鲜被平定后，汉以其地置四郡：真番、临屯、乐浪、玄菟。[9]燕齐：古燕国、齐国地区，即今河北北部、辽宁西部、山东北部一带。靡然：纷然，纷纷。发动：骚动。[10]王恢设谋马邑：汉武帝元光二年（前133）武帝采纳王恢的建议，派马邑的聂翁壹诈降匈奴，汉军三十余万人埋伏在马邑旁的山谷中，准备一举歼灭匈奴主力。不料计谋泄露，未成。[11]匈奴绝和亲：匈奴断绝了同汉朝的姻亲关系。和亲，从汉高祖至汉武帝期间，汉朝与匈奴少数民族首领之间具有政治目的的联姻，即将汉宗室女嫁匈奴首领单于为妻。[12]解：消除。[13]干戈：盾和戟。此以兵器代指战争。日滋：一天天增多。[14]行者赍（jī）：外出服役打仗的人随身携带衣食等物资。赍，携带。[15]中外：朝廷内外。相奉：相互供给。朝廷供给士卒粮饷费用，地方供给朝廷人力、财力。[16]百姓抏（wán）弊以巧法：老百姓被耗费困乏，因而以巧诈的办法来逃避朝廷的法令。抏，消耗。弊，困乏。以，因而。[17]赡：富足。[18]入：纳，交纳。补官：填补官职的空缺，即做官。补，填补空缺。[19]出货者除罪：拿出财货给政府的人可以免罪不判刑。[20]选举陵迟：选拔、推荐官吏的制度衰废了。[21]廉耻相冒：廉洁和耻辱相抵触，意为有人不顾廉耻。冒，触犯，抵触。[22]武力进用：勇武有力的人得到任用。进用，任用。[23]法严令具：法令严酷而完备。[24]兴利之臣：主张由官府经营盐铁等工商业以增加财政收入的官员。如桑弘羊、东郭咸阳、孔仅等。[25]岁：年，每年。骑（jì）：骑兵。胡：指匈奴。[26]卫青：汉名将。因姊卫子夫入宫受武帝宠幸而被武帝重用。元光六年（前129）以车骑将军击匈奴有功赐爵关内侯。元朔二年（前127）出兵云中，驱逐白羊、楼烦王，夺取了匈奴所占领的河南（今内蒙古河套黄河以南地区），并在那里建造了朔方郡（今内蒙古境内）。〔27〕作者：修筑道路的人。〔28〕负：背（bēi）。担：挑。馈粮：朝廷供给军队的粮食。〔29〕率：大概。钟：容量单位。一钟为六十斗，即六石四斗。这句是说：大概六七十石粮经路途消耗后，只能有一石运到西南夷。〔30〕散：散发，发放。币：财物。邛：蜀郡临邛县，即今四川邛崃。僰（bó）：犍为郡僰道县，治今四川宜宾西南。集：安定，安抚。〔31〕蛮夷：指西南夷，即西南地区的少数民族。因以：因此。吏：汉朝派去的官吏。〔32〕悉：尽。更：抵偿。〔33〕豪民：有权势的人。田：用作动词，种田。〔34〕入粟：交纳粮食。县官：《平准书》中的"县官"一词，多指地方政府，有时指朝廷。〔35〕都内：据《汉书·百官公卿表》，都内即大司农属官都内令、丞，主管国库。上两句是说，豪民向当地政府交纳粮食，到都内令丞那里去领钱。〔36〕人徒：服徭役的人。拟：比拟，相当于。这里是说，东到沧海郡，服徭役的人的耗费和开通西南夷的耗费相等。〔37〕筑卫：修筑和守卫。〔38〕转：陆路运输。漕：水路运输。〔39〕被：遭受。〔40〕巨万：万万。〔41〕复：免除（劳役赋税）。〔42〕为郎增秩：当郎官的提高级别和俸禄。郎，郎官。汉时为光禄勋的属官，有议郎、中郎、侍郎、郎中等，统称为郎。秩，俸禄、级别。〔43〕其后四年：元朔五年（前124）。〔44〕大将：即大将军卫青。将六将军：统帅六位将军。〔45〕右贤王：匈奴官名，即右屠耆王。单于之下的最高官职，由单于子弟担任。〔46〕首：砍下的人头。虏：俘虏。级：量词，用于砍下的人头和俘虏。〔47〕明年：元朔六年（前123）。〔48〕仰给：依赖。县官：朝廷。〔49〕兵甲：兵，兵器。甲，铠甲，即护身衣。这里以"兵甲"代指军用物资。不与：不能供给。〔50〕大农：即大司农，汉代中央财政机构。陈：久。经：已经。耗（hào）：同"耗"，消耗。〔51〕既：已。竭：尽。〔52〕奉：供给。〔53〕有司：有关部门的官吏。五帝：传说上古的五个帝王，即《五帝本纪》叙述的黄帝、颛顼、帝喾、唐尧、虞舜。教：政教。复：重复。治：与"乱"相对，指社会安定政治稳定。〔54〕禹：夏朝的君主。汤：商朝的第一代君主。法：法令制度。王：称王。〔55〕由：经过。〔56〕建德：建立恩德。一：一样，一致。〔57〕悼：担心，忧虑。〔58〕日者：往日，从前。〔59〕留蹛：囤积，聚积。《平准书》司马贞索隐："谓富人贮滞积谷。"〔60〕禁锢：终身不准做官。免减罪：免罪和减罪。〔61〕赏官：用于赏赐的官爵。〔62〕命：命名。武功爵：汉武帝元朔五年（前124）为奖赏军功和增加财政收入临时特设的一种爵位，分为十一个等级，可以买卖。八级以上的爵位可以赎罪，可以免除服徭役。〔63〕级十七万：每级卖价十七万钱。〔64〕凡直三十余万金：全部武功爵位总值三十余亿。一金，一万钱。〔65〕官首：武功爵第五级。试：用，被任用。补吏：补官吏的空缺。〔66〕先除：优先任命（官职）。〔67〕千夫：武功爵第七级。五大夫：旧制二十等爵的第九级。如：比照。此句言千夫与五大夫同等对待（均可以免除徭役，并任命为吏）。[68] 其有罪又减二等：买爵的人有罪授予爵位要降低两个等级。[69] 乐卿：武功爵第八级。此句意为：乐卿以上爵级只赏给有军功的人，不卖。[70] 用：因，因此。越等：超过等级。即越级提拔。[71] 郎吏：郎，郎官，皇帝身边的侍从官。吏，官府中的较低级的官员。[72] 吏道：做官的途径。[73] 秏废：废弛，败坏。秏，同"耗"。

　　自公孙弘以《春秋》之义绳臣下取汉相[1]，张汤用峻文决理为廷尉[2]，于是见知之法生[3]，而废格沮诽穷治之狱用矣[4]。其明年[5]，淮南、衡山、江都王谋反迹见[6]，而公卿寻端治之[7]，竟其党与[8]，而坐死者数万人[9]，长吏益惨急而法令明察[10]。

段　意

　　汉武帝任用公孙弘为丞相、张汤为廷尉，法令苛细，用法严酷。搁置、诽谤诏令，官吏知道他人犯法而不报都要严惩。元狩元年（前122）惩治淮南、衡山、江都王谋反，受牵连而死的就有好几万人。

注　释

　　[1] 公孙弘：少为狱吏，年四十余始学《春秋》杂说，又习文法吏事，缘饰以儒术，以此得武帝赏识。元朔五年（前124）任丞相，封平津侯。义：道理、原则。绳：纠正，约束。[2] 张汤：初习律令，曾任长安吏。因丞相田蚡推荐补侍御史。后迁太中大夫、廷尉、御史大夫。与赵禹编次律令，制订《越宫律》、《朝律》、见知故纵之法。用法严峻苛刻。峻文：苛酷严细的法律条文。决理：断案，判案。廷尉：朝廷官名，为九卿之一，掌管刑狱。[3] 见知之法：汉律规定，吏知他人犯法而不举报，以故意纵容论处，叫见知之法。[4] 废格：把皇帝的诏令搁置起来不执行。废，废弃。格，通"阁"，搁置。沮诽：败坏，诽谤。穷治：严厉惩治。狱：诉讼。用：施行。[5] 其明年：元狩元年（前122）。[6] 淮南、衡山、江都王：即刘安、刘赐、刘建，他们都是汉武帝时的同姓诸侯王。见（xiàn）：表现出来，暴露出来。[7] 端：理由。[8] 竟：追究。党与：党徒，指

同伙、同案犯。[9] 坐死者：犯死罪的人。坐，犯……罪。[10] 长吏：地位较高的官吏。景帝时俸禄在六百石以上的为长吏。又据《汉书·百官公卿表》，县丞、尉虽仅四百石至二百石，亦与县令、长并称为长吏。这里泛指审理案件的官吏。惨急：（用法）狠毒。明察：严明苛细。

当是之时，招尊方正贤良文学之士[1]，或至公卿大夫[2]。公孙弘以汉相，布被，食不重味[3]，为天下先[4]。然无益于俗，稍骛于功利矣[5]。

段 意

朝廷通过选拔方正贤良文学之类的读书人来任用官吏。丞相公孙弘做生活节俭的表率，但仍不能改变追求功利的社会风气。

注 释

[1] 招尊：招求、尊崇。方正贤良文学：汉代选拔人才的三个科目，也指入选者。由皇帝下诏，地方上推举有名望的读书人，入选者可任以官职。[2] 或至公卿大夫：有的人官做到公卿大夫。[2] 重味：厚味，指精美的膳食。[4] 先：表率，榜样。[5] 稍：渐渐。骛：追求。功利：眼前的功效和利益。

其明年[1]，骠骑仍再出击胡[2]，获首四万。其秋，浑邪王率数万之众来降[3]，于是汉发车二万乘迎之。既至，受赏[4]，赐及有功之士。是岁费凡百余巨万。

初，先是往十余岁河决观[5]，梁、楚之地固已数困[6]，而缘河之郡堤塞河[7]，辄决坏[8]，费不可胜计。其后番系欲省底柱之漕[9]，穿汾、河渠以为溉田[10]，作者数万人；郑当时为渭漕渠回远[11]，凿直渠自长安至华阴，作者数万人；朔方亦穿渠，作者数万人：各历二三期[12]，功未就，费亦各巨万十数[13]。

天子为伐胡，盛养马[14]，马之来食长安者数万匹，卒牵掌者关中不足[15]，乃调旁近郡[16]。而胡降者皆衣食县官[17]，县官不给[18]，天子乃损膳[19]，解乘舆驷[20]，出御府禁藏以赡之[21]。

其明年[22]，山东被水菑[23]，民多饥乏，于是天子遣使者虚郡国仓廥以振贫民[24]。犹不足，又募豪富人相贷假[25]。尚不能相救，乃徙贫民于关以西[26]，及充朔方以南新秦中[27]，七十余万口，衣食皆仰给县官。数岁，假予产业[28]，使者分部护之[29]，冠盖相望[30]。其费以亿计，不可胜数。于是县官大空[31]。

段　意

汉武帝元狩初年军费开支和兴修水利、救灾移民的费用开支巨大。军费开支包括对匈奴作战、大量养马、赏赐有功将士和赏赐供养来降的匈奴军队的耗费，费用百多亿。兴修水利有堵塞黄河决口、番系修汾河和黄河渠、郑当时修长安至华阴的直渠、北方修渠等，都经历两三年还未完工，费用数十亿。山东遭受水灾，朝廷赈灾，移民到关西、朔方新秦中，供给衣食产业，费用以亿计。

注　释

[1]其明年：汉武帝元狩二年（前121）。[2]骠骑：骠骑将军霍去病。[3]浑邪王：浑邪王与休屠王同属匈奴的两个部落，居住在今甘肃河西地区。元狩二年秋，浑邪王杀了休屠王，率数万人降汉。[4]受赏：指浑邪王受赏赐。《汉书·霍去病传》："降者数万人，号称十万。既至长安，天子所以赏赐数十巨万。封浑邪王万户，为漯阴侯。"[5]先是：先此，在这之前。往：过去。十余岁：十多年前。从"其明年"（汉武帝元狩二年，即前121年）算起已过去的十余年，即上推至汉武帝元光三年（前132）。河决：黄河水冲开河堤。《河渠书》："元光之中，而河决于瓠子。"观：县名，故治在今河南清丰西南。[6]梁、楚之地：梁国和楚国地区。梁、楚都是西汉时的诸侯王封国。梁国的治所在睢阳（今河南商丘南），楚国的治所在彭城（今江苏徐州）。困：困乏，贫乏。[7]缘：沿。堤：筑堤。塞河：堵塞黄河（决口）。[8]辄：总是。这里是说沿河之郡筑堤堵塞黄河决口，总是修好了又被冲坏。《河渠书》记载："河决于瓠子，东南注巨野，通于淮、泗。

于是天子使汲黯、郑当时兴人徒塞之，辄复坏。"[9] 番系：人名，武帝时任河东守。上书建议筑渠引汾水灌溉皮氏、汾阴以下地区，引黄河水灌溉汾阴、蒲坂以下地区（均在今山西境内），预计可得渠田五千顷。武帝采纳了他的建议，发卒数万人修渠造田。渠成后，因黄河改道，渠田废。省厎柱之漕：废除厎柱这条水道运输线路。厎柱，即砥柱，山名，即今河南三门峡黄河激流中的三门山。[10] 以为："以之为"的省略。以为溉田，用它来溉田。[11] 郑当时：人名，武帝时任大司农。郑当时认为关东水路运输粮食从渭河中上，河道迂回曲折而遥远（九百余里），建议从长安至华阴修直渠引渭水通黄河（三百余里）。汉武帝采纳了他的建议，令齐人水工徐伯表发卒数万人开凿漕渠，经三年竣工。[12] 期：年。[13] 巨万：万万。巨万十，即十万万。数：计。[14] 盛：多。[15] 卒牵掌者：士卒中牵马掌马的人，即马夫。[16] 旁近郡：靠近长安的郡。[17] 县官：朝廷。[18] 不给：不足。[19] 损膳：减少饭食，意为降低饮食标准。这是帝王一种所谓关心人民疾苦的表示。[20] 解：解下。乘舆驷：皇帝车上的四匹马。[21] 御府：帝王的府库，属少府，掌管金银财物。禁藏：供皇帝享用的财物。赡：供给。[22] 其明年：元狩三年（前120）。[23] 被：遭受。菑：通"灾"。[24] 虚：空，使……空。仓廥（kuài）：粮仓。振：救济。[25] 募：招募。贷假：借贷。指借贷粮食给贫民。[26] 关：函谷关。[27] 充：充实。新秦中：新秦地区内。新秦，地区名，今内蒙古河套及鄂尔多斯地区。中，内。[28] 假予：借给。产业：生产生活必需品，如土地、房屋、农具等。[29] 使者：朝廷派去管理移民的官吏。部：监察区域。护：监督。[30] 冠：帽子。盖：车盖。这句是说使者很多，他们坐在车上来来往往前后都能相互看见。[31] 空：空虚，指没有经费了。

　　而富商大贾或蹛财役贫[1]，转毂百数[2]，废居居邑[3]，封君皆低首仰给[4]。冶铸煮盐[5]，财或累万金，而不佐国家之急[6]，黎民重困[7]。

　　段　意

　　商人们通过积贮财货、贱买贵卖、冶铁煮盐等拥有了大量财富，但他们不帮助国家解决困难，老百姓更加穷困。

[1] 蹛（zhì）财：囤积财物。蹛，通"滞"，停滞，囤积。役贫：役使贫民（远途贩运）。[2] 转毂（gǔ）：运输的车子。毂，车轮中心的圆木，中有孔，可以插轴。这里以毂代指车。[3] 废居居邑：住在城里买进卖出。废，舍弃，指卖出。居，囤积，指买进。居邑，住在城市里。[4] 低首仰给：低头依靠（商人借贷）。[5] 冶铸：炼铁铸造铁器。[6] 佐：帮助。[7] 重困：加重了穷困。

于是天子与公卿议，更钱造币以赡用[1]，而摧浮淫并兼之徒[2]。是时禁苑有白鹿而少府多银锡[3]。自孝文更造四铢钱[4]，至是岁四十余年[5]，从建元以来[6]，用少，县官往往即多铜山而铸钱[7]，民亦间盗铸钱[8]，不可胜数。钱益多而轻[9]，物益少而贵[10]。有司言曰："古者皮币[11]，诸侯以聘享[12]。金有三等，黄金为上，白金为中[13]，赤金为下[14]。今半两钱法重四铢[15]，而奸或盗摩钱里取镕[16]，钱益轻薄而物贵，则远方用币烦费不省。"乃以白鹿皮方尺，缘以藻缋[17]，为皮币，直四十万[18]。王侯宗室朝觐聘享[19]，必以皮币荐璧[20]，然后得行[21]。

又造银锡为白金，以为天用莫如龙，地用莫如马，人用莫如龟[22]，故白金三品[23]：其一曰重八两[24]，圜之[25]，其文龙[26]，名曰"白选"，直三千；二曰以重差小[27]，方之[28]，其文马，直五百；三曰复小[29]，撱之[30]，其文龟，直三百。令县官销半两钱[31]，更铸三铢钱，文如其重[32]。盗铸诸金钱罪皆死，而吏民之盗铸白金者不可胜数。

为了打击富商大贾和满足财政需用，汉武帝于元狩四年（前119）实行货币变革。主要内容：一、造白鹿皮币，规定每张皮币值四十万钱，王侯宗室朝见天子必须以皮币垫璧；二、造银锡白金，白金分为龙文币、马文币、龟文币三种，每枚分别值三千、五百、三百铜钱；三、销熔半两钱，改铸三铢钱；四、不准私人铸白金和铜钱，盗铸者犯死罪。

注 释

[1]更钱：改钱，指销熔五铢钱改造三铢钱。赡用：使费用充裕。赡，充裕。[2]摧：压制，打击。浮淫：轻薄淫逸。并兼：兼并（土地）。[3]禁苑：天子畜养禽兽并种植林木的园囿，这里指上林苑。少府：官名，九卿之一，职掌山泽陂池市肆的租税收入，这些收入名曰禁钱，供皇室日常生活和祭祀、赏赐开支。少府为皇帝私府。[4]孝文更造四铢钱：西汉孝文帝五年（前175）改荚钱为四铢重的半两钱。[5]是岁：这年，指汉武帝元狩三年（前120）。从文帝五年至武帝元狩三年，应是五十多年，不是四十多年。[6]建元：汉武帝的第一个年号（前140—前135）。[7]县官：官府。往往：常常。即：就在。[8]间：暗中。盗：私下，非法。景帝中元六年（前144）下令禁止民间私自铸钱，至武帝时此禁令仍未取消。[9]轻：贱，价值低，与"贵"相对。[10]贵：价格昂贵。[11]皮币：毛皮和缯帛，古代用作聘享的贵重礼物。[12]聘享：聘问献纳。聘，诸侯互访。享，诸侯向天子进献贡品。这里是说，诸侯以皮币作为互访和进贡的礼品。[13]白金：银。[14]赤金：铜。[15]法：标准。[16]奸：奸邪，不守法的人。摩：通"磨"，刮磨。钱里：钱的无文字的一面，即背面。铅（yù）：铜屑。[17]缘以藻缋：以彩色花纹装饰边缘。缘，装饰边缘。藻缋，文采。缋（huì），古"绘"字。[18]直：通"值"。[19]朝觐（jìn）：王侯朝拜天子。春天朝拜叫朝，秋天朝拜叫觐。[20]以皮币荐璧：用白鹿皮币垫衬在璧玉下面。荐，垫。璧，圆平中间有孔的玉器。[21]得行：才能行朝见天子之礼。[22]以为：认为。天用：天使用。莫如龙：没有比龙（作花纹图案）更好的。[23]三品：三种。[24]曰：是。裴学海《古书虚字集释》："曰"犹"是"也。[25]圜（yuán）：圆。[26]其文龙：花纹为龙。[27]以重差小：其重量略微小一些。以，其。裴学海《古书虚字集释》："以"犹"其"也。差，稍微，略微。[28]方之：使它方，意为把它铸成方形。[29]复小：又更小一些。[30]撱：通"椭"（tuǒ），椭圆形。[31]县官：官府。销半两钱：销熔孝文帝时铸造的钱文为半两而实际只有四铢重的铜钱。[32]文如其重：钱上的文字为三铢，它的实际重量也是三铢，文字和重量一致。如，相似，一样。

于是以东郭咸阳、孔仅为大农丞[1]，领盐铁事[2]；桑弘羊以计算用事[3]，侍中[4]。咸阳，齐之大煮盐[5]，孔仅，南阳大冶[6]，皆致生累千金[7]，故郑当时进言之[8]。弘羊，雒阳贾人子[9]，以心计[10]，年十三侍中。故三人言利事析秋豪矣[11]。

段 意

汉武帝任用盐铁巨商东郭咸阳和孔仅为大农丞管理盐铁事，任用善于心算、商人家庭出身的桑弘羊为侍中参与朝政。

注 释

[1] 东郭：复姓。大农丞：大农令（后改为大司农）的属官。[2] 领：领导，管理。[3] 用事：执政，当权。[4] 侍中：皇帝身边的侍从官，管理皇帝的衣食住行。武帝时侍中开始参与朝政。[5] 大煮盐：大盐商。[6] 大冶：大铁商。[7] 致生：获得财富。[8] 进言：引进推荐。[9] 雒阳：洛阳，今河南洛阳东北。[10] 心计：心算。[11] 利事：有利可图的事。析：分开。秋豪：秋天鸟兽新长出的细毛。豪，通"毫"。这句是说他们三人谈赢利的事像分开毫毛那样细致精确。

法既益严，吏多废免[1]。兵革数动[2]，民多买复及五大夫[3]，征发之士益鲜[4]。于是除千夫五大夫为吏[5]，不欲者出马；故吏皆（通）适令伐棘上林[6]，作昆明池[7]。

段 意

因为法令严厉，所以很多官吏被免除职务，处罚去上林苑砍伐荆棘或修昆明池，任命有千夫、五大夫爵位的人为官吏，不愿当官的出一匹马。由于百姓买得免徭役待遇的人很多，所以可以征调的士卒越来越少。

[1] 废免：罢免官职。[2] 兵革：兵器和皮革制的护身衣。这里代指战争。[3] 买复：交纳财物换取免除徭役的待遇。五大夫：爵位名，买得五大夫爵位，可以免徭役。[4] 鲜：少。[5] 除：任用。[6] 故吏：旧吏获罪被罢免官职的人。适（zhé）：通"谪"，责罚。上林：上林苑，在长安以西，供皇帝射猎游乐的官苑。[7] 昆明池：湖泽名。元狩三年（前120）汉武帝于长安近郊建造，宋以后湮废。

其明年[1]，大将军、骠骑大出击胡[2]，得首虏八九万级，赏赐五十万金，汉军马死者十余万匹，转漕车甲之费不与焉[3]。是时财匮，战士颇不得禄矣[4]。

段　意

前119年卫青、霍去病出击匈奴，获胜。朝廷赏赐及军费开支巨大，财用匮乏。

注　释

[1] 其明年：汉武帝元狩四年（前119）。[2] 大将军：指卫青。骠骑：指骠骑将军霍去病。[3] 不与：不能给予，即不能供给。[4] 颇：多，很多。禄：薪俸。

有司言三铢钱轻，易奸诈，乃更请诸郡国铸五铢钱[1]，周郭其下[2]，令不可磨取镕焉。

段　意

令郡国铸造有轮廓的五铢钱。

注　释

[1] 五铢钱：始铸于汉武帝元狩五年（前118），钱文为五铢，实际重量也是五铢。五铢钱为汉代行使时间最久、质地最好、数量最多的官铸钱币。东汉以后

各朝仍有沿用，至唐武德四年（621）始废。[2]周郭其下：在钱的无文字的一面的周围和钱孔的四周铸上突起的边。郭，通"廓"，轮廓，突起的边。用作动词，铸上轮廓。下，指钱的无文字一面。

　　大农上盐铁丞孔仅、咸阳言[1]："山海[2]，天地之藏也[3]，皆宜属少府，陛下不私[4]，以属大农佐赋[5]。愿募民自给费[6]，因官器作煮盐[7]，官与牢盆[8]。浮食奇民欲擅管山海之货[9]，以致富羡[10]，役利细民[11]。其沮事之议[12]，不可胜听。敢私铸铁器煮盐者，钛左趾[13]，没入其器物。郡不出铁者，置小铁官，便属在所县[14]。"使孔仅、东郭咸阳乘传举行天下盐铁[15]，作官府[16]，除故盐铁家富者为吏[17]。吏道益杂，不选[18]，而多贾人矣。

段　意

　　汉武帝采纳大农令盐铁丞孔仅、东郭咸阳的建议实行盐铁官营，并派孔仅、咸阳兴办各地盐铁官营事，设立管理盐铁的官府，任命富有的盐铁商为盐铁官。规定：必须用官府的器具煮盐，私铸铁器煮盐的，处以钳左脚的刑罚，并没收其器物。

注　释

　　[1]上：奏上。[2]山海：指山林湖泽等赋税收入。[3]藏：储藏的财富。[4]不私：不作为私人的俸养。[5]佐赋：辅助（国家的）赋税。[6]愿：希望。募：招募。自给费：自己出本钱。[7]因：用，利用。官器：官府的器具。作：制作。[8]牢盆：坚固牢实的大铁盆。[9]浮食：末食，靠末业生活，指工商业者。浮，末。奇（jī）民：权诈之人，指豪强。擅管：擅自占有。货：物资，指盐铁。[10]富羡：富裕。[11]役利细民：役使小民而获利。[12]沮：废止。事：指关于山海之藏属大司农一事，即盐铁官营。[13]钛（dì）左趾：一种刑罚，在左脚下套六斤重的铁钳。[14]便：就。属：统属，管辖。在所县：在郡管辖之内的县。[15]传（zhuàn）：传车，专使所乘的车。举：举办，施行。行：巡视。[16]作官府：设置主管盐铁的官府机构。[17]故：旧，过去的。[18]选：选举，推荐选拔。

商贾以币之变[1]，多积货逐利[2]。于是公卿言："郡国颇被菑害，贫民无产业者，募徙广饶之地[3]。陛下损膳省用，出禁钱以振元元[4]，宽贷赋[5]，而民不齐出于南亩[6]，商贾滋众[7]。贫者畜积无有，皆仰县官[8]。异时算轺车贾人缗钱皆有差[9]，请算如故。诸贾人末作贳贷卖买[10]，居邑稽诸物[11]，及商以取利者[12]，虽无市籍[13]，各以其物自占[14]，率缗钱二千而一算[15]。诸作有租及铸[16]，率缗钱四千一算。非吏比者三老、北边骑士[17]，轺车以一算；商贾人轺车二算；船五丈以上一算。匿不自占，占不悉[18]，戍边一岁，没入缗钱[19]。有能告者，以其半畀之[20]。贾人有市籍者，及其家属，皆无得籍名田[21]，以便农[22]。敢犯令，没入田僮[23]。"

段　意

为了强本抑末，增加财政收入，汉武帝恢复征收轺车税和向商人征收缗钱税，并严惩偷漏税的人，奖励告发者。不准商人及其家属占有田地，否则没收田地和奴仆。

注　释

[1] 以：因。币之变：货币的变革。[2] 积货：积贮货物。[3] 广饶：广阔富饶。[4] 禁钱：少府所藏供皇帝私人使用的钱。元元：庶民。[5] 宽贷：宽免。[6] 齐：全。南亩：田亩，耕种的田地。[7] 滋众：更加多。[8] 仰：依靠。[9] 异时：从前。算：西汉对成年人征收的人头税税额，始于汉高祖四年（前203）。汉律规定：民年十五以上至五十六，出赋，每人钱一百二十，为一算。后来用以表示财产税税额单位，如下文的"缗钱二千而一算"、"四千一算"、"轺车以一算"、"船五丈以上一算"等。这里的"算轺车"、"算缗钱"的"算"作动词用，意为按算赋税率征收轺车税、缗钱税。轺（yáo）车：小型轻便的马车。缗（mín）钱：成串的钱，一千个钱为一缗。缗，用作向工商业者征收财产税时计算财产的单位。算缗钱始于汉武帝元狩四年（前119）。有差：有多少不同的差别。[10] 末作：末业，指工商业。贳（shì）：赊欠。贷：借。贳贷，此指高利贷者。

卖买：指卖出买进的商人。[11] 居邑稽诸物：住在城市里囤积各种货物。指囤积户。[12] 商以取利：靠商业获取赢利。[13] 虽：即使。市籍：商人的户籍。[14] 自占：自己（按情况）实报。[15] 率（shuài）：一概，一律。[16] 诸作：各种手工业产品。租：税。铸：铸造，这里指自己制造的金属产品。此处意为：各种手工业产品中有须得纳税的和自己铸造出卖的。[17] 非吏比者：不是官吏但类似官吏的。指有千夫、五大夫以上爵位的人。三老：地方上帮助县令、郡丞推行政令的人。北边骑士：北部边境当骑兵的人。[18] 悉：尽，全部。[19] 没入缗钱：没收隐瞒不报的财产。[20] 畀（bì）：给予。[21] 无得：不得，不能。籍名田：列入名册占有田地。籍名，列入名册。[22] 便农：利农。[23] 田僮：田地和奴仆。

天子乃思卜式之言[1]，召拜式为中郎[2]，爵左庶长[3]，赐田十顷[4]，布告天下，使明知之。

初，卜式者，河南人也[5]，以田畜为事[6]。亲死[7]，式有少弟，弟壮[8]，式脱身出分[9]，独取畜羊百余，田宅财物尽予弟。式入山牧十余岁，羊致千余头[10]，买田宅。而其弟尽破其业[11]，式辄复分予弟者数矣[12]。是时汉方数使将击匈奴[13]，卜式上书，愿输家之半县官助边[14]。天子使使问式[15]："欲官乎[16]?"式曰："臣少牧，不习仕宦[17]，不愿也。"使问曰："家岂有冤，欲言事乎?"式曰："臣生与人无分争[18]。式邑人贫者贷之[19]，不善者教顺之[20]，所居人皆从式[21]，式何故见冤于人! 无所欲言也。"使者曰："苟如此[22]，子何欲而然[23]?"式曰："天子诛匈奴，愚以为贤者宜死节于边[24]，有财者宜输委[25]，如此而匈奴可灭也。"使者具其言入以闻[26]。天子以语丞相弘[27]。弘曰："此非人情。不轨之臣[28]，不可以为化而乱法[29]，愿陛下勿许。"于是上久不报式[30]，数岁，乃罢式[31]。式归，复田牧[32]。岁余，会军数出[33]，浑邪王等降，县官费众[34]，仓府空[35]。其明年[36]，贫民大徙[37]，皆仰给县官，无以尽赡[38]。卜式持钱二十万予河南守[39]，以给徙民。河南上富人助贫人者籍[40]，天子见卜式名，识之[41]，曰"是固前而欲输其家半助边[42]"，乃赐式外繇四百人[43]。式又尽复予县官。是时富豪皆争匿财[44]，唯式尤欲输之助费[45]。天子于是以式终长者[46]，故尊显以风百姓[47]。

初，式不愿为郎，上曰："吾有羊上林中，欲令子牧之。"式乃拜为郎，布衣屩而牧羊[48]。岁余，羊肥息[49]。上过见其羊，善之[50]。式曰："非独羊也[51]，治民亦犹是也[52]。以时起居[53]，恶者辄斥去[54]，毋令败群[55]。"上以式为奇[56]，拜为缑氏令试之[57]，缑氏便之[58]。迁为成皋令[59]，将漕最[60]。上以为式朴忠[61]，拜为齐王太傅[62]。

段 意

本段记卜式的事迹。卜式，河南郡（今河南洛阳东北）人，以种田和畜牧为业，曾多次分给弟弟产业。武帝连年征讨匈奴，卜式向武帝上书表示愿意将家产的一半捐献给朝廷资助边防费用。卜式的这种打算没有得到武帝和丞相公孙弘的理解而被搁置起来。过了几年因战争和移民救灾费用巨大，朝廷财政经费十分困难，卜式又拿出二十万钱给河南郡守用来资助移民。武帝知道后认为卜式是有德行的人，想使他尊贵显荣以教化百姓。于是授予他中郎的官职，赐爵左庶长，赐田十顷，并向天下发出布告。起初武帝任他为郎官，在上林苑中牧羊。后派他当缑氏令，再调为成皋县令，政绩突出。武帝认为卜式忠诚老实，又任命他当齐王的太傅。

注 释

[1]卜式之言：指下段所记卜式对使者讲的话："天子诛匈奴，愚以为贤者宜死节于边，有财者宜输委，如此而匈奴可灭也"。[2]召拜：召来并授予官职。中郎：省中之郎，汉代郎官之一。居宫省之内，亲近皇帝。[3]左庶长：二十级爵位的第十级。[4]顷：田一百亩为一顷。[5]河南：河南郡（今河南洛阳东北）。

[6] 以田畜为事：以种田畜牧为业。[7] 亲：父母。[8] 壮：成年。[9] 脱身出分：从家庭里出来（与弟弟）分开。[10] 致：达到。[11] 破其业：丧失了他的财产。业，财产，产业。[12] 辄：总是。数（shuò）：多次。[13] 方：正。使：派遣。[14] 输：捐献。助边：资助边防费用。[15] 使使：派使者。[16] 官：做官。[17] 习：熟悉。[18] 分争：纠纷。[19] 邑人：同邑的人。贷：借。[20] 教顺：教训。顺，通"训"。[21] 从：顺从，听从。[22] 苟：假如。[23] 子何欲而然：你有什么想法要这样做。欲，想法。然，如此，这样，指捐献一事。[24] 死节：为气节而死。[25] 输委：贡献积蓄的财物。输，捐献，贡献。委，积蓄，这里指积蓄的财物。[26] 具：记录。闻：使（皇上）听见，即报告皇上。[27] 语：告诉。弘：公孙弘。[28] 不轨：不守法。轨，法规。[29] 为化：作为政教风化。[30] 报：答复。[31] 罢：遣回。[32] 复：仍然。[33] 会：正巧，恰巧。[34] 众：多。[35] 仓府：粮仓和钱库。[36] 其明年：元狩三年（前120）。[37] 贫民大徙：贫民大迁移。指山东遭大水灾，迁移贫民七十余万人到关西及新秦中。[38] 无以：没有什么可以拿来。尽赡：全部供给。[39] 河南守：河南郡守。守，郡的行政长官。[40] 上：奏上，上报。籍：名册。[41] 识（zhì）：记得。[42] 是：此，这个人。固：本来。[43] 外繇：在郡县以外服徭役。繇，同"徭"。汉代徭役制度规定，应服役者每年可向官府缴纳三百钱由官府雇人代为服役（叫"过更"）。这里说赐给卜式外繇四百人，卜式又全部捐献给了官府，可见赐给的是四百人的代役费（过更钱），总计该是十二万钱。[44] 匿财：隐匿财产。[45] 尤：特别。欲：愿意。[46] 以：认为。终：终究。长者：严谨宽厚有德行的人。[47] 尊显：（使他）尊贵显荣。风：教化。[48] 布衣屩（juē）：穿布衣草鞋。[49] 息：繁殖。[50] 善之：认为他放牧得好。善，认为好。[51] 非独：不仅。[52] 犹是：同此，与此一样。犹，同，相同。[53] 以时：按时。[54] 恶者：不好的。辄：立即。斥：摒弃，淘汰。[55] 毋（wú）：不要。败：败坏。群：羊群。[56] 奇：杰出。[57] 缑（gōu）氏：汉代县名，治今河南偃师东南。令：县令。试：试用，考察。[58] 便：安适，安乐舒服。之：无义，起凑足音节的作用。[59] 迁：调。成皋：汉县名，治今河南荥阳汜水镇。[60] 将漕：扶助水运。最：功劳最大。[61] 朴忠：忠诚老实。[62] 齐王：汉武帝之子，元狩六年（前117）立为齐王。太傅：汉代辅导太子、诸侯王的官。

　　而孔仅之使天下铸作器[1]，三年中拜为大农[2]，列于九卿[3]。而桑弘羊为大农丞，筦诸会计事[4]，稍稍置均输以通货物矣[5]。

始令吏得入谷补官，郎至六百石[6]。

自造白金五铢钱后五岁，赦吏民之坐盗铸金钱死者数十万人。其不发觉相杀者[7]，不可胜计。赦自出者百余万人[8]。然不能半自出[9]，天下大抵无虑皆铸金钱矣[10]。犯者众，吏不能尽诛取[11]，于是遣博士褚大、徐偃等分曹循行郡国[12]，举兼并之徒守相为（吏）〔利〕者[13]。而御史大夫张汤方隆贵用事[14]，减宣、杜周等为中丞[15]，义纵、尹齐、王温舒等用惨急刻深为九卿[16]，而直指夏兰之属始出矣[17]。

而大农颜异诛。初，异为济南亭长[18]，以廉直稍迁至九卿。上与张汤既造白鹿皮币，问异，异曰："今王侯朝贺以苍璧[19]，直数千[20]，而其皮荐反四十万，本末不相称。"天子不说[21]。张汤又与异有郄[22]，及有人告异以它议[23]，事下张汤治异[24]。异与客语[25]，客语初令下有不便者[26]，异不应[27]，微反唇[28]。汤奏当异九卿见令不便[29]，不入言而腹诽[30]，论死[31]。自是之后，有腹诽之法（以此）〔比〕[32]，而公卿大夫多谄谀取容矣[33]。

段 意

实行盐铁官营、均输平准、郎吏入谷补官等政策，孔仅、桑弘羊受重用。用严法保证经济政策的推行。重用张汤、减宣、杜周、义纵、尹齐、王温舒等酷吏，惩治盗铸金、钱的吏民，兼并土地的富商大贾及营私舞弊的郡守、国相，甚至以腹诽之罪诛杀大农令颜异。

注 释

[1] 孔仅之使天下铸作器：指元狩四年（前119）"孔仅、东郭咸阳乘传举行天下盐铁"事，即实施盐铁官营。铸作，铸造。器，铁器，包括生产工具及煮盐的用具。[2] 三年中：三年之内。大农：即大农令。[3] 九卿：汉中央各行政机关长官的总称，位仅次于丞相、御史大夫，有太常、光禄勋、太仆、廷尉、大鸿

胪、宗正、大司农、少府、卫尉等。[4] 筦：同"管"。会（kuài）计：计算、管理财物。[5] 稍稍：渐渐。均输法于元鼎二年（前115）桑弘羊任大农丞时建议试行，至元封元年（前110）桑弘羊任搜粟都尉时大力推行，故言"稍稍"。均输：西汉政府的经济政策之一，具体办法是：由大农部丞数十人，分工主管各郡国，在各地设置均输官，将各地应缴的贡物，按当地市价折换为商人一向贩运出境的廉价的土特产品，由均输官将其中一部分运往京师，除供官需而外，其余的交平准官出售，部分运往价格较高的地区出售。有时将所得现钱转买当地土特产品再易地出售。均输法至西汉末渐渐废弛。通：流通，交换。[6] 吏：官位低的官。补官：提高官位的级别。郎至六百石：郎官入谷提高级别可以达到薪俸为六百石的级别。[7] 不发觉相杀者：未被官府发现而怕告发相互残杀的人。[8] 自出者：投案自首的人。[9] 不能半自出：投案自首的人还不到盗铸者的一半。[10] 大抵、无虑：均为"大概"的意思，同义词复用。[11] 诛取：诛杀和捕获。[12] 博士：官名，主要掌管教授经学及典礼事宜，也参与议政、入侍宫中，有时还作为皇帝的使者巡行视察。行曹：分批。循行：巡行。循，通"巡"。[13] 举：检举。守：郡守。相：诸侯国相。为利：贪污受贿，谋取私利。[14] 御史大夫：全国最高监察和执法长官。隆贵：显贵。用事：掌权。[15] 中丞：御史中丞，御史大夫的属官。[16] 用：因。惨急刻深：严酷峻急凶狠刻毒。为九卿：做了地位列于九卿的官。义纵，因执法严峻官至右内史；尹齐，斩伐不避贵戚，升迁为中尉；王温舒，因惩治盗贼豪强有功，徙为廷尉，又拜为少府。[17] 直指：官名，即绣衣直指，或称绣衣直指御史、直指使者。为汉武帝所特置，是皇帝派出的专使。出使时，持节杖，穿绣衣，有权征发郡国兵、行赏罚、诛杀地方官员。武帝末年多被派往郡国镇压"盗贼"。夏兰：人名。[18] 亭长：地方基层行政长官。汉代乡间每十里设一亭，由服兵役期满而合格的人担任亭长，管理社会治安、民事、诤讼等。[19] 苍璧：青绿色的玉。[20] 直：值。[21] 说（yuè）：通"悦"，高兴。[22] 郤（xì）：通"隙"。指感情上的裂痕。[23] 它议：别的议论，指对当时的政令有不同的看法。[24] 事：指案件。下：下达。治：审理。[25] 语：谈话。下句"客语"的"语"意为"说，告诉"。[26] 初令：新的诏令。便：恰当，适宜。[27] 不应：指没有发表意见。应，回答。[28] 微反唇：微微翻动嘴唇。[29] 奏：上奏，即向皇帝报告。当：判罪。指判罪的意见。[30] 腹诽：口里不说，心里认为不对。[31] 论：定罪。[32] 法比：法例，作为判处类似案件的依据。比，例。[33] 取容：曲从讨好，取悦于上。容，悦。

天子既下缗钱令而尊卜式[1]，百姓终莫分财佐县官[2]，于是

（杨可）告缗钱纵矣[3]。

郡国多奸铸钱[4]，钱多轻，而公卿请令京师铸钟官赤侧[5]，一当五，赋官用非赤侧不得行[6]。白金稍贱，民不宝用[7]，县官以令禁之，无益。岁余，白金终废不行。

是岁也，张汤死，而民不思。

其后二岁，赤侧钱贱，民巧法用之[8]，不便[9]，又废。于是悉禁郡国无铸钱[10]，专令上林三官铸[11]。钱既多，而令天下非三官钱不得行，诸郡国所前铸钱皆废销之[12]，输其铜三官。而民之铸钱益少，计其费不能相当[13]，唯真工大奸乃盗为之[14]。

段　意

主要记西汉的两次货币变革。一次是汉武帝元鼎二年（前115），京师铸钟官赤侧钱，一当五，废除白金币。一次是元鼎四年（前113），废销郡国所铸的钱，禁止郡国铸钱，专令上林三官铸钱，将铸币权集中于中央，统一全国货币。

注　释

[1]缗钱令：向商人征收财产税的法令，即元狩四年（前119）颁布的"算贾人缗钱"的法令。[2]终莫：终究没有人。[3]杨可告缗钱纵：杨可主持的告发隐瞒资产逃税的工作广泛展开。元狩六年（前117）杨可奉命主持告缗，派遣使者至全国各地执行，鼓励人们告发隐瞒财产的商人，将没收的缗钱的一半给予告发者。纵，广泛，即下文"告缗遍天下"之意。[4]奸铸：指掺杂铅锡铸造钱币和减料使钱币重量不足。[5]而：因而。钟官：掌管上林苑的官府水衡都尉的属官，专管铸五铢钱。赤侧：赤侧钱，光边铜钱。赤侧，光边，即外郭平整精细，不粗糙。旧谓"赤侧"为"红铜边"，误。[6]赋官用：纳税及官府使用。[7]宝：爱。[8]巧法：不按法令办，用巧妙的手段避免触犯法令。[9]不便：不适当。[10]悉禁郡国无铸钱：完全禁止郡国，不要铸钱。无，不要。[11]上林三官：上林，上林苑的水衡都尉。三官，水衡都尉下三令：均输、钟官、辨铜。一说三官中有"技巧令"而无"均输令"。[12]废销：废除、熔化。[13]计其费不

能相当：计算铸成钱的耗费与钱币的价值不能相抵，即无利可图。当，抵。[14]
真工：铸钱技术高超者。大奸：大奸邪，指财势雄厚的豪民。

卜式相齐[1]，而杨可告缗遍天下，中家以上大抵皆遇告[2]。杜周治之[3]，狱少反者[4]。乃分遣御史廷尉正监分曹往[5]，即治郡国缗钱[6]，得民财物以亿计，奴婢以千万数，田大县数百顷，小县百余顷，宅亦如之[7]。于是商贾中家以上大率破[8]，民偷甘食好衣[9]，不事畜藏之产业[10]，而县官有盐铁缗钱之故[11]，用益饶矣[12]。益广关[13]，置左右辅[14]。

初，大农筦盐铁官布多[15]，置水衡[16]，欲以主盐铁[17]；及杨可告缗钱，上林财物众，乃令水衡主上林。上林既充满，益广。是时越欲与汉用船战逐[18]，乃大修昆明池[19]，列观环之[20]。治楼船[21]，高十余丈，旗帜加其上，甚壮。于是天子感之，乃作柏梁台[22]，高数十丈。宫室之修，由此日丽。

乃分缗钱诸官[23]，而水衡、少府、大农、太仆各置农官[24]，往往即郡县比没入田田之[25]。其没入奴婢，分诸苑养狗马禽兽[26]，及与诸官。诸官益杂置多[27]，徒奴婢众[28]，而下河漕度四百万石[29]，及官自籴乃足[30]。

段意

记汉武帝时实施的三条经济措施。一、在全国实施告缗令，惩罚违法者，中等以上的商贾都被罚破产，政府获得大量的财物、奴婢、农田、房屋。二、在大司农设水衡都尉主管盐铁官营和上林苑。同时，大兴土木，修昆明池，造楼船，筑柏梁台。三、在水衡、少府、大农、太仆置农官，利用没收的农田耕种。将没收的缗钱分给各官府，将没收的奴婢分给各官府和各苑圃。

注　释

[1] 相齐：作齐王的相，辅助齐王。[2] 中家：中等财产之家。[3] 杜周：武帝任命为廷尉，以用法严酷著名，专以人主意旨审理案件。[4] 狱少反者：案件少有翻案而重新审理的。反，翻案。[5] 御史：御史大夫的属官。廷尉正监：廷尉的属官，掌管刑狱。分曹：分批。[6] 治郡国缗钱：处理郡国内告发出来的违反缗钱法的案件。[7] 如之：像财物、奴婢、田地一样，很多。如，像……一样。[8] 大率：大都。破：破产。[9] 偷：苟且，安于。[10] 事：从事，经营。畜：通"蓄"。[11] 缗钱：此指没收的商人隐瞒的财产钱。[12] 用益饶：费用渐渐富足。[13] 益广关：增大函谷关区域东西的距离。函谷关原在今河南灵宝东北旧灵宝南十里，关在山谷中，东自崤山，西至潼津，通名函谷。汉武帝元鼎三年（前114）移关于新安（今河南新安东），离原旧关三百里。函谷关东移三百里后，函谷区域东西距离也随之增大了。益，增加，增大。广，地的东西向距离。[14] 左右辅：左右京辅都尉，即左辅都尉、右辅都尉、京辅都尉，合称三辅都尉，汉武帝元鼎四年（前113）设置。京辅都尉治华阴（治今陕西华阴），左辅都尉治高陵（治今陕西高陵），右辅都尉治郿（治今陕西眉县）。[15] 大农笇盐铁官布多：大农所管的盐铁官分布甚多。笇：同"管"。[16] 水衡：水衡都尉。汉武帝元鼎二年（前115）始设置。主管上林苑、盐铁、铸钱，兼管皇室财物，与少府同为天子私府。[17] 主：主管。[18] 越：南越。[19] 昆明池：池苑名。故址在今陕西西安西南斗门镇东南。汉武帝元狩三年（前120）开凿，用以训练水军和解决长安城供水不足的问题。周围四十里。[20] 列：排列。观（guàn）：高楼台馆等建筑物。环：围绕。[21] 治：建造。[22] 作：修建。柏梁台：台名，汉武帝元鼎二年（前115）修建，以香柏为梁，故名柏梁台。在长安城中北阙内。[23] 缗钱：此指没收商人隐瞒财产获得的钱。诸官：各官府。[24] 太仆：官名，职掌皇帝专用车马，兼管官府畜牧业，位列九卿。[25] 往往：处处。即：就。比：往日。没入：没收。田：第一个"田"，名词；第二个"田"，动词，"种田"的意思。[26] 诸苑：各个苑囿。[27] 杂置多：杂乱设置的官员多。[28] 徒奴婢：服劳役的罪犯和丧失自由作无偿劳役的人。[29] 下河漕：黄河下游（潼关以东的黄河）的水路运输。漕，水道运粮。度：运输。[30] 官自籴（dí）：官府自己买进粮食。籴，买进粮食。

所忠言[1]："世家子弟富人或斗鸡走狗马[2]，弋猎博戏[3]，乱齐民[4]。"乃征诸犯令[5]，相引数千人[6]，命曰"株送徒[7]"。入财者得补郎，郎选衰矣[8]。

段 意

惩罚世家子弟富人中犯法的人，叫他们相互揭发牵连。向政府缴纳财物就可以当郎官，改变了郎官的选拔制度。

注 释

[1] 所忠：人名，汉武帝宠臣。[2] 世家子弟：世世代代做官袭爵的官宦之家的子弟。走狗马：打猎。走，跑，使（狗马）跑。[3] 弋猎：射猎，即射鸟。弋，带有绳子的射鸟的箭。博戏：一种赌博游戏，与棋相仿。[4] 乱齐民：扰乱平民。[5] 征（chéng）：通"惩"，惩罚。诸犯令：指世家富人子弟中各个触犯法令的人。[6] 相引：相互揭发牵连。[7] 株送徒：从先捕获的犯人口供中招出的同案犯。株送，株连牵引。送，引。[8] 郎选衰矣：郎官选拔制度衰败了。

是时山东被河菑[1]，及岁不登数年[2]，人或相食[3]，方一二千里。天子怜之，诏曰："江南火耕水耨[4]，令饥民得流就食江淮间[5]，欲留[6]，〔留〕处[7]。"遣使冠盖相属于道[8]，护之，下巴蜀粟以振之[9]。

段 意

山东地区遭水灾，数年没有收成，人相食。迁移灾民到长江淮河地区，调运巴蜀地区的粮食救济灾民。

注 释

[1] 山东：地区名，指崤山、函谷关以东地区。河：黄河。菑：同"灾"。[2] 岁：年成，年景。不登：庄稼无收成。登，庄稼成熟。[3] 或：有的。[4] 火耕水耨（nòu）：一种原始的耕种方法。用火烧掉杂草，然后下水种稻。杂草长出来后，除去杂草，再往田里灌水。耨，除草。[5] 流：迁移。就食江淮间：到

长江淮河地区谋生。就食，外出谋生。[6] 留：留下。[7] 留处：留下居住。处，居住。[8] 相属（zhǔ）：相连。属，连接。[9] 下：发给。

其明年[1]，天子始巡郡国[2]。东度河，河东守不意行至[3]，不辨[4]，自杀。行西逾陇[5]，陇西守以行往卒[6]，天子从官不得食，陇西守自杀。于是上北出萧关[7]，从数万骑[8]，猎新秦中[9]，以勒边兵而归[10]。新秦中或千里无亭徼[11]，于是诛北地太守以下，而令民得畜牧边县，官假马母[12]，三岁而归[13]，及息什一[14]，以除告缗[15]，用充仞新秦中[16]。

段 意

汉武帝巡视郡国，河东、陇西太守因未办好供应而自杀。武帝巡视新秦中，下令百姓在边境地区从事畜牧业，由官府借给母马，并免除牧民的财产税。

注 释

[1] 明年：元鼎四年（前113）。[2] 巡：巡视，巡察。[3] 河东守：河东郡的太守。不意：没有料到。行：巡视。[4] 不辨（bàn）：没有备办迎接圣驾的事宜。辨，办理（这个意义后来写作"辦"，简化为"办"）。[5] 逾：越过。陇：山名，在今甘肃、陕西交界处。[6] 以：因。往卒（cù）：到得突然。往，到。卒，通"猝"，突然。[7] 萧关：关名，故址在今宁夏固原东南，古时为关中通往塞北的交通要道。[8] 从：随从。骑（jì）：骑兵。[9] 猎：打猎。[10] 勒：整饬，统率。[11] 亭徼（jiào）：边境上的防御工事。[12] 假：借。马母：母马。[13] 归：归还。[14] 息什一：每十匹母马偿还十一匹，以一匹作利息。[15] 以：以及，连词。除告缗：免除告缗令，即对在边境从事畜牧的人免收财产税。[16] 充仞：充实。

既得宝鼎[1]，立后土、太一祠[2]，公卿议封禅事[3]，而天下郡国皆豫治道桥[4]，缮故宫，及当驰道县[5]，县治官储[6]，设供具[7]，而望以待幸[8]。

汉武帝打算举行封禅典礼，郡国及沿途各县都纷纷做接待的准备，等待天子驾临。

[1] 得宝鼎：汉武帝元鼎四年（前113）在汾阴（今山西万荣西南）修建后土祠，挖土得鼎，献给武帝，因鼎特大，故尊为宝鼎。[2] 后土：土神。太一：天神。[3] 封禅：帝王到泰山祭天地的大典。[4] 豫：预先。[5] 驰道：专供皇帝驰行的道路。[6] 官储：官府储备的物资。这里主要指膳食等物资。[7] 供具：酒食用的器皿等物。[8] 幸：皇帝亲临。

其明年[1]，南越反，西羌侵边为桀[2]。于是天子为山东不赡，赦天下，因南方楼船卒二十余万人击南越[3]，数万人发三河以西骑击西羌[4]，又数万人度河筑令居[5]。初置张掖、酒泉郡，而上郡、朔方、西河、河西开田官[6]，斥塞卒六十万人戍田之[7]。中国缮道馈粮[8]，远者三千，近者千余里，皆仰给大农。边兵不足，乃发武库工官兵器以赡之[9]。车骑马乏绝，县官钱少，买马难得，乃著令[10]，令封君以下至三百石以上吏，以差出牝马天下亭[11]，亭有畜牸马[12]，岁课息[13]。

讨伐反叛的南越和侵边的西羌，建令居城，设张掖、酒泉郡。驻六十万军队在北方边境戍守兼种田。制定一项法令，令封君以下至三百石以上俸禄官吏按等级出母马给全国各亭，政府每年向亭征收一定数额的马作为利息。

[1] 其明年：元鼎五年（前112）。[2] 桀：凶暴。[3] 因：利用。[4] 三河：汉代称河东、河内、河南三郡为三河。[5] 令居：县名，治今甘肃永登。[6] 开：开设。田官：官署名，汉武帝始设，边境郡主管屯田垦殖的机构。[7] 斥塞卒：戍守边塞的士卒。斥，巡察。[8] 中国：国中。[9] 武库工官：执金吾（掌管京师治安）属官有武库令，主管收藏兵器，下设工官，主管铸造兵器。[10] 著令：制定法令。[11] 差：等级。牝（pìn）马：母马。[12] 牸（zì）马：母马。[13] 岁课息：每年征收利息（以马作为利息）。

齐相卜式上书曰："臣闻主忧臣辱。南越反，臣愿父子与齐习船者往死之[1]。"天子下诏曰："卜式虽躬耕牧[2]，不以为利[3]，有余辄助县官之用[4]。今天下不幸有急[5]，而式奋愿父子死之[6]，虽未战，可谓义形于内[7]。赐爵关内侯[8]，金六十斤，田十顷。"布告天下，天下莫应[9]。列侯以百数[10]，皆莫求从军击羌、越。至酎[11]，少府省金[12]，而列侯坐酎金失侯者百余人[13]。乃拜式为御史大夫。

式既在位，见郡国多不便县官作盐铁[14]，铁器苦恶[15]，贾贵[16]，或强令民卖买之。而船有算[17]，商者少，物贵，乃因孔仅言船算事[18]。上由是不悦卜式[19]。

记卜式得宠和失宠以及武帝惩罚列侯。卜式愿父子从军为讨伐南越而献身。武帝大加赏赐，将卜式的事迹向全国宣布，并重用卜式为御史大夫。后因卜式对盐铁官营和船收税持不同意见，武帝开始不满意卜式。列侯因不愿从军讨伐羌、越，武帝以助祭金不合格削去一百多位列侯的爵位。

[1]习船者：熟悉行船的人。[2]躬耕牧：亲自耕种放牧。[3]不以为利：不把耕牧作为自己的私利。[4]助：资助。用：费用。[5]急：紧急的事情，此指战争。[6]奋：振奋，振作。死之：为之献身。[7]义形于内：忠君报国的正义之情从内心里表现出来。[8]关内侯：旧二十级爵的第十九级，封侯爵，但无封邑。[9]莫应：没有人响应。[10]列侯：旧二十级爵的最高一级，有封邑，并有权征收封邑的租税。[11]酎（zhòu）：醇酒，正月作，八月成，用来祭祀宗庙。至酎，指到了用酎酒祭祀宗庙的时候。[12]省金：审察列侯所缴纳的助祭黄金。汉代皇帝酎祭时，列侯须贡金助祭，助金的多少以封地的户口计算，千口纳金四两，交掌管皇帝私人财物的少府审视。[13]坐酎金失侯：犯助祭金轻重或成色不合格罪而失掉列侯爵位。[14]不便：不以为便，不认为……合适。[15]苦恶：不好，粗劣。[16]贾（jià）：通“价”。[17]船有算：船有税，即船五丈以上交一百二十钱的税（一算）。[18]因：利用，通过。[19]由是：从此。悦：喜欢，满意。

汉连兵三岁[1]，诛羌[2]，灭南越。番禺以西至蜀南者置初郡十七[3]，且以其故俗治[4]，毋赋税。南阳、汉中以往郡[5]，各以地比给初郡吏卒奉食币物[6]，传车马被具[7]。而初郡时时小反，杀吏，汉发南方吏卒往诛之，间岁万余人[8]，费皆仰给大农。大农以均输调盐铁助赋[9]，故能赡之[10]。然兵所过县，为以訾给毋乏而已[11]，不敢言擅赋法矣[12]。

汉朝连续三年出兵，诛羌、灭越，新设置十七郡，并免除新郡的赋税。初置郡常有小规模的叛乱，皆予以平息。军费物资由大农和军队所过县供给。

[1]连兵：连续出兵。三岁：三年，指元鼎五年（前112）"赦天下，因南方

楼船卒二十余万人击南越"，元鼎六年发卒十万击西羌，元封元年（前110）东越降汉。[2] 诛：灭。[3] 番（pān）禺：县名，治今广东广州。初郡：新设置的郡。十七：十七郡，包括元鼎六年平定南越后设置的南海（治今广东广州）、苍梧（治今广西梧州）、郁林（治今广西桂平西）、合浦（治今广西合浦东北）、交趾（治今越南河内西北）、九真（今越南北部清化、河静、义安一带）、日南（今越南广治省广治河与甘露河合流处）、珠崖（治今海南琼山东南）、儋耳（治今海南儋州西北）九郡，平定西南夷设置武都（治今甘肃西和西南）、牂柯（治今贵州贵阳附近，一说在贵州凯里西北）、越巂（xī）（治今四川西昌东南）、沈犁（治今四川汉源东北）、汶山（治今四川茂县北）五郡，以及犍为（治今贵州遵义西）、零陵（治今广西全州西南）、益州（治今云南晋宁东）三郡，共计十七郡。[4] 且：暂且。故俗：原有习惯风俗。[5] 以往：以南。[6] 地比：地区附近。比，近。给：供给。奉：俸禄。币物：钱财。[7] 传（zhuàn）车马：传车传马，古时供驿站使用的车马。被具：驾车乘马的器具。[8] 间岁：隔一年。[9] 以均输调盐铁助赋：由均输官协调各地盐铁的运销，所得利补助国家的赋税收入。[10] 赡：供给，供应。[11] 訾（zī）：通"资"，钱财。给：供给。毋乏：不缺乏。[12] 不敢言擅赋法：不能说擅自定赋税办法（而拒不供给）。

其明年，元封元年，卜式贬秩为太子太傅[1]。而桑弘羊为治粟都尉[2]，领大农[3]，尽代仅筦天下盐铁[4]。弘羊以诸官各自市[5]，相与争，物故腾跃，而天下赋输或不偿其僦费[6]，乃请置大农部丞数十人[8]，分部主郡国。各往往县置均输盐铁官[9]，令远方各以其物贵时商贾所转贩者为赋[10]，而相灌输[11]。置平准于京师[12]，都受天下委输[13]。召工官治车诸器[14]，皆仰给大农。大农之诸官尽笼天下之货物[16]，贵即卖之，贱则买之。如此，富商大贾无所牟大利，则反本[17]，而万物不得腾踊[18]。故抑天下物[19]，名曰"平准"。天子以为然[20]，许之[21]。于是天子北至朔方，东到太山[22]，巡海上[23]，并北边以归[24]。所过赏赐[25]，用帛百余万匹，钱金以巨万计，皆取足大农。

弘羊又请令吏得入粟补官，及罪人赎罪。令民能入粟甘泉各有差，以复终身[26]，不告缗[27]。他郡各输急处[28]，而诸农各致粟[29]，山东漕益岁六百万石[30]。一岁之中，太仓、甘泉仓满，边余谷[31]。诸物均输帛五百万匹[32]。民不益赋而天下用饶[33]。于是弘羊赐爵左庶长[34]，黄金再百斤焉[35]。

段 意

汉武帝任命桑弘羊为治粟都尉，主管大司农的工作，代替孔仅管理全国的盐铁事务。桑弘羊实施了几项经济政策：一、平准、均输政策。在京师设平准令，在县设均输官，掌握全国货物，平衡物价。二、入粟补官政策。官吏向朝廷交纳粮食，可以升迁官职。三、入粟赎罪政策。即罪人向官府交纳粮食，可以免、减罪。四、入粟免役、免税政策。老百姓向甘泉仓交纳粮食，可以免除徭役和缗钱税。实行这些政策，使大司农费用、粮食充裕，桑弘羊也因此大受赏赐。

注 释

[1] 贬秩：降职。[2] 治粟都尉：官名，掌管大司农事。[3] 领：主管，总管。[4] 尽代仅：完全代替孔仅。筦：同“管”。[5] 各自市：各自做买卖。[6] 赋：田地税。输：运送。僦（jiù）费：运输费。僦，雇（车运送）。[8] 大农部丞：官名，西汉武帝设置，属大农令，主管郡国的均输、盐铁。[9] 往往：处处。[10] 物贵：指货物价高。转贩：转运贩卖。为赋：作为交纳的（实物）赋税。[11] 灌输：相互输送，如水之灌注，即流通。[12] 平准：西汉政府的经济政策之一。在京师设立平准机构，置平准令一人，属大司农，掌管政府控制的物资。平准令通过各地的均输官，利用充足的货源，贱则买，贵则卖，以调节市场物价，起到平抑物价的作用。[13] 都受天下委输：总受全国各地运至京师的货物。都，总。委，积聚，指各郡国积聚的货物。[14] 工官：官署名，主管制造兵器、日用器物和手工艺品等。西汉工官隶属于少府，在部分郡县设置。车诸器：车和各种有关运输的器物。[16] 笼：独揽。[17] 牟：谋取。反本：回归农业。本，指农业。[18] 腾踊：喻涨价。[19] 抑天下物：抑制、控制全国物价。[20] 以为然：认为对，认为正确。[21] 许之：批准桑弘羊的平准均输主张。[22] 太山：即今山东泰山。[23] 巡海上：视察沿海。[24] 并（bàng）：通“傍”，靠着、沿着。

[25] 所过：所经过的地方。[26] 甘泉：甘泉仓。差：等级。复终身：免除终身的徭役。[27] 不告缗：不受告缗法令的惩处，即可以不交纳财产税。[28] 他郡各输急处：甘泉附近以外的郡交纳粮食的人把粮食运送到急需的地方。[29] 诸农：指水衡、少府、太仆、大农设置的农官。致：获得，收获。[30] 益：增加。岁：每年。[31] 边余谷：边境地区有富余的粮食。[32] 诸物均输帛五百万匹：各种货物通过均输官运销获利相当于帛五百万匹。帛，丝织品。[33] 益赋：增加赋税。[34] 左庶长：二十等爵位的第十级。[35] 再百斤：又赏赐一百斤。

是岁小旱，上令官求雨。卜式言曰："县官当食租衣税而已[1]，今弘羊令吏坐市列肆[2]，贩物求利。亨弘羊[3]，天乃雨。"

段　意

卜式借皇上令百官求雨的机会欲加害桑弘羊。

注　释

[1] 县官：指朝廷的官吏。食租衣税：意为衣食都依靠租税收入。[2] 坐市：在集市上做买卖。列肆：开设商店。[3] 亨（pēng）：通"烹"，煮。

太史公曰：农工商交易之路通，而龟贝金钱刀布之币兴焉[1]。所从来久远[2]，自高辛氏之前尚矣[3]，靡得而记云[4]。故《书》道唐虞之际，《诗》述殷周之世，安宁则长庠序[5]，先本绌末[6]，以礼义防于利[7]。事变多故而亦反是[8]。是以物盛则衰，时极而转[9]，一质一文[10]，终始之变也。《禹贡》九州[11]，各因其土地所宜，人民所多少而纳职焉[12]。汤、武承弊易变[13]，使民不倦[14]，各兢兢所以为治[15]，而稍陵迟衰微[16]。齐桓公用管仲之谋[17]，通轻重之权[18]，徼山海之业[19]，以朝诸侯，用区区之齐显成霸名。魏用李克[20]，尽地力，为强君。自是之后，天下争于战国，贵诈力而贱仁义[21]，先富有而后推让[22]。故庶人之富者或累巨万，而贫者或不厌糟糠[23]；有国强者或并群小以臣诸侯[24]，而弱国或绝祀而灭世[25]。以至于秦[26]，卒并海内[27]。虞、夏之币，金为三品[28]：或黄，或白，或赤[29]；或钱，或布，或刀，或龟贝。及至秦，中一国之币为（三）〔二〕等[30]，黄金以溢名[31]，为上币；铜钱识曰半两[32]，重如其文，为下币。而珠玉、龟贝、银锡之属为器饰宝藏[33]，不为币。然各随时而轻重无常[34]。于是外攘夷狄[35]，内兴功业，海内之士力耕不足粮饷[36]，女子纺绩不足衣服[37]。古者尝竭天下之资财以奉其上，犹自以为不足也。无异故云[38]，事势之流[39]，相激使然[40]，曷足怪焉[41]？

段 意

司马迁这段话的要点有三：一、概述货币经济的发展，说明事物都是发展变化的，总有它发生发展和衰亡的过程。二、简述货币的历史演变。三、批评汉武帝外攘夷狄内兴功业劳民伤财。

注 释

[1] 龟：龟甲。贝：贝壳。金：指黄金、白银、赤铜。刀：形状似刀的刀币。布：布币。[2] 所从来：由来，产生以来。[3] 高辛氏：古史传说中炎黄部落联盟首领，姬姓，名喾（kù），亦称帝喾，号高辛氏。尚：久远。[4] 靡得而记云：没有得到记载。靡，不，没有。云，语气助词。 [5] 长（zhǎng）：崇尚。庠（xiáng）序：学校。[6] 先本：把农业放在最前面，即优先发展农业。绌末：排斥工商业。绌（chù），通"黜"，贬低，排斥。[7] 于：取。利：赢利。[8] 事变多故：事物发展变化多患难。而：则，就。亦：总。反是：反此，即与此相反。[9] 时极而转：时代到了极点就会转变。极，达到极点。[10] 质：质朴。文：文采。[11]《禹贡》：《尚书》中的一篇，记九州土地、物产及贡赋。九州：《禹贡》篇所记的大禹治水后的行政区划，九州包括冀州、兖州、青州、徐州、扬州、荆州、豫州、梁州、雍州。[12] 所多少：所有的多少。纳职：交纳贡品。职，贡品。[13] 汤：商汤，商朝的建立者。武：周武王，西周的建立者。承弊：承接弊病。易变：加以改变。[14] 不倦：不疲劳，谓负担不重。[15] 各兢兢所以为治：他们小心谨慎，以此来治理国家。所以，以此来。为治，作为治理（国家的方法）。[16] 而：但是。稍陵迟：渐渐衰颓。[17] 齐桓公：春秋时齐国的国君。管

仲：春秋时杰出的政治家，被齐桓公任用为卿。［18］通：实行。轻重：关于调节商品、货币流通和控制物价的理论。这一理论在《管子·轻重》篇中做了集中、详尽的论述。权：平衡。［19］徼（yāo）：通"邀"，求取。业：产业。［20］李克：即李悝（kuī），曾任魏国君主魏文侯相。［21］贵诈力：崇尚欺诈和武力。［22］推让：谦让。［23］不厌糟糠：连粗劣的食物也吃不饱。厌，足，饱。糟糠，酒渣谷糠，代指粗劣的食物。［24］有：句首语气助词，无义。群小：众多的小国。臣诸侯：使诸侯臣服、称臣。［25］绝祀：断绝祭祀，即亡国。灭世：灭于世，即从世界上消亡。［26］以：而。至于：到。［27］卒：终于。［28］三品：三种。［29］黄：黄金。白：白银。赤：赤铜。［30］中（zòng）一国之币：统一全国的货币。中，合，犹言统一。［31］溢：通"镒"，古代黄金的重量单位，一镒二十两（一说二十四两）。名：（重量单位）名称。［32］识（zhì）：标记，这里指铜钱上表示面额的文字。［33］器饰宝藏（zàng）：器物装饰物宝物。［34］轻重：贵贱。［35］攘：排斥。夷狄：东南方和北方民族，如东夷、西南夷、匈奴。［36］士：男子。［37］纺绩：纺织。［38］无异故：没有别的原因。异，别的。［39］事势：事物发展趋势。流：流动，变化。［40］激：阻遏。［41］曷：何。

（杨兴发）

货殖列传

提 示

货殖，即经商，或指经商的人，因此《货殖列传》也可以叫作"商人列传"。自春秋战国以来，儒家只重教化而反对"言利"，道家宣扬避世而主张"寡欲"，都不重视社会经济的发展。到汉武帝"独尊儒术"以后，这种思想更加成为妨碍经济发展的桎梏。同时，又片面强调"重本抑末"，限制手工业、商业的自由发展，特别是对商业和商人采取更为鄙薄的态度。针对这种情况，司马迁写了《货殖列传》，发表了迥异于时人的远见卓识。文章通过深入的议论和列举大量事实为例，指出：由于社会的发展和人民生活的需要，商业和商人的出现是历史的必然，只能因势利导；商业、手工业与农业相比，具有同等重要的地位，它对国家强盛、人民富足起着重要作用；追求富裕是人的本性，只要勤劳刻苦、专心致志地从事商业或手工业等某种职业，就能成为与王侯相比的富人。他还认真总结了一些商人经商的成功经验，十分精辟，富有规律性，对今天和以后，都具有重要的指导意义。这些，充分表明司马迁作为一个进步的历史学家的可贵之处。文章有议论，有叙述，也有夹叙夹议，议论时文笔犀利，鞭辟入里，叙述时生动活泼，形象感人。钱锺书说："斯《传》文笔腾骧，固勿待言，而卓识巨胆，洞达世情，敢质言而不为高论，尤非常殊众也。"又说："马迁传《游侠》，已属破格，然尚以传人为主，此篇则全非'大事记'、'人物志'，于新史学不啻手辟鸿濛矣。"（见《管锥编》）这种高度的评价，是完全中肯之言。

老子曰[1]："至治之极[2]，邻国相望，鸡狗之声相闻，民各甘其食，美其服，安其俗，乐其业，至老死不相往来[3]。"必用此为务[4]，挽近世涂民耳目[5]，则几无行矣[6]。

太史公曰：夫神农以前[7]，吾不知已。至若《诗》《书》所述虞夏以来[8]，耳目欲极声色之好，口欲穷刍豢之味[9]，身安逸乐，而心夸矜埶能之荣[10]，使俗之渐民久矣[11]。虽户说以眇论[12]，终不能化[13]。故善者因之[14]，其次利道之[15]，其次教诲之，其次整齐之[16]，最下者与之争[17]。

夫山西饶材、竹、穀、纑、旄、玉石[18]；山东多鱼、盐、漆、丝、声色[19]；江南出楠、梓、姜、桂、金、锡、连、丹沙、犀、玳瑁、珠玑、齿革[20]；龙门、碣石北多马、牛、羊、旃裘、筋角[21]；铜、铁则千里往往山出棋置[22]：此其大较也[23]。皆中国人民所喜好[24]，谣俗被服饮食奉生送死之具也[25]。故待农而食之，虞而出之[26]，工而成之，商而通之。此宁有政教发征期会哉[27]？人各任其能，竭其力，以得所欲。故物贱之征贵，贵之征贱[28]，各劝其业[29]，乐其事，若水之趋下，日夜无休时，不召而自来，不求而民出之。岂非道之所符[30]，而自然之验邪[31]？

《周书》曰[32]："农不出则乏其食，工不出则乏其事，商不出则三宝绝[33]，虞不出则财匮少[34]。"财匮少而山泽不辟矣[35]。此四者[36]，民所衣食之原也。原大则饶，原小则鲜[37]。上则富国，下则富家。贫富之道，莫之夺予[38]，而巧者有余，拙者不足[39]。故太公望封于营丘[40]，地潟卤[41]，人民寡，于是太公劝其女功[42]，极技巧，通鱼盐，则人物归之，繦至而辐凑[43]。故齐冠带衣履天下[44]，海岱之间敛袂而往朝焉[45]。其后齐中衰，管子修之[46]，设轻重九府[47]，则桓公以霸，九合诸侯，一匡天下[48]；而管氏亦有三归[49]，位在陪臣[50]，富于列国之君。是以齐富强至于威、宣也[51]。

故曰："仓廪实而知礼节，衣食足而知荣辱[52]。"礼生于有而废于无。故君子富，好行其德；小人富，以适其力[53]。渊深而鱼生之[54]，山深而兽往之，人富而仁义附焉。富者得执益彰，失执则客无所之，以而不乐。夷狄益甚。谚曰："千金之子，不死于市[55]。"此非空言也。故曰："天下熙熙，皆为利来；天下壤壤，皆为利往[56]。"夫千乘之王[57]，万家之侯，百室之君，尚犹患贫，而况匹夫编户之民乎[58]！

段 意

本段着重从理论上阐述。司马迁指出：老子向往的那种自给自足、人民互不往来的情况已经一去不复返了，当今人民的生活需求发生了新的变化，对此只能因势利导；商人的出现，是由于货物需要流通而自然产生的，它同农、工、虞一样，对经济发展具有重要作用；经济是礼节仁义的基础，人民向往财富是事理之必然。

注 释

[1] 老子：春秋时期的思想家，道家的创始人。姓李，名耳，字伯阳。楚国苦县（治今河南鹿邑东）人。做过周朝"守藏室之史"（管理藏书的史官），后退隐，著有《老子》一书，为道家经典著作。以下引文见《老子》第八十章，个别文字有出入。[2] 至治之极：指政治推行到极致，亦即国家治理得最好的时候。[3] "至老死"句：人们直到年老、死亡，彼此都互不交往。[4] 此：指老子所说的至治社会。务：用力达到的目标。[5] 挽近世：指挽救近代的衰颓之风。涂民耳目：把老百姓的耳目堵塞起来。涂，涂抹，堵塞。[6] 则几无行矣：是几乎行不通的。[7] 神农：古代传说的三皇之一，教民稼穑务农，故叫神农。[8] 虞：虞舜。夏：夏禹。[9] 刍（chú）豢（huàn）：此泛指牛羊一类的家畜。刍，吃草的牲口。豢，食谷的牲畜。[10] 夸矜（jīn）埶能：夸耀权势和才能。埶，通"势"。[11] 俗：风俗习惯。渐：逐渐形成。[12] 户说：挨家挨户地解说。眇论：此指老子的微妙高深的道理。眇，通"妙"。[13] 化：指受到教育而转变。[14]

因之：顺着它自然发展。[15] 利道之：顺着有利形势引导。道，同"导"。[16]
整齐之：用规章法律来使行为一致。[17] 争：指争夺利益。[18] 山西：指崤山
以西今陕西一带地方。材：木材。榖：据《索隐》解释，此为一种木的名称，皮
可以做纸。垆（lú）：麻缕。旄：旄牛尾，可用为旌节上的装饰物。[19] 山东：
指崤山以东今河南、山东以及河北、安徽、江苏部分地区。声色：此舞女歌儿。
[20] 连：还未炼的铅。犀：特指犀牛角，可为装饰品，也可做药。玳瑁
（dàimào）：龟的一种，甲壳可制纽扣、眼镜框或装饰品，也可入药。珠玑（jī）：
珍珠。玑，不圆的珠。[21] 碣石：山名，在河北昌黎。旃（zhān）：与"毡"同。
[22] 山出棋置：在山间星罗棋布。[23] 大较：大概。[24] 中国人民：此以京城
长安为中心而言，犹言关中人民。[25] 谣俗：风俗。被服：穿戴。奉生送死：供
养活人，礼葬死者。[26] 虞：管理和开发山林湖泊的人。[27] "此宁有"句：这
难道是有政令才把他们征调安排成这样的吗？宁：岂。政教：政令。发征：征调。
期会：约定时间相聚。[28] 这里是说：货物贱到一定程度将预示着变贵，而贵到
一定程度又将预示着变贱。征：征兆，预示。[29] 劝：努力去做。[30] 道之所
符：符合大道。[31] 自然之验：应验于自然规律。[32]《周书》：此指《逸周
书》，记周朝上起文王下至景王时期之事，大抵成书于春秋、战国间，共七十篇。
但今本《逸周书》中无以下四句引文。[33] 三宝：指前后所言农出之食、工出之
事、虞出之财。这些，都要依靠商人来使之流通。[34] 财：指材料、货物。匮
（kuì）：缺乏。[35] 辟：此指开发。[36] 四者：指农、工、虞、商。[37] 鲜：
少。[38] 莫之夺予：意谓无人能改变它。[39] 巧者有余，拙者不足：《管子·形
势篇》中语。[40] 太公：姜太公吕望，辅佐武王伐纣，建立周朝，被封于齐。营
丘：齐国都城，后改称临淄，在今山东临淄西北。[41] 潟（xì）卤：指盐碱地。
[42] 女功：指刺绣、纺织等妇女从事的工作。[43] 襁（qiǎng）至：像牵线一样
络绎不绝而来。襁，牵线的绳子。辐凑：像车轮上每根辐子都朝向车毂一样，都
朝一个地方来，喻人很多。[44] "故齐冠带"句：意谓天下各国所用的冠、带、
衣、履，都是齐国做的。[45] 海岱之间：海，指北海（即渤海）、东海。岱，泰
山。海岱之间即指这一带的诸侯小国。敛袂（mèi）：收敛起衣袖而拜，表示对人
的恭敬。袂，袖子。[46] 管子：管仲，齐桓公宰相，辅佐桓公称霸。[47] 轻重
九府：管仲在齐国设立的主管金融货币的官府。轻重，指钱。九府，指大府、玉
府、内府、外府、泉府、天府、职内、职金、职币，都是掌管财币的部门。[48]
"九合"以下：多次召集天下诸侯举行盟会，一度整顿了天下秩序。九：泛指其
多，非确数。合：会合定约。匡：正。[49] 三归：指三房妻室。女子出嫁叫归。
[50] 陪臣：指诸侯国的大夫。[51] 威：指齐威王田因齐，战国时齐国最有作为

的国君，在位三十六年（前378—前343）。宣：指齐宣王田辟疆，威王之子，在位十九年（前342—前324）。[52]"仓廪（lǐn）实"以下：语出《管子·牧民》。廪：米仓。实：装满。[53]适：纵，逞。[54]渊：深潭。[55]"千金"以下：意思是，富家子弟犯了法，有钱财可以疏通各方，也可免被杀于街市。[56]"天下"以下：意谓天下的人都在为着利益来往奔走。熙熙：往来人多貌。壤壤：同"攘攘"，亦状往来人多。[57]千乘：千辆兵车。[58]匹夫：普通老百姓。编户之民：指编入一般户籍的民众。

昔者越王句践困于会稽之上[1]，乃用范蠡、计然[2]。计然曰："知斗则修备，时用则知物[3]，二者形则万货之情可得而观已[4]。故岁在金[5]，穰[6]；水，毁[7]；木，饥；火，旱。旱则资舟[8]，水则资车，物之理也。六岁穰，六岁旱，十二岁一大饥。夫粜[9]，二十病农，九十病末。末病则财不出，农病则草不辟矣。上不过八十，下不减三十，则农末俱利，平粜齐物[10]，关市不乏[11]，治国之道也。积著之理[12]，务完物[13]，无息币[14]。以物相贸易，腐败而食之货勿留[15]，无敢居贵[16]。论其有余不足，则知贵贱。贵上极则反贱，贱下极则反贵[17]。贵出如粪土，贱取如珠玉[18]。财币欲其行如流水。"修之十年，国富，厚赂战士[19]，士赴矢石[20]，如渴得饮，遂报强吴[21]，观兵中国[22]，称号"五霸[23]"。

范蠡既雪会稽之耻，乃喟然而叹曰："计然之策七，越用其五而得意。既已施于国，吾欲用之家。"乃乘扁舟浮于江湖[24]，变名易姓，适齐为鸱夷子皮[25]，之陶为朱公[26]。朱公以为陶天下之中，诸侯四通，货物所交易也[27]。乃治产积居[28]，与时逐而不责于人[29]。故善治生者[30]，能择人而任时[31]。十九年之中三致千金，再分散与贫交疏昆弟[32]。此所谓富好行其德者也。后年衰老而听子孙[33]，子孙脩业而息之[34]，遂至巨万。故言富者皆称陶朱公。

子赣既学于仲尼[35]，退而仕于卫[36]，废著鬻财于曹、鲁之间[37]，七十子之徒，赐最为饶益。原宪不厌糟糠[38]，匿于穷巷。子贡结驷连骑，束帛之币以聘享诸侯[39]，所至，国君无不分庭与之抗礼[40]。夫使孔子名布扬于天下者，子贡先后之也[41]。此所谓得埶而益彰者乎？

白圭[42]，周人也。当魏文侯时[43]，李克务尽地力[44]，而白圭乐观时变[45]，故人弃我取，人取我与[46]。夫岁孰取谷，予之丝漆；茧出取帛絮，予之食。太阴在卯，穰[47]；明岁衰恶。至午[48]，旱；明岁美。至酉，穰；明岁衰恶。至子，大旱；明岁美，有水。至卯[49]，积著率岁倍。欲长钱，取下谷；长石斗，取上种[50]。能薄饮食，忍嗜欲，节衣服，与用事僮仆同苦乐，趋时若猛兽挚鸟之发[51]。故曰："吾治生产，犹伊尹、吕尚之谋[52]，孙、吴用兵[53]，商鞅行法是也[54]，是故其智不足与权变[55]，勇不足以决断，仁不能以取予[56]，强不能有所守，虽欲学吾术，终不告之矣。"盖天下言治生祖白圭[57]。白圭其有所试矣，能试有所长，非苟而已也。

猗顿用盬盐起[58]。而邯郸郭纵以铁冶成业，与王者埒富[59]。

乌氏倮畜牧[60]，及众，斥卖，求奇缯物[61]，间献遗戎王。戎王什倍其偿，与之畜，畜至用谷量马牛。秦始皇帝令倮比封君[62]，以时与列臣朝请。而巴（蜀）寡妇清[63]，其先得丹穴[64]，而擅其利数世，家亦不訾[65]。清，寡妇也，能守其业，用财自卫，不见侵犯。秦皇帝以为贞妇而客之[66]，为筑女怀清台[67]。夫倮，鄙人牧长[68]，清，穷乡寡妇，礼抗万乘，名显天下，岂非以富邪？

段　意

这一段记叙了自先秦以来的富商大贾的言行：范蠡、计然经商聚财，使越国富强，灭吴报仇；子贡经商富裕而与诸侯分庭抗礼，孔子也依赖他才名扬天下；白圭善于总结经商经验，成为商人之祖；猗顿、郭纵以盐、铁致富；连乌氏倮、寡妇清也因发展手工业和商业而富埒王侯，礼抗万乘。通过这些具体事例，司马迁肯定了商人在国家经济、政治、军事中所起的重要作用。

注 释

[1] 句践：春秋末期越国君主，先是被吴国打败，他卧薪尝胆，与范蠡、文种等积蓄力量，最后终于灭掉吴国，报仇雪恨。他在位三十二年（前496—前465）。会（kuài）稽：会稽山，在浙江中部绍兴、嵊州、诸暨、东阳间，是钱塘江支流浦阳江和曹娥江的分水岭。句践为吴国所败，即退居于此。[2] 范蠡（lǐ）：句践的重要谋臣，范蠡辅佐句践灭吴后，即弃政从商，成为我国古代有名的富商大贾。计然：人名，众说不一，有的认为即文种，亦句践重要谋臣。[3]"知斗"以下：大意是，懂得战斗的人平时就要做好准备，东西到时候用起来要方便则平时就要了解其性能。[4]"二者"句：意谓懂得这两件事的情形，那就对各种货物的行情看得明白了。[5] 岁在金：岁星运行到西方。岁，即岁星，现在叫木星。金，此指西方，古人用五行中的木、火、金、水与方位中的东、南、西、北相配，金与西配，因此此金即在西方。下文水、木、火，即岁在水、岁在木、岁在火，仿此类推。[6] 穰：庄稼丰熟。[7] 毁：此指歉收。[8] 资：储存。[9] 粜（tiào）：卖出粮食。[10] 平粜：按平价卖出粮食。齐物：使物价相当。[11] 关市不乏：关、市指关口和市场，不乏指关税有余和市场供应不缺。[12] 积著：指积存货物。著，同"贮"。[13] 完物：完好的货物。[14] 息：停息，指积压。币：应作"弊"，不好的货物。[15] 食：同"蚀"，指侵蚀。[16] 无敢居贵：意思是当物价上涨到一定程度时就要将货物及时脱手，不要等更贵，因为这时物价马上要下跌。[17]"贵上"以下：物价上涨到顶点就要下跌，下跌到极限就要回升上涨。[18]"贵出"以下：当物价上涨时就要把囤积的货物像粪土一样地抛出，当物价下跌时就要把货物像宝贵的珠玉那样很快地收购回来。[19] 赂：收买，此指赏赐。[20] 士赴矢石：士卒冒着箭和石块奋勇向前。[21] 遂报强吴：于是灭掉了强大的吴国，报仇雪耻。[22] 观兵中国：向中原地区的各诸侯国显示武力。[23] 五霸：齐桓公、晋文公、楚庄公、吴王阖庐、越王句践。[24] 扁（piān）舟：小船。[25] 鸱（chī）夷子皮：范蠡自称，犹号。鸱夷，皮制的口袋，用以盛酒。[26] 陶：古邑名，当时属宋国，在今山东定陶西北。朱公：范蠡

自改的名字。[27] 所交易：指集中贸易之处。[28] 治产：购买货物。积居：囤积货物。[29] "与时逐"句：通过看准时机来获利而不是坑骗人。逐：竞争。责：求，引申为坑骗。[30] 治生：这里指赚钱。[31] 择人：不责于人。任时：抓住时机。[32] 再：两次。贫交：贫困的朋友。疏昆弟：关系不大密切的同族兄弟。[33] 听：听任，任凭。[34] 息：生，此指赚钱、赢利。[35] 子赣：孔子的学生子贡，名端木赐，他喜欢经商，但孔子并不主张他经商，对他有所责难。[36] 卫：春秋时诸侯国名，都城在朝歌，在今河南淇县。[37] 废著：指囤积货物。鬻(yù) 财：此指获利。鬻，卖。曹：春秋诸侯国名，都城陶丘，在今山东定陶西北。鲁：春秋诸侯国名，都城曲阜，在今山东。[38] 原宪：孔子的弟子，以隐居修行、不追求名利而著称于当世和后代。不厌糟糠：就是糟糠这样的粗劣食物也得不到满足。厌，同"餍"，足够。[39] 束帛之币：束帛，古代贵族互相交往时所馈赠的礼物。币，古代对玉、马、皮、圭、璧、帛等礼品的总称。[40] 分庭与之抗礼：古代宾客和主人分别站在庭中的两边，相对行礼，以平等的地位相待。此言子贡与各国国君有着对等的关系。[41] 先后之：指子贡在人前人后称扬、吹嘘孔子。[42] 白圭：周商人名。[43] 魏文侯：战国初期魏国君主，公元前424—前387年在位。[44] 李克：此应作李悝(kuī)，战国早期的经济名臣。务尽地力：指努力发展农业，开垦田地以生产。[45] 乐观时变：指善观时变，抓住机会，从而谋利。乐，此作善解。[46] 人弃我取，人取我与：别人生产过剩低价抛售我就收购，别人高价购买时我就卖出。[47] 太阴：此指岁星，亦即木星。岁星十二年绕行一周天，我国古代天文学把十二年一周的岁星轨道分成十二段，分别以子、丑、寅、卯等十二地支表示。太阴在卯，就是卯年，卯年属兔。穰(ráng)：庄稼丰熟。[48] 至午：指太阴在午，午年属马。[49] 至卯：十二年后，又到卯年。[50] "欲长钱"以下：要想赚钱，就买进下等的谷物（等到贵时卖出，就能获利）；要想提高产量，就要买上等谷物（上谷子粒饱满，发芽率高，长势壮旺，易获丰收）。石斗：一石为十斗，此指产量。[51] 挚(zhì) 鸟：凶猛的鸟。挚，同"鸷"。[52] 吕尚：指太公望。[53] 孙、吴：指孙武、吴起，我国古代著名军事家。[54] 商鞅：古代著名法家人物，在秦国推行法制，取得重要成果。[55] 不足与权变：不能够随机应变。与，同"以"。[56] 仁不能以取予：意思是，心肠太软不能当机立断，确定取舍。[57] 治生祖白圭：经商的都必须以白圭为祖师。意思是要学习白圭的经商经验。[58] 猗(yī)顿：鲁国人，原来务农，很穷，以后向朱公（即范蠡）学习经商，十年致富，名扬天下。盬(gǔ) 盐：用池水熬盐。盬，古代盐池名，在今山西临猗南。[59] 埒(liè) 富：一样富裕。埒，相等。[60] 乌氏倮(luǒ)：乌氏人，名叫倮。乌氏，秦县名，县治在今甘肃平凉西北。[61] 绘：应作"缯"，古代丝织品的总称。[62] 比封君：和有封地的君长一样。[63] 巴寡妇清：名叫清的巴郡的寡妇。巴，秦郡名，郡治江州，今重庆北。[64] 丹穴：丹砂矿。[65] 訾（zī）：计量。不訾，即财产多得算不清。[66] 贞妇：守贞节的妇人。客之：像对待宾客一样地对待寡妇清。[67] 女怀清台：在今重庆长寿南。[68] 鄙人：偏僻地区之人。鄙，指边疆偏僻地区。

汉兴，海内为一，开关梁[1]，弛山泽之禁[2]，是以富商大贾周流天下[3]，交易之物莫不通，得其所欲，而徙豪杰诸侯强族于京师[4]。

关中自汧、雍以东至河、华[5]，膏壤沃野千里[6]，自虞夏之贡以为上田[7]，而公刘适邠[8]，大王、王季在岐[9]，文王作丰[10]，武王治镐[11]，故其民犹有先王之遗风，好稼穑，殖五谷，地重[12]，重为邪[13]。及秦文、〔德〕、缪居雍[14]，隙陇蜀之货物而多贾[15]。献公徙栎邑[16]，栎邑北却戎翟[17]，东通三晋，亦多大贾。〔孝〕、昭治咸阳[18]，因以汉都，长安诸陵，四方辐凑并至而会，地小人众，故其民益玩巧而事末也[19]。南则巴蜀。巴蜀亦沃野，地饶卮、姜、丹沙、石、铜、铁、竹木之器[20]。南御滇、僰，僰僮[21]。西近邛、笮[22]，笮马、旄牛。然四塞[23]，栈道千里，无所不通，唯褒斜绾毂其口[24]，以所多易所鲜[25]。天水、陇西、北地、上郡与关中同俗[26]，然西有羌中之利[27]，北有戎翟之畜，畜牧为天下饶；然地亦穷险，唯京师要其道[28]。故关中之地，于天下三分之一，而人众不过什三；然量其富，什居其六。

昔唐人都河东[29]，殷人都河内[30]，周人都河南[31]。夫三河在天下之中[32]，若鼎足，王者所更居也[33]，建国各数百千岁，土地小狭，民人众，都国诸侯所聚会[34]，故其俗纤俭习事[35]。杨、平阳陈西贾秦、翟[36]，北贾种、代[37]。种、代，石北也[38]，地边胡[39]，数被寇。人民矜懻忮[40]，好气[41]，任侠为奸，不事农商。然迫近北夷，师旅亟往[42]，中国委输时有奇羡[43]。其民

∧ 435

羯羠不均[44]，自全晋之时固已患其僄悍[45]，而武灵王益厉之[46]，其谣俗犹有赵之风也。故杨、平阳陈掾其间[47]，得所欲。温、轵西贾上党[48]，北贾赵、中山[49]。中山地薄人众，犹有沙丘纣淫地余民[50]，民俗懁急[51]，仰机利而食[52]。丈夫相聚游戏，悲歌慷慨，起则相随椎剽[53]，休则掘冢作巧奸冶[54]，多美物[55]，为倡优[56]。女子则鼓鸣瑟，跕屣[57]，游媚贵富，入后宫，遍诸侯。

然邯郸亦漳、河之间一都会也[58]。北通燕、涿[59]，南有郑、卫[60]。郑、卫俗与赵相类，然近梁、鲁[61]，微重而矜节[62]。濮上之邑徙野王[63]，野王好气任侠，卫之风也。

夫燕亦勃、碣之间一都会也[64]。南通齐、赵，东北边胡[65]。上谷至辽东[66]，地踔远[67]，人民希[68]，数被寇，大与赵、代俗相类，而民雕捍少虑[69]，有鱼盐枣栗之饶。北邻乌桓、夫馀[70]，东绾秽貉、朝鲜、真番之利[71]。

洛阳东贾齐、鲁，南贾梁、楚，故泰山之阳则鲁[72]，其阴则齐[73]。

齐带山海[74]，膏壤千里，宜桑麻，人民多文采布帛鱼盐。临菑亦海岱之间一都会也[75]。其俗宽缓阔达，而足智，好议论，地重，难动摇[76]，怯于众斗[77]，勇于持刺，故多劫人者，大国之风也，其中具五民[78]。

而邹、鲁滨洙、泗[79]，犹有周公遗风，俗好儒，备于礼，故其民龊龊[80]。颇有桑麻之业，无林泽之饶，地小人众，俭啬，畏罪远邪。及其衰，好贾趋利，甚于周人。

夫自鸿沟以东[81]，芒、砀以北[82]，属巨野[83]，此梁、宋也。陶、睢阳亦一都会也[84]。昔尧作〔于〕成阳[85]，舜渔于雷泽[86]，汤止于亳[87]。其俗犹有先王遗风，重厚多君子，好稼穑，虽无山川之饶，能恶衣食[88]，致其蓄藏。

越、楚则有三俗[89]。夫自淮北沛、陈、汝南、南郡[90]，此西楚也。其俗剽轻[91]，易发怒，地薄，寡于积聚。江陵故郢都[92]，西通巫、巴[93]，东有云梦之饶[94]。陈在楚、夏之交[95]，通鱼盐之货，其民多贾。徐、僮、取虑[96]，则清刻[97]，矜己诺[98]。

彭城以东[99]，东海、吴、广陵[100]，此东楚也。其俗类徐、僮。朐、缯以北[101]，俗则齐。浙江南则越[102]。夫吴自阖庐、春申、王濞三人招致天下之喜游子弟[103]，东有海盐之饶，章山之铜[104]，三江、五湖之利[105]，亦江东一都会也。

衡山、九江、江南、豫章、长沙[106]，是南楚也，其俗大类西楚。郢之后徙寿春[107]，亦一都会也。而合肥受南北潮[108]，皮革、鲍、木输会也[109]。与闽中、干越杂俗[110]，故南楚好辞，巧说少信。江南卑湿，丈夫早夭，多竹木。豫章出黄金，长沙出连、锡，然堇堇物之所有[111]，取之不足以更费[112]。九疑、苍梧以南至儋耳者[113]，与江南大同俗[114]，而杨越多焉[115]。番禺亦其一都会也[116]，珠玑、犀、玳瑁、果、布之凑[117]。

颍川、南阳[118]，夏人之居也[119]。夏人政尚忠朴，犹有先王之遗风。颍川敦愿[120]。秦末世，迁不轨之民于南阳。南阳西通武关、郧关[121]，东南受汉、江、淮。宛亦一都会也。俗杂好事，业多贾。其任侠，交通颍川，故至今谓之"夏人"。

夫天下物所鲜所多，人民谣俗，山东食海盐，山西食盐卤[122]，领南、沙北固往往出盐[123]，大体如此矣。

总之，楚越之地，地广人希，饭稻羹鱼，或火耕而水耨[124]，果隋蠃蛤[125]，不待贾而足，地执饶食，无饥馑之患，以故呰窳偷生[126]，无积聚而多贫。是故江、淮以南，无冻饿之人，亦无千金之家。沂、泗水以北[127]，宜五谷桑麻六畜，地小人众，数被水旱之害，民好畜藏，故秦、夏、梁、鲁好农而重民。三河、宛、陈亦然，加以商贾。齐、赵设智巧，仰机利。燕、代田畜而事蚕[128]。

段 意

本段分析全国经济资源、生产交通和民情风俗。关中地当四方中心，历史悠久，出产丰富；三河鼎足而立；邯郸、燕、洛阳、齐、邹、鲁、三楚、颍川、南阳等地各有特产，可以大力开发而互相交易。只有努力开发本地资源，通过贸易来积聚财物，才能有利于国家的强盛和人民的富足。

注 释

[1] 开关梁：打开关塞和桥梁、渡口，任人来往。梁，即津梁，指渡口、桥梁。[2] 弛山泽之禁：允许人民开发山中矿产和河湖渔业资源。弛，放松。[3] 贾（gǔ）：商人。[4] 徙豪杰诸侯强族于京师：汉朝实行的移民政策之一。把各地有钱有势的人迁到京城，既可以使京师繁荣，又方便对其管理，免得在各地生事作乱。[5] 汧（qiān）：秦县名，县治在今陕西陇县南，因有汧水，故名。雍：秦县名，县治在今陕西凤翔南。河、华：指黄河、华山。[6] 膏：肥沃的土地。沃：润泽，肥厚。[7] 虞夏之贡：虞夏时代规定的各地对中央朝廷的贡纳。[8] 公刘：公刘是周民族的祖先，后稷的后代，约生于夏末商初，因避夏桀而迁徙，在发展农业生产上有一定贡献。适：到。邠（bīn）：古邑名，在今陕西彬县东北。[9] 大王：指太王，周文王的祖父，叫作古公亶父。初居幽，后被戎狄侵略，迁居岐山之下，定国号曰周。到武王伐纣定天下，追尊他为太王。古公，号；亶父，名或字。王季：太王第三子，名季历，继太王为君，后传位给儿子姬昌，是为文王。岐：山名，在今陕西岐山北。[10] 丰：旧都名，在今陕西西安西南。[11] 镐：旧都名，位于丰都东北，在今陕西西安西南。[12] 地重：土地被看重。[13] 重为邪：不轻易去做邪恶的事。[14] 文：指秦文公，在位五十年（前765—前716）。德：指秦德公，在位二年（前677—前676）。缪：指秦缪公，名任好，在位三十九年（前659—前621）。[15] 隙：通。[16] 献公：秦国国君，名叫师隰（xí），在位二十三年（前384—前362）。栎（yuè）邑：又叫栎阳，在今陕西西安北。[17] 郤：同"隙"，通。[18] 孝：指秦孝公，名叫渠梁，在位二十四年（前361—前338）。昭：指秦昭王，名叫则，在位五十六年（前306—前251）。咸阳：在今陕西咸阳东北。[19] 事末：从事工商业。[20] 卮（zhī）：栀子，可用作黄色的颜料。[21] 御：相接。僰（bó）：古族名，春秋前后居住在以僰道（古邑名，

在今四川宜宾西南，当时为犍为郡的郡治所在地）为中心的今川南以及滇（今云南）东一带地方。僰僮：此指僰族人被当作奴隶贩卖到巴蜀来。　[22] 邛（qióng）：指邛都，在今四川西昌东，当时为越巂（xī）郡郡治所在地。笮（zuó）：指笮都，在今四川汉源东北，当时为沈黎郡郡治所在地。所居部族为笮都夷，从事农牧，输出名马，叫作笮马。[23] 四塞：四周有山岭阻塞。[24] 褒斜：古道路名，是巴蜀经南郑通往关中的重要通道，因道路在褒、斜二水的河谷，所以叫作褒斜道。绾毂（wǎngǔ）：绾，收束，控制。毂，车轮中心的圆木，周围与车辐的一端相接，中有圆孔，用以插轴。[25] 以所多易所鲜：用多余的来换取所缺少的。鲜，少。[26] 天水：汉郡名，郡治平襄，在今甘肃通渭西。陇西：汉郡名，郡治狄道，在今甘肃临洮。北地：汉郡名，郡治马领，在今甘肃庆阳西北。上郡：汉郡名，郡治肤施，在今陕西横山东。[27] 羌（qiāng）：古族名，居住在今宁夏、青海、甘肃一带地方。[28] 要其道：控制着它们的通道。要，束。[29] 唐人：指尧。河东：古地区名，指今山西西南部一带地方，因地处黄河以东，故名。尧的都城在晋阳，在今山西太原西南，属河东。[30] 殷：即商。河内：古地区名，在今河南黄河以北地区。商朝曾先后建都于邢（今河南温县东北）、殷（今河南安阳小屯村）、朝歌（今河南淇县），都属河内地区。[31] 河南：古地区名，在今河南西部黄河以南地区。东周建都洛阳，属河南。[32] 三河：前三句中所指的河东、河内、河南。[33] 更居：轮流居住。[34] 都：建都。[35] 纤俭：吝啬、俭朴。[36] 杨：汉县名，治今山西洪洞东南。平阳：汉县名，治今山西临汾西南。贾（gǔ）：此为通商义。翟（dí）：古族名，分为赤翟、白翟两支，春秋时期居住在今陕西、山西北部一带地区。[37] 种：古邑名，即蔚州，在今河北蔚县。代：汉县名，为当时代郡郡治所在地，在今河北蔚县东北。[38] 石北：指石邑县之北。石邑，为汉县名，当时属常山郡，治今河北石家庄西南。[39] 边胡：接近胡人居住的地区。胡，此指匈奴族。[40] 矜懻忮（jìzhì）：以性情强硬耿直、脾气执拗为风尚。懻，强直。忮，忌恨。[41] 好气：喜欢斗气。[42] 师旅亟往：军队多次开往那地方。亟，屡次。[43] 委输：由内地往前方运输供给品。奇（jī）羡：剩余。奇，余数。羡，多余。[44] 羯羠（jiéyí）不均：意为性情强悍，桀骜不驯。羯、羠，都是阉割的公羊。[45] 全晋之时：指春秋中后期尚未解体的晋国，正当全盛之时。韩、赵、魏三家分晋以后，晋国便不复存在。僄悍（piàohàn）：同"剽悍"，轻捷凶猛。[46] 武灵王：战国时赵国国君，名雍，在位二十七年（前325—前299）。厉：鼓励。[47] 陈掾：凭借之意，指靠机会谋利。[48] 温：汉县名，治今河南温县。轵（zhì）：汉县名，治今河南济源。温、轵二县在汉代均属河内郡。上党：汉郡名，郡治在今山西长子西南。[49] 赵：战国时赵国，建都邯郸，在今河北邯郸。中山：鲜虞族于春秋之末在今河北中南部建立的国家，很小，都于顾，即今河北定州，后被赵国吞并。[50]"犹有"句：大意是，在沙丘还有殷纣荒淫之时留下的后裔。沙丘：台名，在今河北广宗西北大平台，据传当时纣王曾在此地喂养着很多禽兽。[51]懁（juàn）急：急躁。懁，急。[52]仰机利：依靠瞅准时机而谋利。[53]椎剽：用槌击人，劫夺财物。椎，同"槌"。剽，劫掠。[54]作巧：制作巧伪之物。奸冶：奸荡淫冶。此句"休"字与上句"起"字相连，"起"、"休"犹言白天、晚上。[55]美物：此指漂亮男子。[56]倡优：古代对从事音乐、舞蹈、杂技、滑稽等艺术职业的人的总称。[57]跕屣（tiēxǐ）：拖着没有后跟的鞋子走路。跕，拖着鞋。屣，没有后跟的鞋。[58]漳、河：即漳水、黄河。[59]燕：汉代诸侯国名，建都蓟县。蓟县在今北京市郊。涿：汉郡名，郡治涿县，即今河北涿州。[60]郑：春秋时国名，建都新郑，在今河南新郑一带。卫：春秋国名，辖今河南濮阳、淇县一带。[61]梁：在今河南开封一带，战国时属魏。汉代也有诸侯国梁，建都睢阳，在今河南商丘南。鲁：春秋诸侯国名，汉代也有诸侯国鲁，都在今山东曲阜建都。[62]重：稳慎持重。矜节：重视气节。[63]"濮上"句：公元前243年（秦王嬴政四年），秦兵侵魏，夺取了魏国二十座城池，接着又攻下朝歌，设立东郡，把魏国的附庸卫元君和他的部族迁到野王这个地方。濮上之邑：指濮阳，在今河南濮阳西南，原为卫元君居住的地方，后秦国把东郡郡治设立在此。野王：在今河南沁阳。[64]勃、碣：指渤海、碣石。[65]通：通连，此为靠近意。[66]上谷：汉郡名，郡治沮阳，在今河北怀来东南。辽东：汉郡名，郡治襄平，在今辽宁辽阳。[67]踔（chuō）远：遥远。踔，同"逴"，远。[68]希：同"稀"，少。[69]雕捍：像雕一样的猛悍。[70]乌桓：古族名，当时居住、活动在今内蒙古通辽、林西一带。夫馀：亦古族名，当时居住、活动在今吉林长春一带。[71]秽貉：国名，当时建国在今朝鲜东北部。朝鲜：国名，当时建国在朝鲜西北部，都于平壤，后为汉武帝所灭，设为乐浪郡。真番：郡名，汉武帝时在朝鲜所设，郡辖今黄海北道、黄海南道和京畿南道等地。[72]阳：山南叫阳。[73]阴：山北叫阴。[74]齐带山海：山海像带子一样围绕着齐国。[75]临菑：春秋战国时齐国之都，在今山东临淄西北。菑，同"淄"。[76]地重，难动摇：意思是重视土地，不随便离开家乡。[77]怯于众斗：害怕集体打大仗。故下文说勇于持刺，即勇于个人的行刺，所以那里多打劫人的强盗。[78]五民：指士、农、工、商、贾（行卖叫商，设摊叫贾，但一般并不这样机械区分）。[79]邹：汉县名，治今山东邹城东南。滨：靠着。洙、泗：两条河的名字，在今山东，流经曲阜。[80]龊（chuò）龊：注意小节而拘谨貌。[81]鸿沟：古运河名，起于河南荥阳，中经开封、淮阳，终于颍

440

水。[82] 芒：汉县名，县治在今河南永城西北。砀（dàng）：亦汉县名，县治在今河南夏邑东南。[83] 巨野：古代湖泊名，在今山东巨野、梁山、郓城附近。[84] 陶：定陶，汉代济阴郡郡治在此，在今山东定陶西北。睢阳：汉代诸侯国梁的都城，在今河南商丘南。[85] 作：兴起。成阳：汉县名，县治在今山东菏泽东北。[86] 雷泽：古湖泊名，在今山东菏泽、郓城附近。[87] 亳（bó）：古都邑名，商汤时都城，在今河南商丘东南，相传汤曾居于此，又名南亳。[88] 恶衣食：粗劣的衣服和食物。全句谓不讲究衣食的好坏，能节俭过日子。[89] 越、楚：越国、楚国。三俗：东、西、南三个区域的风俗。[90] 沛：汉郡名，郡治相县，在今安徽濉溪西北。陈：汉县名，县治在今河南淮阳。汝南：汉郡名，郡治上蔡，在今河南上蔡西南。南郡：汉郡名，郡治江陵，在今湖北江陵西北。[91] 剽轻：剽悍轻佻。[92] 郢都：楚国旧都，即江陵，故址在今湖北江陵西北纪南城。[93] 巫：汉郡名，即巫郡，治今重庆巫山东。巴：汉郡名，郡治仍依秦设，在江州（今重庆北）。[94] 云梦：古湖泊名，大约在今湖北中部长江两边。[95] "陈在"句：言陈在楚、夏交界的地方。[96] 徐：汉县名，县治在今江苏泗洪南。僮：汉县名，县治在今安徽泗县东北。取虑：亦汉县名，县治在今安徽灵璧东北。[97] 清刻：清廉刻苦。[98] 矜己诺：重视实践自己的诺言。[99] 彭城：今江苏徐州。[100] 东海：汉郡名，郡治郯县，在今山东郯城西北。吴：汉县名，县治在今江苏苏州。广陵：在今江苏扬州西北，西汉时有诸侯国广陵，建都于此。[101] 朐（qú）：汉县名，县治在今江苏连云港西南。缯（zēng）：汉县名，县治在今山东枣庄东北。[102] 浙江：指钱塘江。[103] 阖庐：春秋末吴国君主，当时五霸之一，在位十九年（前514—前495）。春申：战国后期人，名黄歇，号春申，曾做过楚国考烈王的相二十多年，封地在今江苏苏州一带。王濞（bì）：吴王刘濞，刘邦侄儿，高祖十二年（前195）被封为吴王，建都广陵（今江苏扬州）。景帝三年（前154），起兵叛乱，兵败被杀。[104] 章山：章是"彰"的借字，即汉故彰县，在今浙江安吉，属丹阳郡。章山指故彰县的山。[105] 三江：指当时的北江、南江、中江，分别指长江、吴淞江和芜湖宜兴间的一条从长江到太湖的引水河。五湖：统指太湖一带的湖泊。[106] 衡山：汉初诸侯国，建都邾，在今湖北黄冈西北。九江：汉郡名，郡治在寿春，即今安徽寿县。江南：汉高祖刘邦时所置郡名，即丹阳。豫章：汉郡名，郡治在南昌，即今江西南昌。长沙：郡名，汉高祖五年（前202）改为侯国，建都临湘，治今湖南长沙。[107] 郢之后徙寿春：楚国的都城叫郢，最后迁到安徽寿春，寿春也叫郢。[108] "而合肥"句：言合肥这个地方，南边长江流域、北边淮河流域的各种货物，都可以从水路运到。合肥：汉县名，县治在今安徽合肥。[109] 鲍：干鱼。输会：聚集交会之处。

[110] 闽中：汉初闽越小国，在今福建福州，汉武帝后隶属会稽郡。干越：吴越。[111] 堇（jǐn）堇物之所有：意为出产的货物不多。堇堇，少貌。[112] 更：补偿支出。[113] 九疑：山名，在今湖南南部。苍梧：汉郡名，郡治在广信，即今广西梧州。儋（dān）耳：汉武帝时所设郡名，郡治在儋耳，在今海南儋州西北。[114] 大：大略。[115] 杨越多：意思是扬州和越地的风俗在这个地方占主要成分。杨，应作"扬"。[116] 番（pān）禺：汉南海郡郡治所在地，在今广东广州。[117] 凑：凑集，意指集散地。[118] 颍川：汉郡名，郡治在阳翟，在今河南禹州。南阳：汉郡名，郡治在宛县，即今河南南阳。[119] 夏人之居：曾经是夏朝人居住过的地方。[120] 敦愿：诚实，忠厚。[121] 武关：关名，在今陕西商南东南。郧关：古国名，在今湖北郧县。[122] 盐卤：用池水熬的盐。[123] 领南：指五岭以南地区，包括今广东、广西和越南北部一带地方。领，同"岭"。沙北：据《史记正义》，沙北就是池、汉以北。池、汉都是陕西水名。[124] 火耕：先以火烧去地上杂草，然后播种。水耨（nòu）：浇水，除草。耨，本指小手锄，此处用以指锄草。[125] 果隋：果蓏（luǒ），统指果实。蠃蛤：蠃，同"螺"，蛤即蛤蜊。此泛指甲壳类可供食用的小动物。[126] 呰窳（zǐyǔ）：偷懒。[127] 沂：沂水，发源于山东沂源，流经临沂，汇入泗水。[128] 田畜而事蚕：既种田从事农业，又从事畜牧业，还养蚕。

由此观之，贤人深谋于廊庙[1]，论议朝廷[2]，守信死节隐居岩穴之士设为名高者安归乎[3]？归于富厚也[4]。是以廉吏久，久更富[5]，廉贾归富。富者，人之情性，所不学而俱欲者也。故壮士在军，攻城先登，陷阵却敌[6]，斩将搴旗[7]，前蒙矢石[8]，不避汤火之难者[9]，为重赏使也[10]。其在闾巷少年，攻剽椎埋，劫人作奸，掘冢铸币，任侠并兼，借交报仇[11]，篡逐幽隐，不避法禁，走死地如骛者[12]，其实皆为财用耳。今夫赵女郑姬[13]，设形容[14]，揳鸣琴[15]，揄长袂[16]，蹑利屣[17]，目挑心招，出不远千里，不择老少者，奔富厚也。游闲公子，饰冠剑，连车骑，亦为富贵容也[18]。弋射渔猎，犯晨夜，冒霜雪，驰坑谷，不避猛兽之害，为得味也[19]。博戏驰逐[20]，斗鸡走狗，作色相矜，必争胜者，重失负也[21]。医方诸食技术之人[22]，焦神极能，为重糈也[23]。吏士舞文弄法，刻章伪书，不避刀锯之诛者，没于赂遗也[24]。农工商贾畜长[25]，固求富益货也。此有知尽能索耳，终不余力而让财矣[26]。

谚曰："百里不贩樵，千里不贩籴[27]。"居之一岁，种之以谷；十岁，树之以木；百岁，来之以德[28]。德者，人物之谓也。今有无秩禄之奉，爵邑之入，而乐与之比者，命曰"素封[29]"。封者食租税，岁率户二百。千户之君则二十万，朝觐聘享出其中[30]。庶民农工商贾，率亦岁万息二千（户），百万之家则二十万，而更徭租赋出其中[31]。衣食之欲，恣所好美矣[32]。故曰陆地牧马二百蹄[33]，牛蹄角千[34]，千足羊，泽中千足彘[35]，水居千石鱼陂[36]，山居千章之材[37]。安邑千树枣[38]；燕、秦千树栗；蜀、汉、江陵千树橘[39]；淮北、常山已南[40]，河济之间千树萩[41]；陈、夏千亩漆[42]；齐、鲁千亩桑麻；渭川千亩竹；及名国万家之城，带郭千亩亩钟之田[43]，若千亩卮茜[44]，千畦姜韭。此其人皆与千户侯等。然是富给之资也，不窥市井，不行异邑，坐而待收，身有处士之义而取给焉[45]。若至家贫亲老[46]，妻子软弱，岁时无以祭祀进醵[47]，饮食被服不足以自通，如此不惭耻，则无所比矣[48]。是以无财作力[49]，少有斗智，既饶争时，此其大经也。今治生不待危身取给，则贤人勉焉。是故本富为上[50]，末富次之，奸富最下。无岩处奇士之行[51]，而长贫贱，好语仁义，亦足羞也。

凡编户之民[52]，富相什则卑下之，伯则畏惮之，千则役，万则仆[53]，物之理也。夫用贫求富，农不如工，工不如商，刺绣文不如倚市门[54]。此言末业，贫者之资也。通邑大都，酤一岁千酿[55]，醯酱千瓨[56]，浆千儋[57]，屠牛羊彘千皮，贩谷粜千钟，薪稿千车，船长千丈[58]，木千章，竹竿万个，其轺车百乘[59]，牛车千两[60]，木器髤者千枚[61]，铜器千钧[62]，素木铁器若卮茜千石，马蹄躈千[63]，牛千足，羊彘千双，僮手指千[64]，筋角丹沙千斤，其帛絮细布千钧，文采千匹，榻布皮革千石[65]，漆千斗，糱麹盐豉千荅[66]，鮐鮆千斤[67]，鲰千石[68]，鲍千钧，枣栗千石者三之，狐貂裘千皮，羔羊裘千石，旃席千具，佗果菜千钟[69]，子贷金钱千贯[70]，节驵会[71]，贪贾三之，廉贾五之[72]，此亦比千乘之家，其大率也。佗杂业不中什二[73]，则非吾财也[74]。

请略道当世千里之中，贤人所以富者，令后世得以观择焉[75]。

段 意

这段首先论述追求富裕是人的本性，乃理之固然。接着论述只要努力从事生产，多所收获，即可富比王侯而取义。如果贫而不能自救，还奢谈什么仁义，那才真是可羞的。然后采用详细算账的办法，指出从事商业贸易是贫穷人士的致富之路。

注 释

[1] 廊庙：指朝廷。[2] 论议朝廷：即在朝廷中论议。[3] 岩穴：本意为山上洞窟，此指隐居的深山老林。安归乎：追求的是什么。[4] 富厚：指饶有钱财。[5] 廉吏久，久更富：意思是清廉的官不犯法就可以当得久，久而积钱多则致富。[6] 陷阵却敌：在兵阵中冲锋打退敌人。[7] 搴（qiān）旗：拔去敌营的旗帜。搴，拔取。[8] 蒙：犹言冒着。[9] 汤火：犹言开水、烈火。[10] 使：促使，推动。[11] 借交报仇：不惜身躯为朋友报仇。[12] 走死地如鹜者：好像马奔一样往死路上跑的人。形容轻生，敢于冒险。鹜，马奔跑。[13] 赵女郑姬：此指倡伎。[14] 设形容：修饰打扮，使形象漂亮。[15] 揲（jiá）：通"戛"，弹奏乐器。[16] 揄（yú）长袂：飘扬起长长的衣袖，指跳舞。[17] 蹑利屣：穿着头上很尖的舞鞋。[18] 为富贵：为显示个人的富贵。[19] 味：指渔猎所得的野味。[20] 博戏驰逐：搞赌博、赛车马。[21] 重失负：担心输了。重，重视，看重。[22] 食技术：靠技术来养活自己。[23] 重糈（xǔ）：看重财礼。糈，祭神用的精米，此引申为财礼。[24] 赂遗：指贿赂和馈赠之物。[25] 畜长：积存货物而多得利

益。[26] 知：智。索：尽。不余力而让财：为了追求钱财而不遗余力。[27] 这里是说：有百里远的路程就不要去贩卖薪柴，有千里远的路程就不要去贩卖粮食。因为路途远，赚的钱不足以抵偿路费。樵：指柴。籴（dí）：此指粮食。[28] 来之以德：用自己的道德去感化远方的人来归附。[29] 素封：没有封号的贵族。[30] 朝觐（jìn）：诸侯朝见天子，此指朝觐的费用。聘享：各国诸侯互相交往所花销的费用。[31] 更徭：指劳役费。汉代规定，男子到一定年龄每年都要服一定时间劳役，不去的可以出钱另雇役夫。[32] 恣（zì）所好美：尽情挑好的吃、拣美的穿。意指尽情享受。恣，随意。[33] 二百蹄：一匹马四只蹄，二百蹄即五十匹马。[34] 牛蹄角千：一头牛两只角、八瓣蹄，牛蹄角千即一百头牛。[35] 千足彘（zhì）：一只猪四只足，千足彘即二百五十只猪。彘，猪。[36] 千石鱼陂（bēi）：可养千石鱼的鱼塘。石，每石一百二十斤。陂，堤埝，此指鱼塘。[37] 千章之材：千根大木材。章，木材一根叫作章。材，或作"楸"。[38] 安邑：汉县名，郡治在今山西夏县西北。[39] 汉：指汉代之汉中郡，郡治在西城，在今陕西安康西北。[40] 常山：汉郡名，郡治在元氏，在今河北元氏西北。[41] 萩：同"楸"。[42] 夏：指颍川郡，郡治在阳翟，即今河南禹州，相传夏禹曾在此建都。[43] 带郭：靠城。此指靠城的农田。亩钟：亩产一钟。一钟等于六斛四斗。[44] 若：或。茜（qiàn）：一种草，可用来做红色染料。[45] "身有"句：大意是自己有隐士的名义又有足够的取用享受。[46] 亲老：父母亲年纪大。[47] "岁时"句：意为逢年过节没有钱来祭祀会餐。进醵（jù）：即聚食会餐。[48] 无所比：无人愿和他们一样。比，并。[49] 无财作力：没有钱的人只能出苦力干活。[50] 本富：靠农耕根本事业致富。[51] 无岩处奇士之行：没有像山林隐士那样的清高品行。[52] 编户之民：编入一般户籍的平民百姓。[53] "富相"以下：意谓对比自己财富多十倍的人就感到卑贱，对多百倍的就会惧怕，对多千倍的就要被役使，对多万倍的就得做奴隶。伯：通"佰"。[54] 倚市门：在市场上做买卖。[55] 酤：此指酒。千酿：千瓮。[56] 醯（xī）酱：指醋。醯，醋。瓨（hóng）：可装十升的陶制瓶。[57] 甔（dān）：可装十斗的缸。[58] 船长千丈：指一年中卖出的船的总长度。[59] 轺（yáo）车：古代一种轻小便捷的马车。[60] 两：通"辆"。[61] 髹（xiū）：在器物上刷漆。[62] 钧：古代把三十斤叫一钧。[63] 马蹄躈（qiào）千：指二百匹马。躈，同"窍"，肛门。[64] 僮手指千：每个奴仆十根指头，僮手指千即一百个奴仆。僮，奴仆。[65] 榻布：粗而厚的布，价格低廉。[66] 糵（niè）麴：酿酒用的发酵剂。豉（chì）：即豆豉，用煮熟的大豆发酵后制成。荅：应作"瓵"，同"瓿"，可装一斗六升的瓦器。[67] 鲐（tái）：海鱼。鮆（jì）：刀鱼。[68] 鲰（zōu）：小鱼。[69] 佗：同"他"，其他。[70] 子贷金钱千贯：年利可得钱千贯。子，此指利息。[71] 节驵（zǎng）会：指截留回扣的大掮客。节，截获。驵，领头的。会，同"侩"，市侩、掮客。[72] 贪贾三之，廉贾五之：指驵会贷款给商人从中抽利的情形，贷给贪心的商人抽三分利息，贷给比较老实廉洁的商人抽五分利息。[73] 不中什二：得不到十分之二的利润。[74] 非吾财：自己不去从事这样的经商活动。[75] 观择：观览而采择之。

　　蜀卓氏之先[1]，赵人也，用铁冶富[2]。秦破赵，迁卓氏。卓氏见虏略[3]，独夫妻推辇[4]，行诣迁处[5]。诸迁虏少有余财[6]，争与吏，求近处[7]，处葭萌[8]。唯卓氏曰："此地狭薄。吾闻汶山之下[9]，沃野，下有蹲鸱[10]，至死不饥[11]。民工于市，易贾。"乃求远迁。致之临邛[12]，大喜，即铁山鼓铸，运筹策，倾滇蜀之民[13]，富至僮千人。田池射猎之乐，拟于人君。

　　程郑，山东迁虏也，亦冶铸，贾椎髻之民[14]，富埒卓氏，俱居临邛。

　　宛孔氏之先，梁人也，用铁冶为业。秦伐魏，迁孔氏南阳。大鼓铸，规陂池[15]，连车骑，游诸侯，因通商贾之利[16]，有游闲公子之赐与名[17]。然其赢得过当[18]，愈于纤啬，家致富数千金，故南阳行贾尽法孔氏之雍容[19]。

　　鲁人俗俭啬，而曹邴氏尤甚[20]，以铁冶起，富至巨万。然家自父兄子孙约[21]，俯有拾，仰有取[22]，贳贷行贾遍郡国[23]。邹、鲁以其故多去文学而趋利者，以曹邴氏也。

　　齐俗贱奴虏，而刀间独爱贵之[24]。桀黠奴[25]，人之所患也，唯刀间收取，使之逐渔盐商贾之利，或连车骑，交守相[26]，然愈益任之。终得其力，起富数千万。故曰"宁爵毋刀[27]"，言其能使豪奴自饶而尽其力。

　　周人既纤[28]，而师史尤甚[29]，转毂以百数，贾郡国，无所不至。洛阳街居在齐秦楚赵之中[30]，贫人学事富家，相矜以久贾，数过邑不入门，设任此等[31]，故师史能致七千万。

宣曲任氏之先[32]，为督道仓吏[33]。秦之败也，豪杰皆争取金玉，而任氏独窖仓粟[34]。楚汉相距荥阳也[35]，民不得耕种，米石至万，而豪杰金玉尽归任氏，任氏以此起富。富人争奢侈，而任氏折节为俭[36]，力田畜。田畜人争取贱贾[37]，任氏独取贵善。富者数世。然任公家约，非田畜所出弗衣食[38]，公事不毕则身不得饮酒食肉。以此为闾里率[39]，故富而主上重之。

塞之斥也[40]，唯桥姚已致马千匹[41]，牛倍之，羊万头，粟以万钟计。吴楚七国兵起时[42]，长安中列侯封君行从军旅[43]，赍贷子钱[44]，子钱家以为侯邑国在关东[45]，关东成败未决[46]，莫肯与。唯无盐氏出捐千金贷[47]，其息什之。三月，吴楚平。一岁之中，则无盐氏之息什倍，用此富埒关中[48]。

关中富商大贾，大抵尽诸田，田啬、田兰。韦家栗氏[49]，安陵、杜杜氏[50]，亦巨万。

此其章章尤异者也[51]。皆非有爵邑奉禄弄法犯奸而富，尽椎埋去就[52]，与时俯仰，获其赢利，以末致财，用本守之，以武一切[53]，用文持之，变化有概[54]，故足术也[55]。若至力农畜，工虞商贾，为权利以成富[56]，大者倾郡，中者倾县，下者倾乡里者，不可胜数。

夫纤啬筋力[57]，治生之正道也，而富者必用奇胜。田农，掘业[58]，而秦扬以盖一州。掘冢[59]，奸事也，而田叔以起。博戏[60]，恶业也，而桓发用（之）富。行贾，丈夫贱行也，而雍乐成以饶[61]。贩脂，辱处也[62]，而雍伯千金。卖浆，小业也，而张氏千万。洒削[63]，薄技也，而郅氏鼎食[64]。胃脯[65]，简微耳[66]，浊氏连骑[67]。马医，浅方，张里击钟[68]。此皆诚壹之所致[69]。

由是观之，富无经业[70]，则货无常主[71]，能者辐凑，不肖者瓦解[72]。千金之家比一都之君，巨万者乃与王者同乐[73]。岂所谓"素封"者邪？非也[74]？

段　意

本段举蜀卓氏、宛孔氏、齐刀间、京城无盐氏等为例，他们或靠炼铁，或靠贩盐，或靠放债，来获取利润，成为全国著名的富人。文章最后指出，节俭和勤劳是生财致富的正路，只要尽力发挥自己的聪明才智，专心一意地从事某种行业，就可以得到报偿，成为可与王者相比的富人。

注　释

[1] 卓氏：即卓王孙、卓文君的家族。[2] 用：依靠。[3] 见虏略：被秦人掳掠胁迫。见，被。略，同"掠"。[4] 辇（niǎn）：人推挽的车。[5] 行诣（yì）：行走而到达。诣，往，到。[6] 少有：稍有，意为不多。[7] 求近处：请求安置在近的地方。[8] 葭萌：汉县名，县治在今四川剑阁东北。[9] 汶山：即岷山，在今四川松潘北部。[10] 蹲鸱（chī）：芋头。形状像鸱蹲着一样。鸱，即鹞鹰。[11] 至死不饥：意谓贫穷的人可以用蹲鸱充饥，不致被饿死。[12] 临邛：汉县名，县治在今四川邛崃。[13] 倾：超过。[14] 贾椎髻之民：与椎髻的少数民族通商。椎髻，把头发盘在头顶，形状像锥，这是当时少数民族中发式的一种。[15] 规陂池：修建埝池塘。[16] "游诸侯"以下：指到诸侯国中周游时，相机经商。[17] "有游闲"句：像富贵公子那样慷慨赏赐，很有名声。[18] 赢得过当：赚得的钱比游乐、赏赐的还多。[19] 雍容：富贵闲暇貌。[20] 邴（bǐng）：姓。[21] 约：指订立规矩。[22] 俛有拾，仰有取：意谓动则必有所得，不搞没有利益的活动。俛，同"俯"。[23] 贳（shì）：租借，赊欠。[24] 刀间：齐国人名。[25] 桀黠（xiá）：聪明狡诈。[26] 交：结交，交往。守相（xiàng）：郡守和诸侯国的相，是当时各地方行政长官。[27] 宁爵毋刀：宁可免去求官爵，也要为刀间当奴仆卖力。[28] 纤：吝啬。[29] 师史：人名，姓师，名史。[30] 街居：像在街上居住一样，处于四通八达之处。[31] 设任此等：就是依靠这个。[32] 宣曲：地名，在关中，大致在昆明池故址之西。[33] 督道仓：建立在督道这个地方的仓库。督道，地名。[34] 窖（jiào）：挖洞储藏东西。[35] 距荥阳：在荥阳相对抗。距，对抗。[36] 折节：此指降低身份，不讲排场。[37] 人：别人。贾：同"价"。[38] "非田畜"句：意谓不是自己家种的养的，不穿不吃。言其不另购买，自奉节俭。[39] 为闾里率：为乡里的榜样。[40] 塞之斥：指汉武帝对四夷

发动战争。斥，开，指开边，拓展疆域。[41] 桥姚：人名，姓桥，名姚。[42] 吴楚七国兵起时：指汉景帝三年（前 154），吴王濞与楚、赵、胶东、胶西、菑川、济南七国诸王，以"清君侧，诛晁错"为名，举兵叛乱。太尉周亚夫前往平叛，三个月后叛军很快被击败。刘濞等七国诸王纷纷被杀或自杀。[43] 长安中列侯封君：指封地在外，而人留在京城长安的列侯封君。[44] 赍（jī）贷子钱：带着借来的钱。赍，带着。子钱，通过放债而收取利息的钱。[45] 子钱家：即放债人。侯邑国：在京列侯的封邑或封国。[46] 决：定。[47] 无盐氏：姓无盐，名字无考。[48] 富埒（liè）关中：意思是，其富的程度，可与关中的富豪者相等。[49] 韦家：汉邑，其地未详。[50] 安陵：汉县名，县治在今陕西咸阳东北。杜：汉县名，县治在今陕西西安东南。[51] 章章：显著突出。[52] 椎埋：因字形近而误，应作"推理"，即推测物理。[53] 以武一切：用武力手段来权宜从事。[54] 变化：指买卖中的各种变化。有概：有规律可循，有法度可依。[55] 术：同"述"，叙述。[56] 为权利以成富：用权谋因势利导而成为富人。[57] 纤啬筋力：言既要节俭，又要能吃苦耐劳。[58] 掘业：笨拙的职业，掘，同"拙"。[59] 掘冢：盗掘坟墓。[60] 博戏：赌博。[61] 雍乐成：人名。[62] 贩脂：贩卖油脂。辱处：耻辱而被人瞧不起的工作。[63] 洒削：指磨刀。[64] 鼎食：古代贵族排列着鼎吃饭，表示有派头。[65] 胃脯：用动物的胃做成的卤干。[66] 简微：简单而又微小。指做胃脯是小手艺，不足道。[67] 浊：姓。连骑：骑马跟随的人在路上接连不断，形容其富豪。[68] 张里：人名。击钟：古代贵族吃饭时要击钟奏乐，这里指马医张里致富后可与王侯相比。[69] 诚壹：心诚而意志集中，做事专一。[70] 富无经业：致富并没有毫无变化的一定的职业。言外之意是，不管做什么，都能使人致富。[71] 则：而。[72] 瓦解：此指钱财散失。[73] 巨万：犹万万，极言其多。[74] "岂所谓"以下：这不就是大家说的那种没有封号的王侯吗？难道不是这样吗？句中两问，而意思是肯定的，司马迁认为，那种可与王者相比的富人，就是"素封"。

（管遗瑞）

太史公自序

提 示

本篇列为七十列传的最后一篇，实际上是作者自传和《史记》全书总目提要。本篇紧紧围绕《史记》撰述的本末，叙述了作者的家世生平，叙述了《史记》创作的时代背景、个人动机，以及作者含垢忍辱、发愤著书的经过，然后以大量篇幅介绍了《史记》的创作体例和各篇要旨。其中还收录了作者父亲司马谈的《论六家要旨》。由此可以了解司马谈的思想与学术，及其对司马迁的影响，还有助于读者认识了解汉初学术上各家各派互相融合渗透的发展形势。因而本篇是研究司马迁生平思想及《史记》其书的重要资料，《汉书·司马迁传》即是将此文和《报任安书》二者并合而成。

本篇对《史记》全书的总目提要，有的侧重撰述内容，有的侧重阐明写作意图，有的侧重补充说明。这些提要、注解与补充，由于出于作者之手，故极有参考价值，须分别结合相关篇目予以参阅。恰如前人所说，这些提要文字一如《周易》之《系辞》，《毛诗》之《小传》，皆关一篇之体要，是司马迁教人读《史记》之法云。

昔在颛顼[1]，命南正重以司天[2]，北正黎以司地[3]。唐虞之际，绍重黎之后，使复典之[4]，至于夏商，故重黎氏世序天地[5]。其在周，程伯休甫其后也[6]。当周宣王时，失其守而为司马氏[7]。司马氏世典周史[8]。惠襄之间，司马氏去周适晋，晋中军随会奔秦，而司马氏入少梁[9]。

自司马氏去周适晋，分散，或在卫，或在赵，或在秦。其在卫者，相中山[10]。在赵者，以传剑论显，蒯聩其后也。在秦者名错，与张仪争论[11]，于是惠王使错将伐蜀，遂拔，因而守之。错孙靳，事武安君白起。而少梁更名曰夏阳。靳与武安君坑赵长平军，还而与之俱赐死杜邮，葬于华池[12]。靳孙昌，昌为秦主铁官，当始皇之时。蒯聩玄孙卬为武信君将而徇朝歌[13]。诸侯之相王，王卬于殷[14]。汉之伐楚，卬归汉，以其地为河内郡。昌生无泽，无泽为汉市长[15]。无泽生喜，喜为五大夫[16]，卒，皆葬高门。喜生谈，谈为太史公[17]。

段 意

自述太史公家世。

注 释

[1]颛顼（zhuānxū）：五帝之一，黄帝之孙，名高阳。事见《五帝本纪》。[2]南正：上古天官，职掌天文。重：人名。[3]北正：上古地官，职掌农事。黎：人名。[4]"唐虞"以下是说：使重黎氏的后裔继续掌管这方面的职事。[5]序：掌管。[6]程伯：程国的伯爵。休甫：人名，其为重的后裔还是黎的后裔，语焉未详。又据《楚世家》，重黎则为一人。[7]这句说：中止了"世序天地"的职事而改为掌兵。司马：掌军事的官。后因以为姓氏。[8]后来司马氏又世掌周史。[9]周惠王、周襄王时分别发生了子颓和叔带的叛乱，其间司马氏出走晋国。晋襄公死，臣下在拥立新君的问题上发生冲突，随会奔秦避难，司马氏也因卷入这场斗争而入秦，后转入少梁。随会：也叫士会，他做晋国的中军统帅是后来的事。少梁：古梁国，后被秦国吞并，又名夏阳，在今陕西韩城南。[10]相中山：为中山国相，指司马喜。[11]事详见《张仪列传》。[12]华池：在今陕西韩城西南十七里。[13]武信君：武臣，秦末农民起义领袖之一。徇：攻取。[14]"诸侯之相王"以下是说：诸侯相与称王，项羽封司马卬为殷王，都朝歌。[15]市长：长安四市的长官。[16]五大夫：爵位名。[17]太史公：指太史令，汉时太常属官，秩六百石。

太史公学天官于唐都[1]，受《易》于杨何[2]，习道论于黄子[3]。太史公仕于建元、元封之间[4]，愍学者之不达其意而师悖[5]，乃论六家之要指曰[6]：

《易大传》[7]："天下一致而百虑，同归而殊涂。"夫阴阳、儒、墨、名、法、道德，此务为治者也[8]，直所从言之异路[9]，有省不省耳[10]。尝窃观阴阳之术，大祥而众忌讳[11]，使人拘而多所畏；然其序四时之大顺，不可失也。儒者博而寡要[12]，劳而少功，是以其事难尽从；然其序君臣父子之礼，列夫妇长幼之别，不可易也。墨者俭而难遵，是以其事不可遍循；然其强本节用，不可废也。法家严而少恩；然其正君臣上下之分，不可改矣。名家使人俭而善失真[13]；然其正名实，不可不察也。道家使人精神专一，动合无形[14]，赡足万物。其为术也，因阴阳之大顺，采儒、墨之善，撮名、法之要，与时迁移，应物变化，立俗施事，无所不宜，指约而易操，事少而功多。儒者则不然。以为人主天下之仪表也，主倡而臣和，主先而臣随。如此，则主劳而臣逸。至于大道之要，去健羡，绌聪明[15]，释此而任术[16]。夫神大用则竭，形大劳则敝。形神骚动，欲与天地长久，非所闻也。

夫阴阳四时、八位、十二度、二十四节各有教令[17]，顺之者昌，逆之者不死则亡。未必然也，故曰"使人拘而多畏"。夫春生夏长，秋收冬藏，此天道之大经也[18]，弗顺则无以为天下纲纪，故曰"四时之大顺，不可失也"。

夫儒者以六艺为法[19]，六艺经传以千万数，累世不能通其学，当年不能究其礼[20]，故曰"博而寡要，劳而少功"。若夫列君臣父子之礼，序夫妇长幼之别，虽百家弗能易也。

墨者亦尚尧舜道，言其德行曰："堂高三尺，土阶三等，茅茨不翦[21]，采椽不刮[22]。食土簋，啜土刑[23]，粝粱之食[24]，藜藋之羹[25]。夏日葛衣，冬日鹿裘。”其送死，桐棺三寸[26]，举音不尽其哀。教丧礼，必以此为万民之率。使天下法若此，则尊卑无别也。夫世异时移，事业不必同，故曰“俭而难遵”。要曰强本节用，则人给家足之道也。此墨子之所长，虽百长弗能废也。

法家不别亲疏，不殊贵贱，一断于法，则亲亲尊尊之恩绝矣。可以行一时之计，而不可长用也，故曰“严而少恩”。若尊主卑臣，明分职不得相逾越，虽百家弗能改也。

名家苛察缴绕[27]，使人不得反其意[28]，专决于名而失人情，故曰“使人俭而善失真”。若夫控名责实，参伍不失[29]，此不可不察也。

道家无为，又曰无不为[30]，其实易行，其辞难知。其术以虚无为本，以因循为用[31]。无成埶[32]，无常形，故能究万物之情。不为物先，不为物后，故能为万物主[33]。有法无法，因时为业；有度无度，因物与合[34]。故曰“圣人不朽，时变是守[35]”。虚者道之常也，因者君之纲也。群臣并至，使各自明也。其实中其声者谓之端，实不中其声者谓之窾。窾言不听，奸乃不生。贤不肖自分，白黑乃形。在所欲用耳，何事不成。乃合大道，混混冥冥，光燿天下，复反无名[36]。凡人所生者神也，所托者形也。神大用则竭，形大劳则敝，形神离则死。死者不可复生，离者不可复反，故圣人重之。由是观之，神者生之本也，形者生之具也[37]。不先定其神〔形〕，而曰“我有以治天下”，何由哉[38]？

段 意

太史公司马谈的生平学历，及其论六家指要。

注 释

[1] 天官：天文星象之学。唐都：汉代天文学家，曾参与制定太初历。[2]

杨何：汉初易学专家，见《儒林列传》。[3] 道论：道家学说。黄子：即黄生，汉初道家权威，见《儒林列传》。[4] 建元、元封：皆武帝年号。[5] 愍：忧虑。师悖：师从悖谬，以讹传讹。[6] 六家：阴阳、儒、墨、名、法、道六家。要指：要旨。[7]《易大传》：即《易系辞》。[8] 此句说：这些学说都是为了治天下的。[9] 直：只。所从言之异路：各自持论不同。[10] 这句说：各有优劣。省：善。[11] 大祥：过分讲究祥瑞灾异。众忌讳：禁忌太多。[12] 博而寡要：太广博而不够扼要。[13] 俭：通"检"，拘执概念。[14] 动合无形：一举一动符合于大道。[15] 去健羡：去掉刚强贪欲。绌聪明：即绝圣弃智。绌，同"黜"。[16] 此：指儒学。术：指道术。[17] 八位：八卦方位。十二度：十二星次。二十四节：二十四节气。教令：戒律。[18] 大经：指主要的规律。[19] 六艺：即诗、书、易、礼、乐、春秋等六经。[20] 当年：犹言毕生。[21] 茅茨不翦：以茅草盖屋顶而不加修剪。翦，同"剪"。[22] 采椽不刮：以树木为椽而不加刮削。[23] 土簋（guǐ）、土刑：皆陶制餐具。[24] 粝粱：粗粮。[25] 藜藿：野菜。[26] 桐棺：桐木为棺。三寸：指厚度。[27] 苛察缴绕：烦琐纠缠。[28] 反其意：寻思究竟。[29] 参伍：参差交互，即综合各方面来加以考察。[30]《老子》："道常无为，而无不为。"[31] 因循：犹顺应。[32] 成埶：一成不变的势态。埶，通"势"。[33] 这里是说：应付事物因时制宜，不抢先，不落后，故能主宰万物。[34] 这里是说：道家之术既有法度也无法度，以能顺应事物发展规律，随时应变为归依。[35] 引自《鬼谷子》逸文，是说：圣人不贵机巧，牢守因时通变这个原则。[36] 复反无名：回归自然。[37] 这里是说：精神为生命之主宰，形体为生命之基础。[38] 这里是说：如不先处理好神形关系，而说"我会治理天下"，怎么办得到呢？

太史公既掌天官，不治民。有子曰迁。

迁生龙门[1]，耕牧河山之阳[2]。年十岁则诵古文[3]。二十而南游江、淮，上会稽，探禹穴[4]，窥九疑[5]，浮于沅、湘[6]；北涉汶、泗[7]，讲业齐、鲁之都[8]，观孔子之遗风，乡射邹、峄[9]；厄困鄱、薛、彭城[10]，过梁、楚以归[11]。于是迁仕为郎中[12]，奉使西征巴、蜀以南，南略邛、笮、昆明[13]，还报命。

段 意

司马迁的青少年时代，主要写二十壮游（目的在网罗天下散失旧闻）。

注释

[1] 龙门：山名，在今陕西韩城东北。[2] 河山之阳：指龙门山之南。[3] 古文：指用秦以前古体字书写的典籍，如《春秋》《国语》等。[4] 禹穴：在今浙江绍兴会稽山，相传禹会诸侯计功于此。[5] 九疑：山名，在今湖南宁远。[6] 沅、湘：二水名，在湖南境内。[7] 汶、泗：二水名，在山东境内。[8] 讲业：讲习儒业。[9] 乡射：古代礼仪活动之一，有练武和选贤两种目的。邹：汉县名，治今山东邹城东南。峄：山名，在今邹城东南。邹峄是孟子的故乡。[10] 鄱：同"蕃"，汉县名，治今山东滕州。薛：汉县名，治今山东滕州东南。彭城：今江苏徐州。属楚。[11] 梁：今河南开封。[12] 郎中：皇帝侍从人员，属郎中令。[13] 略：行视。邛：邛都，今四川西昌东。笮：笮都，今四川汉源东北。

是岁天子始建汉家之封[1]，而太史公留滞周南[2]，不得与从事，故发愤且卒。而子迁适使反，见父于河、洛之间。太史公执迁手而泣曰："余先周室之太史也。自上世尝显功名于虞夏，典天官事，后世中衰，绝于予乎？汝复为太史，则续吾祖矣。今天子接千岁之统[3]，封泰山，而余不得从行，是命也夫，命也夫！余死，汝必为太史；为太史，无忘吾所欲论著矣。且夫孝始于事亲，中于事君，终于立身。扬名于后世，以显父母，此孝之大者[4]。夫天下称诵周公，言其能论歌文武之德，宣周、邵之风，达太王、王季之思虑，爰及公刘，以尊后稷也[5]。幽厉之后王道缺，礼乐衰，孔子脩旧起废，论《诗》《书》，作《春秋》，则学者至今则之。自获麟以来四百有余岁[6]，而诸侯相兼，史记放绝[7]。今汉兴，海内一统，明主贤君忠臣死义之士，余为太史而弗论载，废天下之史文，余甚惧焉，汝其念哉！"迁俯首流涕曰："小子不敏，请悉论先人所次旧闻[8]，弗敢阙。"

卒三岁而迁为太史令[9]，䌷史记石室金匮之书[10]。五年而当太初元年，十一月甲子朔旦冬至，天历始改[11]，建于明堂[12]，诸神受纪[13]。

司马谈抱病，不能随从武帝封禅，深以为憾，临终念念不忘修史之事，司马迁接受遗嘱，立誓将完成先人未竟之业。

[1] 是岁：指武帝元封元年（前110）。封：封禅。[2] 周南：周成王时，周公、召公分陕而治，陕以东称周南。此实指洛阳。[3] 接千岁之统：指上接周成王之封禅，其去元封不足千年，此举成数。秦始皇虽然也有封禅之事，但汉朝自视上接周代，故不论。[4]《孝经》云："身体发肤，受之父母。不敢毁伤，孝之始也。立身行道，扬名于后世，以显父母，孝之终也。夫孝始于事亲，中于事君，终于立身。"[5] 这里是说：天下的人称诵周公，是因为他能够撰述歌颂文王、武王的德业，宣传他本人与召公的教化，表达太王、王季的思虑，再上推及公刘，以推尊其始祖后稷，可谓至孝。[6] 获麟：指鲁哀公十四年（前481）西狩获麟，事详见《孔子世家》。[7] 史记：历史载籍。放绝：散失断绝。[8] 悉论：一一撰述。所次旧闻：所积累的史料。[9] 迁为太史令：司马迁做太史令在元封三年（前108）。[10] 绅：同"抽"，阅读思考。石室金匮：国家藏书馆、档案室。[11] 天历始改：始改用太初历，即改秦历为夏历。[12] 明堂：天子举行隆重典礼的礼堂。[13] 受纪：接受新历。

太史公曰[1]："先人有言[2]：'自周公卒五百岁而有孔子[3]。孔子卒后至于今五百岁，有能绍明世，正《易传》，继《春秋》，本《诗》《书》《礼》《乐》之际？'意在斯乎！意在斯乎！小子何敢让焉。"

太史公司马迁追思先父遗言之用心，乃在上继孔子业绩，而从事撰述从而激发起自己的使命感与责任感。

[1] 太史公：作者自称。[2] 先人：指司马谈。[3] 五百岁：此非实数，乃指一个较长的历史时期，语出《孟子·尽心》。下同。

上大夫壶遂曰[1]："昔孔子何为而作《春秋》哉？"太史公曰："余闻董生曰[2]：'周道衰废，孔子为鲁司寇，诸侯害之[3]，大夫壅之。孔子知言之不用，道之不行也，是非二百四十二年之中[4]，以为天下仪表，贬天子，退诸侯[5]，讨大夫，以达王事而已矣[6]。'子曰：'我欲载之空言，不如见之于行事之深切著明也[7]。'夫《春秋》，上明三王之道[8]，下辨人事之纪[9]，别嫌疑，明是非，定犹豫，善善恶恶，贤贤贱不肖，存亡国，继绝世，补敝起废[10]，王道之大者也。《易》著天地、阴阳、四时、五行，故长于变；《礼》经纪人伦[11]，故长于行；《书》记先王之事，故长于政；《诗》记山川、豁谷、禽兽、草木、牝牡、雌雄，故长于风；《乐》，乐所以立，故长于和；《春秋》辩是非，故长于治人。是故《礼》以节人，《乐》以发和，《书》以道事，《诗》以达意，《易》以道化，《春秋》以道义。拨乱世反之正，莫近于《春秋》。《春秋》文成数万[12]，其指数千[13]。万物之散聚皆在《春秋》。《春秋》之中，弑君三十六，亡国五十二[14]，诸侯奔走不得保其社稷者不可胜数。察其所以，皆失其本已。故《易》曰'失之豪厘[15]，差以千里'。故曰'臣弑君，子弑父，非一旦一夕之故也，其渐久矣'。故有国者不可以不知《春秋》，前有谗而弗见，后有贼而不知。为人臣者不可以不知《春秋》，守经事而不知其宜，遭变事而不知其权。为人君父而不通于《春秋》之义者，必蒙首恶之名。为人臣子而不通于《春秋》之义者，必陷篡弑之诛，死罪之名。其实皆以为善，为之不知其义，被之空言而不敢辞。夫不通礼义之旨，至于君不君，臣不臣，父不父，子不子。夫君不君则犯，臣不臣则诛，父不父则无道，子不子则不孝。此四行者，天下之大过也。以天下之大过予之，则受而弗敢辞。故《春秋》者，礼义之大宗也。夫礼禁未然之前，法施已然之后；法之所为用者易见，而礼之所为禁者难知。"

段 意

司马迁答壶遂问。说明孔子之所以著《春秋》，是因为政治主张无法实现，转而著书，以弘扬王道，善善恶恶，拨乱世而反之正。

注 释

[1] 壶遂：天文学家，曾参与制定太初历，其事又见于《韩长孺列传》。[2] 董生：即董仲舒。[3] 害：忌恨。[4] 是非二百四十二年之中：《春秋》这部书记载了从鲁隐公元年至鲁哀公十四年共计二百四十二年的大事，并加以褒贬评价。[5] 退：意同"贬"、"讨"。[6] 王事：犹王道。[7] 行事：指用具体的历史事实。[8] 三王：夏禹、商汤、周文王武王等三代圣主。[9] 人事之纪：指纲常伦理。[10] 起废：复兴已废置的东西。[11] 经纪：犹整顿。[12] 文成数万：今世传《春秋》实一万六千五百余字。[13] 指：事例。[14] 弑君三十六，亡国五十二：此据《春秋繁露·灭国》统计数，非《春秋》记载的实际数字。[15] 豪厘：毫厘。

壶遂曰："孔子之时，上无明君，下不得任用，故作《春秋》，垂空文以断礼义，当一王之法[1]。今夫子上遇明天子，下得守职，万事既具，咸各序其宜，夫子所论，欲以何明?"

太史公曰："唯唯，否否[2]，不然。余闻之先人曰：'伏羲至纯厚，作《易》八卦。尧舜之盛，《尚书》载之，礼乐作焉。汤武之隆，诗人歌之。《春秋》采善贬恶，推三代之德，褒周室，非独刺讥而已也。'汉兴以来，至明天子，获符瑞[3]，封禅，改正朔[4]，易服色[5]，受命于穆清[6]，泽流罔极[7]，海外殊俗，重译款塞[8]，请来献见者，不可胜道。臣下百官力诵圣德，犹不能宣尽其意。且士贤能而不用，有国者之耻；主上明圣而德不布闻，有司之过也。且余尝掌其官[9]，废明圣盛德不载，灭功臣世家贤大夫之业不述，堕先人所言，罪莫大焉。余所谓述故事，整齐其世传，非所谓作也[10]，而君比之于《春秋》，谬矣。”

于是论次其文。

段意

司马迁答壶遂问。说明由于历史条件不同，史记的撰述与《春秋》在写作意图上有同有异，不能简单攀比。

注释

[1] 这里是说：《春秋》留下的只是记载史事的文字，却用来断定礼义，作为帝王的法典。[2] "否否"前应以"唯唯"，是出于礼貌的缘故。[3] 符瑞：即祥瑞，吉祥的征兆。如元狩元年的获白麟，元鼎元年的得宝鼎，皆是。[4] 改正朔：指使用新历法。[5] 易服色：指改易服用器物的颜色。[6] 穆清：指天。[7] 罔极：无边。[8] 重译：辗转翻译，指远方的外国人。款塞：叩塞门，指远来服从。[9] 尝掌其官：指为太史令。[10] "述"与"作"是相对而言的，"作"是创作，"述"是阐释。孔子自称"述而不作"，司马迁则以孔子为"作"，自己是"述"。

七年而太史公遭李陵之祸[1]，幽于缧绁[2]。乃喟然而叹曰："是余之罪也夫！是余之罪也夫！身毁不用矣。"退而深惟曰[3]："夫《诗》《书》隐约者，欲遂其志之思也。昔西伯拘羑里，演《周易》；孔子厄陈、蔡，作《春秋》；屈原放逐，著《离骚》；左丘失明，厥有《国语》；孙子膑脚，而论兵法；不韦迁蜀，世传《吕览》[4]；韩非囚秦，《说难》《孤愤》[5]；《诗》三百篇，大抵贤圣发愤之所为作也。此人皆意有所郁结，不得通其道也，故述往事，思来者。"于是卒述陶唐以来[6]，至于麟止[7]。自黄帝始。

段　意

司马迁遭李陵之祸，乃引古人自况，忍辱负重，发愤著书。

注　释

[1] 七年：指从太初元年始写《史记》，到天汉三年（前98）因为李陵辩解受宫刑，前后共七年。[2] 缧绁（léixiè）：捆绑犯人的绳索，代指监牢。[3] 惟：思。[4]《吕览》：即《吕氏春秋》。[5]《说难》《孤愤》：《韩非子》篇目。[6] 陶唐：指尧。《史记》上限实起于黄帝，此按《尚书》而大概言之。[7] 至于麟止：到获麟为止。《史记》下限实"至太初而讫"，而武帝获麟在元狩元年。作者乃取《春秋》绝笔获麟之义，亦大概言之。

维昔黄帝，法天则地。四圣遵序[1]，各成法度；唐尧逊位，虞舜不台[2]；厥美帝功，万世载之。作《五帝本纪》第一。

维禹之功，九州攸同，光唐虞际，德流苗裔；夏桀淫骄，乃放鸣条。作《夏本纪》第二。

维契作商，爰及成汤，太甲居桐[3]，德盛阿衡[4]；武丁得说[5]，乃称高宗；帝辛湛湎[6]，诸侯不享[7]。作《殷本纪》第三。

维弃作稷[8]，德盛西伯；武王牧野[9]，实抚天下；幽、厉昏乱，既丧酆、镐；陵迟至赧[10]，洛邑不祀。作《周本纪》第四。

维秦之先，伯翳佐禹[11]；穆公思义，悼豪之旅[12]；以人为殉，诗歌《黄鸟》；昭襄业帝[13]。作《秦本纪》第五。

始皇既立，并兼六国，销锋铸[14]镰，维偃干革[15]，尊号称帝，矜武任力；二世受运，子婴降虏。作《始皇本纪》第六。

秦失其道，豪桀并扰；项梁业之[16]，子羽接之[17]；杀庆救赵[18]，诸侯立之；诛婴背怀[19]，天下非之。作《项羽本纪》第七。

子羽暴虐，汉行功德；愤发蜀汉，还定三秦；诛籍业帝，天下惟宁，改制易俗。作《高祖本纪》第八。

惠之早[20]霣，诸吕不台[21]；崇强禄、产，诸侯谋之；杀隐幽友[22]，大臣洞疑，遂及宗祸。作《吕太后本纪》第九。

汉既初兴，继嗣不明[23]，迎王践祚，天下归心；蠲除肉刑，开通关梁，广恩博施，厥称太宗。作《孝文本纪》第十。

诸侯骄恣，吴首为乱，京师行诛，七国伏辜，天下翕然[24]，大安殷富。作《孝景本纪》第十一。

汉兴五世[25]，隆在建元[26]，外攘夷狄，内脩法度，封禅，改正朔，易服色。作《今上本纪》第十二。

段 意

《史记》一百三十篇总目提要，或撮述内容，或点明题意。句式整饬，夹叙夹议，简明扼要。为读者便览，以十篇（《本纪》《书》则各依其篇数）为单位分节作注。每则提要涉及的人、地名和重要事件，可详见相关本篇及注释，一般不重复出注，亦可与相关篇章参读。

注 释

[1] 四圣：指黄帝以外，五帝中其余四帝即颛顼、帝喾、唐尧、虞舜。[2] 不台（yí）：不怡，不无忧思。[3] 太甲居桐：太甲即位后昏庸暴虐，宰相伊尹放逐他到桐宫反省。桐宫是汤的墓地。[4] 阿衡：相当于宰相的职官名。[5] 说（yuè）：人名，即傅说，商代贤臣。[6] 辛：纣王名。湛湎：沉迷酒色。[7] 不享：不朝贡。[8] 作稷：始创农业。[9] 武王牧野：指武王伐纣，在牧野誓师。[10] 陵迟：逐渐衰微。赧（nǎn）：周赧王。[11] 伯翳（yì）：又作"伯益"，秦始祖。[12] 豪：即崤（xiáo），崤山。[13] 昭襄业帝：秦昭襄王嬴则在公元前255 年取周九鼎，奠定了秦的帝业。[14] 锋：兵器。镝：钟名。[15] 偃：停息。干革：干戈甲胄。[16] 业之：创下基业。[17] 接之：继承之。[18] 庆：即"卿"，指卿子冠军宋义。[19] 诛婴背怀：诛杀子婴，背叛怀王。[20] 霣：即

"陨"，死亡。[21] 诸吕不台（yí）：诸吕得不到人民的喜欢。台，同"怡"，喜悦。[22] 杀隐幽友：杀赵隐王如意，幽囚淮南王刘友，皆吕后所为。[23] 继嗣不明：指惠帝死后，一时不知谁当继立。[24] 翕（xī）然：和平的样子。[25] 五世：指高、惠、文、景、武五帝。[26] 建元：武帝年号。

维三代尚矣[1]，年纪不可考，盖取之谱牒旧闻[2]，本于兹，于是略推，作《三代世表》第一。

幽、厉之后，周室衰微，诸侯专政，《春秋》有所不纪；而谱牒经略[3]，五霸更盛衰，欲睹周世相先后之意，作《十二诸侯年表》第二。

春秋之后，陪臣秉政，强国相王；以至于秦，卒并诸夏，灭封地，擅其号[4]。作《六国年表》第三。

秦既暴虐，楚人发难，项氏遂乱，汉乃扶义征伐；八年之间，天下三嬗[5]，事繁变众，故详著《秦楚之际月表》第四。

汉兴已来，至于太初百年，诸侯废立分削，谱纪不明，有司靡踵[6]，强弱之原云以世。作《汉兴已来诸侯年表》第五。

维高祖元功[7]，辅臣股肱，剖符而爵，泽流苗裔，忘其昭穆[8]，或杀身陨国[9]。作《高祖功臣侯者年表》第六。

惠景之间，维申功臣宗属爵邑，作《惠景间侯者年表》第七。

北讨强胡，南诛劲越，征伐夷蛮，武功爰列。作《建元以来侯者年表》第八。

诸侯既强，七国为从，子弟众多，无爵封邑，推恩行义[10]，其埶销弱[11]，德归京师。作《王子侯者年表》第九。

国有贤相良将，民之师表也。维见汉兴以来将相名臣年表，贤者记其治，不贤者彰其事。作《汉兴以来将相名臣年表》第十。

注　释

[1] 尚：年代久远。[2] 谱牒：记载世系谥号的书册。旧闻：古代文献。[3] 经略：论次大略。[4] 擅其号：专称皇帝之号。[5] 三嬗（shàn）：三次更迭，指陈胜、项羽、刘邦的相继号令天下。[6] 有司靡踵：主管的人无法接续。[7] 元功：创业之功。[8] 忘其昭穆：分不清昭穆。古代宗庙，始祖居中，子孙分世次立于左右，左为昭、右为穆。[9] 杀身陨国：身遭杀戮，国被废除。[10] 推恩行义：指汉武帝采纳主父偃之策，使诸侯子弟均得为侯，名为推恩行义，实为削弱诸侯的措施。[11] 埶：通"势"。

维三代之礼，所损益各殊务[1]，然要以近性情，通王道，故礼因人质为之节文[2]，略协古今之变。作《礼书》第一。

乐者，所以移风易俗也。自雅颂声兴，则已好郑卫之音，郑卫之音所从来久矣。人情之所感，远俗则怀。比《乐书》以述来古[3]，作《乐书》第二。

非兵不强，非德不昌，黄帝、汤、武以兴，桀、纣、二世以崩，可不慎欤？《司马法》所从来尚矣[4]，太公、孙、吴、王子能绍而明之[5]，切近世，极人变。作《律书》第三[6]。

律居阴而治阳，历居阳而治阴，律历更相治，间不容翲忽[7]。五家之文怫异[8]，维太初之元论。作《历书》第四。

星气之书[9]，多杂机祥[10]，不经[11]；推其文，考其应[12]，不殊[13]。比集论其行事，验于轨度以次[14]，作《天官书》第五。

受命而王，封禅之符罕用，用则万灵罔不禋祀[15]。追本诸神名山大川礼，作《封禅书》第六。

维禹浚川，九州攸宁；爰及宣防[16]，决渎通沟。作《河渠书》第七。

维币之行，以通农商；其极则玩巧，并兼兹殖[17]，争于机利[18]，去本趋末。作《平准书》以观事变第八。

注　释

[1] 殊务：做法不同。[2] 礼因人质为之节文：礼仪根据人情物理而加以节制文饰。[3] 来古：往古。[4]《司马法》：即《司马穰苴兵法》。[5] 王子：即王子成甫。绍而明之：继承发扬。[6]《律书》：按应作《兵书》。以下《历书》应作《律历书》。因《兵书》亡，后人分《律历书》为二，以合八书之数。[7] 间不容翾（piāo）忽：丝毫不容许忽视。[8] 五家：据《正义》为黄帝、颛顼、夏、商、周五代。佛（bèi）：同“悖”。[9] 星气之书：讲述星象的书。[10] 机（jī）祥：吉凶祸福的征兆。[11] 不经：缺乏根据。[12] 考其应：考察其是否应验。[13] 不殊：相符。[14] 比集论其行事，验于轨度以次：接着综合历代史迹，验对日月星辰所行的轨道躔度加以论述。[15] 这里是说：承受天命而为帝王，封禅的符应很少征现，一旦封禅，则所有山川诸神都得到祭祀。禋（yīn）祀：享受祭祀。[16] 宣防：公元前 109 年汉武帝率百官视察黄河瓠子口塞河工程，后在河堤上筑宣防宫。宣，通。防，堤。[17] 兹：同“滋”。[18] 机利：投机获利。

太伯避历[1]，江蛮是适；文武攸兴，古公王迹。阖庐弑僚，宾服荆楚；夫差克齐，子胥鸱夷[2]；信嚭亲越[3]，吴国既灭。嘉伯之让[4]，作《吴世家》第一。

申、吕肖矣[5]，尚父侧微[6]，卒归西伯，文武是师；功冠群公，缪权于幽[7]；番番黄发[8]，爰飨营丘[9]。不背柯盟[10]，桓公以昌，九合诸侯，霸功显彰。田、阚争宠[11]，姜姓解亡。嘉父之谋[12]，作《齐太公世家》第二。

依之违之[13]，周公绥之[14]；愤发文德，天下和之；辅翼成王，诸侯宗周。隐、桓之际[15]，是独何哉？三桓争强，鲁乃不昌。嘉旦《金縢》[16]，作《周公世家》第三。

武王克纣，天下未协而崩[17]。成王既幼，管、蔡疑之，淮夷叛之，于是召公率德，安集王室，以宁东土。燕〔哙〕之禅[18]，乃成祸乱。嘉《甘棠》之诗[19]，作《燕世家》第四。

管、蔡相武庚，将宁旧商；及旦摄政，二叔不飨[20]；杀鲜放度，周公为盟；大任十子[21]，周以宗强。嘉仲悔过[22]，作《管蔡世家》第五。

王后不绝，舜禹是说[23]；维德休明，苗裔蒙烈。百世享祀，爰周陈杞，楚实灭之。齐田既起[24]，舜何人哉？作《陈杞世家》第六。

收殷余民，叔封始邑[25]，申以商乱，《酒》《材》是告[26]，及朔之生，卫顷不宁；南子恶蒯聩，子父易名[27]。周德卑微，战国既强，卫以小弱，角独后亡[28]。喜彼《康诰》[29]，作《卫世家》第七。

嗟箕子乎！嗟箕子乎！正言不用，乃反为奴。武庚既死，周封微子。襄公伤于泓，君子孰称[30]。景公谦德，荧惑退行[31]。剔成暴虐，宋乃灭亡。喜微子问太师[32]，作《宋世家》第八。

武王既崩，叔虞邑唐。君子讥名[33]，卒灭武公。骊姬之爱，乱者五世；重耳不得意，乃能成霸。六卿专权[34]，晋国以秏[35]。嘉文公锡珪鬯[36]，作《晋世家》第九。

重黎业之，吴回接之[37]；殷之季世，粥子牒之[38]。周用熊绎，熊渠是续。庄王之贤，乃复国陈[39]；既赦郑伯，班师华元[40]。怀王客死，兰咎屈原；好谀信谗，楚并于秦。嘉庄王之义，作《楚世家》第十。

注释

[1] 太伯避历：周太王的长子太伯，因知道父亲有立其弟季历的意向，便主动逃到南方蛮夷之地以避让。历，季历。[2] 子胥鸱夷：子胥被冤杀后，尸体装入盛酒的革囊（鸱夷）投入江中。[3] 諲：伯諲。[4] 嘉伯之让：太伯让国高风可嘉。[5] 申、吕肖矣：申、吕氏族逐渐削弱。申、吕，虞夏之际所封之国。肖，削。[6] 侧微：低微。[7] 缪权于幽：长于权谋，精妙入微。缪，通"谋"。[8] 番番（pópó）：通"皤皤"，发白貌。[9] 营丘：吕尚封地，在今山东临淄。[10] 不背柯盟：齐鲁在柯邑会盟，齐桓公为鲁将曹沫胁迫答应退还所占鲁地，后果如

约，遂赢得诸侯信任。［11］田、阚：田桓、阚止，齐大夫。［12］父：尚父。［13］依之：指诸侯的服从。违之：指诸侯的反叛。［14］绥之：平定安抚。［15］隐、桓：鲁隐公、鲁桓公。隐公为兄，被后者篡弒。［16］《金縢》：《尚书》篇名，为周公旦所作。［17］协：安定。［18］禅：禅让。指燕王哙让位于奸相子之。［19］《甘棠》：《诗经》篇名，赞美召公的诗。［20］二叔：管叔（姬鲜）、蔡叔（姬度）。［21］大任十子：文王妃太任生下十个儿子。大，通"太"。［22］仲：指蔡叔之子，名仲。［23］说：同"悦"。［24］齐田既起：陈杞被楚灭后，陈王到了齐国，改姓田，篡夺了齐国政权。［25］叔：指康叔。［26］《酒》《材》：《酒诰》《梓材》，《尚书》篇名，乃周公告诫康叔以殷亡为鉴，当戒酒、爱民。［27］子父易名：父子之间乱了名分。［28］角：卫国的末代君主。［29］《康诰》：《尚书》篇名，亦周公告诫康叔的文告。［30］孰称：即熟称，特别乐道。［31］荧惑：火星。［32］微子问太师：指微子就去讨请教太师事。［33］君子讥名：晋穆侯给太子取名为"仇"，为师服所讥。［34］六卿：指智、范、中行、韩、魏、赵六卿。［35］耗（hào）：同"耗"，消亡。［36］文公赐珪鬯：指晋文公在城濮之战后献俘于周，周襄王命文公为伯，并赐珪鬯（chàng）事。鬯，香草。［37］吴回接之：吴回接替其兄重黎，为帝喾火正，乃楚之始祖。［38］鬻（yù）子牒：自鬻熊之后才有谱牒可考。鬻，通"鬻"。［39］国陈：陈国。［40］班师华元：楚庄王围宋一役，因宋大夫华元告以城中食尽、濒临绝境的实情，便立刻撤兵。

少康之子，实宾南海，文身断发，鼋鳝与处[1]，既守封禺，奉禹之祀。句践困彼，乃用种、蠡。嘉句践夷蛮能脩其德，灭强吴以尊周室，作《越王句践世家》第十一。

桓公之东，太史是庸[2]。及侵周禾，王人是议[3]。祭仲要盟[4]，郑久不昌。子产之仁，绍世称贤。三晋侵伐，郑纳于韩。嘉厉公纳惠王，作《郑世家》第十二。

维骥騄耳[5]，乃章造父[6]。赵夙事献[7]，衰续厥绪[8]。佐文尊王，卒为晋辅。襄子困辱，乃禽智伯[9]。主父生缚[10]，饿死探爵[11]。王迁辟淫[12]，良将是斥[13]。嘉鞅讨周乱，作《赵世家》第十三。

毕万爵魏，卜人知之。及绛戮干[14]，戎翟和之。文侯慕义，子夏师之。惠王自矜，齐秦攻之。既疑信陵，诸侯罢之。卒亡大梁，王假厮之[15]。嘉武佐晋文申霸道[16]，作《魏世家》第十四。

韩厥阴德[17]，赵武攸兴。绍绝立废，晋人宗之。昭侯显列，申子庸之[18]。疑非不信[19]，秦人袭之。嘉厥辅晋匡周天子之赋，作《韩世家》第十五。

完子避难，适齐为援，阴施五世，齐人歌之。成子得政，田和为侯。王建动心，乃迁于共。嘉威、宣能拨浊世而独宗周，作《田敬仲完世家》第十六。

周室既衰，诸侯恣行。仲尼悼礼废乐崩，追脩经术，以达王道，匡乱世反之于正，见其文辞，为天下制仪法，垂六艺之统纪于后世。作《孔子世家》第十七。

桀、纣失其道而汤、武作，周失其道而《春秋》作。秦失其政，而陈涉发迹，诸侯作难，风起云蒸，卒亡秦族。天下之端，自涉发难。作《陈涉世家》第十八。

成皋之台[20]，薄氏始基[21]。诎意适代[22]，厥崇诸窦。栗姬偩贵[23]，王氏乃遂。陈后太骄，卒尊子夫。嘉夫德若斯，作《外戚世家》第十九。

汉既谲谋，禽信于陈[24]；越荆剽轻[25]，乃封弟交为楚王[26]，爰都彭城，以强淮泗，为汉宗藩。戊溺于邪[27]，礼复绍之[28]。嘉游辅祖[29]，作《楚元王世家》第二十。

注 释

[1] 鼍（tuó）：鼂，扬子鳄。[2] 这里指郑桓公用太史伯之言，迁都新郑事。庸：用。[3] 王人：周王朝的人。[4] 祭仲要盟：指郑大夫祭仲为宋庄公所迫，立姬突为厉公，使昭公奔卫事。要盟，被迫立盟。[5] 骥骝（lù）：周穆王的一匹千里马名。[6] 乃章造父：方能显示造父驭马的才能。章，彰。造父，赵国始祖，善相马。[7] 事献：事晋献公。[8] 衰续厥绪：赵衰继承了家业。[9] 禽：通"擒"。[10] 主父：赵武灵王雍，传位惠王后，自称主父。[11] 饿死探爵：因公

子章争国作乱，主父被围困少丘宫，粮食断绝，取鸟充饥，终于饿死。爵，通"雀"。[12] 王迁：指赵幽王迁。辟：乖僻。[13] 良将：指李牧。[14] 绛：指魏绛。干：指杨干，晋悼公之弟。按，魏绛所戮乃杨干的御者。[15] 王假厮之：魏王假被俘，成了秦的仆役。[16] 武：指魏武子犨（chōu）。[17] 韩厥阴德：指韩献子（厥）保护赵氏孤儿，存亡继绝事。[18] 庸之：为之用。[19] 非：指韩非。[20] 成皋之台：汉高祖在成皋所建的行宫。[21] 薄氏：薄姬。[22] 诎意适代：指汉文帝窦皇后当初被迫勉强嫁与代王。[23] 俌（fù）：仗恃。[24] 禽信：擒拿韩信。[25] 剽轻：勇猛轻躁。[26] 交：指高祖弟刘交。[27] 戊：刘交之孙刘戊。[28] 礼：刘交次子刘礼。绍：继承。[29] 游：刘交字游。

维祖师旅[1]，刘贾是与；为布所袭[2]，丧其荆、吴。营陵激吕[3]，乃王琅邪；怵午信齐[4]，往而不归，遂西入关[5]，遭立孝文，获复王燕。天下未集，贾、泽以族，为汉藩辅。作《荆燕世家》第二十一。

天下已平，亲属既寡；悼惠先壮，实镇东土。哀王擅兴，发怒诸吕，驷钧暴戾[6]，京师弗许[7]。厉之内淫，祸成主父[8]。嘉肥股肱[9]，作《齐悼惠王世家》第二十二。

楚人围我荥阳，相守三年；萧何填抚山西，推计踵兵[10]，给粮食不绝，使百姓爱汉，不乐为楚。作《萧相国世家》第二十三。

与信定魏，破赵拔齐，遂弱楚人。续何相国，不变不革，黎庶攸宁。嘉参不伐功矜能，作《曹相国世家》第二十四。

运筹帷幄之中，制胜于无形，子房计谋其事，无知名，无勇功，图难于易，为大于细。作《留侯世家》第二十五。

六奇既用[11]，诸侯宾从于汉；吕氏之事，平为本谋，终安宗庙，定社稷。作《陈丞相世家》第二十六。

诸吕为从，谋弱京师，而勃反经合于权[12]，吴楚之兵，亚夫驻于昌邑，以厄齐赵，而出委以梁[13]。作《绛侯世家》第二十七。

七国叛逆，蕃屏京师，唯梁为扞；俟爱矜功，几获于祸。嘉其能距吴楚，作《梁孝王世家》第二十八。

五宗既王[14]，亲属洽和，诸侯大小为藩，爰得其宜，僭拟之事稍衰贬矣。作《五宗世家》第二十九。

三子之王[15]，文辞可观。作《三王世家》第三十。

注 释

[1]祖：高祖。[2]布：黥布。[3]营陵激吕：指营陵王刘泽因人以言语打动吕后。[4]午：祝午，齐哀王刘襄的内史，曾骗琅玡王刘泽赴齐而扣留之。[5]遂西入关：指刘泽以计脱身西奔入关。[6]驷钧：齐哀王刘襄之舅。[7]京师弗许：指大臣计议不可立齐哀王为帝。[8]这里是说：齐厉王刘次景与姊乱伦，为齐相主父偃查办。[9]嘉肥股肱：嘉美齐悼惠王刘肥能为高祖股肱。[10]推计：运输粮饷。踵兵：补充兵员。[11]六奇：六出奇计。[12]反经：一反常态。合于权：合于权变。[13]这里是指周亚夫平乱时坚壁不出，不直接救援齐、梁等国的策略。[14]五宗：汉景帝十四子，分别由五母所生，故称五宗。[15]三子之王：指汉武帝的三个儿子，即齐王刘闳、燕王刘旦、广陵王刘胥。

末世争利，维彼奔义；让国饿死，天下称之。作《伯夷列传》第一。

晏子俭矣，夷吾则奢；齐桓以霸，景公以治。作《管晏列传》第二。

李耳无为自化，清净自正；韩非揣事情，循执理。作《老子韩非列传》第三。

自古王者而有《司马法》，穰苴能申明之。作《司马穰苴列传》第四。

非信廉仁勇不能传兵论剑，与道同符，内可以治身，外可以应变，君子比德焉。作《孙子吴起列传》第五。

维建遇谗[1]，爰及子奢[2]，尚既匡父[3]，伍员奔吴。作《伍子胥列传》第六。

孔氏述文，弟子兴业，咸为师傅，崇仁厉义。作《仲尼弟子列传》第七。

鞅去卫适秦，能明其术，强霸孝公，后世遵其法。作《商君列传》第八。

天下患衡秦毋厌[4]，而苏子能存诸侯，约从以抑贪强。作《苏秦列传》第九。

六国既从亲[5]，而张仪能明其说，复散解诸侯。作《张仪列传》第十。

注释

[1]建：楚平王太子熊建。[2]奢：伍奢，楚大夫，为太子建太傅。[2]尚：伍尚。[4]衡秦：秦用张仪计，以连衡的策略称霸，故称衡秦。[5]从：通"纵"，合纵。

秦所以东攘雄诸侯，樗里、甘茂之策。作《樗里甘茂列传》第十一。

苞河山[1]，围大梁，使诸侯敛手而事秦者，魏冉之功。作《穰侯列传》第十二。

南拔鄢郢，北摧长平，遂围邯郸，武安为率[2]。破荆灭赵，王翦之计。作《白起王翦列传》第十三。

猎儒墨之遗文[3]，明礼义之统纪，绝惠王利端，列往世兴衰。作《孟子荀卿列传》第十四。

好客喜士，士归于薛，为齐扞楚、魏。作《孟尝君列传》第十五。

争冯亭以权，如楚以救邯郸之围[4]，使其君复称于诸侯。作《平原君虞卿列传》第十六。

能以富贵下贫贱，贤能诎于不肖[5]，唯信陵君为能行之。作《魏公子列传》第十七。

以身徇君，遂脱强秦，使驰说之士南乡走楚者[6]，黄歇之义。作《春申君列传》第十八。

能忍询于魏齐[7]，而信威于强秦[8]，推贤让位，二子有之。作《范雎蔡泽列传》第十九。

率行其谋，连五国兵，为弱燕报强齐之仇，雪其先君之耻。作《乐毅列传》第二十。

注释

[1] 苞：通"包"。[2] 率：统帅。[3] 猎：涉猎。[4] 如：入。[5] 诎（qū）：屈，让。[6] 乡：通"向"。[7] 询（gòu）：同"诟"，辱骂。[8] 信：通"伸"。

能信意强秦[1]，而屈体廉子，用徇其君，俱重于诸侯。作《廉颇蔺相如列传》第二十一。

湣王既失临淄而奔莒，唯田单用即墨破走骑劫，遂存齐社稷。作《田单列传》第二十二。

能设诡说解患于围城，轻爵禄，乐肆志。作《鲁仲连邹阳列传》第二十三。

作辞以讽谏，连类以争义[2]，《离骚》有之。作《屈原贾生列传》第二十四。

结子楚亲，使诸侯之士斐然争入事秦。作《吕不韦列传》第二十五。

曹子匕首，鲁获其田，齐明其信；豫让义不为二心。作《刺客列传》第二十六。

能明其画[3]，因时推秦，遂得意于海内，斯为谋首。作《李斯列传》第二十七。

为秦开地益众，北靡匈奴[4]，据河为塞，因山为固，建榆中。作《蒙恬列传》第二十八。

填赵塞常山以广河内，弱楚权，明汉王之信于天下。作《张耳陈馀列传》第二十九。

收西河、上党之兵，从至彭城；越之侵掠梁地以苦项羽[5]。作《魏豹彭越列传》第三十。

注 释

[1]信：通"伸"。[2]连类以争义：以连类取譬的手法来表扬正义。[3]画：策划。[4]靡：使披靡，即征服。[5]越：彭越。

以淮南叛楚归汉，汉用得大司马殷[1]，卒破子羽于垓下。作《黥布列传》第三十一。

楚人迫我京、索，而信拔魏、赵，定燕、齐，使汉三分天下有其二，以灭项籍。作《淮阴侯列传》第三十二。

楚汉相距巩、洛，而韩信为填颍川，卢绾绝籍粮饷。作《韩信卢绾列传》第三十三。

诸侯畔项王，唯齐连子羽城阳[2]，汉得以间遂入彭城。作《田儋列传》第三十四。

攻城野战，获功归报，哙、商有力焉，非独鞭策，又与之脱难。作《樊郦列传》第三十五。

汉既初定，文理未明，苍为主计，整齐度量，序律历。作《张丞相列传》第三十六。

结言通使，约怀诸侯；诸侯咸亲，归汉为藩辅。作《郦生陆贾列传》第三十七。

欲详知秦楚之事，维周绁常从高祖，平定诸侯。作《傅靳蒯成列传》第三十八。

徙强族，都关中，和约匈奴；明朝廷礼，次宗庙仪法。作《刘敬叔孙通列传》第三十九。

能摧刚作柔，卒为列臣；栾公不劫于執而倍死[3]。作《季布栾布列传》第四十。

〔1〕殷：周殷，曾被项羽封大司马守九江，为英布招降。〔2〕连：牵制。〔3〕埶：同"势"。倍：通"背"，违背。

敢犯颜色以达主义[1]，不顾其身，为国家树长画[2]。作《袁盎晁错列传》第四十一。

守法不失大理，言古贤人，增主之明。作《张释之冯唐列传》第四十二。

敦厚慈孝，讷于言，敏于行，务在鞠躬，君子长者。作《万石张叔列传》第四十三。

守节切直，义足以言廉，行足以厉贤，任重权不可以非理挠。作《田叔列传》第四十四。

扁鹊言医，为方者宗，守数精明；后世〔循〕序，弗能易也，而仓公可谓近之矣。作《扁鹊仓公列传》第四十五。

维仲之省[3]，厥濞王吴，遭汉初定，以填抚江、淮之间。作《吴王濞列传》第四十六。

吴楚为乱，宗属唯婴贤而喜士，士乡之[4]，率师抗山东荥阳。作《魏其武安列传》第四十七。

智足以应近世之变，宽足用得人。作《韩长孺列传》第四十八。

勇于当敌，仁爱士卒，号令不烦，师徒乡之。作《李将军列传》第四十九。

自三代以来，匈奴常为中国患害，欲知强弱之时，设备征讨，作《匈奴列传》第五十。

直曲塞[1]，广河南，破祁连，通西国，靡北胡。作《卫将军骠骑列传》第五十一。

大臣宗室以侈靡相高，唯弘用节衣食为百吏先。作《平津侯列传》第五十二。

汉既平中国，而佗能集杨越以保南藩[2]，纳贡职。作《南越列传》第五十三。

吴之叛逆，瓯人斩濞，葆守封禺为臣[3]。作《东越列传》第五十四。

燕丹散乱辽间，满收其亡民，厥聚海东，以集真藩，葆塞为外臣[4]。作《朝鲜列传》第五十五。

唐蒙使略通夜郎，而邛、筰之君请为内臣受吏。作《西南夷列传》第五十六。

《子虚》之事，《大人》赋说，靡丽多夸，然其指风谏，归于无为。作《司马相如列传》第五十七。

黥布叛逆，子长国之，以填江、淮之南，安剽楚庶民[5]。作《淮南衡山列传》第五十八。

奉法循理之吏，不伐功矜能，百姓无称，亦无过行。作《循吏列传》第五十九。

正衣冠立于朝廷，而群臣莫敢言浮说，长孺矜焉；好荐人，称长者，壮有溉[6]。作《汲郑列传》第六十。

塞。[5] 剽：轻疾勇猛。[6] 溉：通“概”，气节。此句“壮”当作“庄”，指郑庄。

自孔子卒，京师莫崇庠序[1]，唯建元、元狩之间，文辞粲如也。作《儒林列传》第六十一。

民倍本多巧[2]，奸轨弄法，善人不能化，唯一切严削为能齐之[3]。作《酷吏列传》第六十二。

汉既通使大夏，而西极远蛮，引领内乡[4]，欲观中国。作《大宛列传》第六十三。

救人于厄，振人不赡，仁者有乎；不既信，不倍言[5]，义者有取焉。作《游侠列传》第六十四。

夫事人君能说主耳目[6]，和主颜色，而获亲近，非独色爱，能亦各有所长。作《佞幸列传》第六十五。

不流世俗，不争埶利，上下无所凝滞，人莫之害，以道之用。作《滑稽列传》第六十六。

齐、楚、秦、赵为日者，各有俗所用。欲循观其大旨，作《日者列传》第六十七。

三王不同龟，四夷各异卜，然各以决吉凶。略窥其要，作《龟策列传》第六十八。

布衣匹夫之人，不害于政，不妨百姓，取与以时而息财富，智者有采焉。作《货殖列传》第六十九。

注释

[1] 庠序：学校。[2] 倍：通“背”，悖。[3] 唯一切严削为能齐之：只有一概采用严刑，才能制伏他们。[4] 乡：通“向”。[5] 倍：通“背”。[6] 说：通“悦”。

维我汉继五帝末流，接三代〔绝〕业。周道废，秦拨去古文，焚灭《诗》《书》，故明堂石室金匮玉版图籍散乱。于是汉兴，萧何次律令，韩信申军法，张苍为章程，叔孙通定礼仪，则文学彬彬稍进，《诗》《书》往往间出矣。自曹参荐盖公言黄老，而贾生、晁错明申、商，公孙弘以儒显，百年之间，天下遗文古事靡不毕集太史公。太史公仍父子相续纂其职。曰："於戏[1]！余维先人尝掌斯事，显于唐虞，至于周复典之，故司马氏世主天官。至于余乎，钦念哉！钦念哉！"罔罗天下放失旧闻，王迹所兴，原始察终，见盛观衰，论考之行事，略推三代，录秦汉，上记轩辕，下至于兹，著十二本纪，既科条之矣[2]。并时异世，年差不明，作十表。礼乐损益，律历改易，兵权山川鬼神，天人之际，承敝通变，作八书。二十八宿环北辰，三十辐共一毂，运行无穷，辅拂股肱之臣配焉，忠信行道，以奉主上，作三十世家，扶义俶傥[3]，不令己失时，立功名于天下，作七十列传。凡百三十篇，五十二万六千五百字，为《太史公书》。序略，以拾遗补艺，成一家之言，厥协六经异传[4]，整齐百家杂语，藏之名山[5]，副在京师[6]，俟后世圣人君子。第七十。

太史公曰：余述历黄帝以来至太初而讫，百三十篇。

注　释

[1] 於戏（wūhū）：呜呼，感叹词。　[2] 科条：科分条例。　[3] 俶傥（tìtǎng）：同"倜傥"，卓越异常。[4] 序略：叙史实之大略。厥协：与下文整齐同义。[5] 名山：帝王藏书之府。[6] 副在京师：副本留在京师。

（周啸天）